Harald Klinke

Amerikanische Historienmalerei

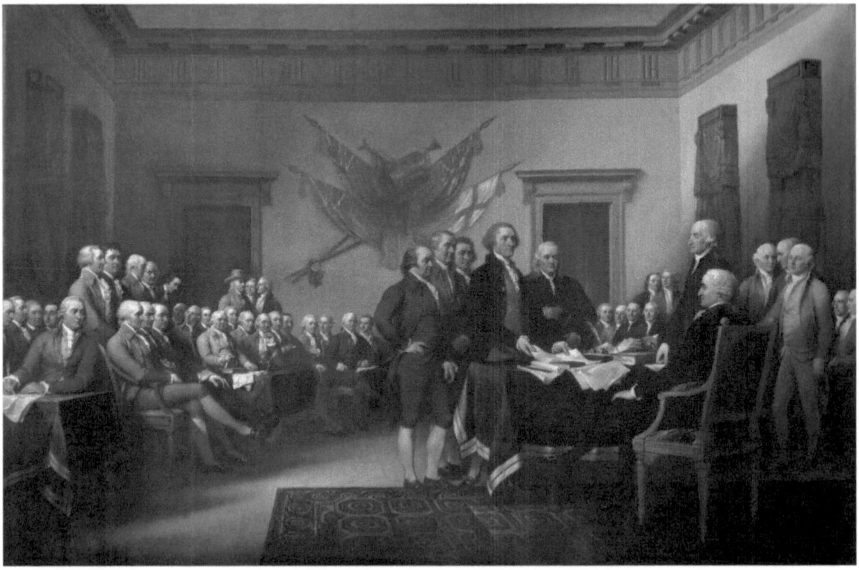

Harald Klinke

Amerikanische Historienmalerei

Neue Bilder für die Neue Welt

Graphentis Verlag

Für meine Eltern

Umschlagabbildung: John Trumbull: Declaration of Independence, Öl auf Leinwand (Bildrechte: Architect of the Capitol), Detail (vollständige Ansicht: Frontispiz)

ISBN 978-3-942819-00-8

1. Auflage

Herstellung: Books on Demand GmbH, Norderstedt

Inhalt

Einführung

Als am 9. Juli 1776 die amerikanische Unabhängigkeitserklärung in New York erstmalig verlesen wurde, kam es zu einem spontanen Ikonoklasmus: Unter dem Jubel der Bevölkerung rissen die *Sons of Liberty* die Reiterstatue von König George III. bei Bowling Green vom Sockel (Abbildung 1). Es verwundert kaum, dass der politische Systemwechsel mit bilderstürmerischen Akten gegen englische Symbole einherging. Schließlich wurde die Trennung vom Mutterland als Befreiung von britischer Macht empfunden und die Zerstörung ihrer Repräsentationsbilder mag als pathetisches Zeichen eines Epocheneinschnittes gedient haben.

Es ist jedoch das Problem jedes Ikonoklasmus, dass auf die Bilderstürze ein Bildvakuum folgt, da zunächst offen bleibt, welche Repräsentation die neu anbrechende Zeit erhalten soll. Schnell fanden sich zwar auch in Amerika Ersatzbilder, die diese Lücken füllen sollten. So war beispielsweise der *Liberty Tree* ein akzeptiertes Symbol der Revolution, der auf zahlreichen Flugblättern und in Zeitungsillustrationen erschien.[1] Doch auf die Monarchie sollte mit der Republik eine neue Gesellschaftsordnung folgen, die nicht nur eine neue Verfassung, sondern auch eine völlig neue Ikonographie benötigte.

Diese zu entwickeln, der neuen Republik adäquate Bilder anzubieten, konnte Aufgabe der Künstler sein. Und da wohl kein Land eine größere Sehnsucht nach einer nationalen Mythologie hatte als der erst kürzlich entstandene Nationalstaat in der Neuen Welt, erschien es zu-

[1] Vgl. HARRIS, 17-25.

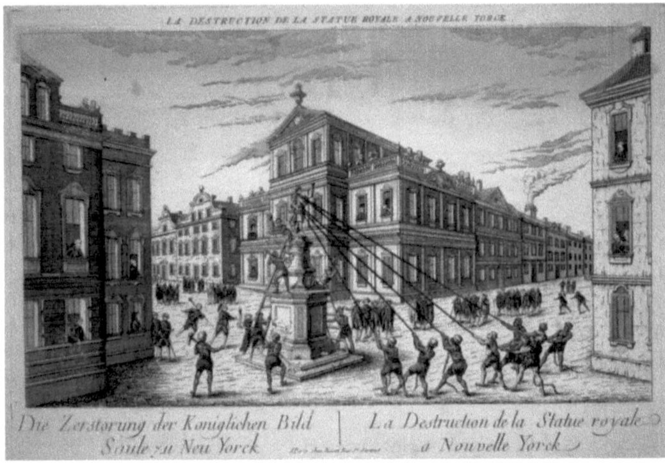

Abbildung 1 André Basset: *La Destruction de la Statue Royale a Nouvelle Yorck/Die Zerstörung der Königlichen Bild Säule zu Neu Yorck*, ca. 1779[2]
Quelle: Library of Congress, Prints and Photographs Division

nächst folgerichtig, die in England modernisierte und im staatlichen Auftrag stehende europäische Historienmalerei in die Vereinigten Staaten zu importieren. Mit der festen Überzeugung, damit in Amerika auf große Nachfrage zu stoßen und ihrem Land einen Dienst zu erweisen, machten sich dies zahlreiche Künstler zur Lebensaufgabe.

Seit John Trumbull im Jahr 1772 den Porträtmaler John Singleton Copley in dessen Atelier in Boston besucht hatte, war es sein Ziel, großartige Werke zu schaffen und ein angesehener Künstler zu werden. Bei Copley konnte er Kopien Alter Meister und Porträts bedeutender Bostoner Persönlichkeiten bestaunen, die durch ihre malerische Technik bestachen und nirgendwo sonst im kolonialen Amerika zu

[2] Die Reiterstatue wurde nach dem Widerruf des Stamp Acts von Torys errichtet (s. FOWBLE, 255). Mitte des 19. Jahrhunderts wurde dieses Thema von amerikanischen Malern wieder aufgenommen. So zeigte zunächst William Walcutt (1819-1895) im Jahr 1854 (Museum of the City of New York) und um 1859 auch der deutschstämmige Johannes Adam Simon Oertel (1823-1909) die Szene noch einmal (New-York Historical Society).

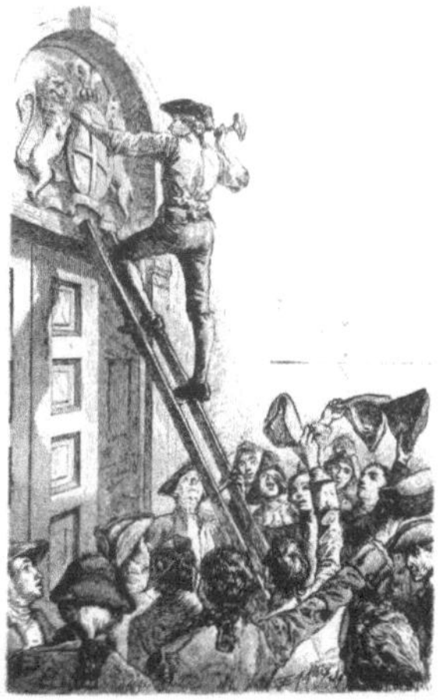

Abbildung 2 Anonym: *Tearing down King's arms from above the door in the chamber of the Supreme Court in Independence Hall, July 8th, 1776*[4]
Quelle: DANNETT, 46

finden waren.[3] Nach seiner Teilnahme am Unabhängigkeitskrieg hatte Trumbull die Gelegenheit, den größten amerikanischen Maler der damaligen Zeit in London besuchen zu können: Benjamin West. Dieser hatte sich in der Historienmalerei mit dem Gemälde *Tod des General Wolfe* einen Namen verschafft und Trumbull erkannte sofort das Potenzial dieses Gemäldetyps für die neue amerikanische Republik.

Beraten von dem Autor der Unabhängigkeitserklärung, Thomas Jefferson, entwickelte er eine Serie von Bildentwürfen, die später als Stiche umgesetzt die Ereignisse und Werte der amerikanischen Revolution in die Zukunft tragen sollten. Mit dieser künstlerisch wie unternehmerisch ambitionierten Idee kehrte er in seine Heimat zurück.

[3] Das Mezzotinto gehört zur Technik des Kupferstichs und bewirkt eine malerische Auflösung in breite Helldunkelflächen. Es wurde im 17. Jahrhundert erfunden und vor allem von englischen Graphikern des 18. Jahrhunderts verwendet (vgl. KML, Bd. 6, 470, zu Abkürzungen s. Anhang).

[4] Bettmann Archives, Abbildung in: DANNETT, 46. Ähnliche ikonoklastische Akte fanden auch in anderen Städten statt. Häufig wurde die Entfernung königlicher Symbole in öffentlichen Gebäuden auch angeordnet (s. DESHLER).

Mangels Aufträge musste er dort seinen Lebensunterhalt jedoch zunächst mit der Porträtmalerei verdienen und sein Gedanke, den Staat für die Kunst in die Pflicht zu nehmen, schlug fehl. Als das Interesse an der Revolution und damit an Trumbulls Bildern schwand, schien das Projekt nicht mehr realisierbar.

Andere Künstler scheiterten viel dramatischer an dem Versuch, die europäische Historienmalerei nach Amerika zu bringen. Samuel Morse, ebenfalls Schüler Benjamin Wests, organisierte eine Ausstellung seines groß angelegten allegorischen Gemäldes *The House of Representatives.* Diese brauchte seine finanziellen Mittel fast vollständig auf, erzeugte aber kaum Interesse für diese Art der Malerei. Er hoffte ebenfalls auf einen Staatsauftrag für ein Historiengemälde, wurde aber immer wieder enttäuscht. So wandte er sich von der Kunst ab und hoffte schließlich, der Nachwelt gar nicht als Künstler in Erinnerung zu bleiben. Washington Allston arbeitete sein halbes Leben im Geheimen an einer historischen Komposition, die sein größtes Werk werden sollte. Als man ihn tot in seinem Atelier fand, soll jemand geflüstert haben, „das ist sein Leichentuch" und deutete auf das Gemälde, das mit zahlreichen Übermalungen und Neuanfängen unfertig und in einem chaotischen Zustand blieb.[5] John Vanderlyn, der in Frankreich für ein Historiengemälde eine Medaille Napoleons erhielt, konnte sich zwar einen staatlichen Gemäldeauftrag sichern, rekapitulierte in Rom jedoch: „Bereits vor dreißig Jahren war ich genau an dieser Stelle. [...] Vor dreißig Jahren, und hier bin ich wieder. Ich kam alt und gebrochen zurück mit meinem ersten und einzigen Auftrag unserer Regierung – zu spät! Zu spät!"[6] Nach scharfer Kritik an dem ausgeführten Gemälde starb er einsam und verarmt in einem Hotelzimmer.

Wie konnte es dazu kommen, dass eine scheinbar passende Idee, die Revolution in Gedenkbildern zu verewigen, auf so wenig Interesse stieß? Wie konnten Künstler wie John Trumbull den Kunstgeschmack ihrer Heimat offenbar derart falsch einschätzen? Wo liegen die Ursachen hinter diesem Konflikt?

---

[5] Vgl. FLEXNER 1969, 172. Allstons Tod vor dem Werk im Jahr 1843 ist vergleichbar mit dem Tod des fiktiven Künstlers Claude Lantier im Roman *L'Œuvre* von Émile Zola aus dem Jahr 1885 (vgl. BELTING 1998, 160-164).

[6] Übersetzung Autor, Original zit. in FREEMAN, 15, vgl. S. 261 unten.

Antworten auf diese Fragen lassen sich auf verschiedenen Ebenen finden. Auf der einen Seite steht die Ideengeschichte: Die amerikanischen Künstler wurden mit der Essenz der an den Kunstakademien gelehrten europäischen Ästhetik „ideologisiert“ und hielten es für ihre Lebensmission, diese zum Wohle Amerikas zu importieren. Auf der anderen Seite steht die Sozialgeschichte: Als der amerikanische Staat Aufträge zur Dekoration des Parlamentsgebäudes vergab, entflammten an den Gemälden Diskussionen, die die gesellschaftlichen Umbrüche und die Identitätssuche Amerikas widerspiegelten. Es ist aber auch eine bildhistorische Antwort zu versuchen: Die kolonialen und akademischen Bildbegriffe unterschieden sich so sehr, dass es infolge des transatlantischen Kulturtransfers zu Missverständnissen und Konflikten kam, die innerhalb einer Generation nicht überbrückt werden konnten. Schließlich stellt sich die Frage, welche Funktion die Kunst in einer pluralistischen Gesellschaft erhalten soll. Im post-revolutionären Amerika musste sie ihre Rolle erst finden. Von dieser spannenden Zwischenphase handelt dieses Buch. An ihrem Ende steht eine neue Ausrichtung der Kunst der USA, die nach der politischen schließlich auch eine kulturelle Unabhängigkeit fordert.

*

Liest man Publikationen zum Thema, entsteht oft der Eindruck, die Entwicklung der amerikanischen Kunstgeschichte sei ein kontinuierlicher Prozess hin zu einer amerikanischen Hochkunst, wie sie in der Moderne vor uns steht.[7] Auf diese Weise werden jedoch Künstler nur aus der Rückschau interpretiert und widersprüchliche Phänomene ignoriert, um eine bruchlose Kunstgeschichtsschreibung zu ermöglichen. Die frühe Geschichte der amerikanischen Kunst besteht jedoch zu großen Teilen sowohl aus Erwartungen wie Enttäuschungen, aus Hoffnungen und Rückschlägen. Amerikanische Kunsthistoriker scheinen daher häufig ein schwieriges Verhältnis zu der Generation von Künstlern zu haben, die zwar einerseits aus patriotischer Überzeugung

---

[7] Folgt man dieser Lesart, dann erscheint Charles Willson Peale als „genuine American idiom“ (Friedl, in HORNUNG, 149).

heraus handelte, andererseits im eigenen Land weitgehend erfolglos blieb.[8]

In Anlehnung an ROZBICKI kann man zwei Typen von Autoren unterscheiden, die sich im 20. Jahrhundert mit der frühen amerikanischen Kunst beschäftigt haben. Die einen können als Romantiker, die anderen als Exzeptionalisten bezeichnet werden.[9] So kann man zu den Romantikern beispielsweise Lilian MILLER rechnen, die in ihrem Buch *Patrons and Patriotism* eine umfangreiche Apologie vorlegte, die zeigen soll, dass Trumbulls Generation durchaus auf Unterstützung der Gesellschaft hätte bauen können und es daher keinen Anlass geben würde, dieser Epoche eine untergeordnete Stellung zuzuweisen.[10] Jedoch blendet sie dabei einen Konflikt zwischen den Künstlern und ihren potenziellen Förderern aus, an dem grundsätzliche Positionen und gesellschaftliche Verschiebungen deutlich werden, deren Austragung erst eine Neuorientierung der amerikanischen Kunstszene ermöglichte. Zu den Exzeptionalisten kann man entsprechend Thomas FLEXNER zählen, der seine Position in zahlreichen Büchern seit den 1940er Jahren vertrat. Im historischen Rückblick empfindet er jeglichen europäischen Einfluss als hemmend für das Aufblühen des Eigenamerikanischen.[11] Damit unterschätzt er grob den entscheidenden Faktor des transatlantischen Kulturaustauschs für die amerikanische Kunstgeschichte, der in der ernsthaften Betrachtung einer multikausalen Entwicklung nicht außer Acht gelassen werden darf.

Wohl aufgrund der schwierigen Beziehung zwischen amerikanischen Kunsthistorikern und diesen Künstlern wurden kaum detaillierte Analysen vorgenommen. Standardwerke zur amerikanischen Kunstgeschichte, wie die von BARKER, FLEXNER, LARKIN, RICHARDSON oder

---

[8] GERDTS bemerkt, dass amerikanische Kunsthistoriker die amerikanischen Historienmalerei häufig als Studienthema abgelehnt hätten, weil sie ein Misserfolg gewesen sei (vgl. GERDTS 1988, 61).

[9] ROZBIKI unterscheidet mit diesen Begriffen Autoren, die sich mit der amerikanischen „gentry" beschäftigen: Während die einen die *landed gentry* für ein Anzeichen amerikanischer Hochkultur halten, gelten sie den anderen als Blockierer der Entstehung einer amerikanischen Eigenkultur (vgl. ebd., 13-15).

[10] Vgl. MILLER 1966.

[11] Vgl. FLEXNER 1969.

SAVELLE, erfassen diese Phänomene nur oberflächlich.[12] Dagegen lassen es Monografien, wie die von JAFFE über Trumbull, an Einbeziehung in einen weiteren historischen Kontext fehlen. MARKS stellt in seiner Rezension des Werkes aus dem Jahre 1975 fest, es mangele dem Werk an Beschäftigung mit der Funktion der Kunst in der neuen Republik: „[...] we still need an art-historical assessment of Trumbull."[13] Daran hat sich bis heute wenig geändert.

Eine unvoreingenommene Analyse dieser Entwicklungen ist notwendig, um die künstlerischen Phänomene unvoreingenommen in einen kunsthistorischen Kontext zu stellen. Auf diese Weise können die Werke in ihrem Entstehungszusammenhang und in ihrer gesellschaftlichen Funktion erkannt werden. So ist eine Bewertung und Einordnung des zentralen Phänomens der Historienmalerei in Amerika möglich, die sowohl für die Kunstwissenschaft wie auch für die an sie angrenzenden Gebiete, wie beispielsweise die American Studies, von großem Interesse ist.[14]

Der amerikanischen Kunstgeschichte wird man erst gerecht, wenn man ihre Paradoxien und Gleichzeitigkeiten akzeptiert. Gegensätze können in einer Gesellschaft immer simultan bestehen, weil jede Strömung eine Gegenströmung erzeugt. Erst die Interaktion beider Kräfte treibt eine Entwicklung dialektisch voran, welche die Kunst zu neuen Formen führt. Daher soll hier, Alois RIEGL folgend, die Kunstentwicklung in den USA des frühen 19. Jahrhunderts als historische Übergangsphase begriffen werden. Erst mit einer solchen entwicklungsgeschichtlichen Betrachtungsweise ist eine Würdigung der Epoche möglich, die sie als ein notwendiges Glied in der historischen Kette zeigt, ohne die das Folgende nicht denkbar wäre. Erst durch das

---

12 Selbst GERDTS' Abhandlung von 1988, die sich explizit der amerikanischen Historienmalerei zuwenden möchte, fehlt es an einer tiefergehenden Auseinandersetzung mit den Gemälden.

13 MARKS 1977, 264. Als Monographie kann man JAFFEs Buch kaum bezeichnen, werden doch umfangreich biographische Aspekte des Lebens John Trumbulls behandelt und weniger kunsthistorische Fragen beantwortet.

14 Zur Möglichkeit einer neuen Sicht auf die amerikanische Kunstgeschichte aus transkultureller Sicht s. WIERICH.

Scheitern europäischer Ideen in Amerika war die Entstehung neuer ästhetischer Vorstellungen möglich.[15]

Eine solche kunsthistorische Arbeit hat einen begrenzten Erzählraum und muss folglich selektiv vorgehen. Die erwähnten Künstler- und Bildbeispiele können nicht vollzählig sein, sie können aber durch ihre repräsentative Auswahl einen möglichst umfassenden Überblick einer Entwicklung geben. Es handelt sich hierbei für den deutschen Sprachraum um einen Schritt in ein weitgehend neues Territorium, der weitere Forschungsbeiträge in angrenzende Bereiche anstoßen kann. Dies soll die Aufgabe der vorliegenden Arbeit sein.[16]

Dabei ist es zunächst notwendig, das Untersuchungsobjekt abzugrenzen. Im Folgenden wird die amerikanische Historienmalerei nach der Unabhängigkeit behandelt. Dies bedeutet zunächst eine Einschränkung auf die Zeit zwischen etwa 1776 (Unabhängigkeitserklärung) und 1783 (Pariser Friede) bzw. 1861 (Beginn des Sezessionskrieges). Dies sind jedoch nur grobe Richtmaße, denn die Zeit der Historienmalerei in Amerika beginnt nicht erst mit dem Unabhängigkeitskrieg, sondern hat eine entscheidende Vorgeschichte, die überwiegend nicht einmal in Amerika stattfand. Ebenso beginnt eine neue Phase in der künstlerischen Entwicklung nicht erst mit der Ära Lincoln, doch die hier besprochene Zeit findet spätestens mit dem Sezessionskrieg ihr endgültiges Ende.

Die Bildgattungen werden oft auch als „Genres“ bezeichnet. Dieser Begriff wird hier nicht verwendet, um Verwechslungen mit der Genre-

---

[15] Am Beispiel der spätrömischen Kunstindustrie macht RIEGL seine Vorstellung deutlich, die Kunstgeschichte nicht als zyklische Geschichte mit Verfallsphasen, sondern als Entwicklungsgeschichte zu betrachten, in der jede Zeit ihre Funktion im Wandel hat.

[16] In den letzten Jahren hat sich die deutsche Kunstwissenschaft zunehmend mit der frühen amerikanischen Kunstgeschichte befasst. GAEHTGENS war bereits 1988 und 1992 an der Herausgabe eines Überblickswerks und eines Themenbandes beteiligt. KOJA gab 1999 den Band *America. Die Neue Welt in Bildern des 19. Jahrhunderts* heraus und legte damit eine weitere Grundlage für das Studium der Malerei dieser Epoche. Der Katalog zur Ausstellung *Neue Welt. Die Erfindung der amerikanischen Malerei* (Buceriusforum, Hamburg) beschäftigt sich mit der amerikanischen Landschaftsmalerei (KORNHAUSER). Zudem veranstaltete das John-F.-Kennedy-Institut Berlin im Mai 2007 eine Konferenz mit dem Titel „Narratives about American Art“.

malerei zu vermeiden.[17] Unter „Historienmalerei" wird meist eine der Bildgattungen verstanden, die sich zur Aufgabe gemacht hat, geschichtliche Ereignisse, biblische Szenen oder Erzählungen aus Legenden, Mythologie und Dichtungen darzustellen.[18] Im Folgenden soll der Schwerpunkt auf der Darstellung von geschichtlichen Begebenheiten im engeren Sinne liegen. Dies liegt nicht daran, dass religiöse Themen oder antike Mythen in dieser Zeit selten Inhalt der Malerei waren, sondern daran, dass die Darstellung von politischen Ereignissen in Amerika eine besondere Bedeutung im Aufbau der Vereinigten Staaten hatte. Hieran kann exemplarisch gezeigt werden, dass Kunst nicht nur ein Parallelphänomen zur politischen Geschichte oder aus dieser zu erklären ist, sondern dass die Kunstgeschichte ebenso viel zur Klärung der politischen Geschichte beitragen kann. Eine Darlegung der Herkunft von Ideen zur Historienmalerei und der folgenden längerfristigen Entwicklungen ist fruchtbar, da an den Konflikten etwas sichtbar wird, das nicht nur kunsthistorisch von Bedeutung ist, sondern eng mit der politischen Geschichte sowie mit der Sozial- und Geistesgeschichte verwoben ist, die wiederum die Voraussetzungen für die Kunstproduktion darstellen.

Eine Begrenzung auf Malerei kann bei der Untersuchung dieser Bildgattung im gesteckten Zeitrahmen kaum aufrechterhalten werden, obwohl sie im Mittelpunkt steht. Die Wechselbeziehungen zwischen Malerei, Skizze und Stich, die meist organisatorisch bedingt sind, lassen dies kaum zu. Zudem wird im Laufe der Entwicklung eine klare Abgrenzung der Bildgattungen untereinander immer schwieriger. So kann ein entscheidendes Ergebnis an dieser Stelle bereits vorweggenommen werden: Genre, Porträt und Historienbild gehen nicht selten ineinander über und ermöglichen Bildschöpfungen, die bald kaum noch in klassische Kategorien einzuordnen sind.

---

[17] Streng genommen unterscheidet man in der Kunst die Gattungen Baukunst, Plastik, Malerei und Grafik. Erst im Barock begann man, die Malerei in folgende Unterkategorien zu differenzieren: Altarbild, Andachtsbild, Architekturbild, Blumenmalerei, Genremalerei, Gruppenbild, Historienmalerei, Interieur, Landschaftsmalerei, Marinemalerei, Porträt, Stillleben, Tierdarstellung und Vedute. Als „Bildgattungen" werden im Folgenden neben der Historienmalerei jedoch nur das Porträt, die Genre- und Landschaftsmalerei sowie das Stillleben bezeichnet (vgl. LdK, Bd. 4, 125).

[18] Vgl. LdK, Bd. 6, 26-31.

Unter „Amerika“ wird im Folgenden das Territorium der englischen Kolonien in Nordamerika bzw. das Territorium der USA verstanden. Was aber „amerikanisch“ ist, war in jener Zeit in vielerlei Hinsicht die entscheidende Frage. Ziel dieser Arbeit ist es, keine Definition dessen zu versuchen, sondern einen Diskurs darzustellen. Dazu muss zunächst geklärt werden, welche malerische Tradition in den Kolonien geherrscht hatte und was die Historienmalerei genau ist. Daher beginnt die Arbeit mit einem Exkurs über die koloniale Malerei und folgt Benjamin West nach England. Die dort von ihm entwickelte, von Reynolds propagierte und von Copley weitergeführte Historienmalerei stellte die Basis dar, auf die amerikanische Maler aufbauen konnten.

These dieser Arbeit ist zunächst, dass der Konflikt der Künstler bei ihrer Rückkehr nach Amerika ein Konflikt grundsätzlicher Blickmodi ist: Auf der einen Seite die koloniale mimetische Bildtradition, die oft als *matter-of-fact*, und auf der anderen Seite die europäische idealische Bildtradition, die als *Grand Style* bezeichnet wurde. Daneben steht die These, dass die Unabhängigkeit eine grundsätzliche Krise der gesellschaftlichen Rollen bewirkte. Zum einen gilt dies für die Rolle des Künstlers als Produzent, zum anderen für den Staat als Auftraggeber von Kunst. Dies wird an dem Beispiel John Trumbulls und der Auftragsvergabe für die Rotunde des US-Kapitols verdeutlicht und mit den Alternativstrategien von John Vanderlyn und Samuel Morse verglichen.

*

Ich danke den Professoren Siegfried Gohr (Kunstakademie, Düsseldorf) und Hans Belting (Staatliche Hochschule für Gestaltung, Karlsruhe) sowie Professor Winfried Fluck (John-F.-Kennedy-Institut, Berlin) und Dr. Barbara Wolanin (United States Capitol Historical Society, Washington, D. C.) für ihre Unterstützung und zahlreichen Hinweise. Ein Stipendium der Deutschen Forschungsgemeinschaft erlaubte mir die Überarbeitung des Manuskripts an der Columbia University, New York.

I. Herkunft

Als Instrument der Unterscheidung verschiedener Bildphänomene dienen im Folgenden die Begriffe „mimetisch" und „ideal". Unter „mimetisch" wird eine enge Auslegung des platonischen Bildbegriffs verstanden, der die Annäherung des Gemäldes an die visuelle Erscheinung der Gegenstände zum Ziel hat, wie sie in der kolonialen Malerei praktiziert wurde. Unter „ideal" ist hier die von den europäischen Kunstakademien des 17. und 18. Jahrhunderts vertretene Vorstellung gemeint, die Malerei sei eine geistige Arbeit, die allgemeine Ideen sichtbar machen kann. Der Grund für diese Unterscheidung ist die Annahme, dass die Konflikte, denen die amerikanischen Historienmaler nach der Unabhängigkeit ausgesetzt waren, unter anderem auf ein unterschiedliches Verständnis von Bildern zurückzuführen sind. Um diese Konflikte zu verstehen, werden zunächst beide Bildbegriffe in ihrem historischen Kontext vorgestellt.

Das Mimetische: Die koloniale Malerei

Betrachtet man die koloniale Malerei, fällt auf, dass die Errungenschaften der europäischen Renaissance dort praktisch unbekannt zu seien schienen. Dies liegt einerseits daran, dass auch England in der Malerei einen künstlerischen Sonderweg innerhalb Europas beschritten hatte. So wurde die Hochkunst überwiegend nur im Zentrum, am Londoner Hof, praktiziert. Der Großteil der *Great Migration* stammte jedoch aus dem englischen Hinterland, in das die Renaissance kaum eingedrungen war.[19]

Ein anderer Grund ist, dass ein Teil der Auswanderer aus religiösen Gründen ihre Heimat verließen. Besonders in England empfanden die Puritaner die Reformen von Henry VIII. als nicht weitgehend genug und sich von der anglikanischen Kirche unterdrückt. Ihre Vorstellungen von Kunst waren tendenziell bilderskeptisch, daher war Kunst nur in engen Grenzen zugelassen. Johannes Calvin predigte, „es soll also nur das gemalt oder gebildet werden, was unsere Augen fassen können, man solle nur die Dinge darstellen, die sichtbar sind."[20]

Platon bezeichnet die Nachahmung des Sichtbaren als „Mimesis". Insofern kann der Begriff des Mimetischen auf weite Teile der kolonialen Malerei angewendet werden. Platon, dem diese Bezeichnung zur negativen Bewertung der Tätigkeit des Malers diente, führt als Beispiel den Schreiner an, der die Idee eines Bettgestells in ein dreidimensionales Objekt verwandeln kann. Der Maler dagegen könne nur die Erscheinung dieses Objekts wiedergeben.[21]

Auch in den Kolonien wurden Gemälde zunächst von Handwerkern geschaffen, die nicht selten hauptberuflich Sattler waren, Wappen und Ladenschilder herstellten und nebenbei Porträts malten. Ihrem niederen sozialen Rang entsprechend, waren die ersten Maler, von denen Werke erhalten sind, anonyme Autodidakten, die die Bildnismalerei berufsmäßig ausübten (*untrained professionals*). Ihre Berufsbezeichnung gibt

---

19 Vgl. HARRIS, 3. FLEXNER ist der Meinung, es liege daran, dass die Mehrzahl der Siedler aus den ärmeren Klassen Englands stammten, die sich auch in der Alten Welt nicht mit Kunst befasst hätten (s. FLEXNER 1947, 84). Beide Argumentationen schließen sich gegenseitig nicht aus. Die puritanische Auswanderungswelle fand etwa 1630-40 statt (vgl. RAEITHEL, 20, s. a. BREEN 1980, XI).

20 Zit. in LdK, Bd. 1, 549, vgl. POHL, 58.

21 Die Meisterschaft des Malers zeige sich, so Platon, in seiner Fähigkeit die Erscheinung besser als andere wiederzugeben (Politeiea 597a-598a). Dies wird deutlich in der Geschichte des Plinius, der davon erzählt, Zeuxis habe in einem Malerwettstreit Parrhasius den Sieg zugestanden, der ihn selbst durch einen gemalten Vorhang getäuscht habe (Nat. hist. 35, 65, s. KÖNIG, 65). PANOFSKY macht deutlich, dass die platonische Philosophie deswegen nicht als „kunstfeindlich" zu bezeichnen sei, die Anwendung des „kunstfremden" Idee-Begriffs jedoch zu einer Infiorität der Künste gegenüber er Philosophie führte (s. PANOFSKY 1960, 2-3).

Auskunft über ihre gesellschaftliche Wertschätzung. So wurden sie nicht „Künstler“ oder „Maler“, sondern „Limner“ (Abmaler) genannt. Ihre Aufgabe war es, den Porträtierten so darzustellen, wie er aussieht, also das zweidimensionale Abbild der visuellen Erscheinung der Person anzugleichen. Entsprechend wurde das Ergebnis „Likeness“, ein ähnliches Abbild, genannt.[22] Auf diese Weise etablierte sich in den britischen Kolonien an der nordamerikanischen Ostküste ein Bildbegriff, der sich von dem damalig in Europa dominierenden grundsätzlich unterschied. Dieser mimetische Bildbegriff wird oft als *matter-of-fact* bezeichnet.[23]

Im Gegensatz zu Kontinentaleuropa bestanden in Amerika keine Kunstakademien, in denen Künstler Anatomie anhand von Modellen studieren, die malerischen Techniken, Perspektive oder die Vorstellung, dass Kunst mehr als Abmalen sein könnte, lernen konnten. Aber auch der Markt, die Auftraggeber und Abnehmer von Gemälden, die meist einer ersten Generation von Neureichen angehörten, erwarteten selten mehr von den Malern als eine faktische Kopie.[24]

Neben dem mimetischen Bildbegriff ist der kolonialen Malerei gleichzeitig eine technisch unausgereifte und unreflektierte Malweise zu eigen. So zeigt der Maler der Freake-Porträts (Abbildung 3) im Jahre 1640 alle Anzeichen einer naiven Malerei: scharf voneinander abgegrenzte Flächen, auffallende Buntheit, bewegungslose Statik, puppenhafte Anatomie, kaum Andeutungen von räumlicher Tiefe und Texturen in minutiöser Musterung.[25]

Ein weiteres Merkmal der naiven Malerei ist festzustellen, nämlich die Nachahmung modischer Malarten. Entsprechend orientierten sich die Limner an englischen Gemälden nach van Dyck, die ihnen in Form

[22] Während der Begriff „Porträt“ ein künstlerisches Phänomen Europas bezeichnet, ist „Likeness“ der erste distinktive Begriff, der ein angloamerikanisches Phänomen beschreibt. Das Porträt zwischen persönlicher Identität und gesellschaftlicher Akzeptanz, das den höfischen Bildnissen eigen ist (s. WARNKE, 270), erscheint in Amerika erst in den Washington-Porträts von Gilberts Stuart.

[23] Vgl. BURROUGHS, Kap. 1.

[24] S. HARRIS, Kap. 3.

[25] SIZER bezeichnet die ersten kolonialen Maler vor Smibert als europäische Provinzialisten (s. SIZER 1931, 11, vgl. CRAVEN, Teil III).

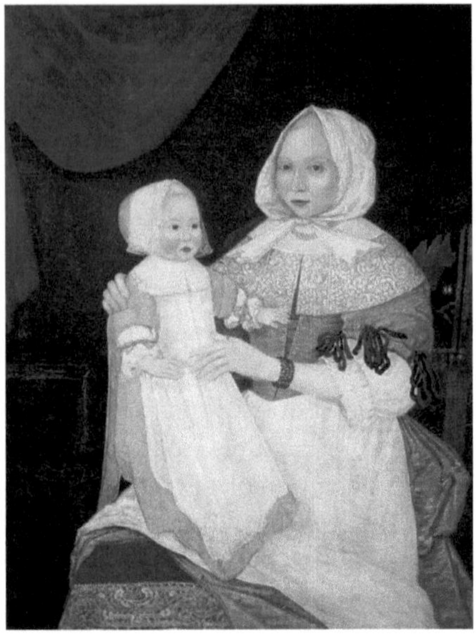

Abbildung 3 Anonym: *Mrs. Elizabeth Freake and Baby Mary*, ca. 1671-74
Öl auf Leinwand, 108×93,4 cm, Worcester Art Museum, Worcester, Mass. Quelle: HUGHES, Abb. 23

von importierten Mezzotintos vorlagen. Von diesen konnten sie zwar Komposition und Posen, nicht aber malerische Technik ableiten. Im Gegenteil, durch den Medienwechsel zum Stich geht das Malerische verloren und das Lineare wird betont. Auf diese Weise blieb das amerikanische Porträt vom englischen abhängig, ohne es je erreichen zu können.

Während die technisch naive Malerei sich durch Erfahrung und Austausch der Künstler untereinander zu einer Bandbreite an Möglichkeiten weiterentwickelte, blieb der Bildbegriff unverändert. Die Motivation hinter der Weiterentwicklung der technischen Fähigkeiten lag vielmehr darin, der mimetischen Vorstellung entsprechend, eine zunehmend perfektionierte visuelle Illusion zu erzeugen.

Während Anfang des 18. Jahrhunderts Künstler wie John Wollaston, Robert Feke oder Gustavus Hesselius noch ihre Reputation durch ihre handwerklichen Fähigkeiten erwarben, kam im Jahre 1728 mit John

Smibert nicht nur der erste akademisch ausgebildete Maler nach Amerika, sondern mit ihm auch eine Sammlung von Kopien Alter Meister in die Neue Welt.[26] Diese und eine Auswahl kunsttheoretischer Literatur führten zur Verbreitung des in Europa vorherrschenden Kunstverständnisses, das nicht nur eine hochentwickelte malerische Technik versprach, sondern auch eine soziale Aufwertung des Künstlers. Diese doppelte Verheißung trieb anschließend Generationen von amerikanischen Künstlern zum Studium nach Europa.

Dort kamen sie mit dem idealen Bildbegriff der europäischen Höfe und Kunstakademien in Berührung. Dieser soll im Folgenden dargestellt werden. An den Beispielen von Benjamin West, Joshua Reynolds und John Singleton Copley wird verdeutlicht, welche Ideen hinter der akademischen Tradition standen. Zu diesen Ideen gehörte auch eine Vorstellung von der gesellschaftlichen Funktion der Malerei.

Einer der amerikanischen Künstler, die diese Ideen in London enthusiastisch aufnahmen und weiterentwickelte, war John Trumbull. An seinem Beispiel wird sichtbar, mit welchen Schwierigkeiten Künstler konfrontiert waren, die die Historienmalerei in den Dienst ihres kürzlich unabhängig gewordenen Heimatlandes stellen wollten. Bei seiner Rückkehr nach Amerika wurde klar, dass europäische Ideen nicht einfach übertragen werden konnten, sondern die Kunst auf die gesellschaftlichen Voraussetzungen einer Republik angepasst werden musste. Doch welche Gesellschaft wollte man in Amerika und welche Funktion sollte die Kunst darin erfüllen?

Klassische Historienmalerei: Benjamin West

Eine Kunstgeschichte Nordamerikas kann nicht ohne die vielfältigen Beziehungen zu England geschrieben werden. Von hier stammte der Großteil der Einwanderer ab. In der Hauptstadt des

26 Sein Freund, der irische Philosoph und Theologe George Berkeley, hatte ihn überzeugt, mit ihm auf die Bermudas zu kommen, um dort ein College zu gründen, an der Smibert Malerei lehren sollte. Dazu kam es zwar nie, aber auf diese Weise kam Smibert nach Boston. Dort malte er die Gruppe um Berkeley herum, das fortschrittlichste Gruppenporträt, das bis dahin in den Kolonien hergestellt wurde und daher die nächsten 80 Jahre Generationen von Künstlern als Vorbild diente. Smibert war Mitglied in Lelys *Virtuosi of St Luke* (vgl. FENTON, 52).

britischen Empires hatten amerikanische Künstler den Eindruck, sich im kulturellen Zentrum der Welt zu befinden. Bemerkenswert ist jedoch auch, dass die einflussreichsten Vertreter der englischen Historienmalerei amerikanischer Herkunft waren. Vor allem Benjamin West aus Philadelphia entwickelte die Gattung grundlegend weiter und beeinflusste amerikanische Schüler entscheidend. Ebenso verlieh John Singleton Copley aus Boston der Historienmalerei ihre überzeugende narrative Funktion. Beide wurden so zum Vorbild für viele Künstler, die zum Studium der Malerei nach London kamen.

Benjamin West (1738-1820) gehörte zu den wichtigsten Erneuerern der Kunst des 18. Jahrhunderts. Obwohl er früh nach England ging, stellt er den Anfang der amerikanischen Historienmalerei dar. Mit ihm kam das erste Mal ein Künstler über den Atlantik, der sich bewusst die europäische Kunsttradition erschloss, um der Neuen Welt das Kulturerbe der Alten Welt verfügbar zu machen.

Bereits als Jugendlicher kopierte er Kupferstiche und wurde in Philadelphia über den Künstler William Williams mit den Schriften der Kunsttheoretiker Charles Alphonse Dufresnoys und Jonathan Richardsons bekannt.[27] Bei Dufresnoy konnte er lernen, dass man sich an griechischen Skulpturen orientieren und das Gotische und Barocke meiden solle. Zwar hatte West bis dahin vermutlich keine der dort besprochenen Gemälden im Original gesehen, die Bücher gaben ihm jedoch eine entscheidende kunsttheoretische Grundorientierung für seine weitere Entwicklung.[28]

---

[27] William Williams (1727-1791) ist nicht zu verwechseln mit John Trumbulls Schwager und Unterzeichner der Unabhängigkeitserklärung (1731-1811) gleichen Namens. Zur Mitte des 18. Jahrhunderts hatte sich Philadelphia mit 30 000 Bewohnern zur größten Stadt der Kolonien entwickelt. Bei Dufresnoys Schrift handelt es sich um eine Übersetzung von *De Arte Graphica* aus dem Jahr 1695. Richardsons Buch war vermutlich *Essay on the Theory of Painting* von 1715 (vgl. PROWN 1996, 30).

[28] Die wichtigsten Daten über Wests Leben stammen aus der Publikation von GALT, der seine Informationen von West selbst bezog. Sie muss wohl als von West diktierte Autobiographie gelten. Zu dessen Glaubwürdigkeit als Quelle s. ALBERTS, Anhang I, 409-412. Wests Lebensdarstellung fällt wohl ebenfalls unter seine späteren Vorstellungen von „Epic History" und ist im Licht der Künstlerbiographik zu lesen, denn die Beziehung West/George lässt nicht selten den geläufigen Künstlertopos des Apelles/Alexander aufscheinen (vgl. WARNKE, 58ff.).

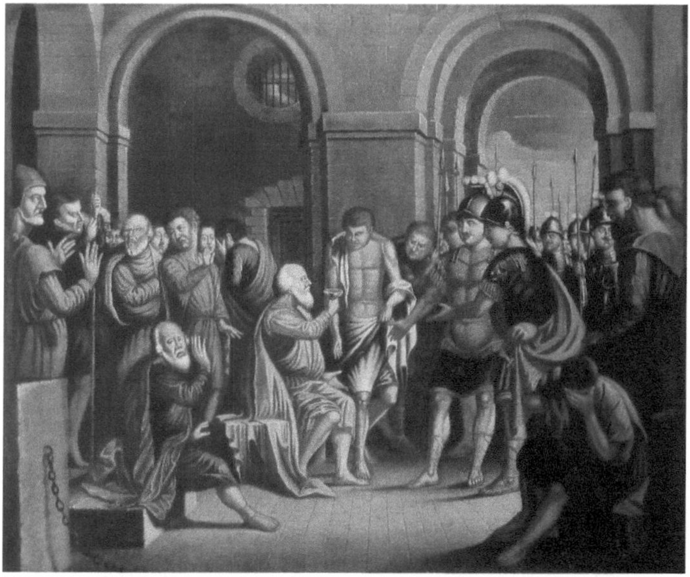

Abbildung 4 Benjamin West: *The Death of Socrates*, ca. 1756
Historical Society of Pennsylvania Collection, Atwater Kent Museum, Philadelphia. Quelle: ERFFA, Kat.-Nr. 4

Als West im Alter von 17 Jahren in Lancaster (Pennsylvania) als Porträtmaler arbeitete, wurde William Henry auf ihn aufmerksam.[29] Dieser mit den ästhetischen Ansichten Europas vertraute Waffenschmied und Erfinder war der Meinung, West solle sein Talent nicht mit Porträts verschwenden und sich stattdessen der Darstellung geschichtlicher Ereignisse zuwenden. Er riet ihm, moralisch erhebende, historische Themen wie den Tod des Sokrates zu malen.

The Death of Socrates ist ein Zeugnis der noch naiven und ungeschulten Malweise des frühen West, die sich nur an amerikanischen Künstlern wie Williams, Hesselius und Wollaston orientieren konnte. Hier fehlte es noch an ausgereifter Technik, die er erst später erlangen sollte. Die reduzierte Darstellung, die vermutlich aus der Limner-Tradition stammt, möchte ERFFA als eine Vorausdeutung auf den Klassizismus verstehen. Wests späterer Erfolg ist vermutlich auf beides

[29] Wests Porträt von William Henry (1729-1786) findet sich in ERFFA, Kat. Nr. 637.

zurückzuführen: Auf seine ursprüngliche, einfache Malweise und sein schnelles Verständnis klassizistischer Reduktion. *The Death of Socrates* deutet trotz aller technischen Mängel auf eine literarische Bildung hin, die für einen Künstler in Amerika zu dieser Zeit einmalig war und auf ein europäisches Kunstideal verwies, von dem West zunächst nur eine vage Vorstellung haben konnte.

So erscheint die Ausführung zwar noch unsicher, in der Komposition werden jedoch Elemente der klassizistischen Malerei sichtbar, die später in Europa populär wurden. So zeigt die parallel zur Bildfläche aufgestellte Arkadenfassade, die Sokrates' Kerkermauern andeutet, noch verschiedene Fluchtpunkte und legt damit das Fehlen grundlegender Kenntnisse des Bildentwurfs offen. Ihre Orthogonalität ist jedoch ein Stilelement, das dem Gemälde eine Ordnung gibt, an die West erst wieder in Europa anknüpfte und die bis Jacques-Louis Davids *Schwur der Horatier* seine Nachahmer fand. Ebenso bleibt die Anatomie, die Gestik und Mimik der Einzelfiguren, deren Entsetzten über Sokrates' furchtlose Annahme des Schierlingsbechers überzeichnet wirkt, variantenlos und der Faltenwurf ihrer Gewänder statisch. Auch ist die Strukturierung der Personengruppen und das Erzeugen von Tiefe mithilfe von Licht und Schatten nur begrenzt erkennbar.

Auf der anderen Seite deutet die in Dunkelheit getauchte Gestalt am rechten Bildrand bereits auf die Verwendung von Schlüsselfiguren in Wests späterer Malerei voraus.[30] Im Allgemeinen erweckt das Werk den Eindruck, dass seine Kenntnis der Theorie sein malerisches Können noch überflügelte. Die Grundelemente der Komposition werden bereits verstanden, aber ihre Umsetzung noch nicht voll beherrscht. Was West zu diesem Zeitpunkt fehlte, war die Orientierung an beispielhaften Originalen, die ihm in Amerika nicht zur Verfügung standen.

Durch die Themenwahl und dessen Umsetzung handelt es sich bei diesem Bild aber um den ersten Versuch, ein Historiengemälde zu produzieren, dem Prinzipien zugrunde liegen, die in Europa an den Kunstakademien diskutiert wurden. Damit geht es weit darüber hinaus, was je

---

[30] Allerdings basiert die Komposition des Gemäldes zum größten Teil auf dem Frontispiz von Charles Rollins *Ancient History* (Band 4, London, 1738-40, Stich von Jacques-Philippe Le Bas nach einer Zeichnung von Hubert-François Gravelot, s. ABRAMS 1982 und WALCH).

vorher in den Kolonien produziert wurde. Ausschlaggebend war dafür zum einen Teil Wests Talent und sein Wille, zu lernen. Zum anderen Teil die Bekanntschaft mit Henry, der ihn nicht nur in die europäische Kunsttheorie einführte, sondern ihm auch vorschlug, ein Gemälde anzufertigen, das den traditionellen Anforderungen an ein „Bild" in den Kolonien entgegenstand. So stellt *The Death of Socrates* trotz seiner technischen Defizite einen Meilenstein in der amerikanischen Kunstgeschichte dar.[31]

Aber Historiengemälde blieben für West weiter die Ausnahme. Durch seine praktische Arbeit als Porträtist in Philadelphia konnte er jedoch seine Technik verbessern und in einflussreich Kreise gelangen. Die intellektuellen Anregungen, die er dort erfuhr, und sein künstlerisches Talent ermöglichten ihm, sich immer weiter von der Kolonialmalerei zu entfernen und sich technisch weiterzuentwickeln. So erregte *The Death of Socrates* die Aufmerksamkeit des Geistlichen Dr. William Smith, der ihm die Grundlagen klassischer Bildung vermittelte und ihn in Kontakt mit dem wohlhabenden Kaufmann William Allen brachte.[32] Allen hatte in Cambridge und London studiert und ermöglichte West nun Zugang zur Sammlung des Gouverneurs James Hamilton.[33] Diese war zwar wenig umfangreich, aber eine der bedeutendsten Privatsammlungen, die man in Amerika zu dieser Zeit sehen konnte. Der Besuch dort weckte in West den Wunsch, den Atlantik zu überqueren, um seinen künstlerischen Horizont zu erweitern. Laut ALBERTS war es seit 1758 sein eigener Wunsch, für eine Reise nach Europa zu sparen.[34] Als der Geschäftsmann Joseph Shippen jedoch eine Reise über den Atlantik plante, schickte Allen seinen Sohn John mit auf die *Grand Tour*

---

[31] Entsprechend hoch ist die Wiederentdeckung des Werks durch James Thomas Flexner im Jahr 1952 zu bewerten (s. FLEXNER 1952).

[32] William Smith (1727-1803) war erster Präsident des College of Philadelphia (Porträt von Gilbert Stuart, 1801-1802).

[33] William Allen (1704-1780) war oberster Richter Pennsylvanias und einer der reichsten Personen der Kolonie (Porträt in ERFFA, Kat. Nr. 581) sowie Schwager von Gouverneur James Hamilton (ca. 1710-1783, Porträt in ERFFA, Kat Nr. 633) und bedeutendster Gönner Wests während dessen Italienaufenthalts.

[34] Vgl. ALBERTS, 25.

und Smith setzte sich dafür ein, dass sich auch West der Gruppe anschließen konnte.[35]

Als das Schiff am 12. April 1760 auf seinem 30-tägigen Weg nach Livorno vom Hafen von Gloucester am Delaware ablegte, hatte Benjamin West noch kein nennenswertes Original Alter Meister gesehen, war über Mezzotintos, Stiche, Kopien und Literatur aber theoretisch mit der ihn erwartenden Kunstwelt vertraut. Nachdem Jahrzehnte lang Siedler nach Amerika kamen, um dort ihr Glück zu suchen, ging nun zum ersten Mal ein talentierter, in Amerika geborener Künstler den umgekehrten Weg, mit dem einzigen Zweck, sich von den begrenzten Möglichkeiten seiner Heimat zu lösen und in Europa zu lernen – ursprünglich auch, um wieder zurückzukehren. Doch Benjamin West kam nie wieder nach Amerika zurück, sondern machte stattdessen Karriere in London, dem kulturellen Mittelpunkt der Zeit, und erreichte die höchsten Positionen, die ein Maler damals erreichen konnte. West kehrt erst wieder in Person seiner vielen Schüler nach Amerika zurück, die ihm nach Europa folgten und, begeistert von der europäischen Bilderwelt, anschließend Amerika zu einem Land der Künste machen wollten. So legte paradoxerweise seinen Weggang den Grundstein für die Historienmalerei in Amerika.

Wests Reise nach Italien war der erste direkte Kontakt eines amerikanischen Künstlers mit der Antike.[36] Gemäldekopien, die er für seine Förderer in Philadelphia anfertigte, ließen ihn finanziell relativ sorgenfrei leben, und deren Empfehlungsscheiben öffneten ihm in Rom viele Türen. Der Amerikaner, der gekommen war, um Kunst zu studieren, erregte viel Aufmerksamkeit, denn in den Augen vieler, auch gebildeter Europäer, musste ein Amerikaner, wenn er auch kein Indianer war, einen sehr einfachen, naturverbundenen Geist haben. Dem größten Antikensammler in Rom, Kardinal Alessandro Albani, schien es daher ein reizvolles Experiment, West mit den Schätzen des europäischen Kulturerbes zu konfrontieren. So stellte er ihm im Vatikan eine der wichtigsten Idealskulpturen der Antike, den Apollo

---

[35] Wests Porträt von John Allen (1739-1778) findet sich in ERFFA, Kat. Nr. 582.

[36] In Rom kam er am 10. Juli an und blieb etwa 12 Monate. Jedem seiner späteren Schüler riet er, zunächst Rom zu besuchen. Er schrieb, die griechischen Prinzipien „leave no room for improvement“ (an Charles Willson Peale, zit. in PROWN 1996, 29).

von Belvedere, gegenüber, über den der Archäologe und Kunstschriftsteller Johann Joachim Winckelmann im Vorjahr geschrieben hatte:

> *Von der Höhe seiner Genugsamkeit geht sein erhabener Blick, wie ins Unendliche, weit über seinen Sieg hinaus.*[37]

Zur Begeisterung der Anwesenden brachte West Winckelmanns Reinheitsideal von „edler Einfalt und stiller Größe" mit der Vorstellung vom edlen Wilden zusammen. Er rief wohl nicht unvorbereitet aus:

> *My God. How like it is to a young Mohawk warrior. [...] I have seen them often standing in that very attitude, and pursuing, with an intense eye, the arrow which they had just discharged from the bow.*[38]

Albani brachte West in Kontakt mit dem Italiener Pompeo Batoni sowie den schottischen Malern Nathaniel Dance und Gavin Hamilton. Entscheidend für West war aber vor allem sein Zusammentreffen mit zwei Deutschen – dem Altertumsforscher Johann Joachim Winckelmann und dem Künstler Anton Raphael Mengs, den beiden programmatischen Vordenkern des Klassizismus.

Bereits 1755 hatte Winckelmann mit seinem Buch *Gedanken über die Nachahmung der griechischen Werke in der Malerei und Bildhauerkunst* der Kunst eine neue Ausrichtung gegeben, die er 1764 in der *Geschichte der Kunst des Altertums* noch deutlicher machte. Er stellte die griechische Kunst als vorbildlich und deren Perfektion auch für zeitgenössische Künstler als anstrebenswert dar. Seine Forderung, die Antike nachzuahmen und das „Idealische" und die „edle Einfalt und stille Größe"[39] zum Ziel allen künstlerischen Schaffens zu machen, prägte das Geistesleben der folgenden Jahrzehnte und machte ihn zum Urvater des Klassizismus.

Zentraler Gedanke in seinem Werk ist der Begriff der „Nachahmung". Dabei unterscheidet er auf der einen Seite die Nachahmung

---

[37] Zit. in PFOTENHAUER, 16 aus *Beschreibung des Apollo im Belvedere* aus dem Jahr 1759. Bereits 1755 schrieb Winckelmann in den *Gedanken über die Nachahmung der griechischen Werke in der Malerei und Bildhauerkunst*: „Sehet den schnellen Indianer an, der einem Hirsch zu Fuße nachsetzet: wie flüchtig werden seine Säfte, wie biegsam und schnell werden seine Nerven und Muskeln, und wie leicht wird der ganze Bau des Körpers gemacht." (WINCKELMANN, 5).

[38] GALT, 101 u. 104-6. DUNLAP folgt GALT in seiner Darstellung (s. DUNLAP, I, 48).

[39] WINCKELMANN, 21.

der Natur aufgrund eines einzelnen Vorbildes, das „heißt eine ähnliche Kopie, ein Porträt machen“ und auf der anderen Seite die Nachahmung des griechischen Weges „zum allgemeinen Schönen und zu idealischen Bildern“, den er den Künstlern nahelegte.[40] Winckelmann appellierte also dafür, nicht „mimetisch“, sondern „ideal“ zu malen.[41]

Diese Positionierung wendete sich deutlich gegen einen Bildbegriff, der die Leistung der Maler abwertet. Die auf Platon zurückgehende Vorstellung, der Handwerker würde ein Werkbild nach dem göttlichen Idealbild schaffen und der Maler nur ein Abbild des Werkbildes, beschreibt einen rein mimetischen Bildbegriff.[42] Dieser kennt als Ziel nur die möglichst große Nähe des Gemäldes zur visuellen Erscheinung, die nie vollständig nachgeahmt werden kann. Zudem wird eine Hierarchie aufgebaut, in der der Künstler noch unter dem Handwerker rangiert. Laut Winckelmann kann es daher nicht das alleinige Ziel der Maler sein, die Natur so zu zeigen, wie sie ist, sondern „sich gewisse allgemeine Begriffe von Schönheiten sowohl einzelner Teile als ganzer Verhältnisse der Körper zu bilden, die sich über die Natur selbst erheben sollten; ihr Urbild war eine bloß im Verstande entworfene geistige Natur.“[43] Künstler sollten folglich nicht die Erscheinung der Dinge, sondern die dahinter stehenden Ideen darstellen. Die dazu notwendige geistige Arbeit wertet die Leistung der Künstlers auf, erhebt sie über die Handwerker und stelle sie auf eine Stufe mit den Intellektuellen.

Unter den Kriterien der so verstandenen Nachahmung diskutierte Winckelmann die Werke von Künstlern der Antike und Renaissance gleichermaßen. Nicht zeitliche Epochenfolgen, sondern der Grad der

---

[40] WINCKELMANN, 14. Er war seit Juni 1759 als Bibliothekar bei Albani. ROETTGEN bezeichnet Bellori als einen Wegbereiter Winckelmanns ein Jahrhundert früher. Beide basieren auf dem Platonismus, der die sichtbaren Erscheinungen der Welt nur als Schatten der wahren Natur und Schönheit wertet. Nach dem Neuplatoniker Plotin muss das Kunstwerk die sichtbare Natur übertreffen, um dem Menschen unsichtbare, nur als Idee vorstellbare Natur wiederzugeben (ebd., 21).

[41] PANOFSKY schreibt, „dass erst der Klassizismus die Ideenlehre im Sinne einer ‚gesetzgeberischen' Ästhetik ausgebildet hat: der Klassik geht nicht eine normative Philosophie *über* die Kunst parallel, als vielmehr eine konstruktive Theorie *für* die Kunst“ (PANOFSKY 1969, 63, Hervorhebungen in Original).

[42] Politeiea 597a-598a.

[43] WINCKELMANN, 10.

Annäherung an die ideale Schönheit waren ihm dabei entscheidend. Diese überhistorische Kunstbetrachtung war von großem Einfluss auf Generationen von Künstlern und legte die Basis für den klassizistischen Eklektizismus, der sich bald aller Epochen bediente.[44] Besonders der mit ihm befreundete Maler Anton Raphael Mengs (1728-1779) setzte dessen Ideen in die Praxis um. Er galt als Reformator, der die Kunst aus den Übersteigerungen des Barocks befreit und zur klassischen Reinheit Raffaels zurückführte.[45] Auch Mengs veröffentlichte eine theoretische Schrift mit dem Titel *Gedanken über die Schönheit und über den Geschmack in der Malerei.* Darin schrieb er praxisbezogen, „Schönheit" sei eine Erinnerung an Vollkommenheit, die von den Sinnen nicht mehr begriffen, aber von der „Seele" gefühlt werden könne. Während die sichtbaren Dinge der Natur zwar Anteile der Schönheit besäßen, könne die Kunst diese zur Vollkommenheit zusammensetzen:

> *Die Kunst der Malerei kann aus dem ganzen Schauplatze der Natur das Schönste wählen, und die Materialien von vielerlei Orten, und die Schönheit von vielerlei Menschen sammeln, da die Natur die Materie eines Menschen nur aus der Mutter desselben nehmen, und sich mit allen Zufällen begnügen muss: Also können die gemalten Menschen leicht schöner als die wahrhaftigen sein.*[46]

Bei der Auswahl des Schönsten aus der Natur ist für Mengs Geschmack notwendig. Um diesen zu formen, könne der Künstler von der Antike und der Renaissance lernen. Er bezog sich dabei explizit auf Raffael in der Komposition und Zeichnung, auf Correggio hinsichtlich Licht und Schatten sowie auf Tizian als Meister der Farbe. Denn es würde zwei Wege für einen Künstler geben, zu gutem Geschmack zu kommen:

---

44 Die Notwendigkeit einer kunsthistorischen Wissenschaft geht damit natürlich einher. Deutlicher als bei Winckelmann wird die empirische Aneignung der Ideen später bei Reynolds, wenn er sagt, niemand sei im Himmel gewesen und habe die Ideen gesehen, deshalb müssten sie durch Elektion und Kompilation erworben werden, wie Zeuxis dies tat (s. Disc. III, 44).

45 Vasari und die Klassizisten versuchten den jeweils herrschenden Stil der Gotik bzw. des Barock durch eine Anknüpfung an die Antike zu verdrängen (s. PANOFSKY 1960, 57).

46 MENGS, 19.

> *Der schwerste ist aus der Natur selbst, das notwendigste und schönste zu wählen; der andere und leichtere ist, aus den Werken, wo die Wahl schon geschehen ist zu lernen.*[47]

Die Malerei von Ideen und die damit zusammenhängende Aufwertung des Künstlers müssen Benjamin West, der nur mit Gemälden von einfachen *Limnern* und mit europäischer Kunsttheorie bloß entfernt vertraut war, wie eine Antithese zur kolonialen Malerei und als großer Fortschritt vorgekommen sein. Als erster Amerikaner, der im Zentrum dieser avantgardistischen Ideen lebte, nahm er den Geist der römischen Kunstszene begierig auf. In Albanis Villa konnte West das Deckengemälde *Der Parnass* von Mengs sehen (1761), das nach den Funden bei den Vesuvstädten Pompeji und Herculaneum den Gedanken von „edler Einfalt und stiller Größe" zum ersten Male programmatisch in der Malerei umsetzte. Obwohl er mit Mengs nur wenige Monate gleichzeitig in Rom war,[48] konnte West von ihm offenbar so sehr profitieren, dass eines seiner Bilder gar für ein Werk Mengs' gehalten wurde.[49]

---

47 MENGS, 54. Dieser brachte den ästhetischen Geschmack mit dem des sensualistischen Schmeckens zusammen: „so ist der Geschmack der Malerei im Teile dem Geschmacke des Gaumens ähnlich; nämlich wie dieser die Zunge und den Gaumen rühret, so rühret jener die Augen und den Verstand" (ebd., 211).

48 *Der Parnass* wurde 1760/61 vollendet, Mengs war in Rom von Spätherbst 1760 bis Sommer 1761.

49 *Thomas Robinson*, Kopie nach Mengs (s. ERFFA, 17). Mengs spielte aber keine weitere Rolle in Wests Entwicklung, reiste er doch im August des Jahres nach Spanien und West im Sommer 1761 bereits nach Norditalien (vgl. ERFFA, 36). Es war Mengs, der ihm riet, auch nach Florenz und Bologna zu reisen und anschließend eine historische Komposition zu versuchen. Das Gemälde *Paetus and Arsia* stehen laut ERFFA auf einer Stufe mit Bildern von Mengs (*Octavius und Cleopatra*, 1760, von West in Stowhead, Wilkshire gesehen) oder Gavin Hamilton (*Oath of Brutus*, ca. 1763-67, evtl. in Rom gesehen). Diesmal handelt es sich zum ersten Mal seit *The Death of Socrates* um eine tatsächliche historische Begebenheit. Im Winter 1763 hatte er *Cymon und Iphigienia* (verschollen, zweite Version 1766) gemalt, das er mit nach London brachte. Es folgten weitere Gemälde nach antiker Mythologie, so z. B. *The Choice of Hercules* nach Poussins Bild gleichen Namens, das er 1763 ebenfalls in der Sammlung Stowhead gesehen hatte (vgl. ERFFA, 36). Die akademische Doktrin lernte er vor allem während seiner Zeit bei Mengs in Rom kennen (1760-63). Dufresnoy (*De Arte Graphica*) und de Piles (*Abrégé de la vie des peintres*) wurden im Laufe des 18. Jahrhunderts auf Englisch publiziert. Ihr Grundtenor: Kunst ist die Nachahmung der Idee der perfekten Natur, die in den Werken der Antike besonders zum Ausdruck kommt.

West beschäftigte sich tatsächlich vor allem mit der italienischen Renaissance, die er nun anhand von Originalen studieren konnte. Michelangelo, Raffael und Tizian wurden jetzt seine Studienobjekte. Sie stellten die Basis seiner eklektizistischen Methode dar, bei der er verschiedene bildliche Quellen für seine Gemälde heranzog.[50] Die Strenge und Klarheit des Klassizismus war von Beginn an eine Stärke Wests, der durch seine amerikanische Herkunft einen barocken Stil nicht erst überwinden musste, sondern in Rom direkt aufnehmen konnte, was dort von der Antike zu rezipieren war.

In Venedig traf West auf Richard Dalton. Dieser war der Bibliothekar des englischen Königs, für den er in Italien Kunst für die *Royal Collection* kaufte. Auf Daltons Einladung nach London erreichte West am 20. August 1763 England und schrieb, dies sei für Amerikaner immer noch das kulturelle Zentrum der Welt:

> *I am at last arrived at the mother country, which we Americans are all so desirous to see, and which I could not but desire as much, or more than Italy itself.*[51]

Nach seinem Erfolg in der Ausstellung der *Society of Artists* im Frühjahr des nächsten Jahres, kam eine Rückkehr nach Amerika nicht mehr in Frage. Aufgrund der positiven Reaktionen und der Sicherheit, auch finanziellen Erfolg haben zu können, entschied er sich vielmehr, zu bleiben und seine Verlobte nachzuholen.[52] In Amerika wäre er vermut-

---

[50] Diese Nachahmung aus verschiedenen Quellen erhielt später durch Reynolds akademische Würden. Die Sammlungen Roms besuchte er zusammen mit Thomas Robinson, dem späteren Lord Grantham, der ihm Zugang zu Hamilton und anderen Kreisen eröffnete, in denen die antike Kunst dauerndes Gesprächsthema war (s. EVANS 1980, 13).

[51] Zit. in ERFFA, 23. Wests Großvater und Vater waren erst 1699 mit William Penn nach Amerika gekommen. In London nahmen ihn seine Förderer Provost William Smith und Chief Justice William Allen, die gerade im Land waren, freundlich auf und machten ihn mit ihren Beziehungen bekannt. Smith suchte dort zusammen mit John Jay Unterstützung für die Colleges in Philadelphia und New York. Allen kam unter anderem, um sich über Handelsbeschränkungen zu beschweren. Mit beiden beriet er sich über seine geplante Rückkehr nach Amerika. William Dunlap schrieb später über seine eigene Überfahrt: „[...] going from America to England was called going home [...]" (DUNLAP, I, 255-256).

[52] Sie kam 1764 zusammen mit Wests verwitweten Vater und dem Maler Matthew Pratt aus Philadelphia (vgl. ALBERTS, 25).

lich einer der beste Maler des Landes gewesen, aber nur mit „Face-Painting“ beschäftigt. West dagegen sah seine Chancen in der Malerei Europas und so wurde London zu seinem lebenslangen Wirkungsort.

Nach dem britisch-französischen Kolonialkrieg war England eine Weltmacht und konnte wirtschaftlich expandieren. Die folgende Friedensperiode war eine Zeit der Entdeckungen und Erfindungen, in der die Künste unter einem progressiven König ebenfalls Anlass zur Hoffnung auf Förderung hatten. Für West bestand die Aussicht, mit den in Italien gemachten Erfahrungen an *The Death of Socrates* anzuknüpfen und Aufträge für Historiengemälde zu erhalten. Auf diese Weise erhoffte er sich eine gesellschaftliche Stellung, die in Amerika undenkbar war.

Um von der Porträtmalerei unabhängig zu werden und sich ganz der Historienmalerei hinwenden zu können, hatte er offenbar sehr früh angestrebt, den englischen König George III. als Gönner für sich zu gewinnen. Tatsächlich lehnte er einen ersten Gemäldeauftrag ab, weil der Auftraggeber, der Geistliche Dr. William Markham, ein Whig und damit ein Gegner des Königs zu sein schien.[53] Stattdessen schuf er daher zunächst Gemälde im eigenen Auftrag und auf eigenes finanzielles Risiko. Es handelte sich dabei um Tugendillustrationen, die die klassisch Gebildeten ansprachen,[54] darunter der Erzbischof von York, Dr. Robert Hay Drummond. Dieser wurde auf ihn aufmerksam und las ihm die Geschichte von Agrippina der Älteren vor, die bei Tacitus zu finden ist. Laut dem römischen Geschichtsschreiber des 1. Jahrhun-

---

[53] Allen hatte ihn darauf hingewiesen (vgl. ALBERTS, 63f.). George wurde im Jahre 1760 König.

[54] Sie zeigten Szenen, die von Personen mit klassischer Bildung sofort erkannt werden mussten. Eines der Gemälde war *The Continence of Scipio*, ein anderes *Pylades and Orestres Brought as Victims before Iphigenia*. Die Ausstellung von letzterem in seinem Atelier sei ein großer Publikumserfolg gewesen (1766). EVANS erklärt dies aus dem Wunsch der Engländer, sich in die klassische Kunsttheorie einzubeziehen (s. EVANS 1980, 9f.). Eines der ersten Historiengemälde, die West in England malte, war *Hercules between Virtue and Vice*, das das von Shaftesbury bei Paolo de Matteis (1662-1728) in Auftrag gegebene Gemälde *The Judgment of Hercules* widerspiegelt, indem dieser die Einheit von Moral und Geschmack propagiert (s. EVANS 1980, 42). Auch ist die Grand Tour im Zusammenhang mit der ästhetischen Erziehung der zukünftigen Verantwortungsträger aus der Oberschicht zu sehen.

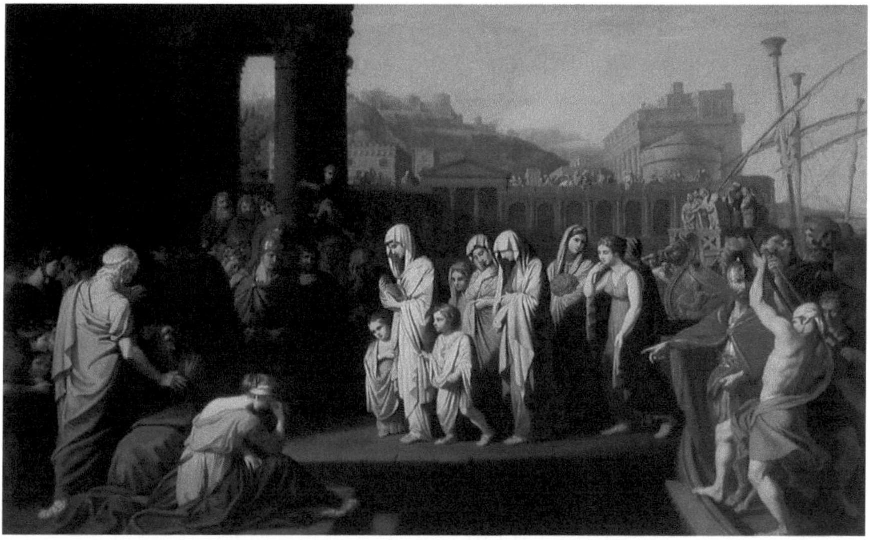

Abbildung 5 Benjamin West: *Agrippina landing in Brundisium with the Ashes of Germanicus*, 1768
Öl auf Leinwand, 163,8×240 cm. Yale University Art Gallery. Quelle: HUGHES, Abb. 47

derts wurde deren Ehemann, der Feldherr Germanicus, im Auftrag von Kaiser Tiberius vergiftet. Als sie in Begleitung ihrer Kinder mit dessen Urne in der Hafenstadt Brindisi ankam, wurde sie von den Bewohnern in solidarischer Trauer erwartet. Anschließend klagte sie in Rom auf Gerechtigkeit.[55]

Als Drummond West dieses Thema als Historiengemälde vorschlug, machte sich dieser sofort an die Arbeit und visualisierte die Ankunftsszene auf einer fast zweieinhalb Meter breiten Leinwand, in dessen Zentrum Agrippina wie eine Lichtgestalt hell aus dem Hintergrund der trauernden Stadt hervortritt.

Obwohl die Komposition von *Agrippina landing in Brundisium* in einer Personenreihung angelegt ist, die eine prozessionshafte Bewegung vom Schiff zur Stadt suggeriert, bleibt die Figur Agrippinas statisch. In völliger Vertikalität kippt sie in keine Schrittbewegung, sondern scheint,

[55] Tacitus: Annalen II, 1.

die Füße parallel, den Blick auf die Urne, in der Szenenmitte innezuhalten. In Gegensatz zur bewegten Dynamik des Barock bleibt die Szene wie versteinert. Tatsächlich ist nicht nur das Thema dem Altertum entnommen, auch die Darstellung bedient sich antiker Vorbilder. Das fast monochrome Gemälde ist wie ein antiker Fries inszeniert und die Architektur im Hintergrund folgt der kurz zuvor veröffentlichten Rekonstruktion des Palastes von Kaiser Diokletian.[56]

Nun deutlich sicherer in der Technik, korrekt in der Perspektive, mit Varianz in Mimik und Gestik der Figuren sowie mit einer bewusst eingesetzten Dramaturgie von Licht und Schatten entwickelte West das Gemälde zu einem Musterbeispiel des Klassizismus nach den Vorstellungen Winckelmanns und Mengs'. Mithilfe der schriftlichen, architektonischen und skulpturalen Überlieferungen ließ er die antike Szene in der Malerei lebendig werden und machte mit der Rolle der Agrippina sowie des unsichtbar im Mittelpunkt des Bildes stehenden Germanicus die Moral zum eigentlichen Bildthema. So erkannte der durch klassische Ausbildung mit den Zusammenhängen vertraute Betrachter, dass es nicht nur um eine Illustration der Geschichte von Tacitus, sondern vielmehr um die Darstellung der vier Kardinaltugenden Platons handelt – Weisheit, Mäßigung, Tapferkeit und Gerechtigkeit. West gelang mit diesem Gemälde auf umfassende Weise, die Forderung der Klassizisten nach der Darstellung von Idealen statt bloß trivial Sichtbarem zu erfüllen.

Historiengemälde wie diese spielten eine Rolle in der Ausbildung und Vervollkommnung von gesellschaftlich anerkannten sittlichen Werten. Wie BARRELL zeigt, verlangte die Kunsttheorie zu Beginn des 18. Jahrhunderts von der Malerei, die Tugend der Führungsschicht zu fördern. Entsprechend stand die Historienmalerei an der Spitze der Gattungen, denn sie könne sich an die herrschende Oberschicht richten und diese Tugenden am besten darstellen.

[56] In den Uffizien hatte West einige Friese gesehen und in Rom hatte er das Fries von Ara Pacis kopiert (s. EVANS 1980, 17). Die Melancholie der Agrippina zeigt sich deutlicher in Wests späterer Darstellung *Agrippina Mourning* von 1773. Das Thema hatte gleichzeitig auch Gavin Hamilton beschäftigt, der es aber noch mit barocker Theatralik statt klassizistischer Formsprache umsetzte.

[57] vgl. BARRELL, 37.

Drummond versuchte West von der Porträtmalerei freizustellen, indem er die Finanzierung eines Historiengemäldes über Subskriptionen zu organisieren versuchte. Da er jedoch nur etwa die Hälfte der notwendigen Unterstützer mobilisieren konnte, die zu einem kollektiven Auftrag hätten beitragen können, bat er den König um Förderung.[58] Als West durch Drummond die Gelegenheit bekam, George III. *Agrippina landing in Brundisium* zu zeigen, war dieser schnell überzeugt und erteilen ihm sofort einen Auftrag zu einem weiteren Gemälde. Diesmal gelang es West, die Interessen seines Auftraggebers noch präziser zu treffen. Der gesellschaftlichen Position des Königs entsprechend stand daher nun Patriotismus als Thema im Zentrum des Gemäldes *The Departure of Regulus from Rome* (Abbildung 6).

Laut dem römischen Geschichtsschreiber Livius war General Marcus Atilius Regulus während des Ersten Punischen Krieges von den Karthagern gefangengenommen und zurück nach Rom geschickt worden, um die Kapitulationsbedingungen zu überbringen. Ungeachtet der Klagen seiner Freunde und Familie drängte er darauf, alle Konditionen ausnahmslos abzulehnen, selbst wenn die Überbringung dieser Entscheidung durch ihn selbst seinen sicheren Tod bedeute.[59]

Vor einer frontalen, die Stadt Rom und damit den historischen Zeitpunkt andeutenden Architektur komponierte West, symmetrisch ausgewogen, Personengruppen, die den aus dem Dunkel hervortretenden Protagonisten im Mittelpunkt erscheinen lassen. Die Architektur spiegelt die Optionen des Regulus wider, zwischen privater und patriotischer Pflicht wählen zu können. Mit der Wendung des Regulus nach rechts ist trotz aller Statik eine Bewegungsrichtung angedeutet, die im Zentrum der Spannung zwischen der mit Gesten und Mimik des Leids versehenen Klagegruppe und dem offenen Säulengang entsteht. Folgt der Bildbetrachter dieser Bewegung, wird sein Blick auf die Darstellung einer Frau am rechten Rand gelenkt, die distanziert kontemplativ die Szene beobachtet. Durch ein paar Stufen von der Raumebene des Regulus abgesetzt dient sie dem Betrachter als Identifikationsfigur und Mittler zwischen dem Bildraum und dem Realraum.

[58] Vgl. ALBERTS, 86. Zur Beziehung West/George III s. DUNLAP, I, 60.

[59] Vgl. ERFFA, Kat. Nr. 10.

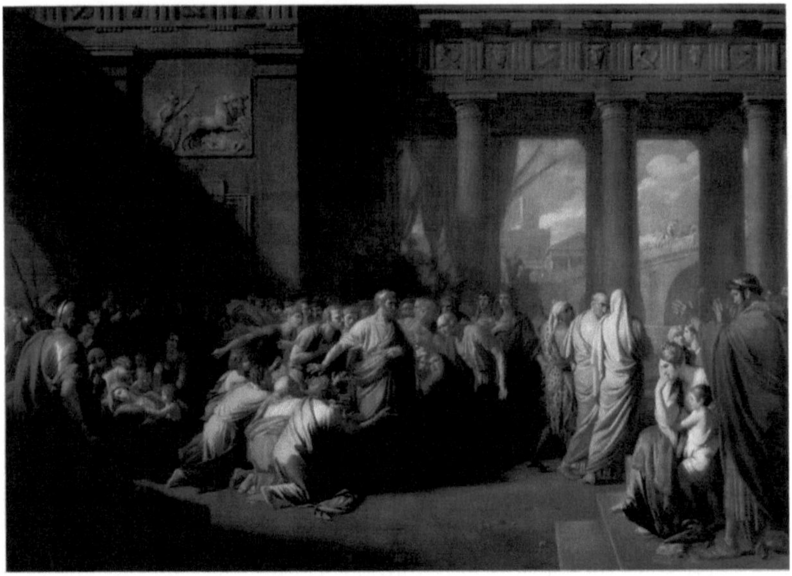

Abbildung 6 Benjamin West: *The Departure of Regulus from Rome*, 1769
Öl auf Leinwand, 225,4×307,2 cm, The Royal Collection.
Quelle: ERFFA, Kat.-Nr. 10

Regulus' klare Entscheidung, den Einsprüche seiner Familie zum Trotz, sein Leben aus freien Stücken einer höheren Notwendigkeit zu opfern, dient nicht nur als patriotisches Vorbild, sondern ist auch eine Definition der Rolle des Individuums. Während *Agrippina* die Tugenden Tapferkeit und Gerechtigkeit verdeutlicht, hatte der hier gezeigte Patriotismus, der die Bedeutung der eigenen Person unter die des Staates stellt, eine offensichtliche Beziehung zur damaligen Situation des englischen Empires, an dessen Spitze der König stand. Die durch die beginnende Industrialisierung und den weltweiten Handel sich verändernde englische Gesellschaft benötigte die einende Kraft der nationalen Idee, um Zusammenhalt herzustellen. Dass die antike Geschichte von selbstlosem Patriotismus auf die Gegenwart bezogen würde, war im Sinne des Königs. Die Rückstellung des Einzelinteresses hinter das Gemeinwohl stellte nicht nur eine Tugend dar, sondern auch eine für den Staat notwendige Ein- und Unterordnung des Einzelnen in die Gesellschaft des Vereinigten Königreichs.

Der Philosoph Lord Shaftesbury (1671-1713) verdeutlichte den Gedanken der Einbeziehung ins Kollektiv, indem er ästhetische und moralische Kategorien in Beziehung zueinander brachte.[60] Grundgedanke des Kunsttheoretikers der englischen Aufklärung war dabei die Ordnung der Welt und der Gesellschaft, in die sich das Individuum dienlich einzuordnen habe. In seinem 1710/11 veröffentlichten Buch *Characteristicks of Men, Manners, Opinions, Times* machte er es daher der Kunst zur Aufgabe, diese Ordnung vorbildlich darzustellen. Da das Schöne zum Guten erziehe, führe die Kultivierung des Geschmacks auch zur Verfeinerung der Moral. Der Geschmack (*taste*) des gebildeten Menschen war für den Schüler von John Locke die Grundlage des religiösen und moralischen Sinnes.[61]

Zwischen dem noch keine 30 Jahre alten West und dem gleichaltrigen König entwickelte sich eine persönliche Freundschaft, die zu einer großen Anzahl von Aufträgen führte und West bis zum Tode Georges in finanzieller Sicherheit leben ließ. Ab 1772 konnte er sich „Historical Painter to the King" nennen und auf Veranlassung des Königs wurde *Departure of Regulus* im Frühjahr 1769 in der ersten Ausstellung der Royal Academy gezeigt.[62] Es handelte sich somit um ein programmatisches Bild, das die Norm der Institution und den Repräsentationswillen des Königs darstellte. Dieses Interesse des Königs verband sich produktiv mit dem des Künstlers, seinen Schwerpunkt von der Porträt- zur Historienmalerei zu verlagern. So konnte Benjamin West 1771 stolz an einen Freund in Philadelphia schreiben:

> *I have embarked in Historical painting – by which means I have removed that long received opinion that that was a department in the art that never would be encouraged in this kingdom. But I can say I have*

---

60 Eigentlich: Anthony Ashley Cooper, seit 1699 3rd Earl of Shaftesbury.

61 Folglich ist in seiner Ästhetik das Schöne nicht reine Anschauung. Das Schöne, Gute und Wahre seien vielmehr Reflexe des Geistes, der nach Ordnung und Proportion verlange. Shaftesbury beeinflusste Goethe, Schiller, Voltaire und Rousseau.

62 Als „historical painter to the king" malt er aber zunächst nur Porträts, vermutlich weil der königliche Porträtmaler Johann Zoffany (1733-1810) sich 1772-79 in Italien aufhielt (vgl. ERFFA, 79). West erhielt zwischen 1769 und 1779 10.000 £ Gehalt und zusätzlich 34.197 £ Sonderzahlungen für einzelne Bilder (Th/B, XXXV, 439 u. WARNKE, 189). Zur Geschichte der königlichen Maler am englischen Hof seit dem 13. Jahrhundert s. WARNKE 16f.

been so far successful in it, that I find my pictures sell for a price that no living artist ever received before.[63]

Von europäischer Kunstliteratur bereits in Amerika geprägt, inspiriert durch Winckelmann, Mengs und Hamilton sowie durch das antike Erbe Roms, hatte West seine Malerei zu einem Höhepunkt des Klassizismus entwickelt. Seine Gemälde wurden in der durch die *Grand Tour* geschmacklich geprägten Oberschicht Englands überwiegend positiv aufgenommen und ließen ihn zum königlichen Historienmaler aufsteigen. Der normative Geschmack des Königs, Wests Wille zur Historienmalerei und die intellektuelle Atmosphäre Londons, die später weitere amerikanische Künstler begeisterte, wird jedoch erst verständlich durch Joshua Reynolds.

Das Ideale: Joshua Reynolds

Es war Joshua Reynolds (1723-1792), der Präsident der Royal Academy, der die amerikanischen Kunststudenten mit der europäischen akademischen Kunsttheorie des 18. Jahrhunderts in Kontakt brachte und langanhaltend prägen sollte. Er beschrieb in einer Reihe von Vorlesungen vor der von ihm mitgegründeten königlichen Akademie das, was Samuel Morse später als „higher branch of art" bezeichnete: Ein Kunstideal, das Generationen von Künstlern faszinierte, das aber in Amerika auf keinen fruchtbaren Boden fiel und bereits in England auf Schwierigkeiten bei der Umsetzung stieß.[64]

Nach dem Sieg im Spanischen Erbfolgekrieg (1701-14) stand England die Vorherrschaft zur See offen. Gleichzeitig musste es sich Einflüssen Europas öffnen.[65] Die bisherige politische und damit auch künstlerische Isolation wandelte sich zu Beginn des 18. Jahrhunderts in

[63] An John Green, 10. Sept. 1771, zit. in ALBERTS, 99.

[64] Morse schrieb am 2. Mai 1814: „ I am certain you would not be satisfied to see me [...] throwing away the talents which Heaven has given me for the higher branches of art " (MORSE, I, 132, s. a. S. 271 unten).

[65] Vgl. PROCHNO, 5.

ein Interesse an der kulturellen Entwicklung in Kontinentaleuropa.[66] Die nun weite Teile der Welt beherrschenden Macht schien auf dem Gebiet der Kunst jedoch gegenüber anderen Ländern Nachholbedarf zu haben, schließlich war die Geschichte der englischen Malerei mit Hans Holbein d. J., Anthonis van Dyck, Peter Lely und Godfrey Kneller bis ins 18. Jahrhundert hinein von Künstlern geprägt, die aus dem Ausland kamen.[67] Aus diesem Grund wurde nun versucht, neben der der wirtschaftlichen und militärischen Dominanz auch eine künstlerische Führungsrolle einzunehmen.

PROCHNO bezeichnet die nun einsetzenden britischen Anstrengungen, als „englische Profilneurose".[68] Doch ist dieser abwertende Begriff nicht ganz gerechtfertigt, denn er macht nicht deutlich, dass sich Vertreter des Kulturnationalismus auf Argumente des italienischen Kunsttheoretikers Vasari stützen konnten. Dessen Vorstellung von der Wiedergeburt der Antike zu seinen Lebzeiten im 16. Jahrhundert richtete sich gegen einen fremden Stil der „barbarischen Goten" aus dem Norden und war davon beseelt, dem italienischen Selbstbewusstsein einen eigenen Ausdruck zu geben.[69] Fortschrittstheorien und die Beanspruchung des Erbes der römischen Antike dienten der Abgrenzung von Fremdem und zur Aufwertung des Eigenen als Neueres und Besseres. Die Übertragung dieser Gedanken auf die englische Kulturlandschaft ist daher eher als ein Versuch zu werten, dem in wenigen Generationen erstarkten Königreich eine dem europäischen Festland ebenbürtige Kunst zu geben, die immer auch als Moralträger funktionieren sollte. Vor allem jedoch zeigt es den Wunsch, dem gewachsenen Selbstvertrauen eine angemessene kulturelle Identität zu verleihen. Diese Identität hatte stets ein positives Verhältnis zur italienischen und französischen Kunst. Erst als Amerika Englands „Profilneurose" nachahmte, wurde deutlich, wie schwierig es ist, eine

---

[66] In diesem Zusammenhang ist auch das in dieser Zeit verstärkte Aufkommen der Grand Tour zu sehen, der Bildungsreise junger Angehöriger der Oberschicht, die bei Heimkehr zu entscheidenden Mäzenen wurden.

[67] Vgl. PROCHNO, 5.

[68] PROCHNO, 5.

[69] Vgl. BINDING, 15

kulturelle Identität zu erschaffen, die auf einer Balance zwischen Aneignung und Distanzierung von Europa basiert.

Um 1660 war die Kunst in England noch überwiegend auf den königlichen Hof begrenzt, der Import von Gemälden weitgehend untersagt und nur vereinzelt waren hauptberufliche, meist ausländische Künstler tätig.[70] Dies änderte sich um die Mitte des 18. Jahrhunderts, als Geschmack und Kennerschaft zunehmend zu den Fähigkeiten eines Gentleman zählten, also intern zur sozialen Distinktion dienten, und hochwertige Kunst extern als Ausweis einer kultivierten Nation galt.[71] Nachdem durch die Reformation die kirchliche Kunstförderung an Bedeutung verlor, schien England in der europäischen Debatte, welches Land die besten Bedingungen für die Entwicklung der Künste böte, zunächst abgeschlagen.[72] Doch einige Künstler nahmen diese Situation nun als Herausforderung an.

Anführer der neuen nationalbewussten Künstler war William Hogarth, neben dem sich Thornhill, Ramsay, Barry und Reynolds als Gentleman-Künstler und Kunstkritiker zu etablieren und auf nationaler Ebene zu profilieren versuchten. Mit dem Ziel, den Geschmack des englischen Publikums zu schulen und für die Kunstideale zu erziehen, wurde nach einigen kurzlebigen Akademiegründungen im Jahr 1768 unter der Schirmherrschaft König George III. die Royal Academy gegründet. Erster Präsident war Joshua Reynolds.[73]

---

[70] Vgl. PROCHNO, 5.

[71] Vgl. BREWER, 87-122.

[72] Unter dem zyklischen Geschichtsmodell stellte man sich den natürlichen Aufstieg und Fall von Kulturen vor, wonach auch die Künste ihren Höhepunkt erreichen und dann verfallen (Dies wird noch von Thomas Cole in einem Gemäldezyklus dargestellt: *The Course of Empire*, 1833-36. S. a. David Humes Buch *Of the Rise and Progress of the Arts and Sciences* von 1742). Folgende Generationen könnten jedoch auf deren Errungenschaften aufbauen. Gegen Ende des 18. Jahrhunderts wurde argumentiert, die Künste seien in Frankreich und Italien im Niedergang begriffen und könnten in England eine neue Heimat finden (s. HOOCK, 5ff. u. 68).

[73] Unter anderem gründete Kneller 1711 eine erste Akademie. Sein Nachfolger war Hogarth. Der Vorschlag für die Academy of Arts stammt vermutlich von Reynolds, vorgebracht in der *Society of Dilettanti* im Jahre 1755. Dass nach den Akademiegründungen in Florenz (1563), Rom (1593), Mailand (1620) und Paris (1648) London so spät kommt, ist ein weiteres Anzeichen für die künstlerisch verspätete Nation England (s. FENTON, 49ff, zur Geschichte der Royal Academy s. a. PEVSNER, 127ff. u.

Zur jährlichen Preisverleihung in der Akademie hielt Reynolds ab 1769 in den folgenden 21 Jahren 15 Ansprachen, die unter dem Titel *Discourses on Art* veröffentlicht wurden.[74] Darin fasste er seine Interpretation der Kunsttheorie des 18. Jahrhunderts zusammen und stützte sich dabei auf französische und britische Autoren des 17. und 18. Jahrhunderts, übernahm vor allem von Giorgio Vasari, André Félibien und Charles Alphonse Dufresnoy.[75] Er griff aber auch auf die Gedanken zeitgenössischer Theoretiker zurück, wie die von Shaftesbury, seines Freundes Edmund Burke sowie seines Lehrers Jonathan Richardson.[76]

Jonathan Richardson war mit seinem Werk *An Essay on the Theory of Painting* (1715) der erste englische Künstler, der sich mit Kunsttheorie aktiv auseinandersetzte. Wie SALERNO zeigt, schwankte die englische Kunsttheorie des 17. Jahrhunderts zunächst zwischen affirmativem Klassizismus und Auflehnung gegen kontinentaleuropäische Kunstvorstellung. Erst Richardsons Schüler Reynolds brachte die Gegensätze synthetisch zusammen.[77] Mit der singulären Position in der Royal

179ff.). Entscheidend für die Gründung war jedoch nicht Reynolds, sondern der Architekt William Chambers, der am 28. November 1768 eine Petition an den König verfasste, die unter anderem auch von Benjamin West, nicht aber vom abwesenden Reynolds unterzeichnet wurde (vgl. FENTON, 89ff.). Als sich die *Society of Artists* zerstritt, wollte der König eine neue Organisation unter seiner Schirmherrschaft, die der Entwicklung der Kunst in England verpflichtet sein sollte (vgl. Disc. IX). Im Gegensatz zur Pariser Akademie, die erst 1663 durch königlichen Zuschuss funktionsfähig wurde, blieb die Royal Academy privat und der König trug nur zum Teil zum Betrieb bei, 12 Jahre nach der Gründung wurde darauf ganz verzichtet (s. SCHLINCK, 51 u. PEVSNER, 180).

74 Vorher hatte Reynolds bereits Artikel in der Zeitschrift *Idler* verfasst (vgl. WARK, 337).

75 Vgl. PROCHNO, 14. Laut PROCHNO wurde Reynolds von Bellori nicht direkt beeinflusst (ebd., 19).

76 Vgl. Discourse XXII (hier wie folgend aus WARK entnommen). Während Shaftesbury das rationale Element der Malerei in der Kontur, Proportion und Perspektive hervorhob und die Sinnlichkeit der Farbe ablehnte, war Richardson eher ein englischer Rubenist, der ein Gemälde weniger auf Zeichnung und Komposition aufgebaut sah, sondern als Effekt von Licht und Schatten (vgl. SALERNO, 255ff.).

77 Vgl. SALERNO, 258. Reynolds etabliert die Kunsttheorie in England erst zu dem entscheidenden Kriterium der Auseinandersetzung mit Kunst und folgt darin Richardson, der bereits gefordert hatte, dass sowohl Künstler, wie auch Kunstbetrachter „Master of

Academy konnte er seine Theorie zudem mit königlicher Unterstützung propagieren. Ziel war es, Anschluss an die Kunst des Kontinents zu gewinnen und eine eigene Schule von Historienmalern zu schaffen, um sowohl den Status der englischen Malerei als auch die gesellschaftliche Position des Künstlers zu heben.[78]

Die Erhebung der Malerei zu den *Artes Liberales*, den sieben freien Künsten, über deren Kenntnis in der römischen Antike jeder freie Bürger verfügen sollte und die an den mittelalterlichen Universitäten in der Artistenfakultät gelehrt wurden, ist ein Topos, der seit der Renaissance existierte.[79] Vor allem auf der Basis von Raffael, Nicolas Poussin und Annibale Carracci wurde daher Ende des 17. Jahrhunderts die Theorie der Dichtkunst, die ihre Wurzeln in der klassischen Rhetorik hat, auf die Bildende Kunst übertragen (*ut pictura poesis*).[80] Kunst sollte mit der Poetik einen gleichen Rang einnehmen, denn auch sie erfordere geistige, nicht nur handwerkliche Arbeit.[81] Folglich begann Reynolds den vierten Diskurs mit der Bemerkung:

> *The value and rank of every art is in proportion to the mental labour employed in it, or the mental pleasure produced by it. As this prin-*

---

the Theory of Painting“ sein sollten. Das erst würde sie zu Gentlemen machen (vgl. PRENDERGAST, 50).

78 Vgl. Disc. IX. PROCHNO sah in *ut pictura poesis* das Leitparadigma Reynolds, wodurch die englische Malerei über die Dichtkunst nobilitiert werden sollte. Daher übernahm er Begriffe aus der Rhetorik und Poetik: *inventio*, *dispositio*, *elocutio*, *expressio*, *actio* (ebd., 9). Zu den Quellen Reynolds' s. PERINI, vgl. BREWER, Kap. 5.

79 Zu den freien Künsten, die eines frei Geborenen würdig seien, gehörten: Grammatik, Rhetorik, Dialektik (Trivium), Arithmetik, Geometrie, Astronomie, Musik (Quadrivium). Wie WARNKE zeigt, erscheint die Rückwirkung des Werkes auf dessen Schöpfer und damit die Erhöhung des Künstlers bereits bei Petrarca (ebd., 23ff., zu den Artes Liberales, 52ff.). Auch in England versuchten die Künste aus ihrer mittelalterlichen Vorstellung als Handwerk herauszukommen. Dies funktionierte vor allem über ihre Rolle für den Gentleman, der sowohl ihre Nützlichkeit, beispielsweise das Kartenzeichnen, als auch ihre ästhetische Natur kennen sollte. Der Autor Henry Peacham erwähnt die Künste daher in seinem *The Compleat Gentleman* (ab 1622). In Kap. 13 listet er nicht nur die Künstler auf, die ein Gentleman kennen sollte, sondern gibt auch Anweisungen, selbst zu zeichnen (s. SALERNO).

80 Der Begriff stammt ursprünglich aus Horaz: Ars Poetica, 361. Vor allem Dufresnoy weist auf den Zusammenhang noch einmal hin.

81 Vgl. PROCHNO, 11ff.

> *ciple is observed or neglected, our profession becomes either a liberal art, or a mechanical trade.*[82]

Bereits Shaftesbury schrieb: „That in a real History-Painter, the same Knowledge, the same Study, and Views, are required, as in a real Poet."[83] Unter diesem Paradigma hatten Charles Le Brun und André Félibien die französische Akademie geleitet und zu einer dogmatischen Theorie gefunden.[84] Darin nahm die Historienmalerei die Spitze der Gattungshierarchie ein, gefolgt von der Genre- sowie der Landschaftsmalerei, dem Porträt und dem Stillleben. Da das Thema von Dichtern und Geschichtsschreibern vorgegeben werde, sei ein Wissen der griechischen und römischen Mythologie und Geschichte notwendig. Auch Richardson hatte den Künstlern Homer, Vergil, John Milton, Edmund Spenser, Thukydides, Livius, Plutarch und die Bibel zu lesen empfohlen.[85] Diese Themen, so Reynolds, seien bildwürdig, denn sie seien nicht „degraded by the vulgarism of ordinary life in any country".[86]

Die intellektuelle Aufgabe des Künstlers ist demnach, das innere Bild, das man sich von der Erzählung der Geschichte macht, auf der Leinwand als äußeres Bild darzustellen:

> *Whenever a story is related, every man forms a picture in his mind of the action and expression of the person employed. The power of representing this mental picture on canvas is what we call Invention in a Painter.*[87]

---

[82] Disc. IV, 57. Die Idee erhebt die Schaffung des Gemäldes zur *liberal art*: „[...] that one great idea, which gives to painting its true dignity, which entitles it to the name of a Liberal Art, and ranks it as a sister to poetry" (Disc. II, 50).

[83] PROCHNO zitiert Shaftesburys *Treaties*, 32.

[84] Zur Geschichte der Kunstakademien s. PEVSNER. Laut SCHLINCK sind beispielsweise die Akademiereden der *Académie Royal de Peinture et de la Sculpture* weniger Dogmen, als Kunstreflexionen oder Bilddiskurse, um zu Regeln zu kommen. „Gesetzestafeln" entwickelte erst Henri Testelin um 1680 (*Sentiments des plus habiles peintres du temps sur la pratique de la peinture*). Die Académie Royal wurde 1648 gegründet, um zu erreichen, was in Italien 100 Jahre vorher gelang, nämliche kunsthistorische Begabung und Ausbildung als hohes Gut zu etablieren (s. SCHLINCK, 50). Die Royal Academy machte sich diese Aufgabe etwa 100 Jahre später zum Ziel.

[85] Vgl. PROCHNO, 33.

[86] Disc. IV, 58.

[87] Disc. IV, 58, vgl. BELTING 2001, 20 u. Kap. 3 sowie HAWKINS.

Das innere Bild ist eine allgemeine Vorstellung (*general idea)* ohne Einzelheiten. Daher sollten bei seiner Umsetzung auf die Leinwand keine übermäßigen ablenkenden Details (*minute peculiarities*) dargestellt werden: „[...] the impression which is left on our mind, even of things which are familiar to us, is seldom more than their general effect“.[88] Schließlich sei die Schönheit, die der Künstler suche, eine intellektuelle Schönheit des Geistes und nicht des Auges: „The great end of the art is to strike the imagination.“[89]

Diese Malerei, die mehr ein geistiges als ein handwerkliches Produkt ist, bezeichnet Reynolds mit dem Begriff des „Grand Style“:

> *The* grand style *of the Italians, the* beau ideal *of the French, and the* great style, *genius and* taste *among the English, are but different appellations of the same thing. It is this intellectual dignity, they say, that ennobles the painter's art; that lays the line between him and the mere mechanick [...]*[90]

Die höhere Kunst sei die intellektuelle Fähigkeit des Künstlers, vom Speziellen das Allgemeine zu abstrahieren.[91] Dass dies allen Teilen der Kunst Würde geben würde, zeige sich sowohl in der Erfindungsgabe wie auch der Komposition, selbst in der Farbgebung und dem Gewand.

Der platonischen Vorstellung von rein nachahmender Kunst steht die Legende des Zeuxis entgegen, die beim römischen Naturphilosophen Plinius erwähnt wird. Zeuxis habe demnach das Bildnis der Helena hergestellt, indem er es aus Teilen einer Reihe von schönen Frauen kompilierte (Elektion).[92] Somit konnte er ein Ideal von Schön-

---

[88] Disc. XI, 192.

[89] Disc. IV, 59, s. a. Disc. IX, 171.

[90] Disc. III, 43, Hervorhebungen im Original.

[91] Generalisierung sollte nach Reynolds selbst in der Kleidung der dargestellten Personen vorgenommen werden: “[...] it seems at first very reasonable, that a statue which is to carry down to posterity the resemblance of an individual, should be dressed in the fashion of the times, in the dress which he himself wore [...] but after a time the dress is only an amusement for an audience [...]“ (Disc. VII, 127-8). Generalisierung erhebe über Zeit, schließlich änderten sich die Moden mit der Zeit und dem Ort. Vgl. die Kontroverse um Horatio Greenoughs Washington-Statue in römischem Gewand.

[92] Nat. Hist. XXXV, 64, auch bei Cicero (*De inventione*, II, 1-3). Bereits Sokrates setzte als selbstverständlich voraus, dass der Maler einen Körper darstellen könnte, indem er aus vielen Körpern die schönsten Teile auswählt und zusammenfügt. Auch Cicero

heit darstellen, das in der Natur nicht vorkommt. Entsprechend erschien den Zeitgenossen Reynolds' die Wiedergabe der reinen Natur als niedrige, die Darstellung von Ideen als hohe Kunst.[93]

> *The poets, orators, and rhetoricians of antiquity, are constantly enforcing this position; that all the arts receive their perfection from ideal beauty, superior to what is to be found in individual nature.*[94]

Um die Idee, die hinter der Variation der Natur steht, zu erkennen, muss der Künstler demnach entweder die Natur studieren oder die Alten Meister, die diese Arbeit bereits geleistet haben.[95] Klassizisten wie Reynolds richteten sich einerseits gegen die reine Nachahmung der Erscheinung der Natur, die sich keine Idee der Objekte erarbeitete. Andererseits basierte diese Aneignung der Idee auf dem Naturstudium und grenzt sich so von Phantastereien (*fancy*) ab. Der italienische Kunsttheoretiker Giovanni Pietro Bellori schrieb bereits 1664, der Künstler müsse eine ungetrübte Vorstellung der Natur in sich haben, die aber keinen metaphysischen, sondern einen empirischen Ursprung habe, nämlich durch Elektion zur reinen Form gebracht wurde, also nicht a priori vorhanden, sondern a posteriori erworben wurde.[96]

Bellori riet „noblen Künstlern" zu noblen Themen und zur Entwicklung und Darstellung von Ideen, die von den Fehlern der Natur bereinigte sind. Dies, so machte er deutlich, sei ein höherer Stil, der selbstverständlich nur von höheren Geistern verstanden werden würde und sich so vom niederen Volk abhebe, das nur naturalistische Darstellung wertschätzen könne.[97] Die normative Hierarchie der Gat-

---

schrieb von Ideen, die nicht mit den Sinnen, nur mit dem Geist erfasst werden könnten (in: *De oratore*, s. PANOFSKY 1960, 7 u. 5).

[93] Vgl. PROCHNO, 19. Erst das Ende der Gültigkeit der rationalen Einstellung, wonach der Vergleich der Einzelphänomene auf die dahinterliegende Wahrheit schließen lässt, markiert, laut PROCHNO, den Beginn der Romantik (ebd., 20).

[94] Disc. III, 48. Der Gedanke, dass Wahrheit und Schönheit mit dem Generellen zusammenhängen, geht auf Platon zurück.

[95] Vgl. Disc. VI, 101. Vgl. Dürers geometrisch-mathematische Suche nach Schönheit in der Proportion (s. KLINKE 2004, 22-25).

[96] Vgl. PANOFSKY, der Bellori aus dessen *L'idea dell Pittora* wiedergibt (s. PANOFSKY 1960, 58).

[97] Vgl. GAETHGENS 1996, 171.

tungen, läuft so parallel zur Hierarchie der Gesellschaft. Die als solche definierte Hochkunst ist Ausdruck der Oberschicht, mit deren Hilfe sich die Künstler nobilitieren können. Auch in England unter George III., trotz *Glorious Revolution* immer noch eine Monarchie, blieb dies weiterhin das grundlegende Ideengerüst.[98]

Revolution in der Historienmalerei

Erst mit Reynolds wird deutlich, warum West zur Historienmalerei strebte: Die bereits vom italienischen Humanisten Alberti aufgestellte, von Le Brun und Félibien weitergeführte und schließlich von Reynolds übernommene Hierarchie der Gattungen erhob den Künstler zu einem Gentleman. West wurde deshalb zum Vorbild, weil er unter königlicher Protektion Ruhm und eine soziale Position erworben hatte, die von den folgenden Künstlergenerationen mit großer Überzeugung ebenfalls angestrebt wurde.

Während Reynolds die Kunsttheorie anführte, hatte West durch seine Position unter dem König die Freiheit, diese in der Praxis umzusetzen und weiterzuentwickeln. Am Beispiel von *Agrippina landing in Brundisium* und *Departure of Regulus* wurde nicht nur über die historische Begebenheit gesprochen. Die moralische Botschaft der historischen Begebenheiten appellierte an das tugendhafte Verhalten der zeitgenössischen Betrachter. Daher lag der Gedanken nahe, nicht nur vorbildliche antike, sondern auch zeitgenössische Handlungen dealisiert auf die Leinwand zu bringen und das Thema des heroischen Todes in die Gegenwart zu übertragen. So verglich der britische Autor und Freund Wests, Joseph Wilcocks, in seinen *Roman Conversations* die Anteilnahme der antiken Bevölkerung am Tod des Germanicus mit der der britischen Öffentlichkeit am Tod des General Wolfe im Jahr 1759: „the similar public respect, which was paid in our own country to the memory of our late youthful hero, General Wolfe."[99] Den Heldentod

[98] Félibiens strenge Hierarchie der Gattungen wird von John Dryden in seinem Vorwort seiner Übersetzung von Dufresnoys *De Arte Graphica* betont. Er hebt auch Belloris Diktum hervor, man müsse die Natur korrigieren, indem man sie nicht so darstellt, wie sie ist, sondern, wie sie sein soll (vgl. SALERNO).

[99] Zit. in PROWN 1996, 40-41. Zur Verherrlichung von Wolfe zwischen dessen Tod und Wests Gemälde s. ABRAMS 1985, Kap. 8.

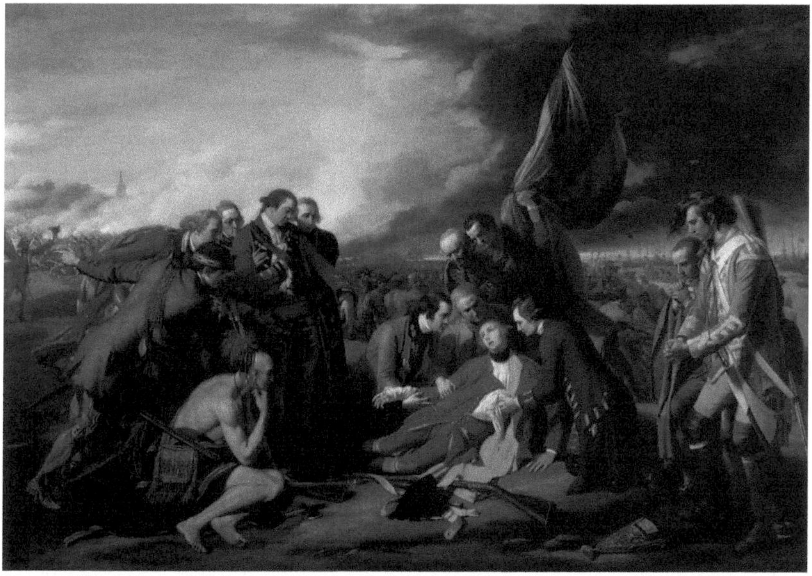

Abbildung 7 Benjamin West: *The Death of General Wolfe*, 1770
Öl auf Leinwand, 152,6×214,5 cm, National Gallery of Canada, Ottawa. Quelle: HUGHES, Abb. 48

von Wolfe griff West umgehend auf, um die Historienmalerei einen entscheidenden Schritt weiterzuentwickeln.

Der britische General James Wolfe hatte während des Siebenjährigen Krieges gegen die Franzosen in Nordamerika gekämpft und errang einen entscheidenden Sieg in Quebec. Dieser Sieg führte nicht nur zur Eroberung der Stadt, sondern schließlich zu englischen Kontrolle über ganz Kanada. Wolfe wurde im Augenblick des Sieges tödlich verwundet.

Benjamin West zeigt den sterbenden Wolfe im Vordergrund seines Gemäldes von 1770 vor einer offenen, breiten Landschaftsszene, von seinen Offizieren trauernd umgeben.[100] Stilistisch entfernte sich West nun von der statischen Ruhe und Ordnung des Klassizismus und inszenierte die Szene in einer dynamischen Dramaturgie. Auch gab er die

100 Bereits auf seiner Reise aus Italien kommend, hielt West in Greenwich, um die Krypta von St. Alphege und das Grab von General Wolfe zu sehen (vgl. ALBERTS, 57).

gedeckten Farben zugunsten eines kräftigen Kolorits auf. Tatsächlich steht trotz begrenzter Bewegung nicht die zurückgenommene Malweise, sondern die direkte emotionale Involvierung des Betrachters im Vordergrund. Dies erreicht er durch Rückgriffe auf religiöse Bildformeln, wie auch auf kompositorische Errungenschaften des Barock.[101]

Um dem sterbenden Wolfe die Aura christlicher Ikonographie zu verleihen, inszenierte er ihn in der Pose des toten Christus, wie ihn Michelangelo in der Florentinischen Pieta oder van Dyck in der Kreuzabnahme von 1634 darstellten.[102] Die Figuren, die Wolfe umringen, bilden einen Halbkreis, der durch den Betrachter diesseits der Bildebene geschlossen wird, wodurch er sich als Teil der im Bildraum befindlichen Klagegruppe empfinden kann.[103]

Entscheidend zum Verständnis dieser Formen ist die eroberte französische Flagge im Hintergrund der zentralen Dreieckskomposition, welche die Position des Kreuzes in topischen Darstellungen der Kreuzabnahme Christi einnimmt. Die mit der christlichen Bildformel konnotierte religiöse Transzendenz nutzt West, um Wolfe eine nationale Transzendenz zu verleihen. Während Jesus für die Menschheit starb, so die Bildaussage, starb Wolfe für England. Statt in den Himmel geht er in die säkulare Unsterblichkeit über.

Historisch erschließt sich die Übernahme der Bildformen aus der Tatsache, dass Calvin und andere Reformatoren zwar die Darstellung Gottes ablehnten, jedoch „Geschichten und Geschehnisse [...] zur

---

101 EVANS diskutiert Wests Komposition zwischen „Raphaelesque“ und „Bolognese“, zweier von Poussin bzw. Caravaggio inspirierten Malweisen (s. EVANS 1980, 50-54).

102 Vgl. die *Grablegung Christi* von Mengs aus dem Jahre 1767 (ROETTGEN, Kat. 60) für ein Zimmer des spanischen Königs Karl III., die West durchaus bekannt gewesen sein könnte. Laut MITCHELL kommt Wolfes Gesichtsausdruck der Illustration von Le Brun zu „Acute Pain“ nahe (s. MITCHELL 1944, 31). Während bei *Regulus* der zukünftige, bei *Agrippina* der vergangene Tod nur implizit angedeutet wird, steht bei *Wolfe* der Augenblick des Todes im Zentrum des Gemäldes. Weiteres zur Aufnahme christlicher Ikonographie bei West und Copley s. BUSCH 1992.

103 FARINGTON berichtet, dass laut West die Besucher bei der Ausstellung des bei Kerzenschein präsentierten *Death of Nelson* gar andächtig den Hut vom Kopf genommen hätten (VIII, 3064, 10. Juni 1807).

Belehrung und Ermunterung“ zuließen.[104] Damit war es speziell im protestantisch-calvinistischen Bereich möglich, biblische Stoffe als Instrument der moralischen Erziehung darzustellen. Sie dienten als *Exempla* von Erkenntnis oder Nichterkenntnis Gottes. Vom kirchlichen Zusammenhang anschließend abgelöst, zeigten sie Tugenden und Laster (*virtue and vice*) und konnten dem Einzelnen Orientierung in seiner Lebensführung geben.

Die Dramatik des Gemäldes wird durch den fast die gesamte obere Hälfte der Bildfläche einnehmenden Himmel verstärkt. Die dunklen Rauchschwaden des umkämpften Quebecs auf der rechten Seite und der hell aufbrechende Himmel auf der linken Seite repräsentieren die emotionalen Gegensätze zwischen den mit gefalteten Händen um Wolfe trauernden Einstiegsfiguren auf der rechten und dem herbeieilenden Boten mit der Meldung von dem durch Wolfe errungenen Sieg auf der linken Seite.[105] Die Spannung des Bildes ergibt sich ähnlich wie bei *Regulus* aus der doppelten Ebene aus persönlichem und kollektivem, d. h. nationalem Schicksal.

In *Wolfe* wird zudem durch die starke Formensprache die Distanz zum Betrachter reduziert und das klassizistische Ziel, die Ansprache des Geistes, mit barocken Bildstrategien der emotionalen Ansprache angereichert. West setzte diese von Reynolds noch als sensualistisch abgewertete Adressierung als Instrument ein und folgt damit einer französischen Entwicklung. Nachdem sich dort die Kunst nicht nur an ein mit dem notwendigen Wissen ausgestattetes höfisches Publikum, sondern auch an ein Publikum jenseits von Versailles wandte, hatte zu

---

104 Zit. in LdK, Bd. 1, 549 u. Bd. 3, 272.

105 Die Funktion einer Einstiegsfigur ist bereits bei Alberti beschrieben. In seiner *De Pictura* begrüßt er es, „[...] wenn es [...] jemanden gibt, der die Betrachter auf die Dinge aufmerksam macht, um die es geht [...]“ (zit. in THÜRLEMANN, Anm. 6). THÜRLEMANN bezeichnet die Reflexionsfigur bei Poussin *Mannawunder* als „Vermittlungsfigur“ (ebd., 65). Den Wechsel des Schicksals bezeichnet Le Brun mit dem Ausdruck „Peripetie“, einem Ausdruck Aristoteles' (Poetik, Abschnitt 11, zit. in SCHLINCK, 27, vgl. 71). Die Bildanlage von Poussins *Mannawunder* ist ähnliche wie bei West zweigeteilt und stellt eine zeitliche Entwicklung dar, die sich sowohl in den Himmelsphänomenen wie auch in der Landschaft ausdrückt.

Beginn des 17. Jahrhunderts in Frankreich das „sentiment" die „raison" als Beurteilungsinstanz verdrängt.[106]

Auch die Wendung von der klassizistischen Strenge zum „Barocken" bei West ist eine Stilfrage, die aus einer französischen Diskussion des 17. Jahrhunderts herrührt. Darin stritten die sogenannten Rubenisten und Poussinisten über die Frage, ob die Farbe oder die Linie Vorrang in der Malerei habe. Wests Frühwerk lässt ein Verständnis der Poussinisten erkennen, die Beschäftigung mit dem Stil van Dycks führte ihn dann jedoch zu einer emotionaleren, die Sinne ansprechenden, aus Kolorit und Pinselduktus entwickelten Malerei, die ihn den Rubenisten näher brachte.

Ähnlich wie Reynolds Versatzstücke der europäischen Kunsttheorie zu einer geschlossenen Lehre vereinigte, gelang es West, scheinbar gegensätzliche malerische Prinzipien zu verbinden. Während er sich stilistisch dem Malerischen zuwandte, blieb er beispielsweise kompositorisch bei der von Poussin und Le Brun aufgestellten Regel, wonach sich Figurengruppen der Hauptfigur unterordnen müssten, um eine Klarheit in der Bilderzählung zu erreichen. Ebenso gelang es ihm, Geistiges und Emotionales in einem Werk zusammenzubringen und damit ein breiteres Publikum anzusprechen.

Im Jahr 1770 hatte West mit *General Wolfe* ein Ereignis gemalt, das erst zehn Jahre vorher stattgefunden hatte und dessen Darstellung somit der gängigen Theorie gänzlich zu widersprechen schien. Reynolds' zentrales Anliegen war es, dass nur ein Thema aus der entfernten Vergangenheit einem Gemälde und damit dem Künstler Würde verliehe. Dagegen ein zeitgenössisches Ereignis zu wählen und zu versuchen, dies im Grand Style umzusetzen, war mutig, denn Wests prominentesten Berater rieten ihm zunächst deutlich davon ab.[107] Laut GALT bemerkte der König, es müsse lächerlich wirken, wenn man

---

[106] Vgl. KIRCHER, 107.

[107] Aber West war innovativ und risikofreudig. Zunächst verdingte sich West mit Porträts, die es, laut ERFFA, mit denen Reynolds, Romneys oder Gainsboroughs zwar kaum aufnehmen konnten, wer ihm einen Auftrag gab, erwartete jedoch etwas Unkonventionelleres. Dies erlaubte es West, etwas experimenteller zu sein. Beispielsweise die Darstellung von Alderman John Sawbridge in der Rolle als römischer Senator entfernte sich deutlich von der spätbarocken Porträtmalerei und wandte eine deutliche klassizistische Formsprache an.

Helden in zeitgenössischer Kleidung darstellen würde: „[...] that it was thought ridiculous to exhibit heroes in coats, breeches and cock'd hats." Auch Reynolds warnte West davor, den Ruf zu verspielen, den er sich mit *Agrippina landing in Brundisium* und *Departure of Regulus* nur ein Jahr zuvor erworben hatte. Ihm schwebte Wolfe offenbar als eine allegorische Figur vor, etwa wie in seinen eigenen Porträts oder wie in Joseph Wiltons Wolfe-Denkmal in Westminster Abbey.[108] Reynolds war der Meinung, dass der Versuch, Neuerungen hervorzubringen, schnell auf Ablehnung stoßen würde. Daher drängte er West dazu, auch diese Szene in klassischen Kostümen darzustellen, denn nur dies verleihe dem Gemälde seine notwendige Größe.[109]

Zeitgenossen in antiken Kostümen darzustellen, erschien West aber absurd.[110] Sein Schüler Charles Willson Peale hatte zwei Jahre zuvor – vermutlich in Wests Atelier – den britischen Politiker William Pitt als römischen Konsul dargestellt. Die Mängel einer solchen Übertragung müssen ihm dabei deutlich geworden sein.[111] Vielmehr war er der Meinung, man würde sich von einem Vorurteil leiten lassen, wenn man meine, einem Bild nur durch antike Kostüme Würde verleihen zu können. Es handele sich um ein Ereignis, das in Amerika stattfand, einem Ort, der den Griechen unbekannt gewesen sei, und in einer Zeit, in der keine der antiken Nationen oder deren Helden in entsprechender Kleidung mehr existierte. In Zeiten von Voltaire und Hume müsse das Leitprinzip die historische Wahrheit sein und daher dieses Ereignis in

108 Beispielsweise *Portrait of a lady and her Son* als Diana oder *Portrait of a Lady* als Juno, beide 1769 in der Royal Academy ausgestellt (s. ERFFA, 156). Wie ERFFA zeigt, waren die Gemälde *Agrippina* und *Regulus* bereits innovativer, als es Reynolds wohl aufgefallen war. Vgl. das Gemälde von George Carter: *Monument to Wolfe* (Westminster Abbey, Abb. in WIND, pl. 21c).

109 Vgl. MITCHELL 1967, 270.

110 Vgl. ERFFA, 156.

111 Sein Schüler Charles Willson Peale hatte versucht, eine zeitgenössische politische Botschaft durch eine antike Bildform zu vermitteln, indem er 1768 William Pitt als römischen Konsul darstellte. ERFFA vermutet, dass dies in Wests Atelier produziert wurde. Jedenfalls entstand es in einer Geistesumgebung, die das Studio von Benjamin West umgab (s. SELLERS). Die Darstellung von Zeitgenossen in klassischen Kostümen griff West jedoch 1772 noch einmal in *Alderman Sawbridge* auf (s. VINCENT, 20-21, vgl. PROWN 2001, 272).

der Kleidung der Gegenwart gezeigt werden: „[...] the same truth that guides the pen of the historian should govern the pencil of the artist.“[112]

Für West war klar, dass die Darstellung der Dimensionen Raum und Zeit nicht fiktiv sein könne. Die Eroberung Kanadas durch die Briten sei ein Ereignis, das die Geschichte mit Stolz festhalten würde und er sähe es als seine Aufgabe, dies der Welt zu zeigen. So wie seine Zeitgenossen auf die antiken moralisierenden Geschichten blickten, so würden zukünftige Generationen eines Tages auf die gegenwärtigen Ereignisse schauen.[113] Von der Nachwelt würde er dann nicht verstanden werden, wenn er eine klassische Fiktion darstelle statt der Fakten des Ereignisses.

Die Gefahr bei diesem Schwerpunkt lag darin, das Gemälde zu einem *matter-of-fact*-Bild herabzusetzen, das nur die visuelle Wirklichkeit wiedergibt. Aber vielleicht war sich gerade West, der sich erst aus der Likenessmalerei befreit hatte, bewusst, wie die historische Treue mit der Erhöhung zur allgemeinen Idee zu verbinden war. Dieser Diskurs über ein hypothetisches Gemälde blieb rein theoretisch, bis West es schließlich fertiggestellt hatte. Dann zeigte er es seinen Kritikern Drummond und Reynolds, die darauf zunächst verstummten.

> *They came accordingly, and the latter without speaking, after his first cursory glance, seated himself before the picture, and examined it with deep and minute attention for about a half an hour.*[114]

Reynolds mag in den 30 Minuten, in denen er das Bild betrachtete, die Frage beschäftigt haben, wie dieses künstlerische Artefakt vor ihm mit der von ihm vertretenen kanonischen Kunsttheorie in Einklang zu

---

[112] „I want to mark the date, the place, and the parties engaged in the event“ (zit. in GALT 1820, 48).

[113] Er konnte zunächst nicht wissen, ob sein Kalkül aufging und *Wolfe* von der Öffentlichkeit als Fortschritt oder als Bruch, der seinen Ruf zerstören könnte, gewertet würde. Er hielt sich an seinen Ausspruch „to tell this great event to the eye of the world“ (GALT 1820, 48) an Reynolds' Worte über den Künstler: „He addresses his words to the people of every country and every age; he calls upon posterity to be his spectators [...]“ (Disc. II, 49).

[114] GALT 1820, 48.

bringen sei.[115] Offenbar kamen hier nun andere Eigenschaften des Bildes zum Tragen, die in der theoretischen Diskussion noch nicht auftauchten und die Reynolds schließlich von der gegenteiligen Meinung überzeugten, denn er zog nun seine Argumentation zurück und sagte stattdessen beeindruckt eine Revolution in der Kunst voraus.[116]

> *He then rose, and said to His Grace [Drummond], Mr. West has conquered. He has treated his subject as it ought to be treated. I retract my objections against the introduction of any other circumstances into historical pictures than those which are requisite and appropriate, and I foresee that this picture will not only become one of the most popular, but occasion a revolution in the art.*[117]

Die Darstellung eines Ereignisses in zeitgenössischer Kleidung konnte den Paradigmenwechsel nicht ausgemacht haben. Schließlich war West nicht der erste, der die englische Geschichte malte. Mit dem wachsenden antiquarischen Interesse an der Landesgeschichte hatte die *Society for the Encouragement of Arts, Manufactures and Commerce* bereits ab 1759 einen Wettbewerb für „the best original Historical Picture, the subject to be taken from the English History only" ausgeschrieben.[118] Ein Sonderpreis ging 1763 an George Romney für sein Gemälde mit dem Titel *Death of General Wolfe*, das Wolfe bereits in zeitgenössischem Kostüm zeigte (verschollen).[119] Auch wurde das Ereignis ebenso in den

---

115 In Disc. II vom Dez. 1770.

116 Grundlegend zu diesem Thema ist in der kunsthistorischen Literatur weiterhin der Artikel von Edgar WIND aus dem Jahr 1938, s. a. ALBERTS, Anhang II, 413-416, vgl. MITCHELL 1944.

117 GALT 1820, 48.

118 Ausgeschrieben am 25. April 1759 (The Annual Register for the year 1759, 18th edition, 158, zit. in ERFFA, 68). Interessanterweise gewann diesen Wettbewerb in den Jahren 1760 und 1763 der 1782 nach Amerika ausgewanderte Robert Edge Pine (1730-1788) mit Gemälden mit dem Titel *The Surrender of Calais* und *Canute Rebuking His Courtiers on the Seashore*. Dieser malte in Amerika Porträts, u. a. von Wests Freund Francis Hopkins und Teilnehmer der Revolution (s. ERFFA, Anm. 79 u. STEWART, s. a. Anm. 349, 350 u. 357 unten). Maler der englischen Geschichte waren unter anderem Samuel Wale (1721-1786) sowie Angelika Kauffmann (1741-1807). Sie basierten meist auf David Humes Werk *History of England* (s. ERFFA, 68 u. 75).

119 Vgl. MITCHELL 1944, 30. Romneys Version ist nach der Versendung nach Kalkutta verschollen, es sind jedoch drei Vorzeichnungen erhalten. In seinem Buch *Anecdotes of*

Jahren 1763 und 1764 in zwei Versionen von Edward Penny, dem späteren Professor für Malerei an der Royal Academy, dargestellt (Abbildung 8).

MITCHELL zeigt, dass die Darstellung einer zeitgenössischen Begebenheit in zeitgenössischer Kleidung alles andere als neu war.[120] Auch ADDISON hält es geradezu für eine Legende, dass dies eine Revolution darstelle, schließlich hätten praktisch alle Militärstücke Soldaten auf diese Weise gezeigt. Wests Darstellung sei vielmehr ein Amalgam von Ungenauigkeiten und die Darstellung Pennys daher vorzuziehen, weil sie der Wahrheit näher käme.[121]

Dies ist richtig. Und doch trifft ADDISON den entscheidenden Punkt nicht. Die Darstellung zeitgenössischer Kleidung in Schlachtenbildern mag für die Malereigeschichte nicht neu sein, für den akademischen Kontext ist Wests Behandlung des Themas aber tatsächlich revolutionär, eröffnet sie doch ganz neue Möglichkeiten der Darstellung und befreit die akademische Malerei aus den Zwängen ihrer oft als starr empfundenen Theorie. Dies war vielleicht nur in England möglich, in der die noch junge Akademie keine Doktrin bestimmte, sondern „Discourses“ führte. Und es war vielleicht auch nur einem Amerikaner möglich, der von außen kommend die Regeln der Kunsttheorie unvoreingenommen diskutieren konnte. Vermutlich war es zudem nur einem Künstler wie Benjamin West möglich, der innovationsfreudig und in einer finanziell abgesicherten Position, über das Bestehende hinaus denken konnte.

Wests Ziel war es, statt eines antiken Ereignisses den Tod von General Wolfe mit den Methoden des *Grand Styles* als Tugendvorbild umzusetzen (*exemplum virtutis*). Die Wahl der Kleidung ist darin das zentrale Problem, denn es bestand die Überzeugung, zeitgenössische

Painters von 1808 sah der Kunstkritiker Edward Edwards in dem Gemälde nicht mehr Wahrheit als in einem Zeitungsbericht und zählte es daher nicht unter den Begriff der Historienmalerei (s. MCNAIRN, 93). Penny produzierte neben der Version von 1763 (Ashmolean, Oxford) im Folgejahr eine weitere, vereinfachte als Vorlage für den Stich von Richard Houston (1772, Webster Canadiana Collection, New Brunswick Museum, Saint John). Im Jahr 1776 malte James Barry ein Gemälde mit demselben Titel (ebd.). Zu weiteren Versionen andere Künstler s. MCNAIRN.

120 Tatsächlich sei dies seit Vasari ein Gemeinplatz, so MITCHELL 1944, 21.

121 Vgl. ADDISON, 25.

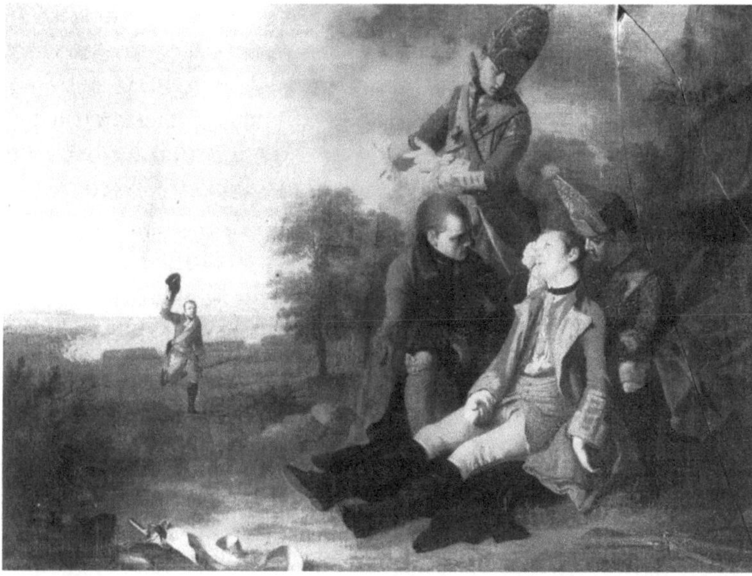

Abbildung 8 Edward Penny: *The Death of Wolfe*, 1764
Öl auf Leinwand, 62,23×73,66 cm, National Trust, Petworth House, Sussex. Quelle: ERFFA, 213

Ereignisse würden grundsätzlich unter der Würde der Historienmalerei sein. Ein zeitgenössisches Ereignis darzustellen, ohne es in den Bereich der Genremalerei zu rücken, war demnach nur mit der Anwendung antiker Kleidung denkbar. Da diese Verbindung ihm nicht überzeugend erschien, löste West den Konflikt auf eine andere Weise, die zu dem Prototypen des zeitgenössischen Historienbildes wurde.

Reynolds Befürchtung bestand offenbar darin, dass die Darstellung des Helden bei West in zeitgenössischer Kleidung einem Hineinholen in die Gegenwart gleichkäme und somit gegen den Sinn für „decorum", d. h. der Angemessenheit der malerischen Mittel, verstoße.[122] Helden könnten nicht heroisch erscheinen, wenn sie vertraut, also als Teil der eigenen Welt, wahrgenommen würden. Im dritten *Discourse* (Dezember

---

122 „Decorum" bedeutete, eine plausible, den Konventionen angemessene Darstellung, z. B. den König, nicht jedoch einen Soldaten, königlich darzustellen. Es bildet also die vermeintlichen oder gewollten sozialen Stratifikationen ab, die auch Shaftesbury mit der Wiedergabe der kosmischen Ordnung verlangte (s. SHAFTESBURY, 65).

1770) warnte Reynolds seine Studenten, dass die Darstellung eines aktuellen und flüchtigen Ereignisses den Künstler zum Gefangenen seiner eigenen Zeit mache. Edward Pennys Darstellung sieben Jahre vorher mag dies bestätigt haben, denn es gelang diesem nicht, den Graben zwischen moderner Kleidung und der Forderung nach Diealisierung zu überbrücken. Er zeigte eine rein sachliche Wiedergabe des Geschehens (*matter-of-fact*).[123]

Entscheidend für das „decorum" ist eine Entrückung des Dargestellten von der Welt diesseits der Leinwand in einen von der Alltagswelt des Betrachters entrückten Ideenraum. Im klassischen Historiengemälde diente die zeitliche Distanz der Antike der Heraushebung aus der Gegenwart. Als visueller Schlüssel fungiert dabei die griechisch-römische Kleidung.

Wests Paradigmenwechsel wird in der Figur des prominent im Vordergrund platzierten Indianers deutlich. Der amerikanische Kontinent spielt in dem Gemälde eine entscheidende Rolle. Der Reiz des Exotischen haftete Benjamin West selbst an, seit er nach Europa kam und mit dem Apollo von Belvedere konfrontiert wurde. Wie sehr Amerika für Engländer ein Platz der Imagination war, wird deutlich, als der amerikanische Künstler und Schüler Wests, Gilbert Stuart, in London scherzhaft erzählte, er sei geboren „six miles from Pottawoone and ten miles from Pappasquash and about four miles from Conanicut and not far from the spot where the famous battle with the war-like Pequotes was fought."[124] West erkannte, dass er als Amerikaner bei den Europäern eine besondere Aufmerksamkeit erzeugte und die Figur eines Indianers dieses Interesses an der fremde Welt ebenso bedienen konnte.[125]

---

[123] Vgl. ABRAMS 1985, 180.

[124] Zit. in DUNLAP, I, 190. EVANS bemerkt über West: „even his grammar and speech were marked by colonial eccentricies" (s. EVANS 1959, 22).

[125] Bei der Darstellung von Indianern griff er immer wieder auf antike Prototypen zurück. Für das von Smith herausgegebene Buch *The Expedition Against the Ohio Indians in 1764 under Colonel Bouquet* (1766) fertigte er zwei derartige Zeichnungen an und bezieht sich dabei auf die Apollo-Pose (PROWN 1996, 32 u. 36f.). Siehe auch Wests Zeichnung *The Savage Chief Taking Leave of His Family on Going to War*, ein Auftrag für John Murray (s. ALBERTS, 39). Vgl. PRATT, die die verschiedenen Stereotype des Indianers in der Bildenden Kunst Englands untersucht.

Die Darstellung von Indianern als Mirabilien erhöhte aber nicht nur das Interesse an dem Gemälde. Eine Gestalt in der Pose der Melancholie erschien bereits im Vordergrund von *Agrippina landing in Brundisium* und nahm genauso wie die Frau am rechten Bildrand in *Departure of Regulus* die Rolle als Mittler zwischen Real- und Bildraum ein.[126] Ebenso dient der Indianer in *General Wolfe* dem Betrachter als Einstiegsfigur, aber auch zur Identifizierung des Ortes als Amerika. Damit erzeugte West eine räumliche Distanz. Seine Innovation bestand nun darin, den Entfernungsmodus „Zeit" durch den „Ort" zu tauschen, also statt des Kostüms als Schlüssel zur temporären Entfernung den Exoten als visuellen Schlüssel zur lokalen Entfernung einzusetzen (Distanzschlüssel).

Für den Großteil des englischen Publikums war Amerika ein ferner Ort, der nur aus Erzählungen bekannt war. Eine Begebenheit aus dieser Sphäre, so wird Reynolds eingesehen haben, erhält den Respekt vor dem Helden und damit die Funktion des Historienbildes als Träger moralischer Werte. West schaffte es auf diese Weise, ein zeitgenössisches Thema im Einklang mit dem Grand Style darzustellen, ohne den Sinn für das „decorum" zu verletzen.[127] Damit erschuf er eine neue Kategorie der Historienmalerei.

Das Gemälde *General Wolfe* hat mit *Departure of Regulus* und Pennys Darstellung des gleichen Ereignisses einiges gemeinsam. Sie fallen zunächst alle unter den Oberbegriff des „Historiengemäldes".[128] Und doch unterscheidet sich *General Wolfe* von *Departure of Regulus* in der

---

126 Bei der hinter dem Indianer stehenden Figur, die dem sterbenden Wolfe auf den herbeieilenden Siegesboten deutet, handelt es sich um William Johnson. Er deutet auf einen Gesamtzusammenhang des Einzelereignisses hin. Der bei den Indianern sehr geschätzt Johnson wurde nach dem Sieg bei Fort Niagara 1759 als Held gefeiert. Erst Wolfes Tod in Quebec stellte seinen Ruhm in den Schatten. Tatsächlich waren bei Wolfes Tod nur drei Offiziere anwesend, Johnson war nicht darunter (s. FRYD 1995).

127 Vgl. WIND, dieser zeigt die Nähe dieser Gedanken zum Theater der Zeit (ebd., 116f.).

128 Der Begriff wurde nie scharf abgegrenzt. Wie undeutlich eine Definition blieb, zeigt der Versuch des Kommentators Daniel Fanshaw, 1827 in der *United States Review and Literary Gazette* die Bildgattungen in zehn Bereiche einzuteilen und die Historienmalerei in drei Unterkategorien aufzubrechen: „Epic", „Dramatic" und „Historic", die offenbar Allegorien, Illustration von Erzählungen und die hier behandelte Geschichtsmalerei meinte (vgl. GERDTS 1988, 71).

zeitlichen Distanz des Ereignisses zur Gegenwart. Dagegen haben Pennys und Wests *General Wolfe* zwar das gleiche Thema, sie unterscheiden sich jedoch in der Umsetzung. Der Terminus „Historienmalerei", der nie klar definiert wurde, kann hier zu Verwirrungen führen, werden mit ihm doch verschiedene Phänomene bezeichnet.[129] Auch der im Deutschen verwendete Begriff „Ereignisbild" für zeitgenössische Darstellungen kann wohl kaum auf die Gemälde Wests und Pennys gleichermaßen angewendet werden. An dem Punkt, an dem West die Tür zu etwas Neuem öffnet, können präzisere Begriffe zur Klärung führen.

Der Gedanke der dargestellten „Historie" war im Laufe der Geschichte einem starken Wandel unterworfen. Alberti hatte einen sehr weiten Begriff von *istoria* und zählte auch religiöse, mythologische und dichterische Themen dazu.[130] Der Begriff „Historienmalerei" beschreibt im Allgemeinen alle Darstellungen der Geschichte sowie der antiken und christlichen Mythologie. Darunter fallen sowohl das Gemälde von West wie auch das von Penny. Im engeren Sinne kann man den Begriff jedoch auf die europäische Historienmalerei begrenzen, wie sie an den Akademien des 18. Jahrhunderts gelehrt wurde. Während Pennys Darstellung sicher nicht darunter fällt, nutzt West die Methode der akademischen Historienmalerei und entwickelt sie zur „zeitgenössischen Historienmalerei" weiter.

Der Begriff des „contemporary history painting" wird in der englischsprachigen Literatur häufig verwendet, auch wenn die Definition dieses Oxymorons unscharf bleibt.[131] Wörtlich genommen würde

---

[129] Reynolds hatte seine Definition selbst verwässert und zur Unschärfe des Begriffs beigetragen, indem er in Disc. IV forderte, Landschaftsmalerei und Porträt sollten Elemente der Historienmalerei übernehmen, um ihre Gattung aufzuwerten (s. Disc. IV, 72). Auf diese Weise malte er selbst idealisierende Porträts, die allgemeine Ideen darstellten (beispielsweise in der Allegorie *Mrs. Siddons as the Magic Muse* von 1784, s. WARK, XXX) und West produzierte „historical landscapes", in denen ein klassisches Thema in der Landschaft spielte, die im Vordergrund stand (z. B. *Telemachus and Calypso*, 1801).

[130] Alberti in GAEHTGENS 1996, 78

[131] Vgl. NEFF, 34. WIND bezeichnet Wests Innovation als „modern history painting" (ebd., 121) und im Gegensatz dazu die sachliche Malerei als „truly Dutch manner" (122). HAGER grenzt seinen Begriff des „Ereignisbildes" von Darstellungen nach lite-

der Terminus auch Pennys Darstellung einschließen. Wests Innovation ist jedoch kein spannungsreiches Paradoxon, sondern die gelungene Synthese zu einer neuen Kategorie. Um das aufbrechende Spektrum künstlerischer Phänomene zu fassen, werden im Folgenden vier Kategorienbegriffe unterschieden.

Zunächst soll inhaltlich zwischen Historienmalerei und dem Ereignisbild unterschieden werden. Das eine bedient sich aus der Geschichte, das andere stellt ein kürzlich erfolgtes Ereignis dar. Gleichzeitig ist eine methodische Unterscheidung zu machen, wonach entweder der Idealisierung des Grand Styles gefolgt oder eine reine Illustration im Sinne des *matter-of-fact* vorgenommen wird.

<table>
<tr><td colspan="2" rowspan="2"></td><td colspan="2">Inhalt</td></tr>
<tr><td>Historisches Ereignis</td><td>Zeitgenössisches Ereignis</td></tr>
<tr><td rowspan="2">Modus</td><td>Grand Style</td><td>Historienbild</td><td>Ereignisbild</td></tr>
<tr><td>matter-of-fact</td><td>Historienillustration</td><td>Ereignisillustration</td></tr>
</table>

Abbildung 9 Vorschlag zur Begriffsabgrenzung
Quelle: Autor

Unter dem Oberbegriff der „Geschichtsmalerei“ ist demnach *Departure of Regulus* als ein Historienbild und Wests *General Wolfe* als ein Ereignisbild zu bezeichnen, von dem sich Pennys *Wolfe* als Ereignisillustration abgrenzt.

Spricht man Pennys Darstellung den Rang als Idealgemälde ab und gesteht West die Zuspitzung zum moralischen Vorbild zu, stellt sich die Frage, wie dies mit der von West in der Kleidungsfrage hervorgehobenen Faktentreue zu vereinbaren ist. Seine Aussage „[...] the same

rarischen Vorlagen ab. Da sich seine Arbeit nur bis zum Anfang des 18. Jahrhunderts erstreckt, ist das zeitgenössische Historiengemälde nicht berücksichtigt.

truth that guides the pen of the historian should govern the pencil of the artist" erklärt sich aus dem zunehmenden historischen Interesse der Bevölkerung seit Mitte des 18. Jahrhunderts. Mit den Ergebnissen archäologischer Entdeckungen und dem Aufstieg Englands zur Weltmacht entwickelte sich aus der Wiederbelebung der Antike eine Geschichtswissenschaft, die neben der Erforschung der Antike sich zunehmend der eigenen Geschichte zuwandte. Spätestens seit David Humes *The History of England* (sechs Bände, 1754-62) war die englische Geschichte Gegenstand patriotischer Aufmerksamkeit.

Die Historienmalerei profitierte von der Geschichtsforschung, waren doch in der konventionellen Historienmalerei bereits archäologisch korrekte historische Details ein Ausweis von Antikenwissen des Künstlers, das zu einer Wertschätzung des Gemäldes führte.[132] Nun begann die moderne wissenschaftliche Bedeutung von „Geschichte" Albertis „istoria" zu überlagern und die Malerei fand zunehmend Interesse an der Darstellung visueller Einzelheiten wie der korrekten Darstellung von historischen Uniformen, Objekten, Landschaften und Architekturen. Dies gab dem Bild eines zeitnahen Ereignisses eine Authentizität als Dokumentarbild und ließ die Malerei in einen Paragone-Wettstreit eintreten, um sich abermals nach dem Motto *ut pictura poesis* mit der historischen Literatur zu messen.[133] Daher erklärt sich der Wille, als Maler dem Historiker zu folgen und geschichtliche Wahrheit wiederzugeben.[134]

Und dennoch entstand keine faktische Ereignisillustration, denn West wich gleichzeitig an einem entscheidenden Punkt von der historischen Treue ab. Tatsächlich ist die Darstellung Pennys historisch korrekter, waren in Wirklichkeit nur drei Personen bei Wolfes Tod anwesend und befanden sich fast sämtliche bei West gezeigten Figuren

[132] Vgl. VINCENT, 7.

[133] Vgl. MITCHELL 1944, 27. Themen aus dem Mittelalter waren bereits im Theater, beispielsweise von Shakespeare, inszeniert worden. West bediente einen aufkommenden Patriotismus, ohne selbst englischer Patriot zu sein.

[134] Möglicherweise orientierte sich West an einer Aussage Albertis, wonach Bilder wie Geschichten seien, die einen würden mit dem Pinsel, die anderen mit Worten gemalt (vgl. MAI 1988, 16).

nicht am Ort des Geschehens.[135] Wests Ziel war jedoch nicht die getreue Wiedergabe. Er nahm sich vielmehr Veränderungen heraus, um das tatsächliche Ereignis als ein allgemeines Tugendbeispiel darzustellen. Dabei brachte er genau recherchierte Details mit einer Idealisierung des Ereignisses zusammen. Was wie ein Widerspruch klingt, bedingt einander jedoch: Erst durch die historische Treue erworbene Autorität ist es dem Künstler möglich, von der historischen Vorgabe abzuweichen, die höhere Moral zu verdeutlichen und das Ereignis in eine Allegorie von Tugenden zu verwandeln.[136] Während West im Detail nach historischer Treue (*accuracy*) strebte, inszenierte er das Gesamtgemälde nach dem Konzept einer „epic history". Diesen Gedanken hatte er von seinem Freund, dem Geistlichen Robert Anthony Bromley übernommen.[137]

Bromley versuchte in seinem Buch *A Philosophical and Critical History of the Fine Arts*, das unsichere Terrain zwischen Faktentreue und Erfindung mit dem Begriff der „perspicuity" (Klarheit) schärfer abzugrenzen. Übertreibungen sind demnach zu vermeiden, weil sie diese Klarheit beeinträchtigen und von der Gesamtaussage des Bildes ablenken. Die Phantasie des Künstlers jenseits der Faktentreue könne aber zur Verständlichkeit der Bildaussage beitragen. 1793 schrieb Bromley, der Historienmaler solle daher „nahe" der Wahrheit bleiben. Ob die Entfernung zu groß ist, entscheide der Betrachter, dessen Ein-

---

135 West hätte die Szene nach dem Bericht des Augenzeugen John Knox wahrheitsgemäßer darstellen können (s. KNOX, II, 78-79). Wie WIND zeigt, bestand die Kontroverse über Freiheit des Künstlers und der historisch korrekten Wiedergabe bereits in der historischen Literatur von Voltaire, David Hume und Edward Gibbon, auf die sich West mit dem Begriff des „law of the historian" zu beziehen scheint. Entgegen der Vorstellung einer zyklischen Geschichte hebt das Geschichtsverständnis der Aufklärung die Einmaligkeit des individuellen Handelns hervor. Die Aktivitäten von Einzelpersönlichkeiten trieben demnach die Weltgeschichte voran. So schrieb Hegel: „Heroen sind Individuen, welche aus der Selbständigkeit ihres Charakters und ihrer Willkür heraus das Ganze einer Handlung auf sich nehmen" (zit. in BUSCH, 58). Doch zunehmend wurde die Geschichte als empirischer und weniger als dichterischer Raum aufgefasst (vgl. HAGER 1989, 158 u. 162).

136 Vgl. VINCENT.

137 „Epic History" bedeutet für West die Zusammenwirkung Kompositionsteile „[to] show the importance of the hero" (zit. in MITCHELL 1967, 267). FLEXNER bezeichnet das Streben nach Treue im Bild als „middle-class realism" (FLEXNER 1969, 36).

druck letztendlich maßgeblich sei, ob die Grenze zur Unglaubwürdigkeit überschritten wurde. Im Zentrum von Bromleys Gedanken stand also viel mehr die Glaubwürdigkeit des Bildes als dessen Wahrheit:[138]

> *The historic painter must [...] lay down to himself this first duty, to keep near to the truth of the history he represents. [...] It is [however] not necessary that he confine himself to the precise order in which the event took place, the precise situation of circumstances, or the precise point of time. [...] He may even indulge invention so far as to introduce other circumstances which might well be supposed to have happened, although they did not, but which shall all in their measure contribute to give a more precise elucidation to the piece. [...]*
>
> *All arbitrary circumstances, visionary allusions, and extrinsic adoptions, all intermixture of fable where the painting has assumed a known matter of fact, all personifications on inanimate nature, are illicit in his hands, because as these do not assimilate with the history, they tend to embarrass and confound; [...]*[139]

Da Bilderfindungen, die unwahrscheinlich und deshalb unglaubwürdig erscheinen, an der Wahrheit des Gesamtbildes zweifeln lassen, wäre es für Bromley jenseits des Erlaubten, Zeitgenossen in antiker Kleidung darzustellen: „He shall not dress them in any habits but those of the age and the country in which they lived [...]".[140] Andererseits legt er am Beispiel von Wests *General Wolfe* dar, dass Fakten alleine beim Betrachter nicht die Leidenschaft erzeugt hätten, die ihn dazu bewegen,

---

138 Damit liegt er nahe an den Vorstellungen Reynolds und dem Empirismus Burkes. Bromley unterscheidet zwischen „Historical and poetic painting" (BROMLEY, 45) und macht damit wieder den Zusammenhang zwischen Schreiben und Malen deutlich.

139 BROMLEY, 45 u. 46.

140 BROMLEY, 47. Er hält sich damit eng an die Ausführungen Le Bruns: „C'est pourquoi l'on voit [...] qu'il se sert de vêtements conformes au pays et à la qualité des personnes qu'il représente" (zit. in SCHLINCK, 21). Le Brun hielt die Abweichung des Bildes zum Bibeltext im Poussins *Mannawunder* für erlaubt, da sie nicht der Wahrscheinlichkeit widerspräche und sich nicht weit von der geschichtlichen Wahrheit entferne: „l'on ne peut pas dire pour cela qu'il se soit trop éloigné de la vérité de l'historie car" (zit. ebd., 26). Ähnliche Gedanken finden sich auch in *Idée de la Perfection de la Peinture* von Roland Freart de Chambray aus dem Jahr 1662 (s. IRWIN, 332, vgl. MITCHELL 1967, 270-271).

das Dargestellte sich als Tugendvorbild zu nehmen. Dies leiste nur die Zuspitzung, die Dramatisierung:

> *They are as fair in the supposition of the painter as if they had actually existed, and infinitely finer and more effectually impressive as he has thrown them together. Had he taken the facts merely as they stood, in vain would he have tried to reach any one passion of the heart. But mark what a climax of most interesting concern now rises from the whole, gathering new feelings in it's gradations to consummate glory in the hero, an consummate admiration with distress combined in the beholder.*[141]

Laut Bromley schien in diesem Gemälde alles so natürlich, dass man sich kaum vorstellen könne, es sei nicht genauso geschehen. Den zwischen dem Anspruch historischer und so formulierter künstlerischer Wahrheit entstehenden Konflikt versuchte der Kunsttheoretiker Roger de Piles zu lösen. In seiner Schrift *Cours de Peinture* von 1708 lag der Schwerpunkt auf dem Begriff der Wahrheit im Bild, den er jedoch in drei Stufen unterschied:

1. Die einfache Wahrheit: Das darzustellen, was das Auge sieht, die getreue, faktische Nachahmung der Natur, also *matter-of-fact*.

---

[141] BROMLEY, 59. Dies korrespondiert mit den Ansichten von André Félibien (1619-1695), wonach es die Aufgabe der Historienmalerei sei, nicht nur die Erscheinung des Helden zu zeigen, sondern dessen Charakter. Reynolds sagte am 10. Dezember 1771: „He cannot make his hero talk like a great man, he must make him look like one" (Disc. IV, 60). West machte Farington deutlich, weshalb er *Death of Lord Nelson* (1806) ebenso anlegte: „There was no other way of representing the death of a Hero but by an Epic representation of it. It must exhibit the event in a way to excite awe & veneration & that which may be required to give superior interest to the representation must be introduced, all that can shew the importance of the Hero. Wolfe must not die like a common soldier under a Bush, neither should Nelson be represented dying in the gloomy hold of a ship, like a sick man in a Prison Hole. To move the mind there should be a spectacle presented to raise & warm the mind, & all shd. be proportioned to the highest idea conceived of the Hero. No Boy, sd. West, wd. be animated by a representation of Nelson dying like an ordinary man, His feelings must be roused & His mind inflamed by a scene great & extraordinary. A mere matter of fact will never produce this effect" (FARINGTON, VIII, 3064, 10. Juni 1807). 1808 zeigte West unabhängig von dieser Vorstellung Nelson noch einmal korrekterweise unter Deck: *The Death of Lord Nelson in the Cockpit of the Victory* (1808).

2. Die ideale Wahrheit: Die Idee als Konstante in der Variation der schönen Erscheinungen in der Natur, also die elektive Auswahl und Verallgemeinerung, die auch Reynolds propagierte.
3. Die perfekte Wahrheit: Eine wahrscheinliche Wahrheit als eine Kombination der beiden vorigen Wahrheiten, die vollkommener und überzeugender erscheint als das wirklich Stattgefundene.[142]

Der Wahrheitsbegriff bekommt hier eine differenziertere Bedeutung. Nach Platon wurde der Begriff der „Mimesis" oft als Nachahmung der visuellen Erscheinung verstanden und diente damit der Geringschätzung der bildenden Künste. Diese Einengung des Nachahmungsbegriffs fand jedoch erst in der Renaissance statt, als der Spiritismus des Mittelalters überwunden wurde, um sich mit der sichtbaren Realität zu beschäftigen.[143] Die griechische Wortherkunft von „Mimesis" deutete jedoch ursprünglich auch auf das materielle „Zur-Erscheinung-Bringen" von Möglichkeiten und Phantasien hin, wie es Aristoteles deutlicher machte.[144] Dies ist der Grund, warum im 17. Jahrhundert im Zuge der Etablierung statischer Begriffssysteme das wirkungsästhetische „Wahr-Scheinende" (franz. *vraisemblance*) als Erweiterung des Wahrheitsbegriffs in der Kunst Bedeutung erlangte.

De Piles stufte diese *vraisemblance* höher ein als die historische Treue. Wenn der Künstler beim Studium der Geschichte feststelle, dass die wahrhafte Darstellung die ideale künstlerische Schönheit störe, sei er

---

142 Vgl. PILES, 22-34, PUTTFARKEN, 48-50, MITCHELL 1944, 22 u. 32 u. TATARKIEWICZ, 404-405.

143 Leonardo riet: „Dasjenige Gemälde ist das lobenswerteste, das die meiste Ähnlichkeit mit der wiedergegebenen Sache hat, und dies sage ich zur Widerlegung solcher Maler, die die Natur verbessern wollen" (Trattato, Nr. 411). Alberti schrieb dagegen: „Der Maler soll nicht nur in allen Teilen die Ähnlichkeit erreichen, sondern darüber hinaus, die Schönheit hinzufügen" (della Pictura, beides zit. in PANOFSKY 1960, 24).

144 Bei Aristoteles steht die künstlerische Produktivität, also die Dialektik des Werdens aus Möglichkeit, Verwirklichung und Wirklichkeit im Mittelpunkt (Poetik, Kap. 9), wird jedoch noch auf die Tragödie und weniger die Malerei bezogen (s. LdK, Bd. 4, 740). Konkret unterscheidet Aristoteles nicht mehr zwischen Idee und Erscheinung, sondern zwischen Form und Stoff. Kunst „unterscheidet sich von den Erzeugnissen der Natur nur dadurch, dass ihre Form, bevor sie in die Materie eingeht, in der Seele des Menschen ist" (Metaphysik VII, 7, vgl. PANOFSKY 1960, 9).

demnach berechtigt, von den strikten Tatsachen abzuweichen und ihr eine wahrscheinliche Darstellung zu geben.[145] Das Bild zieht auf diese Weise in der Bedeutung mit dem faktentreuen Text nicht nur gleich, sondern übertrifft ihn noch, indem er den Betrachter direkter erreichen kann, da er die moralische Botschaft nicht nur auf einer rationalen Ebene übermittelt.

Reynolds dagegen vertrat weiter die ideale Wahrheit im Bild und ignorierte die Ansprüche der *vraisemblance*. Im vierten Diskurs deutete er zwar einen Kompromiss an, als er darauf hinwies, der Maler müsse manchmal von der ordinären und strengen historischen Wahrheit abweichen, um die Pracht (*grandeur*) seines Gemäldes zu erreichen. Gemeint war dabei aber stets nur die Distanzierung von den gegenwärtigen Moden und den Launen der Natur.[146]

Bei der Unterscheidung zwischen *matter-of-fact* und dem Grand Style rückt das Verhältnis zwischen Bild und historischer Wahrheit jedoch in den Mittelpunkt. Bereits Le Brun diskutierte in seiner Akademieansprache von 1667, ob sich Poussin in seiner Darstellung des *Mannawunders* nicht zu sehr vom Bibeltext entfernt habe. Le Brun argumentierte, mit der Malerei verhalte es sich anders als mit der Geschichte, der Maler habe andere Instrumente, um etwas zu erzählen. Poussin habe keine Illustration der Bibelstelle angestrebt, sondern die zugespitzte Verdeutlichung eines inneren Vorganges, hier das überwältigende Ereignis des Mannawunders („la grandeur de la miracle“).[147]

De Piles hatte den Gedanken der perfekten Wahrheit theoretisch verdeutlicht, die praktische Umsetzung dieses Konzepts jedoch offen gelassen. West zeigte nun in der malerischen Praxis, dass der Künstler sich zwar auf eine schwierige Gratwanderung zwischen Realität und Fiktion bewegt, dass es aber durchaus möglich ist, historische Treue und Idealisierung zu einer Inszenierung zu verbinden, die wirklicher und glaubhafter erscheint, als die schriftlichen Quellen des Geschehens.[148] Dadurch erweiterte er die Möglichkeiten der Malerei und er-

---

145 Vgl. MITCHELL 1944, 22.

146 Vgl. Disc. III, 49.

147 Vgl. SCHLINCK, 25-26.

148 Wests Vorstellung von *vraisemblance* nahm die Bewegung zur historisch korrekten Kleidung der französischen akademischen Malerei vorweg (vgl. MITCHELL 1944, 23).

höhte ihren Rang gegenüber der historischen Literatur. Gleichzeitig geht diese Auffassung von Wahrheit über Reynolds' Forderung nach Idealisierung deutlich hinaus und eröffnet dem Künstler einen weiteren Spielraum für Imagination und Interpretation der Geschichte.[149]

Penny dagegen erreichte nicht die systematische Einbeziehung des Betrachters in das Bild bis hin zur emotionalen Ansprache, welche dem Bild seine suggestive Kraft verleiht. Er visualisierte nur die einfache Wahrheit. West dagegen entsprach sowohl den Anforderungen der historisch-wissenschaftlichen Wahrheit als auch des Grand Styles und erreichte dadurch De Piles' ideale Wahrheit. Indem er den temporalen Schlüssel (Kleidung) durch den lokalen Schlüssel (Indianer) ersetzte, konnte er die klassische Historienmalerei modernisieren und auf zeitgenössische Ereignisse übertragen. Wests Lösung stellte keinen Bruch mit etablierten Vorstellungen dar, sondern einen Kompromiss zwischen zwei Standpunkten, der nicht mit der akademischen Theorie im Widerspruch stand, sondern diese weiterentwickelt. Somit ist die „revolution in art" ein Beispiel erfolgreicher künstlerischer Innovation, die noch einmal die historische Bedeutung Benjamin Wests deutlich macht.[150]

Was sich bisher wie eine inner-akademische Theoriediskussion über die Wahrheit im Bild lesen mag, hatte jedoch entscheidende Auswirkungen auf das Verhältnis von Künstler, Bild und Publikum. West produzierte *General Wolfe* nicht für den König oder die Connaisseurs der

---

[149] Die Bedeutung dieser Abwägung zwischen historischer Wahrheit und heroischer Darstellung wird bei James Thornhill deutlich. Als dieser zwischen 1714 und 1727 an einem Auftrag für *Landing of George I* arbeitet, führte er in Notizen Zwiesprache mit sich selbst, wie weit er von der historischen Wahrheit abweichen dürfte. Laut historischer Quellen hat das Ereignis nachts stattgefunden, was Thornhill als wenig würdevoll empfand und änderte. Auch würden Schiffe prachtvoller wirken als die korrekten Boote und die den König umgebende Menge eliminierte er, weil sie ihm unpassend erschien. Er entschied sich, die Szene nicht so zu zeigen, wie sie war, sondern „as it should have been" (zit. in WIND, 123). Alternativ entwarf Thornhill neben dieser „semi-historical" Darstellung noch eine völlig allegorische. Die Tatsachendarstellung wurde von Thornhill zwar interessanterweise bedacht, aber schließlich verworfen, wohl, weil das Decorum-Problem ihm noch nicht lösbar schien.

[150] EVANS schreibt: „Assurance of the financial support from the Crown made it possible for West to continue painting figure compositions instead of having to earn his living by portrait painting. The King's aid also allowed West freedom to become an innovator of artistic styles during his mature development"(EVANS 1959, 21).

Royal Academy, sondern zunächst in eigenem Auftrag. Der Selbstauftrag ist von funktionaler Bedeutung, stand die Historienmalerei doch bisher im Dienst der Legitimierung der Handlungen eines Herrschers. West konnte jedoch freier die Bildanlage definieren und sich an ein anderes Zielpublikum richten, nämlich an die ganze Nation. Dies gelang einerseits durch das Bildthema: Während bei *Departure of Regulus* zur Entschlüsselung der Bildbotschaft noch ein Wissen um die klassische Geschichte benötigt wurde, waren die Taten des zeitgenössischen Helden Wolfe Tagesgespräch und damit in allen gesellschaftlichen Schichten gleichermaßen bekannt. Andererseits erreichte er das breite Publikum durch die Wahl des Bildmediums: Das Gemälde war als Vorlage für einen Kupferstich gedacht – ein Bildmedium für die Masse. *General Wolfe* wurde im April 1771 in der Royal Academy ausgestellt und zum Preis von 400 £ verkauft.[151] Neben einer Kopie für König George III. im Wert von 350 £ wurde auch ein Stich hergestellt (William Woollett, vertrieben durch John Boydell).[152] Durch den Wechsel zum zeitgenössischen Inhalt, den Wechsel zum breiten Publikum und zum Massenmedium wurde es zu einem der populärsten Bilder der Zeit, verhalf dem Künstler zu einer neuen Einnahmequelle und machte ihn damit unabhängiger von einzelnen Förderern.[153] Wie sehr das Gemälde *General Wolfe* dazu diente, an den Betrachter zu appellieren, sich in den Dienst der Nation zu stellen, verdeutlicht die Aussage Lord Nelsons. Dieser erzählte West, er habe im Kunsthandel oft den Stich des Todes des Generals Wolfe gesehen und sich gefragt, warum West nicht öfter Themen wie dieses darstelle. West antwortete, es würde zu wenige zeitgenössische Ereignisse geben, die man derartig auf die Leinwand bringen könnte. Daraufhin versprach Horatio Nelson, ihm ein solches Ereignis zu liefern, wenn West im Gegenzug

[151] Zu zeitgenössischen Kommentaren s. ALBERTS, 109.

[152] Verkauft an Lord Grosvenor. Der König ließ seine Kopie in eine Reihe mit zwei weiteren bedeutenden Sterbeszenen aus griechischer und mittelalterlicher Zeit stellen: *Death of Seigneur de Bayard*, 1772 und *Death of Theban General Epaminondas*, 1773 (vgl. MITCHELL 1944, 31).

[153] Vgl. ADDISON, 23 u. ALBERTS, 110.

zusicherte, ihn in der gleichen Weise wie Wolfe darzustellen.[154] Tatsächlich begann West nach der Schlacht von Trafalgar sofort mit der Arbeit an *The Death of Lord Nelson* (1806).

Mit dem Gemälde *Death of Wolfe* überdauerte der Ruhm Wolfes seinen Tod wie auch das Ende des Siebenjährigen Krieges (*French and Indian War*, 1756-63). Jedoch bahnten sich neue Konflikte in Amerika an, die einen weiteren Künstler zur Emigration zwangen: John Singleton Copley. Dieser stellte deutlicher als West den Übergang der kolonialen zur akademischen Malerei dar und entwickelt die nun modernisierte Historienmalerei zu einem Medium weiter, das spätere Künstler für amerikanische Verhältnisse zu adaptieren versuchten.

Revolution in Amerika: John Singleton Copley

Die durch den Krieg entstandenen Schulden versuchte Großbritannien von den Kolonien abtragen zu lassen, indem deren Wirtschaft merkantilistisch zugunsten Englands gesteuert wurde. Vor allem Rohstoffe mussten exportiert und Fertigwaren zu festgesetzten Preisen importiert werden. Die britischen Maßnahmen liefen den republikanisch-freiheitlichen Vorstellungen der Amerikaner jedoch zuwider und als auf den *Sugar Act*, der 1764 die Kosten der in Amerika stationierten englischen Armee finanzieren sollte, der *Stamp Act* folgte, der die auch in England üblichen Steuern auf Druckschriften verlangte, hatte sich ein Teil der Bevölkerung innerlich bereits so weit von einer englischen Identität wegentwickelt, dass sie unter dem Slogan „no taxation without representation" protestierte.[155] Viele Amerikaner sahen sich nun als erwachsene Kinder des Mutterlandes, die sich nicht mehr bevormunden lassen wollten und beriefen sich dabei auf englische Freiheitsideen aus dem *Bill of Rights* und die liberalistische Philosophie von John Locke.[156] Angeheizt von 30 von der Stempelsteuer besonders betroffenen

---

154 Dies berichtet George Ticknor (TICKNOR, 63). Der Arzt Dr. William Beatty schrieb, es sei „ [the] most ambitious wish of his soul to die in the fight, and in the very hour of a great and signal victory" (BEATTY, 74, vgl. ERFFA, 222).

155 HEIDEKING ist der Meinung, dass diese Forderung nicht auf eine Reform des Parlaments, sondern auf den Status quo der Zeit vor dem Siebenjährigen Krieg hinauslief (vgl. ebd., 30, s. a. BREEN 1988).

156 Vgl. BESIER, 40ff.

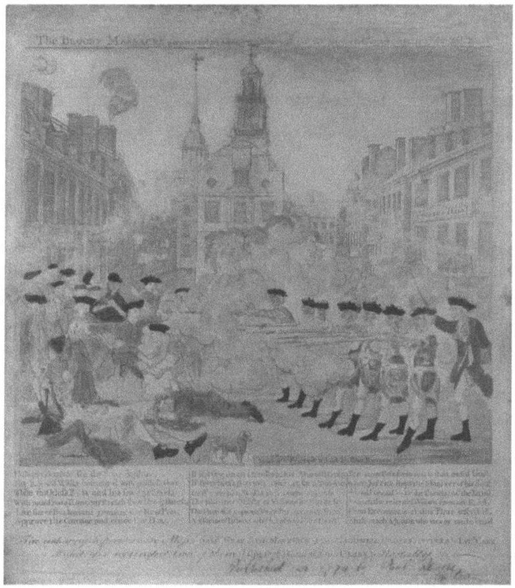

Abbildung 10 Paul Revere nach Henry Pelham: *The Bloody Massacre Perpetrated in Kings Street Boston on March 5th 1770 by a Party of the 29th Regt.*, 1770
Handkolorierter Stich, 22,6×26 cm, Library of Congress.
Quelle: Library of Congress LC-USZC4-4600

Zeitungen plünderte die Geheimorganisation *Sons of Liberty* das Haus des obersten Richters von New York und terrorisierte Beamte der britischen Krone. Tatsächlich zog das Parlament nach Diskussionen um ihre Steuerautorität das Gesetz zurück, nur um einige Monate später ihr Recht auf Besteuerung mit den *Townshend Act* wieder aufzunehmen. Die inzwischen in den einzelnen Provinzen gegründeten Regionalversammlungen beschlossen daraufhin einen Einfuhrboykott, der die englische Wirtschaft merklich schädigte und dazu führte, dass das Parlament auch dieses Gesetz mit Ausnahme der Teesteuer zurückzog.

Während der Handel wieder aufgenommen wurde, radikalisierten sich Teile der Gesellschaft. Diese begannen königstreue Tories, die den König als Ordnungsgaranten akzeptierten, als Volksfeinde zu denunzieren und suchten die Konfrontation mit dem Militär. Am 5. März 1770 reagierte ein Zollposten in Boston auf stundenlange Steinwürfe mit Schüssen in die Menge. Das Ereignis wurde von den antibritischen

Radikalen zu Propagandazwecken genutzt und als „Boston Massacre“ zu einem Märtyrerkult hochgespielt.[157] Es bekam eine besondere, weil visuelle Überzeugungskraft durch die Verbreitung der Illustration des Silberschmieds und Mitglieds der *Sons of Liberty,* Paul Revere. Dieser wurde im Jahre 1775 durch seinen Kurierritt bekannt, mit dem er das Heranrücken der englischen Truppen auf Lexington und Concord meldete. Der revolutionäre Agitator vertrieb den Kupferstich *Boston Massacre* (Abbildung 10), der auf einer Vorlage von Henry Pelham basierte, dem Halbbruder Copleys.

John Singleton Copley (1738-1815) wurde in Boston geboren, seine ersten Unterweisungen im Zeichnen erhielt er durch seinen Stiefvater Peter Pelham, einen englischen Kupferstecher, der 1727 emigriert war. In Ermangelung an Originalen konnte er sich nur an Kopien Alter Meister orientieren, die er im Atelier des mit Pelham assoziierten John Smibert sehen konnte, sowie an englischen Mezzotintos, aus denen er zwar Kompositionsprinzipien erkennen, aber nur schwer auf die malerische Qualität der Originale schließen konnte.[158]

Im Bildnis *Boy with a Squirrel* (Abbildung 11) zeigt er Henry Pelham mit einem Eichhörnchen spielend. Doch ist nicht die Darstellung dieser Handlung Ziel des Gemäldes, sondern die Demonstration der perfekten handwerklichen Fertigkeit Copleys zur Erzeugung visueller Illusion. Es zeigt, dass er wie kein anderer koloniale Künstler die Kontrolle über Licht und Farbe beherrschte und Materialien mit überzeugender Detailtreue darstellen konnte. Das Textil des Hemdes, die reflektierende Oberfläche des Holztisches, das Fell des Tieres und das Wasserglas sind Stillleben für sich, die seine meisterhafte Fähigkeit zur *matter-of-fact*-Darstellung bewerben. Es stellt den Höhepunkt der amerikanischen Likeness-Malerei dar, mit der er den Geschmack der amerika-

157 Vgl. DAHMS, 29. Es kam zu fünf Todesopfern (s. BESIER, 52). Die Schützen wurden jedoch von John Adams, der zu dieser Zeit noch als moderater Patriot galt, erfolgreich vor Gericht verteidigt (s. HEIDEKING, 34). Adams schrieb später, dies sei „one of the most gallant, generous, manly and disinterested Actions of my whole Life, and one of the best Pieces of Service I ever rendered my Country“ (zit. in FARRELL, 506).

158 „Copley was a youth of thirteen years of age at the time of Smibert’s death, and probably had instructions from him – certainly from his pictures“ (DUNLAP, I, 21).

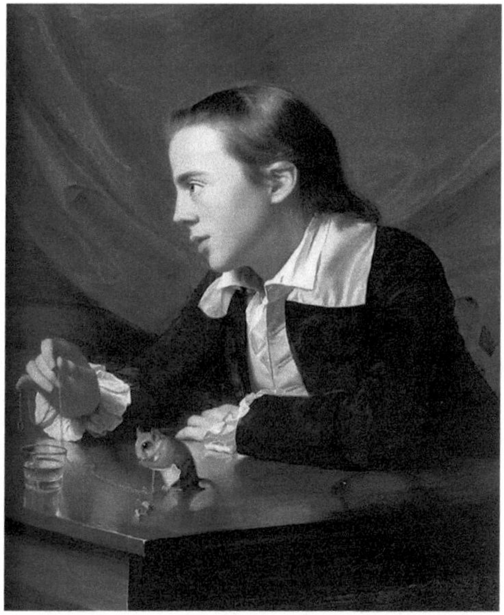

Abbildung 11 John Singleton Copley: *Boy with a Squirrel, Henry Pelham*, 1765
Öl auf Leinwand, 76,8×63,5 cm, Museum of Fine Arts, Boston.
Quelle: HUGHES, Abb. 53

nischen Gesellschaft traf und beträchtlichen Reichtum erwerben konnte.[159]

An der Person Copleys lassen sich, dank erhaltener Briefwechsel, die Erwartungen und Abwägungen eines Künstlers vor einer Europareise sowie die Erfahrungen auf dieser Reise verdeutlichen, wie sie sich ähnlich bei späteren Künstlern wiederholen sollte: das Wissen um die begrenzten Möglichkeiten in der Heimat gegenüber der Sehnsucht nach dem Reichtum der europäischen Kunst.

Trotz der Akzeptanz seiner Werke in Boston, war er offenbar unsicher über die relative Qualität seines Könnens, suchte daher die Verbindung mit der englischen Kunstwelt und schickte 1765 das Gemälde

---

159 STAITI schreibt: „Copley's portraits mirror antimetaphysical, materialist, provincial, mimetic, consumist values of the late colonial society he served" (STAITI 1995, 42). Zu Copleys kolonialen Porträts s. CRAVEN, Kap. 25 u. 26.

Boy with a Squirrel nach London.[160] Auf diese Weise brachte er die Maltradition der amerikanischen Kolonien in Kontakt mit der englischen Kunstkritik und erwartete konstruktive Hinweise, die ihm Anhaltspunkte zur Weiterentwicklung seiner Fähigkeiten als Künstler geben könnten.

Ende des folgenden Jahres bekam Copley eine Antwort, in der berichtet wird, Reynolds habe das Gemälde gesehen. Tatsächlich hat er es sehr gelobt: „it is a wonderful Picture to be sent by a Young Man who was never out of New England, and had only some bad Copies to study". Trotzdem kritisierte Reynolds höflich: „a little Hardness in the Drawing, Coldness in the Shades, An over minuteness, all which Example would correct."[161]

Diese Kritik an Copleys Übergenauigkeit und zu großem Detailreichtum (*over minuteness*), wie sie in *Boy with a Squirrel* zu sehen ist, bezeichnet einerseits Reynolds Forderung nach Unterordnung der Details unter die allgemeine Idee, wonach das *mental picture* eine allgemeine Vorstellung (*general idea*) ohne Einzelheiten sei.[162] Andererseits zeigt es den Konflikt zwischen einem kolonialen und einem akademischen Bildverständnis. Copleys Kunst wurde in Amerika bewundert, weil er die visuelle Erscheinung mit großer Genauigkeit wiedergeben konnte.[163] Copley zog vom provinziellen Kunstgeschmack zwar finanziell Nutzen,

---

[160] Das Gemälde wurde von seinem Freund Captain R. G. Bruce transportiert, der es Reynolds übergab und 1766 in eine Ausstellung der *Society of Artists* in London zeigte. Es wurde zunächst für ein Werk von Joseph Wright of Derby (1734-1797, wie Reynolds ein Schüler von Thomas Hudson) gehalten (s. COPLEY PAPERS, 44, Anm.1). Es befindet sich heute wieder in Boston (Museum Of Fine Arts). Seine Unsicherheit beschrieb Copley in einem Brief an West: „[...] I am altogether uncertain whether it will please [...]" (17. Jan. 1768, ebd., 69). Copley hatte u. a. Bücher von Dufresnoy (*De Arte Graphica*), de Piles (*Principles of Painting*) und Horace Walpole (*Anecdotes of Painting in England*) gelesen (vgl. STAITI 1995, 38).

[161] Bruce an Copley 4. Aug. 1766 (COPLEY PAPERS, 42).

[162] Vgl. Disc. XI, 192.

[163] Was Reynolds „minuteness" nannte, bezeichnete Thomas Sully später als „hard termination" und meinte damit scharfe Kontraste, große Farbfelder, unsichtbarer Pinselduktus und winzige Details. Während Reynolds dies kritisierte, hielten Copleys amerikanische Abnehmer seine Gemälde für sehr englisch, weil, so STAITI, sie nicht mit der akademischen Lehre vertraut gewesen seien und Gemälde, im Gegensatz zu Möbeln, kaum importiert wurden (vgl. STAITI 1995, 40).

beklagte sich aber darüber, dass die Kolonisten die Malerei nur wie jedes andere nützliche Gewerbe betrachten würden und nicht wie eine der vornehmsten Künste der Welt.[164] Der Wille zur Erhebung der Kunst zur „Liberal Art" wird auch hier deutlich. Dass dieser Aufstieg mit Fortschritt in der Malerei verbunden ist, war Copley klar. Ein Fortschritt, für den er in Boston keine ausreichende intellektuelle Unterstützung erwarten konnte. Umso bedeutender war für ihn die schriftliche Unterweisung aus London.

Ausführlichere Hinweise bekam Copley von Benjamin West, der in den folgenden Briefwechseln das Gemälde *Boy with a Squirrel* als „being to liney [sic]" bezeichnete. Jedes Detail in Copleys Gemälde sei gleichermaßen durchgearbeitet, als sei es ein Bild für sich. Wests Ausführungen spiegeln offenbar seine eigenen Erfahrungen aus der Zeit vor *Departure of Regulus* und *General Wolfe* wider. In seinen schriftlichen Erklärungen zog er van Dyck als Beispiel heran, dem es mit der Regie von Licht und Schatten gelang, die wichtigsten Teile eines Porträts, die Hände und das Gesicht, besonders herauszuheben. Dasselbe Prinzip gelte auch für die Historienmalerei, schrieb er Copley. Der Protagonist dürfe nicht in der Menge der anderen Figuren untergehen, sondern müsste durch die Lichtregie so herausgestellt werden, dass der Blick zuerst auf dessen Kopf, dann nach und nach, je nach Bezug zur Hauptfigur, auf die anderen fällt.[165]

---

164 „[...] was it not for preserving the resemblance of particular persons, painting would not be known in the place. The people generally regard it no more than any other useful trade, as they sometimes term it, like that of a Carpenter tailor or shoe maker, not as one of the most noble Arts in the World" (leicht an modernes Englisch angepasst, Copley an West 1767, COPLEY PAPERS, 66). NEFF legt nahe, dass Copley die Situation des Künstlers in Amerika bewusst negativer darstellt, um seine eigenen Errungenschaften stärker hervorstehen zu lassen (vgl. NEFF, 19).

165 Aus diesen Briefen lässt sich herauslesen, was West, der sich im Gegensatz zu Reynolds zu dieser Zeit kaum schriftlich theoretisch geäußert hatte, Copley und seinen zukünftigen Schülern an Idealen weitergab. Zunächst riet er, die Kontur weniger deutlich herauszuarbeiten. Er wies darauf hin, dass dies die Alten Meister stets vermieden hätten, weil in der Natur praktisch alles eine runde Form besäße und daher keine Außenlinie zeigen kann. Mezzotintos konnten dies Copleys natürlich nicht vermitteln, daher rät ihm West in den Details von der Natur zu lernen, statt sich auf seine Phantasie zu verlassen, in der Komposition, sich aber an die Erfahrungen der Alten

Es ist bemerkenswert, dass bei West an dieser Stelle nicht der Name Poussins fällt. Denn Félibien gab 1668 die in den Akademiegesprächen Le Bruns ausführliche Besprechung von Poussins *Mannalese* (1639) in ebensolchen Kategorien wieder: „[Les figures] qui aient un rapport honnête à la figure qui sert comme de corps à l'ouvrage dont les autres sont comme les membres."[166]

Dass er nicht darauf verwies, erklärt sich damit, dass seine malerische Bildung weniger ein Bücherwissen als eine aus der Beobachtung und dem Gespräch gewonnene Praxis war.[167] West riet Copley, die Schwächen in der Komposition und in der Farbgebung zu beheben, indem er sich nicht weiter an Mezzotintos und schlechten Kopien schulen, sondern Originale zu Gesicht bekommen sollte. Dies schien ihm nur mit einem Besuch in Europa machbar: „before it was too late in Life, and before your Manner and Taste were corrupted or fixed by working in your little way in Boston."[168] West wusste offenbar aus eigenen Erfahrungen, dass eine Weiterentwicklung nur in Europa möglich sei. „As I am from America, and know the little Opportunities is to be had their in they way of Painting, [...] if you Could make a viset [sic] to Europe for this Porpase [sic] for three or four years, you would find yourself then in the Possession of what will be highly valuable."[169]

Die Kritik nahm Copley gerne an und dachte tatsächlich über eine Europareise nach.[170] Trotzdem kam es jahrelang nur zu Briefwechseln und Beschickungen der Ausstellungen der *Society of Artists*, der Vorgängerorganisation der Royal Academy. Copley zeigte sich hin- und hergerissen. Einerseits, so argumentierte er, habe er Grundbesitz, einen Bruder und eine Mutter, um die er sich kümmern müsste, habe gute

Meister zu halten (4. Aug. 1766, COPLEY PAPERS, 45). Längere Ausführungen kündigt er an, sind aber nicht erhalten (s. Brief vom 20. Sept. 1768, COPLEY PAPERS, 72-3).

166 Zit. in GAEHTGENS 1996, 157. S. a. SCHLINCK, 20. Den Hinweis darauf verdanke ich Sebastian Ösinghaus.

167 Seine Schulbildung war beschränkt, was sich auch in Wests Rechtschreibung zeigt, vgl. EVANS 1980, 22.

168 West an Copley, 4. Aug. 1766, COPLEY PAPERS, 45.

169 Ebd. West, der keine höhere Schulbildung genossen hatte, war der englischen Schriftsprache nicht ganz mächtig, er schrieb, wie er sprach. Seine Briefzitate sind hier wiedergegeben, wie sie in den COPLEY PAPERS abgedruckt sind.

170 Briefe an West, 13. Okt. u. 12. Nov. 1766, COPLEY PAPERS, 50.

Verbindungen zu Auftraggebern und ein Einkommen, das ihm ein Leben in Wohlstand ermöglichte.[171] Zudem sei die künstlerische Weiterentwicklung, die er in Europa erfahren würde, bei seiner Rückkehr sinnlos, wenn er danach in sein Land zurückkehren würde, in dem die Malerei immer noch nur auf das *Likeness* beschränkt war.[172]

Auf der anderen Seite fühlte er sich immer unwohler mit der Porträtmalerei und äußerte sich frustriert darüber, dass ihm Werke vorschwebten, die er in Amerika nicht umsetzten konnte. Im selben Brief von 1770 fürchtete er zudem, zwischen die politischen Parteien zu geraten, malte er doch sowohl königstreue Tories wie auch Radikale, darunter Paul Revere und John Hancock.[173] Zudem wollte er in Europa dazulernen, gerade als die Grenzen der schriftlichen Belehrung deutlicher wurden. West schrieb, es sei kaum möglich, mit Worten auszudrücken, was Copleys Arbeit fehle, aber in England könne Copley es anhand eines Beispiels sofort sehen.[174]

Eines Nachts stand eine aufgebrachte Menschenmenge vor dem Haus Copleys und forderte die Herausgabe seines Freundes, des Loyalisten George Watson. Erst als er sie davon überzeugen konnte, dass er ihm keinen Unterschlupf gewährt hatte, zogen sie ab. Was aber, so fragte er sich sorgenvoll, wäre passiert, wenn Watson Copleys Einladung gefolgt wäre?[175] Schwierig wurde es für Copley nach seiner Hochzeit im Jahre 1769, denn sein Schwiegervater Richard Clarke war Vertreter der *East India Company* und Besitzer jener Teeladung, die 60 verkleidete Männer in der Nacht zum 17. Dezember 1773 über Bord eines englischen Frachters warfen – die als *Boston Tea Party* bekannte Aktion.[176]

---

[171] Copley besaß drei Häuser und 20 acre Land auf Beacon Hill in Boston (vgl. POHL, 76, s. a. STAITI 1995, 39).

[172] Copley an West 1767, COPLEY PAPERS, 65f.

[173] 24. Nov. 1770, COPLEY PAPERS, 97.

[174] West am 20. Sept. 1768, COPLEY PAPERS, 73, ähnlich auch Bruce über Reynolds bereits am 11. Juni 1767, COPLEY PAPERS, 54.

[175] Vgl. SAUNDERS, 7.

[176] Ähnliches geschah in New York, in Annapolis brannte ein Frachter mit Ladung (s. DAHMS, 30). Mit dem *Tea Act* von 1773 hatte das englische Parlament versucht, der *East India Company* finanziell zu helfen.

Die britische Wirtschaft, die seit 1690 boomte, belieferte auch die Kolonien mit Erzeugnissen aus dem Mutterland. Zunehmend wurden britische Waren in Amerika nachgefragt und waren in jedem Haushalt vorhanden. Selbst ländliche Bewohner zogen beispielsweise irische Seife der eigenen Produktion trotz höheren Preisen vor. Dadurch kam es zu einer „Anglisierung" des amerikanischen Marktes und gab den Kolonisten das Gefühl, Teil der Kultur des Empires zu sein. Die „Kolonisierung des Geschmacks" wurde unter anderem durch die *Navigation Acts* gezielt begünstigt, die Amerika den Handel mit England gegenüber dem europäischen Kontinent vereinfachte.[177] In Zeiten der Unabhängigkeitsbewegung wurden die britischen Konsumprodukte jedoch zum Politikum.

Weil in Amerika keine Bastille zu stürmen war, wie später in Frankreich, hat man sich symbolischen Ersatzhandlungen zuwenden müssen. Nach dem *Townshend Act* wurde zum Boykott englischer Waren und zur Nachfrage von Eigenproduktionen aufgerufen. Der *Tea Act* machte schließlich Tee zum politischen Symbol, so dass 1773 eine Zeitung schrieb: „the use of Tea is a political evil in this country".[178] In diesem Kontext ist auch die *Boston Tea Party* als symbolischer Akt zu sehen. In vielen Dörfern wurde Tee in einem Feuer verbrannt, zu dem jeder Bewohner einige Blätter beisteuerte.[179] Der Boykott englischer Waren war nicht nur ein handelspolitisches Instrument, sondern eine Ersatzhandlung gegen politischen und kulturellen Einfluss sowie ein Ausdruck des Strebens nach Unabhängigkeit.[180] Mit symbolischen Handlungen wie diesen begann die mentale Abspaltung von England. Die amerikanische Identitätssuche bewegte sich seitdem zwischen Aneignung und Ablehnung britischer Kultur.

Die Aneignung zeigte sich in der Nachahmung britischer Hochkultur zur Erlangung von Akzeptanz als gleichberechtigte Mitglieder des britischen Empires. Bereits die koloniale Bildnismalerei orientierte

---

[177] Vgl. BREEN 1988 u. REBORA, 32.

[178] Zit. in BREEN 1988, 99.

[179] Vgl. BREEN 1988, 99.

[180] Wie POHL zeigt, stellte Copley im Doppelporträt *Thomas Mifflin* Objekte dar, die vorher aus England importiert, dann aber in den Kolonien hergestellt wurden. Damit wurde Frauenarbeit zu einem patriotischen Symbol (ebd., 76).

sich an höfischen Porträts als Ausweis, eine höhere gesellschaftliche Schicht erreicht zu haben und der englischen Oberschicht gleichwertig zu sein. Die Ablehnung dagegen entstand aus Frustration über den mangelnden Erfolg dieser Strategie, blieb der Blick aus London doch weitgehend herablassend.[181] In Zeiten zunehmender Polarisierung blieben viele Amerikaner zunächst zwischen den Optionen unentschieden.

Ebenso waren Copleys eigene Sympathien wie die seiner Bekannten gespalten. Er selbst gehörte zum unentschiedenen Drittel mit Freunden auf beiden Seiten. Der folgende Unabhängigkeitskrieg war jedoch nicht nur eine Auseinandersetzung der Revolutionäre gegen die britischen Truppen, die politischen Vorgänge teilten die amerikanische Gesellschaft (genauso wie die britische) in zwei Lager, die Whigs und die Tories. Es ging ein Riss vertikal durch alle Schichten und brach gar Familien auseinander.[182] Revolutionäre kämpften somit auch gegen 20 000 königstreue Tories, die als reguläre Soldaten auf britischer Seite standen. Wie BREUNIG zeigt, wurde der Unabhängigkeitskrieg, der in der amerikanischen Literatur meist als „Revolution" bezeichnet wird, zum inneramerikanischen Bürgerkrieg, der in den südlichen Kolonien oft die Form eines Guerillakampfes annahm.[183] Die Radikalen bestraften sogenannte Verräter, enteigneten loyalistischen Besitz und gaben ihren Anhängern das Gefühl, für eine gerechte Sache zu kämpfen. Der unentschiedene Teil der Bevölkerung wandte sich so immer mehr gegen die Engländer, die ihnen keinen Schutz vor dem Mob bieten konnten.[184]

Wie BESIER zeigt, sah die politische Öffentlichkeit, unterstützt von religiösen Vorstellungen des *Great Awakening*, den Widerstand gegen die

---

181 Vgl. RAETHEL, 288.

182 Vgl. BREUNIG, 49 u. 330.

183 BREUNIG zeigt, dass die Revolutionäre den Begriff „civil war" vermieden, die Loyalisten ihn aber als treffende Bezeichnung empfanden, interpretierten sie den Konflikt doch nicht als Kampf der Kolonien um Selbstbestimmung, sondern als innenpolitischen Kampf zwischen Whigs und Tories (ebd., 37, s. a. BESIER, 65).

184 BREUNIG schreibt: „Die [...] revolutionäre Qualität lag [...] in der Radikalität und Rücksichtslosigkeit, mit der die revolutionäre Minderheit die amerikanische Bevölkerung einschüchterte und auf ihre Seite Zwang" (ebd., 323).

britische Politik, die den freien Amerikaner systematisch zum Sklaven mache, zunehmend als einen universalen Konflikt zwischen Freiheit und Tyrannei.[185] HEIDEKING schreibt:

> *[Die] Ideologie mit ihrem extremen Machtmisstrauen, ihrer Hochschätzung der klassisch-römischen Bürgertugenden und ihrer Warnung vor einem unmerklichen, schleichenden Verlust der Freiheit reimten sich die Ereignisse seit 1763 zu einem logischen Ganzen, zu einer von langer Hand geplanten, weitverzweigten und systematisch vorangetriebenen Verschwörung gegen die Kolonien zusammen.*[186]

Dies hatte 1776 die Bildung des Kontinentalkongresses zur Folge, in dem sich die 13 Kolonien zusammenschlossen, um sich zunächst mit dem bedrängten Massachusetts zu solidarisieren. Der Kongress entwickelte sich jedoch im Laufe der folgenden Jahre zu einem Gremium, in dem über das weitere gemeinsame Vorgehen beraten wurde. Hier trafen sich die Personen, welche die Politik Amerikas dominieren sollten und Trumbull den Stoff seiner Gemälde lieferten. Darunter befanden sich George Washington, dank Erbschaft der größte Grundeigentümer Virginias, Richard Henry Lee sowie John Adams und später Thomas Jefferson und Benjamin Franklin.

Erste Auseinandersetzungen zwischen Milizen und britischen Truppen ereigneten sich bereits 1775 bei Lexington und Concord, als der britische Oberbefehlshaber General Gage am 19. April dort ein Waffenlager ausheben wollte. Er traf auf Radikale, die vereinzelt als Heckenschützen seine gut ausgebildeten, in Formation marschierenden Soldaten aus Hinterhalten angriffen. Den 273 Toten auf Seiten der Engländer standen 95 gefallene Amerikaner gegenüber.[187]

---

[185] Er verdeutlicht dies an Edmund Burke, der am 22. März 1775 im britischen Unterhaus die Verbindung zwischen Religion und Freiheitsidee in Amerika erkannte (s. BESIER, 54, vgl. JUNKER, 19f.). HOOCK beschreibt wie sich in den 1770er Jahren das Bild des englischen Königs in der Karikatur zum Tyrannen und Despoten entwickelte, 144.

[186] HEIDEKING, 37. Thomas Jefferson schrieb 1774 in seinem *Summary View of the Rights of British America* von einem „deliberate, systematic plan of reducing us to slavery“ (zit. ebd., 37). Zu diesem Irrationalismus gehörte auch ein wahrer Kern, war doch der König im gleichen Jahr bereits der Meinung, die Kolonien müssten entweder gewaltsam unterworfen werden oder seien für immer verloren (ebd., 38).

[187] Dargestellt ist dies in einer Ereignisillustration von Amos Doolittle (s. QUIMBY).

Bei der Schlacht von Bunker Hill in der Nähe von Boston wurden die losen Truppen im Juni 1775 zunächst noch von den Engländern geschlagen. Die hohen Verluste auf britischer Seite stärkten jedoch den Glauben der Amerikaner an ihre eigene Kraft. Daraufhin bekam der Veteran des *French and Indian Wars*, George Washington, am 15. Juni 1775 den Auftrag, die bisherigen losen Truppen zu einer *Continental Army* zu formieren, die jedoch erst durch Baron Friedrich Wilhelm von Steuben zu einer schlagkräftigen Truppe ausgebildet werden musste. John Trumbull erinnerte sich an deren Anblick vor Boston:

> *The entire army, if it deserved the name, was but an assemblage of brave, enthusiastic, undisciplined, country lads; the officers in general quite as ignorant of military life as the troops, excepting a few elderly men, who had seen some irregular service among the provincials under Lord Amherst.*[188]

Als Thomas Paine im Januar 1776 seine Flugschrift *Common Sense* herausgab, in der er die korrupten Zustände und den moralischen Verfall Englands beschrieb, gegen die man sich nur durch staatliche Selbständigkeit wehren könne, war der Weg geistig vorgezeichnet. 1815 schrieb Adams rückblickend an Jefferson, die Revolution in den Köpfen sei schon vor den Ereignissen bei Lexington abgeschlossen gewesen.[189]

Auch im Kontinentalkongress gerieten die Loyalisten zunehmend in die Minderheit. Die konservativen Whigs versuchten die Freiheit mit Stabilität und Ordnung zu verbinden. Während ihre Vorstellungen vor allem durch John Adams in Massachusetts vertreten wurden, ging Virginia, wo ein Provinzparlament die Regierungsgeschäfte über-

---

188 TRUMBULL 1953, 18, über die amerikanische Armee vor Boston im Mai 1775. Geographisch korrekt muss die Bezeichung eigentlich „Breed's Hill" lauten.

189 „What do we mean by the revolution? The war? That was no part of the revolution; it was only an effect and consequence of it. The revolution was in the minds of the people, and this was effected from 1760 to 1775, in the course of fifteen years, before a drop of blood was drawn at Lexington" (John Adams an Thomas Jefferson, 24. Aug. 1815, CAPPON, 455). BESIER zeigt, dass die Pharao-Metapher, die Paine für den englischen König verwendet, die Amerikaner mit dem Volk Israel gleichsetzt, das aus der Knechtschaft zu führen sei (ebd., 58). JUNKER ist der Meinung, dass König George die Verkörperung des bösen Prinzips darstellte und damit in der „manichäischen Falle" war (ebd., 20).

nommen hatte, einen Schritt weiter. Deren Abgeordnete, Richard Henry Lee, stellte am 7. Juni 1776 den Antrag, die Unabhängigkeit von England zu erklären.

Dieser Antrag wurde im Philadelphia State House (heute Independence Hall) angenommen und an einen Kongressausschuss weitergegeben, dem John Adams aus Massachusetts, Roger Sherman aus Connecticut, Robert R. Livingston aus New York, Benjamin Franklin aus Pennsylvania und Thomas Jefferson aus Virginia angehörten. Ihr Auftrag lautete, die Vorwürfe gegen England aufzulisten.[190] Am 1. Juli reichte Thomas Jefferson dem Vorsitzenden seinen Entwurf der Unabhängigkeitserklärung ein, der dazu dienen sollte, die amerikanischen Kolonien von der englischen Krone zu trennen. Der Text beginnt mit den Zeilen:

> *We hold these truths to be self-evident, that all men are created equal, that they are endowed by their Creator with certain unalienable Rights, that among these are Life, Liberty and the pursuit of Happiness.*

Daraus folgerte er, dass aufgrund dieser höheren Regeln die Amerikaner legitimiert seien, sich nun vom König loszusagen, um sich selbst eine neue gesellschaftliche Ordnung zu verleihen. Jefferson hatte wohl weniger eine soziale Revolution im Sinn. Er wollte vielmehr der politisch gewollten Trennung vom Mutterland mithilfe rationalistischer Argumentationen Legitimation verleihen. Der Text enthielt keine völlig neuen Ideen, sondern fasste Gedanken englischer und französischer Philosophen geschickt zusammen und verlieh dem Beschluss ein feierliches Pathos.[191]

---

[190] Mitglieder dieses Komitees waren Moderate und Konservative. Einige Mitglieder des Kongresses hatten selbst nach den Ereignissen von Lexington und Concord die Hoffnung noch nicht aufgegeben, man könne sich mit England noch einigen. Dickinson sprach sich beispielsweise gegen eine Erklärung der Unabhängigkeit aus (s. MCGLONE, 426 u. FARRELL, 519f.). Livingston wurde später unter Präsident Jefferson Gesandter in Frankreich, handelte dort den Kauf von Louisiana aus und unterstützte Fulton, der 1786 ursprünglich zur Malerausbildung nach Europa kam, bei seinen Experimenten zum Dampfschiff.

[191] Vor allem entstammt die grundlegende Idee John Locke, der in seinen *Two Treatises of Government* von 1689 das Recht auf Leben, Gesundheit, Freiheit und Eigentum postulierte.

Mit Änderungen vor allem eines sklavenkritischen Absatzes wurde der Text am 4. Juli 1776 angenommen und in den nächsten Wochen von den meisten Delegierten unterzeichnet. Er sollte nach innen mobilisieren und nach außen Handlungsfähigkeit demonstrieren.[192] Die Erklärung wurde in der Bevölkerung mit großer Begeisterung aufgenommen und mit Feuerwerken, Illuminationen, Kanonenschüssen und Glockenläuten gefeiert – Rituale, die bisher dem Geburtstag des englischen Königs vorbehalten waren.[193] Auch in England fanden Kompromissvorschläge wie die von William Pitt nun kein Gehör mehr. Der Abgeordnete Edmund Burke warf im britischen Parlament der Regierung vor, sie versuche durch ihre starre Haltung ihre Autorität zu wahren und zerstöre damit das Empire.

Im August 1776 landeten britische Soldaten auf Staten Island. Als Washington im Dezember in einer riskanten Aktion den Delaware überquerte und einen militärischen Teilerfolg bei Trenton und Princeton erreichte, erhöhte dies die Moral der Soldaten und die Unterstützung aus der Bevölkerung. Die zahlenmäßig unterlegene amerikanische Truppe folgte einer Hinhaltetaktik, mit der Entscheidungsschlachten ausgewichen wurde.[194] Mit einer Doppelstrategie eroberten die Briten mithilfe ihrer deutschen Söldner („Hessians“)[195] zwar im August 1777 Philadelphia, die Armee, die General John Burgoyne den Hudson entlang führte, wurde jedoch bei Saratoga geschlagen und musste sich, weil der Nachschub von General William Howe nicht rechtzeitig eintraf, mit etwa 6000 Mann am 17. Oktober 1777 General Horatio Gates ergeben. Obwohl die Briten insgesamt keineswegs geschlagen waren und die Amerikaner durch das Überlaufen General Arnolds und Meutereien sogar noch geschwächt wurden, bedeutete diese Schlacht einen Wendepunkt im Unabhängigkeitskrieg. Denn nun wurde der Verlierer des Siebenjährigen Krieges zum Verbündeten: Frankreich stellte sich offiziell auf die Seite Amerikas, erkannte die Ver-

[192] Bereits die Grundsatzerklärung des Ersten Kontinentalkongresses stützte sich erklärtermaßen auf Naturgesetzte (vgl. HEIDEKING, 36).

[193] Vgl. BESIER, 60.

[194] Sog. Fabiusstrategie, benannt nach dem römischen Konsul und Diktator Quintus Fabius Maximus Verrucosus, gen. Cunctator „der Zauderer“(um 280-203 v. Chr.).

[195] Ca. 8 000 deutsche Söldner, die nicht unbedingt ausschließlich aus Hessen kamen.

einigten Staaten im Februar 1778 diplomatisch an und schloss mit Benjamin Franklin ein Militärbündnis, um sich in einem Krieg der Großmächte für die Niederlage im *French and Indian War* zu revanchieren, der den französischen Kolonialmachtstatus in Nordamerika beendet hatte.[196]

Wegen des entstehenden Machtvakuums infolge des Verlustes englischer Autorität verabschiedete der Kongress inmitten des Krieges die *Articles of Confederation*, mit dem sich die Kolonien unter dem Titel „United States, in Congress assembled" verbanden.[197] In den Einzelstaaten galt die republikanische Idee des sich selbst führenden Volkes, das eine Regierung nur als Treuhänder ihrer Interessen einsetzt, als die Alternative zur monarchischen Gesellschaftsorganisation.

Im Sommer 1778 gaben die Briten Philadelphia auf, um stattdessen die Südstaaten territorial von den anderen Kolonien abzutrennen. Lord Cornwallis stand nun jedoch einer durch Franzosen gestärkten Armee gegenüber. Als er 1781 in Yorktown (Virginia) Stellung bezog, um auf Unterstützung der *Royal Navy* zu warten, wurde er von den Truppen Washingtons und den Armeen des Marquis de Lafayette, des Grafen von Rochambeau sowie durch die Flotte von Admiral de Grasse umzingelt, so dass er sich schließlich mit etwa 10 000 Soldaten am 19. Oktober 1781 ergeben musste.

In Großbritannien, das gleichzeitig noch mit drei anderen europäischen Staaten Krieg führte, schwand damit die Zustimmung zu der unpopulär gewordenen Auseinandersetzung. So begannen Anfang 1782 die Friedensverhandlungen mit Benjamin Franklin, John Adams und John Jay, die am 30. November 1782 mit einem vorläufigen Friedensschluss endeten, wodurch nicht nur die Unabhängigkeit der USA anerkannt wurde, sondern auch die Ausdehnung des Territoriums über die Appalachen hinaus bis an den Mississippi.[198]

Copley hatte das Land bereits 1774 verlassen. Auf einer Reise durch die Kolonien im Jahre 1771 hatte er noch ein letztes Mal die Welt der kolonialen Gesellschaft vor dem Unabhängigkeitskrieg im Porträt do-

---

196 Vgl. HEIDEKING, 52ff., s. a. JUNKER, 22.

197 15. Nov. 1777, 1. März 1781 in Kraft getreten.

198 Unterzeichnung des Friedens von Paris am 3. September 1783, s. JUNKER, 15.

kumentiert. Er war in Boston etabliert und nach dem Tod Smiberts 1751 der unbestritten führende Porträtmaler gewesen. Die politischen Spannungen in Boston legten jedoch schließlich ihr Gewicht in die Waagschale und Anfang 1774 entschied sich Copley, mit 36 Jahren zunächst ohne Frau und Kinder nach London zu reisen.[199] Es schien ihm zunehmend unmöglich, beide Seiten der Gesellschaft miteinander zu versöhnen, seine Aussichten wurden durch die beginnende Unabhängigkeitsbewegung unkalkulierbar und er hoffte, sich in Europa weiterentwickeln zu können. Nun verließ er die „frozen regions" Amerikas und konnte sich in Europa von den Werken Raffaels, Correggios und Veroneses „erwärmen" lassen, wie er bereits 1766 sehnsuchtsvoll an seinen Vater schrieb.[200]

Wie er verließen in den 1770er Jahren etwa 80 000-100 000 Loyalisten das Land, wie Copley meist unter Aufgabe ihres Besitzes. Der Exodus dieser eher konservativen und gebildeten Schicht zwischen 1775 und 1783 kann als Faktor im folgenden gesellschaftlichen Wandel gesehen werden, stellte sie doch bislang ein Gegengewicht zum einfachen Volk an der Westgrenze dar.[201]

---

[199] 10. Juni 1774 Abreise, 26. Aug. nach Rom, Okt. 1775 in London. Die Royal Academy wurde im Jahre 1768 gegründet.

[200] An seinen Stiefvater Peter Pelham, 12. Sept. 1766, COPLEY PAPERS, 47. In London wurde er positiv aufgenommen, lehnte Porträtaufträge jedoch ab, um sich im September auf die Grand Tour nach Paris, Rom und Neapel zu begeben. Die Reise unternahm er zusammen mit George Carter (1737-1794), wovon beide in Briefen berichten. Carter ist bekannt durch seine späteren Historiengemälde *The Siege of Gibraltar*, 1784 und *Death of Captain Cook*, 1781. Er sprach, im Gegensatz zu Copley, etwas Französisch und Italienisch und bemerkt in seinem Reisetagebuch, dass Copley immer wieder Vergleiche zwischen Amerika und Europa zog. Copley sei davon überzeugt, dass wenn Amerika 100 Jahre so weiter mache, wie sie es die letzten 150 Jahre getan haben, „they shall have an independent government: the woods will be cleared [...] art would then be encouraged there, and great artists would arise" (zit. in ALBERTS, 119).

[201] Vgl. ALBERTS, 123, s. a. HEIDEKING, 58 u. BESIER, 66. ALBERTS gibt damit die Meinung des Autors James Truslow Adams wieder. Von den 6 000-7 000 Menschen, die nach England kamen, mussten viele aufgrund der hohen Preise in London auf das Land ziehen, wo die Vorfahren wohl vieler herkamen. Auch Copleys Halbbruder Pelham verließ zusammen mit 1000 Loyalisten das Land, nachdem bei Bunker's Hill im Juni 1775 etwa 1000 Briten ums Leben gekommen waren. Auch Verwandte und Bekannte von West waren gespalten in ihrer Meinung über die Unabhängigkeit und verließen Amerika Richtung England.

In London konnte Copley nun endlich die Gemälde im Original studieren, die ihm bisher nur aus Kopien bekannt waren. Von den Werken, die er dort sah, zeigte er sich aber enttäuscht, hatte er sich doch aufgrund der Erzählungen mehr erwartet. Umso mehr stieg sein Selbstvertrauen in das eigene Können. An seinen Bruder, der nun sein entfernter Briefschüler wurde, schrieb er:

> *You are to remember that the works of the great masters are but pictures and when a man can go but a very little beyond his contemporaries, he becomes a great man. The difference between Raphael, Titiano, Angelo and the common run of moderately good artists is not so great as one would imagine from the praises bestowed on those great men.*[202]

West empfahl ihm, neben antiken Statuen und Reliefs die Werke dieser Alten Meister zu studieren.[203] Was die Bildhauer in ihrer Kunst erreicht hatten, habe Raffael in der Malerei erreicht, nämlich das Arrangement der Figuren in Gruppen und die Integration der Gruppen in den Gesamtzusammenhang. In Michelangelo würde Copley all das finden, was große Einbildungskraft vermag, vor allem die Darstellung des menschlichen Körpers. Von Correggio könne er lernen, wie man diesen in der Perspektive verkürzt darstellt sowie die Übergänge von Licht zu Schatten. Und bei Tizian würde er sehen, wie man der menschlichen Figur natürliche Farben geben könnte. Anschließend stünde Copley in England eine Karriere offen, wie er sie selbst gemacht hatte.[204]

Die Briefwechsel geben Auskunft über Copleys Gedanken. Er hörte von der Schlacht von Lexington und war betrübt über das, was er Bürgerkrieg nannte: „Civil War spreading itself over that once happy Country".[205] An Rückkehr nach Amerika war jetzt nicht mehr zu denken. Aus Sorge um seine Familie schrieb er an seine Frau: „[...] the

---

202 An Henry Pelham, 25. Juni 1775 (COPLEY PAPERS, 340). Er machte Pelham weiter ausführliche technische Vorschläge, wie bestimmte Farben und Firnisse zu erreichen wären. Er riet ihm darüber hinaus, als Grundlage für jede historische Komposition, Anatomie zu studieren.

203 6. Jan. 1773 (COPLEY PAPERS, 194).

204 6. Jan. 1773 (COPLEY PAPERS, 195ff.).

205 25. Juni 1775 aus Parma an seine Mutter u. an den Bruder am 6. Aug. 1775 (COPLEY PAPERS, 328).

country which was once the happiest on the globe, will be deluged with blood for many years to come.“[206] Mit den positiven beruflichen Aussichten in England beschloss er, die Familie nach London zu holen, die 1775 einschließlich des Schwiegervaters in London eintraf und ein elegantes Haus am Hanover Square bezog.

Mit dem Druck des Krieges war damit nach Benjamin West der zweite wichtige amerikanische Künstler nach England gekommen. Sie bildeten zusammen mit Joshua Reynolds und anderen Künstlern das praktische und theoretische Zentrum der Royal Academy, deren Strahlkraft bald weitere amerikanische Künstler nach London holen sollte.

Bald begann Copley mehrfigurige Bilder zu komponieren und etablierte sich in London schnell. Im Gegensatz zu West hat ihn seine Italienreise zunächst nicht zu einer klassizistischen Reduktion und Einfachheit geführt. Die Übersiedlung von Boston nach London führte vielmehr zu einem lebhafteren Pinselstrich, die Linien wurden weicher und die Räume offener. Copleys Abkehr von der kolonialen Tradition wurde ihm in späteren Generationen negativ angerechnet. Noch im 20. Jahrhundert kritisierte ihn BURROUGHS und andere amerikanische Historiker dafür:

> *After studying in Italy, he changed from eyesight to fancy, took everyone's advice, tried to interpret instead of record subjects, settled in England as a painter of 'histories' and lost himself in trying to be, what he never was, an imaginative artist.*[207]

Für Copley war es aber eine bewusst angestrebte Weiterentwicklung. Nun völlig davon überzeugt, dass „contemporary history painting“ der konventionellen Historienmalerei vorzuziehen sei, schrieb er:

> *Being fully persuaded that modern subjects are the properest for the exercize of the pencil and for more Interesting to the present Age than those taken from Ancient History I have as much as possible employed myself in Events that have happened in my own time and intend pursuing the same Idea.*[208]

---

[206] Zit. in ALBERTS, 120.

[207] BURROUGHS, 68.

[208] Zit. in SAUNDERS 1990, 11, Schreibfehler von Copley.

Wohl nicht zuletzt durch die herrschende Kunsttheorie Reynolds und die Erfolge des gleichaltrigen Wests begann er nun neben der Porträtmalerei für die höhere englische Klasse auch auf die Historienmalerei zu expandieren. So suchte Copley ein Thema und einen Auftrag, um sich darin beweisen zu können. Er konnte zu Recht erwarten, dass das englische Publikum nach *General Wolfe* weitere Themen zu sehen wünschte, die nationale Gefühle ansprachen, und er war der erste, der auf Wests innovatives, zunächst auf ein nationales Publikum spekulierendes Konzept reagierte. 1778 zeigte er in der Royal Academy *Watson and the Shark*.

Verglichen mit *General Wolfe* zeigt es ein historisch vergleichsweise unbedeutendes, privates Ereignis aus dem Leben des inzwischen wohlhabenden Kaufmanns Brook Watson, der es in Auftrag gab.[209] Watson wurde fast dreißig Jahre zuvor im Alter von 14 Jahren im Hafen von Havanna von einem Hai angegriffen. Er konnte zwar von einem Boot gerettet werden, verlor jedoch ein halbes Bein. Die Dreieckskomposition der Darstellung erzählt die spannungsgeladene Geschichte des Haiangriffs und des Rettungsversuches. Die Direktheit der Darstellung und ihre gewalttätige Dramatik begeisterten das damalige Publikum so sehr, dass Copley zwei Kopien verkaufen konnte.[210]

Reynolds verlangte, der Künstler solle Größe in allem, auch in der Themenwahl, suchen. Das erste Mal wurde hier jedoch ein Thema in der Tradition der Historienmalerei dargestellt, das selber ohne welthistorische Bedeutung war. Copley ergriff jedoch die Chance dieses privaten Auftrages, um sich in der zeitgenössischen Historienmalerei zu profilieren und verwandelte die persönliche Geschichte in eine Allego-

---

[209] Watson war bei einem Onkel Copleys angestellt. Mit seinem Bruder brachte er 1773 jenen Tee nach Boston, der bei der „Boston Tea Party" ins Meer geschüttet wurde (s. NEFF, 102). Watson wurde später als „Tory leader" Oberbürgermeister von London (s. POHL, 77 u. SAUNDERS 1990, 8). POHL ist der Meinung, dass der das rettende Seil haltende Afrikaner eine amerikanische Implikation darstelle. Das Wasser sei somit eine Metapher für die gefährlichen revolutionären Ideen und der Verlust des Beines bedeute den Verlust der Kolonien (vgl. ebd., 78).

[210] Die erste Version befindet sich heute in der National Gallery of Art, Washington, D. C., eine etwa gleichgroße Kopie im Museum of Fine Arts, Boston, und eine verkleinerte im Detroit Institute of Arts (91,4×77,5 cm).

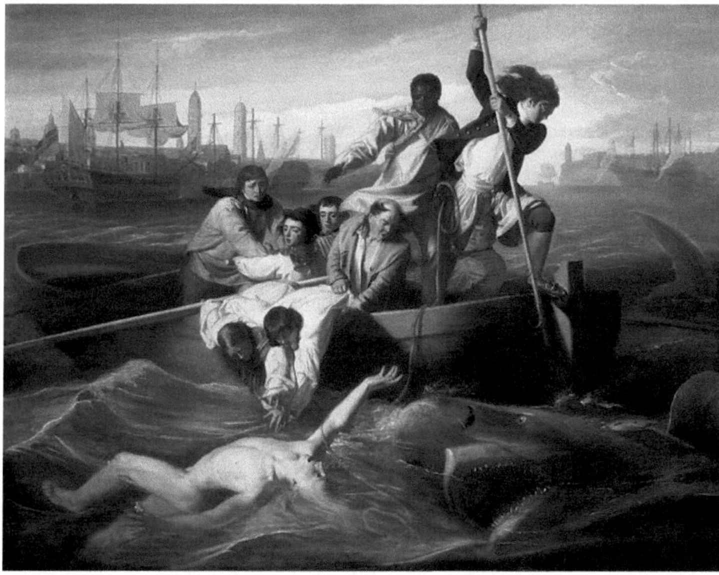

Abbildung 12 John Singleton Copley: *Watson and the Shark*, 1778
Öl auf Leinwand, 182,1×229,7 cm, National Gallery, Washington.
Quelle: HUGHES, Abb. 58

rie der Erlösung, die eine allgemeine Tugendlehre enthält.[211] Diese Darstellung eines Ereignisses im Leben eines gewöhnlichen Menschen statt eines Heiligen oder Herrschers, mit dem Aufwand eines Historiengemäldes wurde erst durch Wests *General Wolfe* möglich.[212]

Als Watson später durch Handel in London reich und in den Adelsstand erhoben wurde, gab er dieses Bild bei Copley in Auftrag, um zu vermitteln, dass jeder durch eigene Anstrengungen es zu etwas bringen könne. Ähnlich wie bereits West, übertrug Copley die christliche Ikonographie, mit der er seit seinem Italienaufenthalt experimentierte, nun auch auf die Komposition eines Historiengemäldes, um es in ein allgemeines Beispiel zu verwandeln. Das Arrangement der Bootsszene könnte von Raphaels *Wundersamen Fischzug* (London) oder einem gleich-

---

[211] Individuelle Errettung war Thema vieler religiöser Biographien im 18. Jahrhundert in Amerika (s. NEFF, 102).

[212] Vgl. WIND, 116. HARRIS meint, die Amerikaner hätten die „particularity" in die Historienmalerei gebracht (ebd., 14).

namigen Stich nach Rubens inspiriert sein. Die Anspielung auf Darstellungen auf die alttestamentarische Geschichte von Jonas und dem Wal, das aus dem Gemälde eine Heilsgeschichte macht, ist ebenfalls denkbar. Der Harpunier erinnert an Darstellungen des Hl. Michael gegen Satan oder des Hl. Georg gegen den Drachen.[213]

Wie Reynolds argumentiert, ist das Entleihen von Posen (*imitation*) kein Plagiieren, sondern vielmehr ein eklektisches Bedienen an dem Erreichten vergangener Generationen: „by being conversant with the inventions of others [...] we learn to invent", „[...] no man need be ashamed of copying the antients: their works are considered as a magazine of common property [...]."[214] Die so verstandene Nachahmung kann sich demnach bei Reynolds auch auf die Figur beziehen: „Borrowing of thoughts, action, attitude, figure".[215]

Der Hintergrund wird von kreuzförmigen Silhouetten der Schiffsmasten und -rahen dominiert, die wohl nicht zufällig an Darstellungen Golgathas erinnern. Auf diese Weise wird die ephemere Geschichte einer Rettung zu einer religiösen Allegorie. Allerdings ist auch hier die Entschlüsselung des visuell Dargestellten nur durch Kenntnis der Geschichte möglich. Da die persönliche Episode nicht als bekannt vorausgesetzt werden kann, ist sie unterhalb des Bildes als Text in den Rahmen eingelassen. Erst aus dem Text wird auch die Vorausdeutung auf die Rettung verständlich, die im Bild selbst nicht ablesbar ist.[216] Das Gemälde ist vielmehr im Augenblick zwischen Not und Rettung gefroren. Dies gibt dem Bild zwar eine dramatische Spannung im Augenblick, erweitert die Handlung aber nicht narrativ auf einen Zeitraum. In *General Wolfe* wurde die Spannung dagegen durch den Siegesboten aufgelöst und erhielt durch eine Reihe von symbolischen Figuren einen Erzählbogen der von den Erfolgen des Wolfe über dessen Tod bis hin zum Sieg über Quebec und Kanada sowie von der Kontemplation über

[213] Vgl. dazu NEFF, 103.

[214] Disc. VI, 107.

[215] Disc. VI, 106. PROCHNO vergleicht die Begriffe „Borrowing" und „Imitation" bei Reynolds (ebd., 29ff.), vgl. GOMBRICH 1942.

[216] Da die moralische Wirksamkeit von der Erkennbarkeit des Bildinhaltes abhängt, entstand bereits in Frankreich des 17. Jahrhunderts die Idee eines erläuternden Textes (vgl. KIRCHNER, 107).

die Zukunft Amerikas berichtet. Insofern hat Copley in seinem ersten großen Gemälde im Stile des modernen Historiengemäldes die Möglichkeiten der Malerei noch nicht ganz ausschöpfen können. Erst seine Auseinandersetzung mit Wests Werk und die Beschäftigung mit nationalen Ereignissen machten einen Beitext später nicht mehr notwendig und ermöglichten ihm ein ausgedehnteres Erzählintervall.

Die zentrale Figur des Afrikaners dient hier wieder als Schlüssel zur lokalen Distanzierung. Es ist bemerkenswert, dass die aus Amerika stammenden Künstler West und Copley in ihren Historiengemälden Themen darstellen, die einen impliziten Bezug zu ihrer Heimat haben. Copleys folgendes Historiengemälde, *The Death of the Earl of Chatham*, bezog sich noch direkter auf gegenwärtige Entwicklungen und Spannungen zwischen England und Amerika.

William Pitt d. Ä. (1708-1778, seit 1766 Earl of Chatham) hatte sich als Außenstaatssekretär einen legendären Ruf erworben. Er war der populäre Architekt der britischen Expansion, die er vor allem aufgrund der Zerschlagung der französischen Vormacht zu See im Siebenjährigen Krieg aufbauen konnte. Im Alter stand Pitt dem amerikanischen Freiheitsgedanken positiv gegenüber, konnte es aber nicht ertragen, dass das von ihm ausgebaute britische Empire auseinanderzubrechen drohte. Daher riet er zur Mäßigung im Konflikt mit den Kolonien und warnte, Amerika könne nicht erobert werden. Als Frankreich sich aber auf die Seite der Kolonien stellte, drang er am 7. April 1778 im House of Lords auf die Fortsetzung des Krieges, brach jedoch in einem Schwächeanfall zusammen und starb kurze Zeit darauf.

Mit Pitt starben auch die Hoffnungen, sein Weltreich in dieser Form retten und die amerikanischen Kolonien vor der Unabhängigkeit bewahren zu können. So zeigt Copleys Gemälde vordergründig den Tod des populären Politikers, aber auch das Ende einer Epoche englischer Außenpolitik.

Das *London Court of Common Council* trug die Verantwortung, für eine passende Erinnerung an Lord Chatham zu sorgen. Nur wenige Monate später sandte Copley eine Konzeption des Gemäldes ein, die aber zugunsten eines Entwurfs eines Bildhauers abgelehnt wurde. Trotzdem entwickelte er sein Bildkonzept über die nächsten zwei Jahre in eigenem Auftrag weiter. Aus dem spekulativen Projekt erhoffte er für sich die erstrebte Anerkennung und finanziellen Erfolg durch den Verkauf von

Drucken nach dem Gemälde.[217] Copleys Ziel war zunächst jedoch die Ausstellung des Gemäldes.

Er brachte das Thema auf eine über drei Meter breite Leinwand und ließ Pitt unter den „Armada Tapestries“ zu liegen kommen, jenen Wandteppichen, die Pitts Lebenswerk, ein Weltreich auf See, darstellen. Das Parlament war seine Wirkstätte, die Politik sein Leben, das er für die Nation gegeben habe. So wird das Gemälde zu einem Nachruf, denn auf diese Weise wurde Pitt von der Bevölkerung gesehen – der Zielgruppe für die Ausstellung des Gemäldes und des Stiches.[218]

Copley führte mit *The Death of Lord Chatham* die moderne Historienmalerei noch einen Schritt weiter, indem er sie mit der Porträtmalerei verknüpfte. 55 der bekanntesten Persönlichkeiten der britischen Politik sind in diesem Gemälde eindeutig identifizierbar.[219] Dadurch wurde es neben einem zeitgenössischen Historiengemälde gleichzeitig zu einem großen Gruppenporträt, das seine Bedeutung durch seinen historischen Charakter erhält. Copley selbst schrieb: „uniting the value of living characters to the dignity of an Historical Fact [is] an advantage that will be rising in estimation in every succeeding age [...]“.[220]

Demnach erhöhen Porträts noch den Wert eines Historiengemäldes für die Nachwelt, das noch zusätzliche Akzeptanz über die Bildgattung des Porträts erhält. Er folgt damit Wests Konzeption von historischer Treue im Detail und Idealisierung in der Komposition.[221] Er verband damit die Historienmalerei mit dem in England populären Gruppenbildnis (*Conversation Piece*), einem Bildtypus, der aus Holland und Frankreich kam und zu einer „mittelschichtenspezifischen Selbstdarstellung“

---

[217] Benjamin West hatte sein Bildprojekt des Todes Chathams zugunsten Copleys aufgegeben. Er war die nächsten Jahre mit dem Windsor-Auftrag beschäftigt. In seinem Entwurf konzentrierte sich West auf die Figur Pitts und stellte deutlich weniger Personen dar (s. NEFF, 28).

[218] Das Sterben, d. h. die Aufopferung für die Nation als tugendhaftes Vorbild, richtete sich nun an ein weiteres Publikum. Zum Verhältnis des Parlaments und Pitts zur „public opinion“, s. HABERMAS, 132.

[219] Vgl. NEFF, 36.

[220] Zit. in NEFF, 38.

[221] NEFF legt dagegen nahe, mit diesem Vorgehen würde die „literal truth“ des *Grand Styles* verwässert werden (ebd., 38).

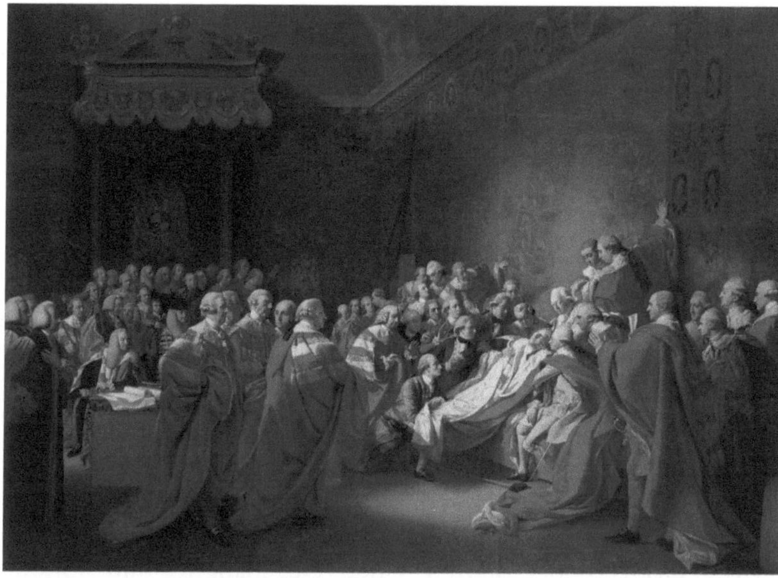

Abbildung 13 John Singleton Copley: *The Death of the Earl of Chatham*, 1779-81
Öl auf Leinwand, 228,5×307,5 cm, Tate Gallery, Leihgabe an National Portrait Gallery, London. Quelle: NEFF, Abb. 18

wurde.[222] Dies liegt auch an seinem Format, das, im Gegensatz zu den lebensgroßen Porträts der Aristokratie, kostengünstiger war und in die Wohnräume passte. Das Multi-Porträt wurde häufig in mehreren Versionen reproduziert, um es den einzelnen Dargestellten zu verkaufen.[223] Mit der Annäherung der Historienmalerei an das Konversationsstück verschiebt sich die Rezeptionsgruppe von der Ober- zur Mittelschicht.

Zum *Conversation Piece* gehört üblicherweise die Privatheit der Umgebung. Durch die Verbindung mit der Historienmalerei wird die dargestellte Gruppe jedoch einer nationalen Öffentlichkeit vorgestellt.[224] Das Ereignisbild bekommt dadurch einen stärkeren Dokumentar-

---

222 PROCHNO, 7.

223 Vgl. ERFFA, 60.

224 HABERMAS erklärt die frühe Entwicklung der politischen Öffentlichkeit aus den mit dem Merkantilismus durchgesetzten kapitalistischen Produktionsweisen nach der *Glorious Revolution* (Kap. III, 8).

charakter, rückt dem Nachrichtenbild nahe und erweckt den Eindruck, den Betrachter an einem bedeutenden Ereignis teilnehmen zu lassen. Durch diese Öffnung führt Copley die von West begonnene „Demokratisierung" der Gattung weiter. „Demokratisierung" heißt hier die Erschließung der Mittelschicht als Zielgruppe.[225] Für die Illusion und Authentizität spielt das eingebundene Porträt eine wichtige Rolle.[226]

Copley hatte nun endlich ein Thema von nationaler Tragweite gefunden und sich als Historienmaler profiliert, der West ebenbürtig ist. Die eher statische Innenraumszene konnte zwar kaum den dramatischen Effekt von Wests *General Wolfe* erzielen, wurde aber trotzdem nicht nur ein Ausstellungserfolg, sondern ermöglichte es Copley, Hunderte von Kupferstichen zu verkaufen.

Mit der Fertigstellung von *Death of Chatham* erreichte Copley die Meldung des Todes von Major Peirson. Als am 7. Januar 1781 etwa 900 französische Soldaten die Kanalinsel Jersey eingenommen hatten, ignorierte der 24-jährige Major Francis Peirson die erzwungene Kapitulation des Gouverneurs, startete einen Gegenangriff und konnte die Hauptstadt der kleinen Insel vor der französischen Küste zurückerobern. Kurz vor der entscheidenden Schlacht traf ihn jedoch eine tödliche Kugel. Die *London Gazette* berichtete wenige Tage später:

> *Major Peirson, who commanded the troops, was unfortunately killed in the moment of victory. The loss of this young officer, whose military abilities, which were so remarkable upon this occasion, held out the highest expectations of this country is most sincerely lamented by every officer and soldier both of the regulars and the militia, as well as by every inhabitant of the Island [...]*[227]

---

225 Das „'news'-picture" erlangte bereits früh in der Graphik und in Flugblättern an Bedeutung, wodurch es eine öffentliche Rolle einnahm (vgl. WIND, 122 u. 127).

226 Bei Wests *Death of Nelson* sind nicht weniger als 58 Personen identifizierbar. Im Ausstellungsraum von *Chatham* herrschte eine sakrale Atmosphäre: „The room – whatever number of people it contains – is silent, or the company whisper as if at the bed of a sick person" (St. James Chronicle, zit. in WIND, 120). Trotz aller positiven Aufnahme konnte das Gemälde selbst erst 15 Jahre später per Lotterie verkauft werden (vgl. NEFF, 38).

227 London Gazette, 16. Jan. 1781, zit. in SAUNDERS 1990, 12.

Ganz abgesehen von der europäischen Konkurrenzsituation waren die Franzosen in Amerika seit dem *French and Indian War* (1756-63) Feinde Englands. Als Frankreich sich dann auf die Seite der Rebellen schlug, waren die amerikanischen Kolonien für das Empire verloren. Daher war der Sieg auf Jersey symbolisch ein umso bedeutenderes Ereignis. Bereits im Oktober des Jahres musste der britische Kommandierende, Lord Cornwallis, in Yorktown kapitulieren. Infolgedessen waren das englische Parlament und die Regierung nicht mehr bereit, den zunehmend unpopulär gewordenen Krieg in Amerika weiterzuverfolgen. Das englische Publikum war daher aufnahmebereit für Darstellungen, die den nationalen Wunsch nach außenpolitischen Erfolgen befriedigten. Copley konnte sich das große Interesse an patriotischen Bildern zunutze machen und zeigte daher noch einmal den heldenhaften Tod für die überindividuellen Ziele der Nation. Daher stirbt Peirson auf Copleys Gemälde pathetisch unter dem dramatisch flatternden Union Jack.

Während *Death of Chatham* als Innenraumszene recht statisch bleiben musste, steigerte sich Copley in *Death of Peirson* (Abbildung 14) zu einem dynamisch heroischen Nationalkunstwerk. Durch die Regie von Licht und Schatten gelang es ihm, Gruppen und Einzelerzählungen deutlich voneinander zu trennen. Inmitten der roten Uniformen der britischen Soldaten sticht Peirsons Körper hell hervor und kippt dem Betrachter rückwärts entgegen.[228]

Wie West macht auch Copley christliche Ikonographie für ein säkulares Werk nutzbar: Die Gruppe von Männern erinnert an die Formel der Kreuzabnahme, darüber befindet sich die Flagge als Symbol britischen Sieges und Stärke.[229] Trotz des herabsackenden Körpers

---

228 Wie wichtig Copley die Farbe ist, zeigt die Tatsache, dass Captain Hemery an diesem Tag nicht seine übliche Uniform trug, Copley ihn aber darin zeigt, um den Kontrast des dunklen Magenta mit dem Rot seiner Landsleute herzustellen (vgl. SAUNDERS 1990, 34).

229 In der Broschüre der Ausstellung vom Mai 1784, wurde das gezeigte Ereignis folgendermaßen beschrieben: „A Body of French Troops having invaded the Island of Jersey in the year 1781, and having possessed themselves of the Town of St. Heiller's, and taken the Lieutenant-Governor prisoner, obliged him in that situation, to sign a capitulation to surrender the Island; Major PEIRSON, a gallant young Officer, under the age of twenty-four years, sensible of the invalidity of the capitulation made by the

drängt die Szene nach rechts. Peirsons schwarzer Diener erscheint hier in keiner Funktion räumlicher Distanzierung, sondern als erzählerisches Mittel. Er zielt auf den französischen Scharfschützen und rächt seinen Herren, kompositorisch unterstützt von einer zeigenden Figur, die in den Vorzeichnungen (Abbildung 15) noch deutlicher wird.[230] Eine winzige Rauchwolke aus seinem Gewehr deutet den gerade erfolgten Schuss an. Folgt der Blick des Betrachters dem Lauf, sieht er, wie der Franzose im Hintergrund bereits in die Arme seiner Kameraden sinkt. Zwischen dem Pulverdampf erscheinen das Denkmal George II. sowie das königliche Wappen, das den wiederhergestellten Anspruch der Krone auf die Kanalinsel symbolisiert.[231]

SAUNDERS hält vor allem die Zeichnung *Boston Massacre* von Copleys Halbbruder Henry Pelham (Abbildung 10) für eine Vorlage.[232] Formal sind die Enge zwischen den Häuserwänden, die eine Zuspitzung einer gefährlichen Situation dramatisiert, und der Leichnam in den Armen seiner Mitkämpfer vergleichbar.[233] Da die Unterschiede überwiegen, ist

Lieutenant-Governor, whilst he was a prisoner, with great valor and prudence, attacked and totally defeated the French Troops, and thereby rescued the Island, and gloriously maintained the honor of the British arms; but unfortunately for his Country, this brave Officer fell in the moment of Victory, not by chance shot but by a ball levelled at him, with a design by his death, to check the ardor of the British Troops. The Major's death was instantly retaliated by his black servant on the man that shot the Major" (zit. in NEFF, 140).

230 Vgl. NEFF, Abb. 28. Die Figur des Afrikaners ist nicht geklärt, keine Quelle bestätigt seine Anwesenheit, erst nach dem Gemälde tauchen derlei Geschichten auf. Copley hat sie also vermutlich erst popularisiert (vgl. SAUNDERS 1990, 32).

231 Das Gemälde wurde am 22. Mai 1784 in London 28, Haymarket ausgestellt, nachdem es King George drei Stunden lang in Buckingham Palace betrachtet habe. Der Marktplatz ist genau identifizierbar durch die Statue George II., des königlichen Wappens über der Tür des Gerichtsgebäudes und dem Hügel im Hintergrund (s. SAUNDERS 1990). Es existieren interessante Vorzeichnungen im Museum of Fine Arts in Boston (s. NEFF, 142-154).

232 SAUNDERS gibt zu überlegen, ob die Kompositionsidee von *Death of Captain Cook* stammen könnte, das Copleys Reisbegleiter durch Italien, George Carter (1737-94), im Jahr 1781 malte (vgl. SAUNDERS 1990). Zum Verhältnis zwischen Copley und Carter s. DUNLAP, I, 112.

233 Bereits Pelham nahm sich die Zuspitzung im Sinne der Propaganda heraus: „Not only were the British regulars taunted into firing on the crowd of colonists, but also

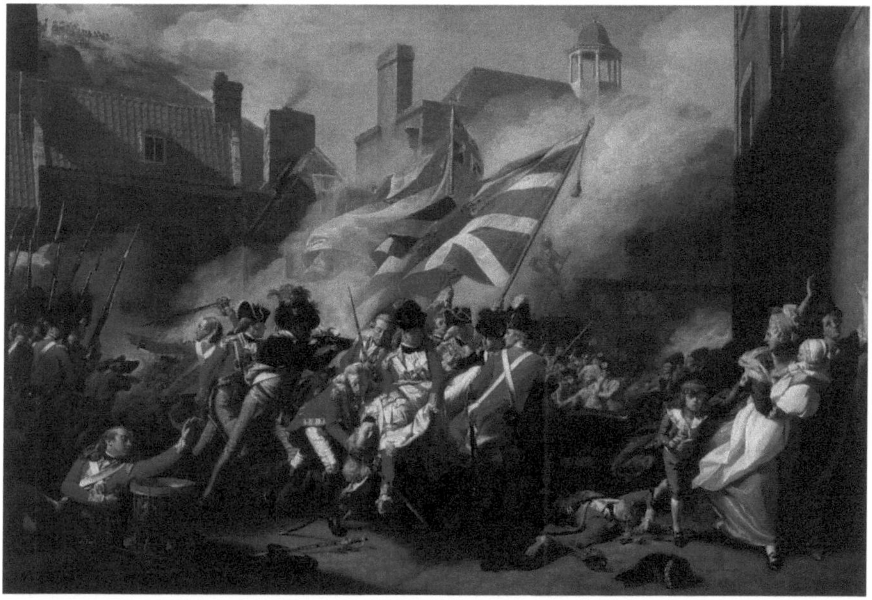

Abbildung 14 John Singleton Copley: *The Death of Major Peirson*, 1782-84
Öl auf Leinwand, 251,5×365,8 cm, Tate Gallery, London.
Quelle: NEFF, Abb. 141

das *Boston Massacre* aber kaum ein bewusstes Vorbild für *Death of Peirson* in der Komposition. Copley, wie auch Pelham und Revere, wussten jedoch um die propagandistische Stärke von Bildern, um die Vorstellung in den Köpfen der Menschen zu prägen.

Copley löste sich dabei von der Forderung des Klassizismus, durch Zurückhaltung in Farbgebung und Dynamik sowie durch Vermeidung von Details ausschließlich den Geist zu erreichen. Er brachte vielmehr seinen amerikanischen Realismus in kräftigen Farben mit der dynamischen Bewegtheit narrativer Malerei zusammen. Durch die zahlreichen Porträts von Zeitgenossen sowie die kontraststarke Farbigkeit des Gemäldes zielte Copley auf das Auge und die Emotionen des Be-

the volley hardly occurred in the cool and calculating manner that is fixed in our visual memory“ (SAUNDERS 1990, 38).

trachters. Gleichzeitig gelang es ihm jedoch, dies mit der Ansprache des Geistes zu verbinden.

Die Instrumente zur Reizung der Vorstellungskraft fand auch er in der französischen Theorie. Peirsons Tod, der eigentlich in einer Nebenstraße kurz vor der Schlacht stattfand, erscheint als zentrale Szene im Vordergrund. Gleichzeitig ist der Vergeltungsschuss gegen den französischen Scharfschützen sichtbar, der im selben Augenblick zu Boden zu sinken scheint. Der Betrachter kann die Zeit, in der sich sein Auge von Szene zu Szene bewegt, wie eine dem Bild immanente Zeit empfinden, die während der Abfolge der gezeigten kausalen Zusammenhänge vergeht.[234] Nach dem extrem starren, temporal eindimensionalen und ohne Vorausdeutung auf den Ausgang eingefroren *Watson and the Shark* gelang es Copley mit *Death of Peirson* meisterhaft, durch eine Vielzahl von Szenen Vordergrund und Hintergrund sowie Gegenwart und Vergangenheit räumlich und zeitlich miteinander zu verknüpfen. Zudem war es ihm möglich, die Aufmerksamkeit und Imagination des Betrachters zu fesseln.[235]

Er folgt damit sowohl der Forderung Reynolds, den Intellekt zu erreichen, als auch der Le Bruns, denn dadurch ist eine Narration im Gemälde zu erkennen, die ein Vorher und ein Nachher in einer Unterordnung unter das Hauptereignis zeigt.[236] Félibien gab 1668 Le Brun mit den Worten wieder:

> *Qu' un Historien se fait entendre par un arrangement de paroles, & une suit de discours qui forme une image de chose qu'il veut dire, & re-*

[234] Es ist zu vermuten, dass auch Copley Le Bruns Akademierede über Poussins *Mannawunder* bekannt war. Dort wird von links nach rechts ein Zeitverlauf deutlich, der per Zeigegeste einer Figur auf der rechten Seite wieder zum Anfang führt. Auch hier befindet sich der entscheidende Moment in der Bildmitte.

[235] Copley oder sein Halbbruder Pelham, der seit 1776 in London war, besucht 1782/83 Jersey, um Zeichnungen der Umgebung anzufertigen (vgl. SAUNDERS 1990, 13-14). Zu dieser Zeit entsteht auch eine erste Entwurfszeichnung Copleys. Darin wird bereits der Unterschied zur von Colley und Hedges herausgegebenen Darstellung (Abbildung 16) deutlich: Mit wenigen Strichen deutet er die Verteilung von Szenen und Personengruppen an, in dessen Zentrum sich die Figur Peirsons befindet. In weiteren Skizzen wird die Trennung von einzelnen Erzählsträngen und die Vorlagen für die Pathosformeln deutlicher.

[236] Reynolds Forderung findet sich in Disc. III, 50.

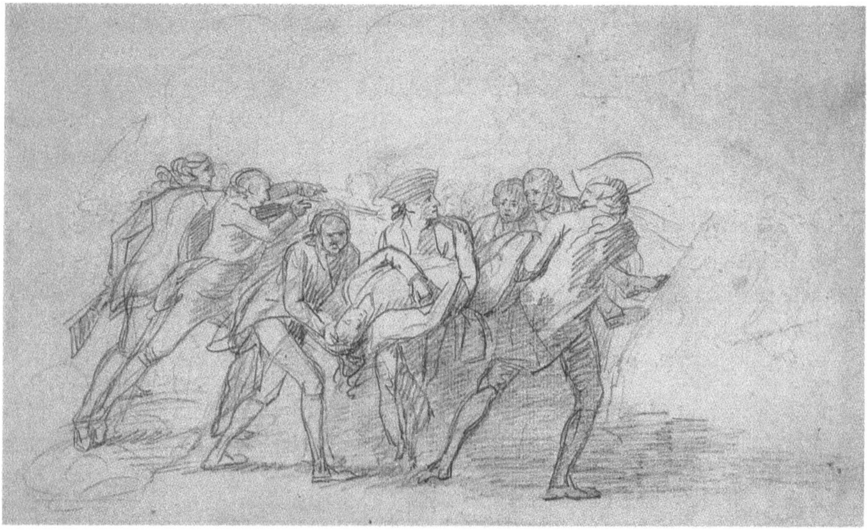

Abbildung 15 John Singleton Copley: *Study for The Death of Major Peirson*, 1782-83
20×32,7 cm, Museum of Fine Arts, Boston.
Quelle: NEFF, Kat.-Nr.: 22b

présente successivement telle action qu'il lui plaît. Mais le Peintre n'ayant qu'un instant dans lequel il doit prendre la chose qu'il veut figurer, pour représenter ce qui s'est passé dans ce moment-là; il est quelquefois nécessaire qu'il joigne ensemble beaucoup d'incidents qui verroient son Ouvrage ne seroient pas mieux instruits, que si cet Historien au lieu de raconter tout le sujet de on Histoire se contentoit d'en dire seulement la fin.[237]

Während der Historiker durch Worte eine Handlung wiedergeben könne, sei es dem Maler nur möglich, einen Augenblick festzuhalten. Um trotzdem eine Geschichte erzählen zu können, sei es ihm erlaubt, Zeit und Raum so zusammenzuschieben, dass das Thema deutlich wird. So verwob Copley die Erzählstränge zu einem gleichzeitigen und am gleichen Ort stattfindenden Ereignis. SAUNDERS meint, Copley schreibe

[237] Zit. in GAEHTGENS 1996, 158, vgl. die Forderung Bromleys, Raum und Zeit zu verändern, um den Betrachter zu inspirieren (vgl. MITCHELL 1967, 271).

die Geschichte nicht neu, sondern arrangierte sie nur anders.[238] Diese künstlerische Freiheit in der Visualisierung eines historischen Ereignisses entspricht de Piles' dritter Wahrheit.

Bemerkenswert ist zudem eine Gruppe fliehender Frauen mit Kindern auf der rechten Bildseite. Gestik und Mimik kommentieren die Szene als furchterregendes Geschehen. Der Junge ist die einzige Figur, die aus dem Bild herausblickt und mit dem Betrachter Kontakt herstellt. Er dient als Kommentar und Einstiegsfigur in das Bild. Reynolds Freund, der Whig-Politiker und Philosoph Edmund Burke (1729-1797), nannte dies das Gefühl des Erhabenen (*sublime*).[239] Als Vertreter der empiristisch-sensualistischen Ästhetik zergliederte er in seiner Jugendschrift *A philosophical enquiry into the origin of our ideas of the sublime and beautiful* von 1757 mit einer deskriptiv-psychologischen Analyse das Schöne und das Erhabene.[240]

Das Schöne besitzt laut Burke sinnliche Qualitäten und erzeugt Zuneigung. Daher ist es „a social quantity", denn man wünscht schöne Dinge bei sich zu haben.[241] Das Erhabene dagegen sei ein Zustand der Seele, ein mit Lust vermischter Schrecken.[242] Das Unendliche und

---

238 Vgl. SAUNDERS 1990, 31.

239 Burke war zunächst ein Whigpolitiker, der in der Opposition die unnachgiebige Haltung George II. gegen die amerikanischen Kolonien kritisierte und sich für eine Aussöhnung statt Krieg aussprach. Als 1782 die Whigs an die Macht kamen, wurde Burke „paymaster of the forces". 1790 kritisierte er in einer Publikation die Ziele der Französischen Revolution. Seit dem gilt er als Begründer des europäischen Konservatismus, ohne jedoch Reaktionär zu sein. 1794 zog er sich aus dem Parlament mit einer Pension des Königs zurück. Burke war auch Förderer von James Barry (1741-1806), machte ihn mit Reynolds bekannt und schickte ihn nach Rom.

240 Burke bewegt sich kunsttheoretisch weg von der Darstellung universeller Wahrheit und hin zu Schönheit, die sich in den Gefühlen (vgl. EVANS 1959, 55).

241 Dies steht im Gegensatz zu Kants „interesselosem Wohlgefallen". Burke unterscheidet dies jedoch vom „Zweckmäßigen" (vgl. BURKE I, 10).

242 Ursprünglich kommt auch der Begriff des „Erhabenen" aus der Literatur. Bereits das Traktat *Peri hypsous* des als „Pseudo-Longinos" bezeichneten Autors aus dem 1. Jhd. n. Chr. bezieht den Begriff auf die Poetik. Demnach ist der Mensch in der Lage, in Gefühl und Sprache seine Grenzen zu transzendieren. STRUBE bemerkt, dass Burkes Unterscheidung zwischen dem Schönen und Erhabenen nicht aufgrund einer induktiven Verallgemeinerung gewonnen ist, sondern die Abbildung der standardisierten Geschmacksvorstellungen der tonangebenden Bildungsschicht seiner Zeit sei (ebd.,

Kraftvolle erzeuge im Menschen Schrecken, weil er selbst dadurch klein erscheint.[243] Wenn das Ich darauf mit einer Erhebung über das Sinnliche mit dem Bewusstsein der eigenen Größe reagiere, entstehe ein erhabener Zustand. Beispielsweise lässt die Vorstellung von Gefahr bei einem gleichzeitigen Zustand der Sicherheit schreckliche Dinge nicht allzu nah an einen herantreten und erzeuge vielmehr einen *delightful horror*.[244] Ebenso kann der Rezipient von *Death of Peirson* am Schrecken des Ereignisses aus der Distanz des Realraumes zum Bildraum teilhaben. Einerseits erfüllt es damit die Forderung Reynolds, über das rein Visuell-Sinnliche hinauszugehen, das Copley noch in Amerika in Perfektion beherrschte. Copleys Umsetzung der Ideen Burkes reicht jedoch viel weiter als Reynolds reine Lehre von der Darstellung von Ideen, zielt sie doch auf die umfangreiche Einbeziehung des Rezipienten mit bildnerischen Mitteln.

Copley gelingt es, eine dynamische Komposition mit verwobenen Erzählsträngen zu verbinden und das Gefühl des Erhabenen zu erzeugen, um ein Gemälde zu erschaffen, das das Auge, den Geist wie auch das Gefühl anspricht. Er bringt auf diese Weise mit einem Gespür für die Kraft des Bildes alle bedeutenden Gedanken der akademischen Kunsttheorie in einem Werk zusammen. Die Stärke dieser Malerei wird deutlich, wenn man diesem Ereignisbild noch einmal eine Ereignisillustration entgegenstellt.

Die von Colley und Hedges veröffentlichte Aquatinta (Abbildung 16) zum selben Ereignis kann nicht die Reichhaltigkeit farblichen Einsatzes erreichen. Anatomie sowie Mimik der Figuren erscheinen grob

20f.). Er erkennt zudem: „Burkes Begriff des Erhabenen ist im Ausgang vor allem von Bildern aus Miltons ‚Paradise Lost' gewonnen, was durch die Vielzahl entsprechender Zitate belegt werden kann" (ebd., 20).

243 Vgl. BURKE, I, 7.

244 Immanuel Kant bezog sich auf ihn nur acht Jahre später in seinen *Beobachtungen über das Gefühl des Schönen und Erhabenen.* Darin beschrieb er, dass das Unendliche lustvolle Furcht erzeuge und das Gemüt sich in seiner eigenen Beurteilung erhaben fühle, wenn sich die ästhetische Urteilskraft auf die Vernunft bezieht. Beeinflusst von Shaftesbury und Hume griff er 1790 diese Gedanken in der *Kritik der Urteilskraft* wieder auf. Schiller popularisiert den Begriff anschließend in seiner Schrift *Über das Erhabene*, in dem er es als ein gemischtes Gefühl aus „Wehsinn und Frohsinn" bezeichnet (s. SCHNEIDER, 42ff.). Ich danke Vera Stehle, die mir in unserem gemeinsamen Seminar im Sommersemester 2004 die ästhetischen Ideen Kants nahe gebracht hatte.

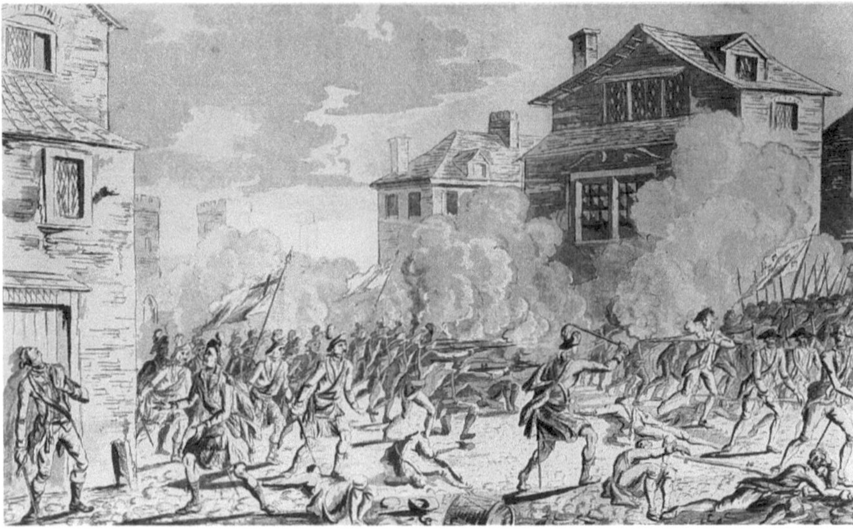

Abbildung 16 Anonym: *The Glorious Defeat of the French Invaders, on the Island of Jersey, Jan. 6, 1781 when the Valiant Major Peirson was unfortunately Kill'd in the moment of Victory*, veröffentlicht durch Thos. Gram. Colley und E. Hedges, 24. April 1781
Aquatinta, British Museum, London. Quelle: NEFF, Abb. 67

und gleichförmig und lassen keine akademische Ausbildung vermuten. Auch die Komposition der Masse an Soldaten lässt keine über die Schlacht selbst hinausdeutende Handlung oder Einbeziehung des Betrachters sichtbar werden. Es zeigt die korrekte Wiedergabe der Fakten, bei der im Gegensatz zum pathetischen Titel keine Dramatisierung der Szene stattfindet: Peirson stirbt hier eher unheroisch und alleine vor einem Holzverschlag, ohne symbolisch Mut und die ungebrochene britische Siegeskraft zu verkörpern. Das *matter-of-fact*-Bild hat kein moralisches Ziel, sondern dient nur der reportagehaften augenblicklichen Faktendarstellung. Ihre Funktion liegt in der Illustration eines Ereignisses und nicht in der Nutzung des Ereignisses als an den Betrachter appellierendes moralisches Beispiel.

Die zurückhaltende Statik des Klassizismus, wie sie noch in Wests *Departure of Regulus* zu sehen war, ist bei *Death of Peirson* einer impulsiven

Dynamik gewichen. Während Historienbilder die republikanischen Werte antiker Geschichte und Legenden einer Oberschicht von Gentlemen vermittelten, richtete sich das Ereignisbild an den Patriotismus eines breiteren Publikums, das durchaus nicht nur intellektuell, sondern auch emotional angesprochen werden möchte. Entsprechend wurde das Gemälde nicht in der Royal Academy ausgestellt, sondern in einem Showzelt der zahlenden Bevölkerung zugänglich gemacht. Es wurde ein sofortiger finanzieller Erfolg. Auftraggeber war nun der Kunstunternehmer John Boydell, der bereits für West gearbeitet hatte und Copley den Auftrag gab, das Gemälde für 800 £ anzufertigen, das nach der Ausstellung als Druck vertrieben werden sollte.[245]

Mit *Watson and the Shark* bewies Copley nach seiner Emigration seine Befähigung zur Historienmalerei in England, mit *Death of Chatham* entwickelte er es durch die Verbindung mit dem Multi-Porträt des Konversationsstückes weiter und verlieh ihm so einen Dokumentarcharakter. Aber erst mit *Death of Peirson* gelang es ihm, die Komponenten der akademischen Malerei mit Burkes Sensualismus in einem Werk zu verbinden. Es ist zugleich das erste Gemälde mit dem alleinigen Ziel, es nach einer privat organisierten Ausstellung im Medium des Stiches breiten Schichten zu verkaufen, um unabhängiger von einzelnen Auftraggebern zu werden. Wie bereits bei West ändert sich mit der Zielgruppe die Ausrichtung des Inhalts. Es ist jedoch festzustellen, dass der gesellschaftliche Kontext immer noch die englischen Monarchie war und die Bildinhalte immer noch die der Oberschicht waren. Viel weitergehender als in England stellte sich dagegen in Amerika nach der Unabhängigkeit die Frage nach der Rolle der Kunst in der neuen Republik.

---

245 Der Vertrag kam erst im Mai 1783 zustande. Im August 1781 wurde ein Auftrag für ein Peirson-Denkmal an John Bacon vergeben (s. SAUNDERS 1990, 9). Copley war mit der Drucktechnik bereits in Amerika vertraut gewesen. *The Morning Herald* veröffentlichte 1810 einen ironisch gemeinten Phantasiegesang, in dem West und Copley folgende Zeilen zukommen, in denen ihr unternehmerisches Denken deutlich wird: „Let David paint for hungry fame, / And Wilkie subjects funny; / Let Turner sit and study storms, / But we will paint for money" (zit. in FLEXNER 1969, 45).

II. Quo vadis Amerika?

Major-General François-Jean de Beauvoir, der spätere Marquis de Chastellux (1734-1788) diente während des Unabhängigkeitskrieges auf der französischen Seite unter General Rochambeau. In den Kampfpausen unternahm er Reisen durch die revolutionären Kolonien, tauschte sich über deren Zustand und Zukunft mit Gebildeten aus und machte sich Notizen über seine Einschätzungen. So unterhielt er sich auch mit dem Präsidenten des *William and Mary Colleges*, James Madison, über die Bedeutung der Wissenschaft und der Künste in Amerika. Aufgrund dieses Gesprächs entwarf er im Winterquartier nach dem erfolgreichen Feldzug von Yorktown einen Essay mit dem Titel *The Progress of the Arts and Sciences in America* (beendet Januar 1783). Darin wird wohl zum ersten Mal die Frage aufgeworfen, welche Rolle die Kunst in einer freien Gesellschaft spielen soll.[246]

Unter den Intellektuellen bedeutete die Unabhängigkeit Amerikas stets mehr als nur ein Befreiungskrieg mit anschließender Staatsgründung: Es diente innerhalb des allumfassenden Projekts der Aufklärung als erstes Experiment einer Gesellschaft, die auf Rationalismus aufgebaut sein sollte. Die Idee einer solchen Gesellschaft wandte sich antithetisch gegen den vermeintlichen Despotismus und die Tyrannei europäischer Staaten und stellte diesen einen ständigen Fortschritt zur Freiheit entgegen. Wo die Tugenden Amerikas so gegen die Laster Europas in Stellung gebracht wurden, war das Experiment zum Erfolg verdammt.

---

[246] Bei James Madison (1749-1812) handelt es sich um den Cousin des späteren US-Präsidenten gleichen Namens.

Dem offenbar skeptischen Madison legte Chastellux dar, welche Funktion die Künste innerhalb des Aufklärungsprojektes übernehmen könnten. Dabei gab er zunächst zu, dass die Künste in der Vergangenheit besonders dann aufblühten, wenn der Reichtum ungleich verteilt war. Auf der anderen Seite bewahre die Kunst die Nationen vor den Ausschweifungen des Luxus und den Launen der Moden. Daher müsse Amerika nicht nur Kunst besitzen, sondern auch eigene Künstler hervorbringen. Chastellux sah die Kunst in einer praktischen Funktion für den neuen Staat, da sie die Fähigkeit habe, Erfolge und Tugenden des Aufklärungsprojekts zu propagieren. Aus diesem Grund sollten Statuen, Denkmäler und Medaillen die Taten der Generäle Washington, Warren, Greene und Montgomery darstellen.

> *What glory America would derive from these! She would find that she has more heroes than she has marble and artists to commemorate them! And your public buildings, yours* curiae, *why should they not display in sculptured relief and in painting the battles of* Bunker's Hill, *of* Saratoga, *of* Trenton, *of* Princeton, *of* Monmouth, *of* Cowpens, *of* Eutaw Springs*? Thus would you perpetuate the memory of these glorious deeds; thus would you maintain, even through a long peace, that national pride, so necessary to the preservation of liberty; [...]*[247]

Copley und West mussten lange auf heroische Ereignisse der englischen Gegenwart warten. Der amerikanische Unabhängigkeitskrieg bot zwar eine große Zahl an Schlachten, die jedoch oft zweifelhafte Siege Englands waren, an deren Ende der Verlust der Kolonien stand. Sie waren daher keine Ereignisse, deren Darstellung in England ein Publikum hätte finden können. Für amerikanische Künstler konnten die Geschehnisse Anlass sein, dem Bildvakuum nach der Zurückweisung höfischer Symbolik Inhalt und der neuen Republik Ausdruck zu verleihen. Einer der ersten Künstler, die dies erkannten, war John Trumbull. Nachdem West und Copley in England geblieben waren, machte er es sich zur Aufgabe, mit der Historienmalerei die akademische Kunst nach Amerika zu bringen und damit auch Chastellux' Vorstellungen zu verwirklichen. Dies war ein ambitioniertes Vorhaben, das jedoch inmitten eines kulturpolitischen Konflikts stand. Denn um

---

[247] CHASTELLUX, 546.

der Republik Ausdruck zu verleihen, musste man sich zunächst darauf einigen, wie die Neue Welt gestaltet werden sollte. Zudem musste man sich auch darüber verständigen, ob der Kunst überhaupt eine Funktion in der neuen Republik zusteht. Denn nicht jeder konnte die zukünftige Rolle der Kunst in einem unabhängigen Amerika so eindeutig positiv beurteilen wie Chastellux. Zu sehr hatte sie den Königen und Despoten als Repräsentation gedient. Gerade in Frankreich war sie wie selten zuvor in den Dienst Versailles' gestellt und hatte in allen Facetten das absolutistische Gesellschaftskonzept des Königshauses vertreten.

Ähnlich wie die englische Kunsttheorie des 17. Jahrhunderts noch zwischen Affirmation und Auflehnung gegen kontinentaleuropäische Kunstvorstellungen schwankte, so unsicher schienen auch die Vorstellungen der Amerikaner zwischen Aneignung und Ablehnung europäischer Traditionen. Die Diskussion über die Aufgabe und Zukunft der Kunst in Amerika wurde bezeichnenderweise fernab in den europäischen Hauptstädten London und Paris von zwei Antipoden geführt, welche die beiden Pole der Diskussion verkörperten und sich nicht nur in der Bewertung der Kunst voneinander unterschieden: John Adams und Thomas Jefferson.

Adams, der Gesandte Amerikas in London, zeigte sich äußerst skeptisch gegenüber einer Rolle der Kunst in der neuen Republik. Der Neuengländer lehnte zwar gerade die Malerei nicht grundsätzlich ab, wie ihm oft unterstellt wird. Seine Vorstellungen bleiben aber im Gegensatz zu Jeffersons Ansichten bestenfalls ambivalent. Während Jefferson mit einer gelehrten ästhetischen Bildung nach Europa kam, wurde John Adams mit der Plötzlichkeit seiner Berufung an die europäischen Höfe von der Fülle der dort sichtbaren Kunst offenbar überrascht. Bereits in seinem ersten Brief an seine Frau schrieb er:

> *It would be futile to attempt descriptions of this country, especially of Paris and Versailles. [...] The richness, the magnificence and splendour are beyond all description. This magnificence is not confined to public buildings, such as churches, hospitals, schools, etc., but extends to private houses, to furniture, equipage, dress, and especially to entertainments.*[248]

Entscheidend für seine Haltung ist jedoch der Zusatz:

---

[248] 12. April 1778, zit. in GARRETT, 244.

> *I cannot help suspecting that the more elegance, the less virtue, in all times and countries.*[249]

Adams fürchtete sich vor der gefühlsmäßig überwältigenden Kunst des Barocks, die für ihn eng mit Dekadenz zusammenhing. „Luxury will follow riches and the fine arts will come with luxury in spite of all wisdom can do", schrieb er noch im Alter.[250] Dass die amerikanische Aristokratie nach Distinktion über den Besitz von Kunstobjekten streben würde, stand für ihn außer Frage, denn je gleicher eine Gesellschaft sei, desto notwendiger sei das Abheben vom anderen: „A free people are the most addicted to luxury of any: that equality which they enjoy, and in which they glory, inspires them with sentiments which hurry them into luxury."[251] Mit diesem Luxus käme aber auch die Dekadenz aus Europa nach Amerika. Der Republikaner fürchtete daher, die entfesselte Marktmacht, die in Europa zu Reichtum und Dekadenz führte, könne auch in Amerika Luxus, Verschwendungssucht und damit Torheit hervorrufen:

> *Luxury has as many and as bewitching charms on your side of the ocean as on this; and luxury, wherever she goes, effaces from human nature the image of the Divinity. If I had power I would forever banish and exclude from America all gold, silver, precious stones, alabaster, marble, velvet and lace.*[252]

---

249 Ebd.

250 Zit. in ADAMS 1976, 88.

251 Zit. in GARRETT, 253. Vgl. CHASTELLUX, der über die egalisierte Gesellschaft schrieb: „wealth always creates marked differences, which are the greater because there are no other" (ebd., 535). Jean-Jacques Rousseau gab der Kunst und dem Luxus die Schuld am Verfall Roms und der Städte der italienischen Renaissance. Auf der anderen Seite argumentierte David Hume, der Verfall Roms sei alleine auf schlechte Regierungsführung zurückzuführen (vgl. HARRIS, 31f. u. 48).

252 3. Juni 1778, zit. in GARRETT, 247. Nachdem Adams 1786 mit Jefferson englische Landhäuser besichtigt hatte, meinte er, es würde noch lange dauern, bis sich Amerika diesen Luxus leisten könne und hoffte „It will be long, I hope before Ridings, Parks, Pleasure Grounds, Gardens and ornamented Farms grow so much in fashion in America" (zit. in GARRETT, 250). Daraus spricht die klassische puritanische Ablehnung des katholischen Europas als verdorbenes Zentrum der Verführung und Dekadenz, in dessen Dienst die Kunst stehe.

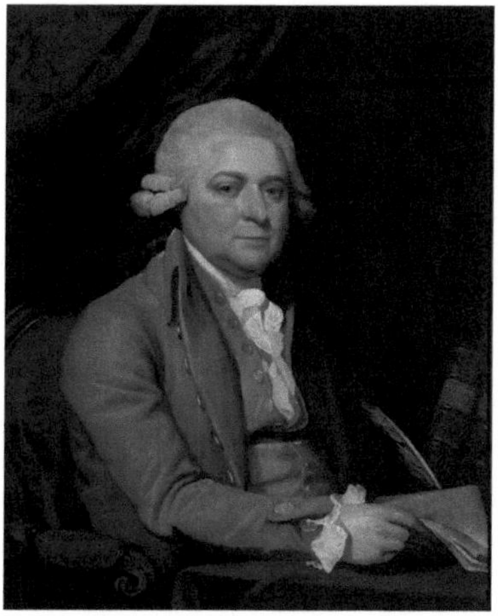

Abbildung 17 Mather Brown: *John Adams*, 1788
Öl auf Leinwand, 90,2×71,3 cm, Boston Athenæum.
Quelle: EVANS 1982, Abb. 42

Hier klingt bei dem puritanischen Nordstaatler noch einmal der Konsumverzicht zugunsten der eigenen, unangetasteten Welt aus Zeiten des Boykotts an. Noch 1785 führte bei Adams die Angst vor der degenerierenden Wirkung der Kunst zu einem kulturellen Isolationismus zugunsten einer Vision von der Weiterführung eines unberührten, moralisch vollkommenen Amerikas:

> *If all intercourses between Europe and America could be cut off forever, if every ship we have burnt, and the keel of another never be laid, we might still be the happiest people upon earth, and, in fifty years, the most powerful. The luxuries we import from Europe, instead of promoting our prosperity, only enfeeble our race of men and retard the increase of population.*[253]

[253] An John Jay, 6. Dez. 1785, zit. in GARRETT, 248. Adams Vorstellung von Amerika waren möglicherweise bereits durch den Einfluss englischer und französischer Schriften idealisiert. Als Jefferson als Nachfolger Franklins nach Paris kam, stand er einer für ihn erschreckenden Unwissenheit über den amerikanischen Kontinent gegenüber. In der Nachfolge Rousseaus hielten selbst Gebildete Amerika für ein von der Zivilisation unberührtes Land, dessen Bewohner noch von Natur aus gut seien. Jefferson, der mit seiner Schrift „Notes on Virginia" eine empirische Aufnahme seines

Die extreme Haltung, Amerika solle arm bleiben, um von den Lastern, die mit dem Reichtum einhergingen, verschont zu bleiben, schien bei Adams immer wieder durch. Mit der Meinung, Marktwirtschaft könne der Freiheit entgegenstehen, folgte Adams einem in England geläufigen Topos, wonach die ungezügelte Marktwirtschaft zu Werteverlust führe, deren Ausdruck die Kunst sei. So war er überzeugt: „I would not give six pence for a picture of Raphael, or a statue of Phidias."[254]

Für Jefferson dagegen war seine Ernennung zum Nachfolger Franklins als Botschafter in Paris eine Gelegenheit, die Länder zu besuchen, deren Fortschritt in der Wissenschaft und den Künsten er bisher nur aus der Ferne Virginias bewundern konnte.[255] Er war durchaus vertraut mit der Kunsttheorie Shaftesburys oder den ästhetischen Vorstellungen der Aufklärung, wie sie der schottische Philosoph Henry Home Kames vertrat, nach dem Schönheit etwas sei, das in allen Epochen Anerkennung gefunden habe. Zudem kannte er die Schriften von Edmund Burke, der in *Sublime and Beautiful* die Meinung vertrat, dass Schönheit aus Leidenschaft und nicht allein aus der Vernunft komme. Ebenso war er vertraut mit Richardsons *Theory of Painting* und Vasaris *Viten*.[256]

Überraschenderweise schrieb Jefferson allerdings auch noch 1788, es sei geradezu lächerlich, Kennerschaft anzustreben: „Painting. Statu-

---

Landes unternommen hatte, gab sie in Paris heraus, um falschen Vorstellungen entgegenzusteuern (s. LISITZKY, 144f.).

[254] Zit. ADAMS 1970, 78. Das wissenschaftliche Denken in England war die Voraussetzung für die Industrielle Revolution und die sich ausbreitende Marktwirtschaft. Die Royal Society gründete sich 1660 mit der expliziten Aufgabe, der Mehrung des Wissens über die Natur und Produktionsverfahren, wozu neben den Naturwissenschaften auch die Mathematik zählte. Die Verbindung von Rationalisierung (beispielsweise die Verbesserung der Dampfmaschine durch James Watt im Jahr 1765) und Wirtschaftswissenschaft (Adam Smith beschrieb 1776 in *Wealth of nations* die liberalen Wirtschaftslehren des 18. Jahrhunderts und begründet damit die klassische Nationalökonomie) führte zur Übersetzung der Erkenntnisse in die Massenproduktion und zur Akkumulation großer Werte (vgl. MATHIAS, 83-112).

[255] Vgl. LISITZKY, 122.

[256] Vgl. HAFERTEPE u. GILREATH, Kap. 31. Lord Kames stimmte mit Shaftesbury überein, Kunstgeschmack gehe „hand in hand with the moral sense" (zit. in MILLER 1966, 15). Zur Bibliothek Jeffersons s. GILREATH.

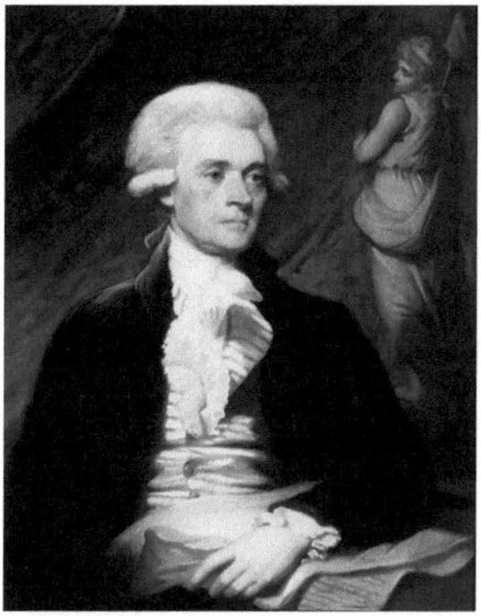

Abbildung 18 Mather Brown: *Thomas Jefferson*, 1786
Öl auf Leinwand, National Portrait Gallery, Smithsonian Institution.
Quelle: EVANS 1982, Abb. III

ary. Too expensive for the state of wealth among us. It would be useless therefore & preposterous for us to endeavor to make ourselves connoisseurs in those arts. They are worth seeing, but not studying.“[257] Für Jefferson konnte es keine Kunst um der Kunst Willen geben. Daher unterschied er die höheren Künste, die dem Wohle des Menschen und nicht zuletzt dessen Freiheit dienen, von den niedrigeren, die nur die Unterhaltung zum Ziel haben. Zur ersteren zählte er die Architektur. Für die Malerei interessierte er sich zwar auch, für Amerika habe sie zunächst jedoch nur eine geringe Bedeutung. Es war vor allem vorbildhafte klassizistische Architektur, an die Jefferson dachte, wenn er die Produkte der Künste als Zeichen der Werte einer Gesellschaft sah.

Das erste Gebäude in Amerika, das die republikanische Regierungsform widerspiegeln sollte, war das Kapitol von Virginia, für das Jefferson selbst Pläne entwickelte. Er ließ diese Anfang 1786 zusammen mit einem Modell, das dem *Maison Carrée* in Nîmes nachempfunden war, nach Richmond schicken. Es sollte als Vorbild für alle weiteren

[257] Zit. in COMETTI, 100. Dies schrieb er am 3. Juni 1788 in seinen Reisehinweisen für Thomas Lee Shippen and John Rutledge Jr. (s. dazu KLINKE 2007).

Gebäude dieser Art dienen, „to improve the taste of the countrymen“.[258]

Nach Jefferson könnten die „lesser arts“, Malerei und Bildhauerei, dem Gemeinwohl insofern dienen, als sie mit den Taten großer Männer moralisch lehrreiche Ereignisse zeigen könnten. Mit Chastellux übereinstimmend, hätten sie die Aufgabe, die großen Errungenschaften der Menschheit aufzuzeigen und so der Anhäufung von Reichtum eine gesittete Richtung zu geben sowie von rohen Gewohnheiten abzulenken. Natürlich war es die Historienmalerei, die diesen Anspruch am besten einlösen konnte.

Erst das Zusammentreffen mit einem jungen und ambitionierten amerikanischen Künstler verwandelte den so umfassend gebildeten Jefferson zu einem glühenden Liebhaber der modernen Historienmalerei. Inmitten des Diskurses um die Position der Kunst im neuen Amerika zwischen John Adams und Thomas Jefferson machte es sich dieser Künstler zur Lebensaufgabe, mit der Darstellung der Heldentaten im Unabhängigkeitskrieg die Tugendideale der Oberschicht für das amerikanische Aufklärungsprojekt nutzbar zu machen.

John Trumbull

Im Jahr 1764 war der 29-jährige Porträtmaler Matthew Pratt zusammen mit Wests Verlobten und Vater aus Philadelphia nach London gekommen. Pratt steht am Anfang einer Reihe von amerikanischen Schülern, die bei West studierten und von diesem in die Gesellschaft und die Kunst eingeführt wurden.[259] 1767 stand der Sattler und

---

[258] Jefferson an Madison, 20. September 1785, zit. in HAFERTEPE, 224. Den Entwurf für das Kapitol in Virginia entwickelte er zusammen mit Charles-Lois Clérisseau (s. ADAMS 1976, 89). Pierre Charles L'Enfant schrieb ihm, das das zu bauende Kapitol in Washington auf „one of the models of antiquity which have had the approbation of thousands of years“ basieren solle und traf damit Jeffersons Geschmack (zit. in HAFERTEPE, 226).

[259] 1766 zeigte er das Bild *American School* in der Society of the Artists. Obwohl die Identität der dargestellten Figuren, außer West, unsicher ist, ist es ein wichtiges Dokument der amerikanischen Malerei, zeigt es doch fünf, vermutlich amerikanische, Künstler, die in Wests Atelier nach seiner Anleitung arbeiten. Außerdem wird deutlich, wie weit sich Pratt von der kolonialen Malerei entfernt hat und sich in diesem Konver-

Schildermacher Charles Willson Peale aus Annapolis vor Wests Türe, der sich seit seinem Besuch bei Copley in Boston mit der höheren Kunst beschäftigt hatte und West nun für die Figur des Regulus Modell stand.[260] Henry Benbridge besuchte West Ende 1769 und 1775 erreichte Copley London, als der Unabhängigkeitskrieg bereits in vollem Gange war. Ebenfalls vertrieben durch den Krieg, kam der Porträtmaler Gilbert Stuart im Herbst 1775 aus Boston und wurde zu Wests Assistenten. Im Frühjahr 1778 erreichte mit Ralph Earl aus Connecticut ein weiterer Kriegsflüchtling Wests Atelier. Sein Vater hatte ihn enterbt, als er sich als Loyalist weigerte, in dessen Miliz einzutreten.[261] Ebenfalls aus Connecticut kam am 13. Juli 1780 ein 24-jähriger Oberst aus dem Unabhängigkeitskrieg: John Trumbull.[262]

Trumbull kann als Wests bester Schüler bezeichnet werden, dessen Ziel es war, in Amerika eine Position zu erreichen, wie sie West in Eng-

---

sationsstück Wests Stil angenähert hat (s. RATHER). Weiteres zum Verhältnis Wests zu seinen Schülern s. EVANS 1959.

260 In Boston hatte Peale sicher *Boy with a Squirrel* gesehen. Nachdem ihm eine Reihe von Einwohnern Marylands die Reise nach Europa ermöglicht hatten, wird dieses Bild auch bei West ein Thema gewesen sein, hatte dieser es im April 1766 doch in der *Society of the Artists* ausstellen lassen. Die Gespräche mit Benjamin Franklin über Kunst, Erfindungen und die Behandlung der Amerikaner in England prägte sein weiteres Leben als Künstler, Erfinder und Patriot. Auch wenn Peale weniger Historien-, als Porträtmaler war, kann er als der erste amerikanische West-Schüler angesehen werden, der klassizistische Werke schuf. Er engagierte sich nach seiner Rückkehr 1769 als Offizier im Krieg, war ein Freund Washingtons und Jeffersons und wurde, nachdem Copley endgültig in England lebte, der führende Porträtmaler des Landes. Vor allem sein naturhistorisches Museum in Philadelphia, dem ersten systematisch geordneten wissenschaftliche Museum Amerikas, zeigte eine Reihe von Porträts der Helden des Unabhängigkeitskrieges. Sein malerischer Illusionismus wurde von seinen Söhnen weitergeführt.

261 Benbridge schrieb West „intends to decline portrait painting and to follow that of history [...]“ (zit. in ALBERTS, 103). Nachdem Earl einer von Wests Assistenten für die Gemälde in Windsor war, kehrte er nach Kriegsende nach Amerika zurück, um dort die Porträtmalerei weiterzuführen.

262 Nicht zu verwechseln mit seinem Verwandten und Namensvetter, der als Autor von *M'Fingal* (1775) bekannt wurde (s. GRASSO, 287ff. u. SALADINO). Standardlektüre über Trumbull ist vor allem seine Autobiographie von 1841 (TRUMBULL in der edierten Auflage von 1953), die auch als Korrektur zu den Darstellungen des „amerikanischen Vasari“ DUNLAP (1834) zu lesen ist. Sekundärliteratur ist vor allem JAFFE, die eine Biographie Trumbulls verfasst hat. Kunsthistorisch ist sein Werk noch wenig erschlossen.

land innehatte. Er entwickelte dessen Bilderfindungen weiter, reiste von London zurück in die USA und versuchte sie auf amerikanische Verhältnisse zu adaptieren. Sein Umgang mit Intellektuellen aus dem Bereich der Politik lässt erkennen, welche Rolle die Historienmalerei in Amerika einnehmen sollte, welche neuen Bilder für die Neue Welt angemessen schienen.

John Trumbull wurde im Jahr 1756 geboren, dem Jahr, in dem Benjamin West *Socrates* malte. Sein Vater, der im transatlantischen Handel engagierte Gouverneur von Connecticut, war der Mittelpunkt des *Committees of Correspondence*, jener Organisation, die über Briefwechsel Kontakt über die Koloniegrenzen hinweg aufrechterhielten, um ihre Aktionen gegen die Engländer zu koordinieren. Als solcher war er der einzige Gouverneur, der sich im Unabhängigkeitskrieg auf die Seite der Revolutionäre schlug. So wuchs John Trumbull in einer Atmosphäre der amerikanischen Oberschicht auf, in der Handel und Politik tägliche Beschäftigung war.

Als Jugendlicher ging Trumbull zunächst vor, wie koloniale Maler vor ihm. Er übte sich zunächst im Aquarell anhand eines Drucks von Rubens (das Aquarell ist verschollen). Sein Talent zum Zeichnen, das sich auch im Kopieren von Bildern aus dem *Gentleman's Magazine* zeigte, konnte jedoch keine Basis für die Ausbildung für einen Mann seiner gesellschaftlichen Schicht sein. Copley zeigte zwar, dass die Porträtmalerei damals eine lohnenswerte Arbeit war, spielten Porträts in den oberen Schichten doch eine wichtige Rolle. Trumbulls Vater missbilligte aber sein Ansinnen. Nicht, weil es nutzlos sei, sondern weil dieser handwerkliche Beruf unter der Würde eines Mitglieds der Familie Trumbull sei.

Dass Kunst mehr als Handwerk sein könnte, erfuhr Trumbull schnell, als er eine klassische Ausbildung erhielt, die ihn befähigen sollte, Priester, Rechtsanwalt oder Politiker zu werden, also einen „nützlichen" Beruf der *Artes Liberales* zu ergreifen. In der Bibliothek Harvards fand er Anleitungen zur Perspektive, Dufresnoys *De Arte Graphica*, Roger de Piles' *Cours de Peinture par Principes* sowie William Hogarths *Analysis of Beauty*.[263] Diese Bücher vermittelten ihm die Ge-

[263] Vgl. TRUMBULL 1953, 12. *De arte Graphica* lag ihm in der Übersetzung von John Dryden vor. PERINI schreibt: „Hogarth was no poet, nor was he gifted with a philoso-

danken der ästhetischen Theorien des 18. Jahrhunderts und er übernahm die hohe Bewertung Raffaels, ohne je ein Original von diesem gesehen zu haben.

Bereits auf seinem Weg zur Universität hatte er Copley in Boston besucht, dessen Ruf als bedeutendster Maler der Kolonien ihm bekannt war. In Copleys Haus, das eleganter war als das seiner Eltern, erkannte Trumbull, wie respektiert ein Künstler sein konnte. Die Bilder, die er sah, beeindruckten ihn in ihrer perfektionierten Technik der detaillierten Illusionsmalerei und der Kraft der Porträts, die die Erscheinung des Porträtierten über seine Lebenszeit hinaus festhalten. Copleys Erscheinung gab ihm die Gewissheit, dass man auch mit Kunst nicht nur finanziell erfolgreich sein, sondern auch seinen sozialen Rang erhalten, wenn nicht gar erhöhen könne. Daher kopierte er während seines Studiums Porträts von Copley, die sich im Besitz des Colleges befanden, und beschäftigte sich mit Stichen Alter Meister.

Dabei kam ihm zugute, dass er neben der Theorie und Praxis der Malerei umfangreich die griechische und römische Geschichte studierte. Bereits im Alter von sechs Jahren hatte er griechisch lesen können und mit zehn Homer, Vergil, Cicero, Horaz und Juvenal auf Latein verschlungen.[264] Zudem las er auf Französisch *Expression des Passions de l'Âme* von Charles Le Brun und kopierte dessen Mimikstudien. Die Lektüre, in der auch die Plinius-Legenden der Künstler Phidias, Praxiteles, Zeuxis und Apelles vorkamen, erweckte seinen Wunsch, Künstler zu werden.[265] Insofern unterschied er sich kaum von manchem Schüler der Oberschicht in England oder Frankreich, jedoch von jedem anderen Künstler der Zeit in Amerika. Mit dieser Lektüre war er mit dem vollständigen kunsttheoretischen Kanon vertraut, bevor er Amerika verließ.

Insofern ist es vielleicht nicht weiter verwunderlich, dass Trumbull sich bereits lange Zeit vor seiner Reise nach Europa durch ein Werk klar positionierte. Im Alter von nur 17 Jahren malte er noch im Haus

---

pher's mind [...]" (ebd., 153). Die Ideen zu *Analysis of Beauty* (1753) waren schon eine Weile im Umlauf. Mit Reynolds stimmt Hogarth damit überein, dass die Basis der künstlerischen Arbeit das Kopieren Alter Meister sei.

264 Juvenal (um 60 - nach 128) griff in seinen Gedichten menschliche Schwächen an.

265 Vgl. JAFFE, 10.

seiner Eltern *The Death of Paulus Aemilius at the Battle of Canae*. Die Geschichte entnahm er der englischen Ausgabe der *Roman History* von Charles Rollin (vermutlich von 1768), einem Buch über römische Geschichte, die tugend- und lasterhafte Taten antiker Figuren zum Zwecke der moralischen Erziehung gegenüberstellt. Rollin hatte literarisch bereits historische Ereignisse in moralische Lehrbeispiele transformiert, aus denen Trumbull eine Episode ähnlich der des Regulus wählte.

Nach der verlorenen Schlacht gegen Karthago lehnte der tödlich verwundete Paulus Aemilius ein ihn rettendes Pferd ab, um unter Zuhilfenahme des Pferdes Rom eine warnende Nachricht übermitteln zu lassen. Die Geschichte von Mut und Hingabe an die patriotische Pflicht beeindruckte den jungen Trumbull. Die moralische Übertragung in die politische Gegenwart war naheliegend, als er die Entwicklungen im Hause seines Vaters verfolgte. Später erinnerte er sich:

> *I caught the growing enthusiasm; the character of Brutus, of Paulus Emilius, of the Scipios, were fresh in my remembrance, and their devoted patriotism always before my eye; besides, my father was now governor of the colony, and a patriot, - of course surrounded by patriots, to whose ardent conversations I listened daily – it would have been strange if all that had failed to produce its natural effect.*[266]

Bereits sein erster Versuch einer umfangreicheren Komposition zeigt einige Merkmale, die auch in seinen späteren Bildern zu sehen sind. Die Figuren entnahm er verschiedenen Illustrationsstichen der Rollin-Ausgabe, die er in Gruppen angeordnet kolorierte. In einer angedeuteten Luftperspektive werden die Figuren in der Tiefe undeutlicher durch den bei Rollin beschriebenen, von den Karthagern aufgewirbelten Staub. Im Zentrum der Schlacht hebt sich deutlich die Gruppe von Paulus Aemilius und dem Stabsoffizier mit dem Pferd ab. Die Ablehnung persönlicher Rettung zum Schutz der Hauptstadt Rom macht ihn zum Helden der Geschichte und appelliert an den amerikanischen Betrachter, patriotisch zu handeln, das heißt, Einzelinteressen dem Gemeinwohl des Landes unterzuordnen. Dies waren Leitgedanken, als im Hause des Gouverneurs die Unabhängigkeitsbewegung

---

266 TRUMBULL 1953, 16.

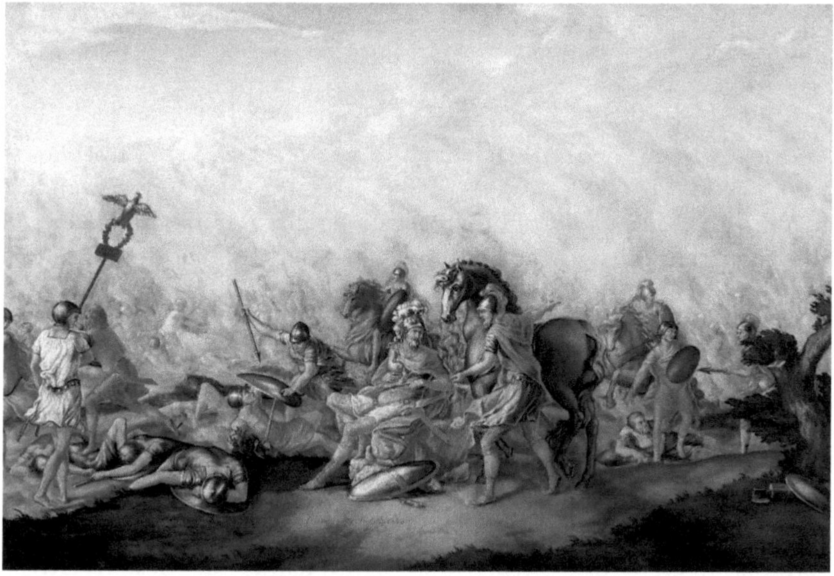

Abbildung 19 John Trumbull: *The Death of Paulus Aemilius at the Battle of Canae*, 1773
Öl auf Leinwand, 62,2×88,4 cm, Yale University Art Gallery, Trumbull Collection. Quelle: COOPER, S. 43

koordiniert wurde. Trumbull konnte seine Vertrautheit mit diesen Ideen demonstrieren, indem er sie in Gemälde umsetzte.

Als 1775 der Krieg mit England ausbrach, musste Trumbulls Beschäftigung mit der Kunst jedoch zunächst ein Ende haben, denn sein Vater platzierte den 19-jährigen als Assistenten von General Spencer. Seine dort gezeigte Begabung, militärisch relevante Landkarten zu zeichnen, weckte bald die Aufmerksamkeit des Oberkommandierenden George Washington. Eine kurze Zeit lang wurde er dessen Adjutant und erhielt den Titel eines Oberst (*Colonel*). Heroisches erlebte er in dieser Zeit jedoch wenig, an entscheidenden Kämpfen nahm er nicht teil. Selbst der Schlacht von Bunker Hill konnte er nur aus großer Entfernung verfolgen. Stattdessen berichtet er in Briefen an seine Familie über den desolaten Zustand der durch Kämpfe, Pocken und Deserteure geschwächten Truppe.[267] Als Papiere, die ihn zum *Colonel* ernannt hatten, seiner Meinung nach um 75 Tage zu spät datiert waren, verließ er gekränkt die Armee und kehrte zur Malerei zurück.

In Lebanon übte er sich anschließend weiter in der klassischen Historienmalerei. In ihrer Flächigkeit erinnern diese Werke noch an die Porträts von Feke oder Wests frühe Arbeiten, denn noch sind die Schatten zu kontrastreich, die Figuren dadurch unnatürlich und die Anatomie statisch. Die Beschäftigung mit der Textur im Porträt und dem hohen Detailreichtum zeigt den Drang in Richtung Copleys amerikanischer Werke.[268] Copley konnte er jedoch nun nicht mehr als Lehrer heranziehen. Dieser hatte mit Kriegsbeginn das Land verlassen und kein Künstler von dessen Niveau konnte ihm nun etwas beibringen. Jedoch existierte noch das Atelier von John Smibert in Boston. Es enthielt dessen Sammlung von Kopien Alter Meister, darunter nach van Dyck, Rubens und Raffael sowie einige Gipse. Es handelte sich um eine Sammlung, wie sie nirgendwo sonst in Amerika zu sehen war. Trumbull mietete das Atelier und hatte damit die besten Arbeitsbedingungen, die er auf dieser Seite des Atlantiks erhalten konnte.[269] Schnell jedoch stieß er an die Grenze dessen, was aus den Gemälden

---

[267] 22. Nov. 1775, Conn. Hist. Soc., zit. in JAFFE, 24. Von Roxbury aus konnte er die Artillerie hören und das Feuer von Charlestown sehen. Am 4. März 1776 war er bei der Befestigung von Dorchester Heights dabei, es kam jedoch zu keinem Angriff, die Briten mussten gar von Boston abziehen, wo die Truppen mit Trumbull einzogen. Dann war er in New York, wo es jedoch ruhig blieb. General Horatio Gates erhob ihn in den Rang des Colonel. Am 31. August 1776 schrieb er: „our People fall sick by Dozens – and not a Penny worth of medicine have we for them, even in the most virulent Disorders [...]“ (Hist. Soc. Penn., zit. in JAFFE, 27). Am 19. Oktober berichtete er seinem Bruder: „Our people behave like Heroes, but were by no means equally matched“ (zit. JAFFE, 28). Die zu spät datierte offizielle Ernennung zum Colonel schickte er umgehend an den Präsidenten des Kongresses, John Hancock, mit der Beschwerde zurück, dies sei ein entwürdigender Vorgang.

[268] Dies wird besonders deutlich in einem Selbstbildnis von 1777: Er zeigt sich mit Palette und Hogarths Buch „Analysis of Beauty“, das sich wie Objekte in Copleys Porträts auf dem Tisch wiederspiegelt.

[269] Möglicherweise wollte er sich damit auch in eine Tradition John Smiberts stellen, der nach Copley immer noch als der beste Künstler der Kolonien galt. Teil der Sammlung war die *Bermuda Group*. Als Trumbull Rubens später im Original sah, war er davon eher enttäuscht, trotz der vorbildhaften Komposition (s. TRUMBULL 1953, 109). Zur Sammlung Smiberts s. SAUNDERS 1995, 12 u. dessen Anh. 3.

von Smiberts vergleichsweise mittelmäßigem Talent erlernbar war. Wie für West und Copley Jahre vorher gab es nun auch für Trumbull nur eine Möglichkeit, weitere Fortschritte zu machen: 1780 verließ er Amerika noch während des Krieges und segelte im Alter von 24 Jahren nach Europa.

Im Frühjahr 1779 hatte er noch eine Einladung, als Sekretär Benjamin Franklins nach Europa zu kommen, ausgeschlagen. Als ein Freund ihm jedoch versicherte, den Kontakt zu Benjamin West herstellen zu können, nahm er im Folgejahr den Vorschlag seiner Brüder an, eine ihrer Unternehmungen nach Europa zu begleiten. Auch sein Vater stimmte dieser Reise zu, konnte Trumbull so Erfahrungen im Handel machen und war eine Grand Tour nach Frankreich und Italien doch ein üblicher und gesellschaftlich akzeptierter Abschluss des Studiums der englischen Oberschicht.

So kam Trumbull zunächst nach Frankreich, wo er über die Verbindungen seines Vaters Benjamin Franklin und John Adams in Paris aufsuchen konnte.[270] Als das familiäre Unternehmen fruchtlos blieb und damit seine Mission beendet war, erhielt er von Franklin einen Vorstellungsbrief für Benjamin West und reiste endlich nach England.

Im Atelier von West konnte er eine viel größere Auswahl an Gemälden von höherer Qualität zu Gesicht bekommen, als er in Smiberts Atelier zur Verfügung hatte.[271] Vor allem profitierte er von den lebendigen und freigiebigen Ratschlägen Benjamin Wests, der seine vielversprechende Entwicklung genau verfolgte.

Bald nach seiner Ankunft wurde Trumbulls distinktiv amerikanische Zielrichtung in einem ganzfigurigen Porträt George Washingtons deut-

---

[270] Die Überfahrt dauerte damals je nach Wetterverhältnissen immerhin etwa 5 Wochen (s. TRUMBULL 1953, 58). Den Kontinent auf dem die antiken Geschichten stattgefunden hatte, empfand er im Gegensatz zu Amerika als alt: „I was very much struck with the total dissimilitude to the shores of America; there all is new, here all things bore marks of age; the coast was lofty, the very rocks looked old; and the first distinct object, was an extensive convent, whose heavy walls of stone seemed gray with age" (TRUMBULL 1953, 59).

[271] DUNLAP schreibt über seine eigene Ankunft bei West im Jahre 1784: „[They] guided me through a long gallery hung with sketches and designs – and then through a lofty ante chamber filled with gigantic paintings, [...] where he [West] sat at work upon his easel picture for the Empire of Russia" (DUNLAP, I, 256).

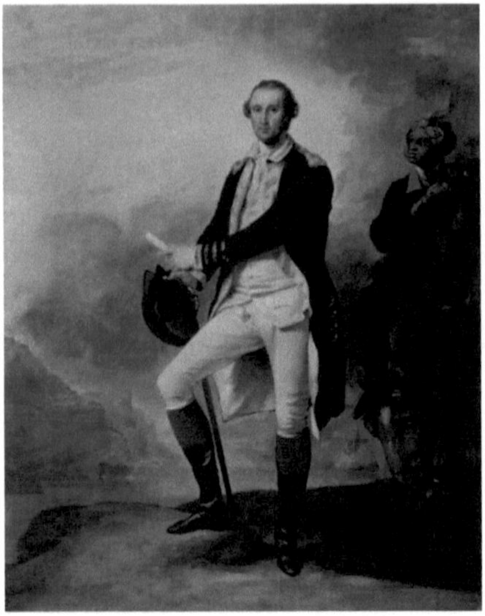

Abbildung 20 John Trumbull: *George Washington*, 1780
Öl auf Leinwand, 91,4×71,1 cm, Metropolitan Museum of Art, New York. Quelle: JAFFE, Abb. 47

lich. Verglichen mit früheren Porträts zeigt sich Trumbull hier deutlich sicherer in der Anatomie und Bildanlage. Vor allem ist der Einfluss der zeitgenössischen englischen Porträtmalerei nach Gainsborough zu erkennen. Ähnlich wie bei Copley nach dessen Ankunft in Europa, sind bei Trumbull nun eine feinere Pinselführung, weichere Schatten und tiefere Räumlichkeit zu sehen. Das Washington-Gemälde zeigt Trumbulls Intention, dem amerikanischen Unabhängigkeitskrieg, der in ihm noch virulent und in London Tagesthema war, visuellen Ausdruck zu geben. Er schuf damit eine Ikone des Unabhängigkeitskampfes, der noch längst nicht entschieden war, und ein persönliches Statement als Künstler und amerikanischer Patriot.[272]

Dies war aber auch der Grund, weshalb es auch sein einziges Werk blieb, das er während dieses Aufenthalts in London vollenden konnte,

---

[272] Kurze Zeit später wurde nach diesem Gemälde ein Stich angefertigt (Valentine Green), der Washingtons Porträt das erste Mal in Europa verbreitete. Die ruhige Pose des Generals steht im großen Gegensatz zu bewegt dynamischen Porträts des englischen Königs, beispielsweise von Reynolds (ca. 1783, s. HOOCK, 165).

denn der Konflikt zwischen Amerika und England, der auch ein Konflikt zwischen Patrioten und Loyalisten war, holte ihn ein. Offenbar im Gegenzug zu dem von den Amerikanern gehenkten Major John André wurde Trumbull als Spion verhaftet.[273] Dem Galgen entkam er nur durch die herausgehobene Position Wests, der persönlich beim König vorsprach. George III. konnte ihm immerhin zusagen, der Todesstrafe zu entgehen.[274] Tatsächlich kam er frei, nachdem West und Copley für einen Teil der Bürgschaft aufkamen, jedoch nur unter der Auflage, dass Trumbull England sofort verlässt.[275]

Im Januar 1782, als Chastellux seinen Essay zu Papier brachte, kam Trumbull aus England nach Connecticut zurück. Er hatte während seines kurzen Besuches bei West einiges, aber nicht genug lernen können. Deshalb nahm er die nächste Gelegenheit war, um wieder nach London zurückzukehren. Nach der Schlacht von Yorktown hatte in London nun die Partei der parlamentarische Rechten (Whigs) die Regierung übernommen und arbeitete darauf hin, den Krieg zu be-

273 Selbstbewusst fuhr er die Polizei an: „[...] treat me the way you please, always remembering that as I may be treated, so will your friends in America by mine.“, so erinnert er sich zumindest in seiner Autobiographie (s. TRUMBULL 1953, 66). Wie HOOCK bemerkt, wurden Künstler weit weniger der Spionage verdächtigt als Wissenschaftler. Sie wurden eher beim vermeintlich feindlich motivierten Abzeichnen militärisch relevanter Gebäude aufgegriffen (s. HOOCK, 119).

274 Am 10. Mai 1781 schrieb Trumbull an Edmund Burke, der sich ebenfalls für ihn einsetzte (s. JAFFE, 51). 1784 stellte Trumbull den Kontakt mit Burke über ein Empfehlungsschreiben seines Vaters wieder her (s. TRUMBULL 1953, 84). Dem König versicherte West, dass dessen Position nicht durch seine Verbindung mit Trumbull angegriffen sei (s. HOOCK, 152).

275 In den sieben Monaten in Bridewell Prison bei Tothill Fields (heute Westminster Home of Correction) lebte er nicht unkomfortabel als Untermieter des Wärters und ihm wurde gestattet, dass Stuart ihm seine Malmaterialien und Wests Kopie von Correggios *St. Jerome* brachte. Zudem wurde er von Stuart porträtierte. John Adams schrieb in seinen Lebenserinnerungen, er habe den Eindruck gehabt, dass die amerikanischen Maler mehr Einfluss auf die englische Politik hätten, als er selbst als Gesandter (vgl. ALBERTS, 144). Vgl. FINK, die über die französischen Künstler schreibt: „Under the monarchy, the Royal Academy had elevated the status of artists to equality with writers, scientists, and philosophers; during the Republic, especially through the assertive political acts of Jacques-Louis David, artists were placed on a level with ministers of state to determine not only their own destiny but also decisions affecting national policy“ (ebd., 6).

enden.[276] Bereits nach dem vorläufigen Friedensvertrag konnte der nun 28-jährige Trumbull wieder nach London kommen, um dort bei West und an der Royal Academy zu studieren.[277]

Sehr schnell übernahm er die Geringschätzung des Porträts und setzte sich die Historienmalerei zum Ziel. Schon aus Standesgründen konnte er kaum geplant haben, ausschließlich als Porträtmaler seinen Lebensunterhalt zu verdienen. Stattdessen diente ihm Benjamin West als Vorbild, der mit der Historienmalerei erfolgreich und wohlhabend geworden war.[278] Er strebte an, durch das Prinzip *ut pictura poesis* per Historienmalerei eine gesellschaftlich als höher akzeptierte Position einzunehmen.

Mit viel Energie lernte er daher nun von West und malte ein Historiengemälde: *The Reputation from the Senate representing to Cincinnatus the Command of the Roman Armies* (verschollen). Trotz klassischen Inhaltes ging Trumbull hier bereits einen Schritt weiter in Richtung Wests moderner Historienmalerei, indem er dem römischen Staatsmann, der nach dem Sieg über die Äquer sein Amt niederlegte, die Züge Washingtons gab, denn auch dieser hatte kürzlich den Oberbefehl abgegeben, um sich zunächst auf seinen Landsitz zurückzuziehen. Die vorbildhafte Lehre des antiken Mythos wurde so auf ein gegenwärtiges Ereignis bezogen. Die Einsetzung gegenwärtiger Personen in klassische Rollen sollte die amerikanische Revolution denen der antiken Ereignisse gleichstellen und die Tugendhaftigkeit ihrer Protagonisten aufzeigen. Die amerikanische, zwangsläufig jüngere Geschichte konnte so die Funktion des Mythos einnehmen, den in Europa die Antike innehatte.

Als John Trumbull von Benjamin West damit beauftragt wurde, sein Gemälde *The Battle of La Hogue* zu kopieren, konnte Trumbull dies nicht

---

[276] König George äußerte gegenüber West, er überlege, abzudanken und sich nach Hannover abzusetzen. Als er die amerikanische Unabhängigkeit anerkannte, wünschte er dem amerikanischen Staat alles Gute (s. ALBERTS, 142f.).

[277] Er kam zurück nach England im Dezember 1784, nachdem ein vorläufiger Frieden im Januar 1784 und der endgültige Pariser Friede am 3. September 1784 geschlossen wurden.

[278] Auch seine spätere Autobiographie mag dem Vorbild Wests folgen, der John Galt seine 1816 erschienene Biographie diktierte.

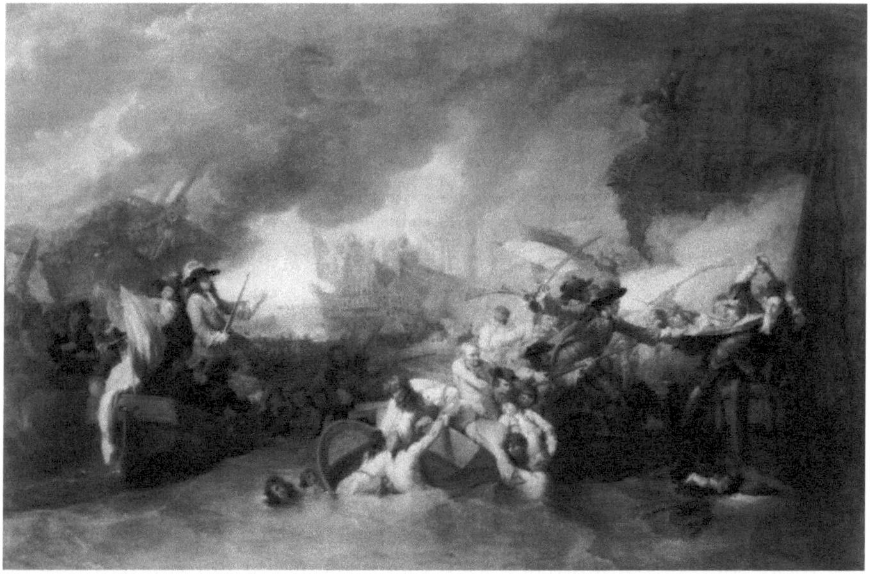

Abbildung 21 John Trumbull: *The Battle of La Hogue*, 1785
Öl auf Leinwand, 164,5×244,5 cm. Bisher: Metropolitan Museum of Art, New York. Quelle: JAFFE, 44

nur als Würdigung seines Talents empfinden, sondern auch als große Chance, anhand eines narrativen Stückes zu lernen, wie West eine ausgeglichene Komposition und Figuren durch die Variation von Gesten, Licht und Farbe anlegte.[279]

[279] Das Metropolitan Museum of Art in New York verkaufte im Januar 2006 die signiere und datierte – vermutlich Trumbulls – Version des Gemäldes für 632.000 $ (Sotheby's New York, Donnerstag, 26. Januar 2006, Lot 52). Diese wurde im Januar 2009 für 722.500 $ weiter verkauft (Christie's New York, 28. Januar 2009, Sale 2135, Lot 34). Die Version der National Gallery of Art (Washington, D. C.) – vermutlich Wests – ist unsigniert und undatiert. Die Schlacht von La Hogue fand am 29. Mai 1692 vor dem Fort an der Ostküste der französischen Halbinsel Cotentin statt. West kam in seinem späteren Werk vom Klassizismus ab und nähert sich einem Neobarock bei gleichzeitigem inhaltlichen Wechsel zu englischer Geschichte. ERFFA sieht darin einen Pessimismus, den er auch bei anderen Künstlern gegen Ende des Jahrhunderts feststellt, als die Amerikanische und Französische Revolution als chaotische Erschütterung des rationalistischen Weltbildes empfunden wurde (ebd., 83).

The Battle of La Hogue war als Gegenstück zu einer Kopie von *General Wolfe* gedacht und zeigt eine Szene aus der jüngeren englischen Geschichte. Mit dem Seesieg der Engländer und der alliierten protestantischen Niederländer über die Franzosen im Jahre 1692 vor Kap La Hogue konnte die Gefahr abgewehrt werden, den katholischen James II. auf den englischen Thron zu bringen. Eine fast unüberschaubare Ansicht des Seegefechts bietet dem Betrachter eine große Anzahl durch Handlungen verketteter Personengruppen. Auf der rechten Seite kämpfen die Franzosen noch um den Rückzug auf untergehenden Booten, die wohl nicht zufällig an den Untergang der Verdammten in Michelangelos *Jüngstes Gericht* erinnern. Auf der linken Seite thront der Held der Schlacht, der kommandierende Admiral George Rooke.[280] West erzählt die Geschichte der Schlacht durch die gleichzeitige Darstellung verschiedener, zum Teil miteinander verbundener Handlungen, die das Auge des Betrachters im Bild hin- und herspringen lässt.

Mit der Kopie von *The Battle of La Hogue* wandte sich Trumbull ganz der modernen Historienmalerei zu. Denn nicht nur der dramaturgische Aufbau, sondern auch die Möglichkeiten der neuen Bildform lässt ihn 1784 enthusiastisch an seinen Vater schreiben:

> *West's pictures are almost the only examples in Art of that particular style which is necessary to me – pictures of modern times and manners. In almost every other instance the art has been confined to the History, Dresses, Customs, &c. of antiquity.*[281]

---

[280] Dahinter fügte West auf einer entfernten Klippe stehend auch den exilierten König James II. ein sowie als Anachronismus das Porträt seines Freundes und Lehrers William Williams.

[281] 3. Nov. 1784, Con. Hist. Soc., zit. in JAFFE, 69. 1784 schrieb er, italienisch zu lernen, um sich auf eine Reise vorzubereiten (an seinen Vater, 25. Sept. 1784, Conn. Hist. Soc., zit. in JAFFE, 67), zu der es nicht kam, weil er den La Hogue-Auftrag in London umsetzen wollte. Auch als ihm Jefferson den Sekretärsposten anbot, verband er damit die Möglichkeit, Italien zu sehen. Im Gegensatz zu West und Copley kam er nicht mit einer solchen Anzahl von Originalwerken in Kontakt, sondern basierte nur auf der jedoch ebenfalls großen Zahl von Werken, die er in London und Paris zu Gesicht bekam und mit großer Ausdauer studierte. Italien und die Arbeit Mengs und Hamiltons bekam er später von David vermittelt.

Bereits wenige Tage nach diesen Zeilen hat sein Plan, in einer Serie die Ereignisse der amerikanischen Revolution festzuhalten, Kontur angenommen:

> *[...] painting a Series of Pictures of our County, particularly the great Events of the revolution. Mr. West has mentioned my doing this but it is wholly agreed upon; the proposal will serve to show you, however, that I have made some proficiency.*[282]

> *[...] portraits continue to be insupportable to me. I wish to rise above the necessity of painting them & [...] it makes me master of my time & disengages me from all the trumpery & caprice & nonsense of mere copying faces & places me the servant not of Vanity but Virtue.*[283]

In den Briefen an seinen Bruder, die gleichzeitig Fortschrittsberichte und Legitimationsversuche seines Studiums sind, schrieb er, mit der Historienmalerei nicht der Eitelkeit der Porträtsitzer dienen zu müssen, sondern die Tugend der Geschichte darstellen zu können. Ähnlich wie West mit seiner Aussage, er wolle mit dem Pinsel arbeiten, wie der Historiker mit dem Stift, verweist Trumbull auf seine Dokumentationspflicht als visueller Historiker und findet damit eine weitere Argumentation gegenüber seinem Vater, der zur gleichen Zeit die Geschichte der Unabhängigkeitsbewegung zu schreiben begann: „I am now [...] employ'd writing in my language, the History of our Country."[284]

West unterstützte nicht nur Trumbulls Plan, eine Serie von Historiengemälden über den Unabhängigkeitskrieg zu malen, vermutlich war es ursprünglich sogar seine Idee gewesen. Während sich Copley politisch zurückhaltend verhielt, zeigte West durchaus Sympathien für die amerikanische Sache. Bereits 1783, nach dem vorläufigen Frieden, schrieb West an Charles Willson Peale, Washington stünde in einer Reihe mit den größten Männern der Antike, daher sei es sein Wunsch, eine Bilderserie der bedeutenden Ereignisse der amerikanischen Unabhängigkeitsbewegung zu malen.[285] Nach dem großen Erfolg von *General Wolfe* entwickelte er nun eine Übertragung des Konzepts auf die jüngste

282 15. Nov. 1784, Yale, zit. in JAFFE, 71.

283 18. Jan. 1785, Yale, zit. in JAFFE, 71.

284 An Elliot, 4. März 1786, Mass. Hist. Soc., zit. in JAFFE, 81.

285 Vgl. COOPER, 29.

amerikanische Geschichte und bat Peale daher um genaue Zeichnungen und Beschreibungen der Uniformen der amerikanischen Armee: „from which I may form an exact idea, to enable me to form a few pictures of the great event of the American contest.“[286]

Peale schlug ihm zwei Themen vor: *The Meeting of the Committee of Congress with General Howe on Staten Island* sowie *The Taking of the Hessians at Trent Town.*[287] West begann jedoch im Spätjahr 1783 mit einem Ölentwurf für ein erstes Bild der projektierten Serie, das ihm offenbar organisatorisch schneller umsetzbar schien, weil die beteiligten Personen in London für ihn zu Porträtsitzungen greifbar waren: *The Peace Commissioners in 1782.*

Der unvollendet gebliebene Entwurf zeigt die um die auf einem Tisch liegende Papierrolle des Friedensvertrages sitzende Gruppe von daran beteiligten Personen: John Jay, John Adams, Benjamin Franklin, Henry Laurens und Temple Franklin.[288] Die britischen Vertreter Richard Oswald und Caleb Whiteford bleiben auf der weißen Leinwand unsichtbar, denn Oswald weigerte sich, West für dieses für England wenig heldenhafte Ereignis Porträt zu sitzen.[289] West wird zudem schnell bemerkt haben, dass er ein Problem hatte, das ihn die Serie nie weiter verfolgen ließ: Als Freund des Königs konnte er kaum die Siege Amerikas in Historiengemälden zeigen, waren sie doch Niederlagen Englands.

---

[286] Zit. in ALBERTS, 150. West antwortete auf einen Brief Peales, der fragte, ob West für ihn ein Porträt Washingtons verkaufen würde. Möglicherweise stellte sich West ein einziges Gemälde vor, das den Verlauf der Revolution zeigt, in einem zweiten Brief schrieb er: „I mean the arrangement of the subject most expressive and most painted as for instance – The cause of the quarrel, the commencement of it; the carrying it on; the Battles; alliances etc. to form one work to be given in the elegant engravings call'd The American Revolution“ (zit. in MARKS 1974, 16). In diesem Brief vom 4. August 1783 erkannte er bereits das wirtschaftliche Potenzial eines solchen Werkes.

[287] Vgl. ALBERTS, 151.

[288] Vgl. ähnliche Bildanlage in Reynolds' *Portrait of Burke and Lord Rockingham* (ebenfalls unvollendet).

[289] Adams und Jay standen ihm in London Modell. Da von Oswald auch kein Porträt existierte, das hätte verwendet werden können, konnte West das Gemälde nicht beenden.

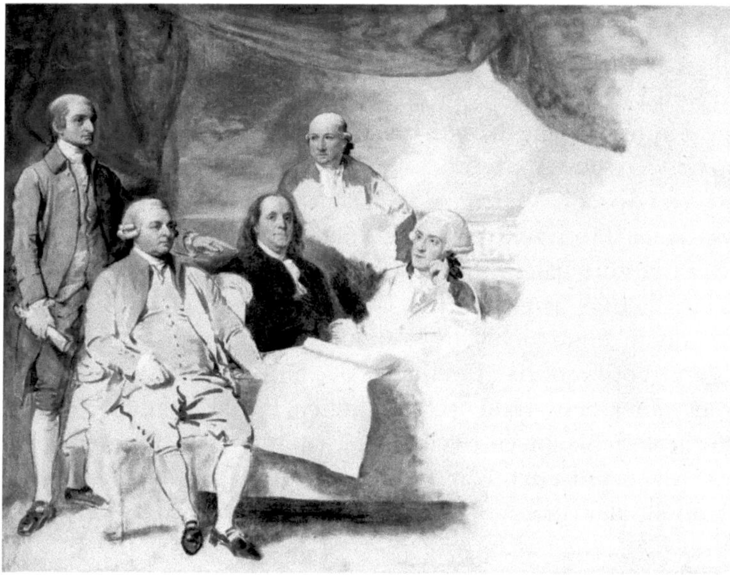

Abbildung 22 Benjamin West: *American Commissioners of the Preliminary Peace Negotiations with Great Britain*, 1783-84
Öl auf Leinwand, 72,3×92,7 cm, Henry Francis du Pont Winterthur Museum. Quelle: ERFFA, Kat.-Nr. 105

Realistischer war es, dies seinem besten Schüler zu überlassen, der dies begeistert übernahm und ohnehin vorwiegend das amerikanische Publikum im Auge hatte. Während West auf Ereignisse wie den Tod von Wolfe oder Nelson warten musste, die ihm als Vorlage moderner Historienmalerei dienen konnten, hatte Trumbull die Möglichkeit, sich aus der Geschichte des amerikanischen Unabhängigkeitskrieges zu bedienen. Er konnte dies praktisch exklusiv tun, nahm West doch davon Abstand, wagte sich auch Copley nicht in diese Thematik und waren andere amerikanische Künstler nicht auf dem malerisch-technischen Niveau, ein solches Projekt umsetzen zu können. Trumbull besaß zudem sein Leben lang als Künstler das Alleinstellungsmerkmal, an diesem Krieg selbst teilgenommen zu haben, also als visueller Historiker eine noch größere Authentizität zu besitzen. Trumbull erschienen diese Argumente nicht nur als Chance, sondern geradezu als patriotische Verpflichtung, eine Serie von modernen Historiengemälden zum Gedenken an die Unabhängigkeitsbewegung zu entwerfen.

Im Herbst 1785 begann Trumbull in Wests Atelier seine erste eigenständige Komposition, die ein Ereignis aufgriff, das von vielen als der Anfang des Krieges empfunden wurde.[290]

Der Arzt Joseph Warren war Vorsitzender des *Committee of Correspondence*, daher Trumbull vermutlich persönlich bekannt. Als Kommandierender der kolonialen Miliz bei Bunker Hill war er der erste Offizier, der im Unabhängigkeitskrieg fiel. Die Amerikaner hatten den Hügel mit 1200 Mann in einer Schlacht verteidigt, in der die Engländer jedoch 1150 Mann verloren, das Dreifache der amerikanischen Seite. Obwohl die Amerikaner den strategisch wichtigen Punkt letztlich verloren, bedeutete diese Schlacht eine wichtige Ermutigung, hatten sie sich doch das erste Mal im offenen Kampf bewähren müssen.

Trumbull, der diese Schlacht aus der Entfernung verfolgt hatte, baute mit *The Death of General Warren at the Battle of Bunker's Hill* auf Wests und Copleys Historienmalerei auf, bewies seine Fähigkeit zur Komposition einer narrativen Erzählung und fand zu seiner ganz eigenen Zielrichtung in der Aussage des Gemäldes. Aufgrund der aktiven Komposition und lockeren Pinselführung, der starken Farbgebung und dramatischen Lichtinszenierung überrascht es eher, aus seinen schriftlichen Quellen nicht mehr über seine künstlerische Beziehung zu Copley in England zu erfahren.

Im Hintergrund ist der Hafen Bostons zu erkennen, von dem aus die Briten in einer Menschen- und Flaggenmenge den Hügel herauf drängen. Trumbull erkannte richtig, dass die Figur Rookes in *Battle of La Hogue* als Blickeinstig dient und lässt sie gekontert auf der rechten Seite in seinem *Battle of Bunker's Hill* in der Rolle des Lieutenant Thomas Grosvenors erscheinen. Die Spannung, die durch den Anstieg des Hügels erzeugt wird, findet durch diese Einstiegsfigur ihre kompositorische Balance auf der rechten Seite. Grosvenor erscheint wie ein Kommentar zum Geschehen, der seinem Entsetzen Ausdruck gibt. Er ist somit der Gruppe von Fliehenden in Copleys *Death of Peirson* ver-

[290] Das Ende des Krieges markiert Washingtons Rückzug vom Amt des Oberbefehlshabers.

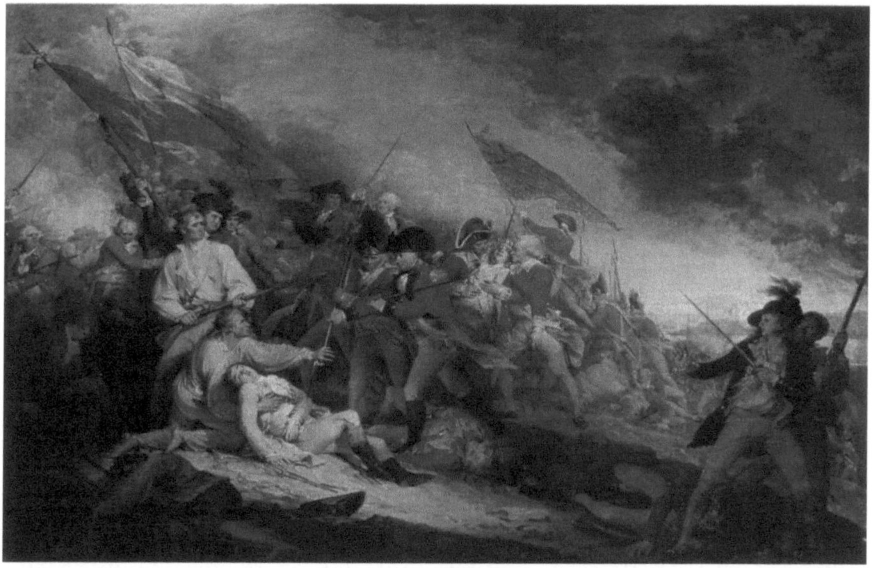

Abbildung 23 John Trumbull: *The Death of General Warren at the Battle of Bunker's Hill*, 1785
Öl auf Leinwand, 75,56×50,16 cm, Yale University Art Gallery, New Haven. Quelle: JAFFE, Abb. 1

gleichbar, die Burkes Vorstellung von distanziertem Schrecken zur Erzeugung des Erhabenen entspricht.

In vollem Kolorit erscheinen die roten britischen Uniformen und der durch die Rauchwolken Charlestons verdunkelte Himmel, vor dem sich Flaggen in stürmischem Wind abzeichnen. Vorzeichnungen lassen erkennen, dass die Zentralgruppe zunächst unstrukturiert und friesartig flach wirkte und erst in der Ausführung durch ein Chiaroscuro ihre plastische Tiefe und Dynamik erhielt, die sich derart ausgeprägt weder bei West noch Copley finden lässt. Das Helldunkel diente Trumbull zur Dramatisierung und Hervorhebung.[291]

291 In seiner Autobiographie erzählt Trumbull, dass Reynolds, der vorher sein Wadsworth-Doppelporträt als „bend tin" bezeichnete, *Bunker's Hill* für ein Werk Wests hielt und es als „better coloured than your works are generally" lobte (TRUMBULL 1953, 89). Die Vorzeichnungen findet sich in COOPER, Abb. 25 u. 26.

Der durch eine Kugel zu Boden gegangene Warren ist durch das Licht des aufreißenden Himmels erleuchtet, das Schwert symbolträchtig aus der Hand gefallen. Die Körperhaltung lehnt sich sowohl an Copleys *Death of Peirson* wie auch an die Pieta-Referenz in Wests *General Wolfe* an. Die Lamentationsgruppe ist nun aber ersetzt durch eine bemerkenswerte Szene: Major John Small umfasst das Bajonett, mit dem ein britischer Grenadier Warren den Todesstoß versetzen will. Nicht mehr Trauer um einen Einzelhelden steht nun im Vordergrund, die Bildanlage ist vielmehr von simultanen Nebenszenen angereichert. Neben den bereits am Boden Liegenden stirbt nicht nur Warren, im Mittelgrund fällt gleichzeitig auch der britische Major John Pitcairn tödlich getroffen in die Arme seines Sohnes. Zudem liegt Colonel James Abercrombie am Boden und eine weitere Figur bricht auf der linken Seite tot zusammen.

Bemerkenswert ist dabei, dass auch der Tod auf britischer Seite dargestellt wird. Tatsächlich liegt der Fluchtpunkt des Bildes nicht etwa auf dem Amerikaner Warren, sondern auf der Szene des Todes Major Pitcairns. Dies ist nicht allein damit zu erklären, Trumbull hätte etwa auch auf das britische Publikum spekuliert. Auch die Vorstellung, er hätte den Schrecken des Krieges darstellen wollen, stünde ganz im Gegensatz zum Zeitgeist. Die Schlacht um Bunker Hill dient vielmehr als Projektionsfläche der Tugendideale einer kosmopolitischen Oberschicht.

Im Gegensatz zu den Vorbildern Wests und Copleys wählte Trumbull als Bildthema keinen Sieg. Statt beispielsweise die Schießerei von Lexington darzustellen, bei der sich die Briten überraschend zurückziehen mussten, zeigt er den mehrfachen Tod auf beiden Seiten im Augenblick einer amerikanischen Niederlage. So erscheint auf der linken Seite nicht der erlösende Bote des Sieges, statt dessen ruft dort Colonel Israel Putnam zum Rückzug. Die Nivellierung der britisch-amerikanischen Gegensätze muss für Trumbull ein bewusstes Anliegen gewesen sein. Es scheint ihm weniger um den Ausgang des einzelnen Ereignisses gegangen zu sein, auch nicht alleine um die Heroisierung der amerikanischen Sache, sondern vielmehr um das noble Verhalten aller Beteiligten.[292]

---

[292] Vgl. COOPER, 82.

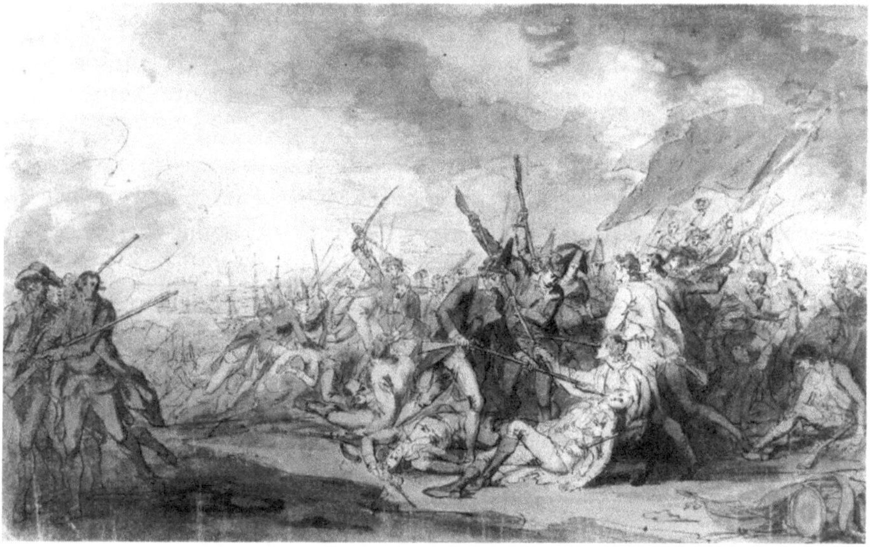

Abbildung 24 John Trumbull: *The Death of Warren at the Battle of Bunker's Hill* (Vorzeichnung), 1785
Yale University, New Haven. Quelle: JAFFE, Abb. 57

Warren hatte mit Washington, Jefferson und vielen andern im Unabhängigkeitskrieg entscheidenden Personen gemeinsam, entweder durch Erbe oder Heirat zu großem Besitz gekommen zu sein. Dadurch konnten sie sich der Politik und Philosophie zuwenden, ihr gesellschaftliches Ansehen mehren und ihre Führungsrolle ausbauen. Daher setzte sich der Kontinentalkongress vor allem aus städtischen Händlern Neuenglands und sklavenhaltenden Plantagenbesitzern aus Virginia zusammen.[293]

Zu Beginn des 17. Jahrhunderts waren in Großbritannien und Amerika Gesellschaftsschichten entstanden, die nach Anerkennung ihrer führenden Position strebten. Dieser Anspruch auf Mitgliedschaft

293 Die Unterzeichner der Unabhängigkeitserklärung waren Vertreter der reichen Familien Amerikas. Hierarchien waren zu dieser Zeit ein Faktum, so PHILLIPS. Verglichen mit der britischen Elite gehörte die amerikanische Kaufmannsschicht jedoch nur zum mittleren Bürgertum (vgl. PHILLIPS, 31 u. 34). Entscheidend für das Verständnis des Gemäldes ist, dass Trumbull nur die Offiziere der Schlacht zeigt und keine der Bauern-Soldaten, die zu Hunderten ums Leben kamen.

in der herrschenden Klasse bedeutete, dem englischen Adel anzugehören, was dort auf Widerstand stieß. Aufsteigende Gruppen, die Teilhabe an der Macht verlangten, wurden von dem alten Adel abgewehrt, indem ihnen der Status des Gentlemans verwehrt wurde.[294] Obwohl die Großgrundbesitzer Virginias („planters gentry“) dem englischen Landadel („landed gentry“) näher kamen als sonst eine gesellschaftliche Gruppe in den britischen Kolonien, wurde ihnen von der europäischen Elite die Legitimität abgesprochen,[295] auf die sie als Teil der britischen Kulturwelt angewiesen waren, stellte London für sie doch immer noch das kulturelle Zentrum dar.[296]

Durch den Anspruch auf der einen Seite, Aufnahme in die höheren Kreise zu erhalten und diese Machtposition auf der anderen Seite zu verteidigen, wurde die Definition des Gentleman-Begriffs zum Diskussionsgegenstand.[297] Shaftesbury bestand noch auf ererbten Land-

[294] In England hat der Begriff des „gentleman“ (eine Übernahme des französischen *gentil homme*, Edelmann) stets eine wichtige Bedeutung gehabt. Er bezeichnet einen aufgrund seiner Geburt, seines Charakters oder anderer Umstände in irgendeiner Form sozial herausgehobenen Mann. Ursprünglich wurde damit eine eigene Klasse bezeichnet, die sich bis zum 15. Jahrhundert zwischen dem Hochadel und dem Volk herausgebildet hatte und berechtigt war, ein Wappen zu tragen.

[295] Vgl. CHASTELLUX, gegen den sich Jefferson zu wehren versucht (vgl. ROZBICKI, 1). Interessanterweise baut ROZBICKI nicht nur auf der sozialen Frage auf, sondern weicht von BOURDIEU ab, indem er Kunst nicht nur als Funktion zur Distinktion bewertet, sondern auch, um in die Naturwelt Amerikas Ordnung zu bringen. Das Streben nach Vornehmheit ist demnach auch ein Streben nach Stabilität und Sicherheit (s. ROZBICKI, 4). Den Hinweis auf dieses Buch verdanke ich Prof. W. Fluck, Berlin.

[296] Benjamin Franklin schrieb: „The colonists had not only respect, but an affection, for Great Britain, for its laws, its customs, and manners, and even a fondness for its fashions, that greatly increased commerce. Natives of Britain were always treated with particular regard; to be an Old England man, was, of itself, a character of some respect, and gave a kind of rank among us“ (zit. in ROZBICKI, 106).

[297] Bald weitete sich die Bedeutung des Begriffs des „Gentleman“. So wurde er nicht mehr ausschließlich durch Zugehörigkeit zum mittleren Adel definiert, sondern auch durch Bildung, Charakter oder Beschäftigung. So müsse ein Gentleman in der Lage sein, sein Leben ohne eigene Arbeit zu bestreiten zu können, was den Kreis im Wesentlichen auf adelige Großgrundbesitzer (*landed gentry*) verengte. Jedenfalls sollte er keine körperliche Arbeit verrichten, wodurch die akademischen Berufe, wie Ärzte, Juristen und Theologen eingeschlossen wurden. Seit dem 15. Jahrhundert waren auch Kaufleute im Allgemeinen hochangesehen und Tätigkeit im Umfeld von Politik und

besitz als Kriterium, das darüber entscheidet, ob jemand als Gentleman gilt. In Amerika mit seinem fasst unermesslich großen Territorium konnte dies jedoch kaum mehr als unterscheidendes Merkmal dienen. Daher wurde die Geburt, d. h. die soziale Herkunft als Kriterium bemüht, die nicht nur die Amerikaner, sondern auch weite britische Gesellschaftsschichten prinzipiell aus von der Mitbestimmung ausschloss.

Der englische Schriftsteller Daniel Defoe (1660-1731), selbst von niederer Herkunft, versuchte jedoch dieses Kriterium aufzuweichen, indem er nur die Leistung „for the service of his country" zur Legitimierung einer führenden Rolle gelten ließ.[298] Aber auch wirtschaftlicher und politischer Erfolg reichten ihm zur Aufnahme in den Stand nicht aus, darüber hinaus seien „learning and knowledge" notwendig. Das demonstrativ zur Schau gestellte umfangreiche Bücherwissen Jeffersons ist unter anderem damit zu erklären. Auch für Trumbull stellte die klassische Harvard-Ausbildung den Zugang zur höheren Gesellschaft dar.

Bereits die im 17. Jahrhundert mit dem transatlantischen Handel zu Reichtum gekommenen Händler wollten diesem Anspruch mit Repräsentationsporträts gerecht werden und gaben daher *Likenesse* in Auftrag,

---

Militär wurden als „gentlemanlike" angesehen. Seit dem 16. Jahrhundert, als Wissen wertvoller wurde, gewannen Gelehrte an Ansehen. Erhöhte Bedeutung erlangte der Begriff, als die gesellschaftlichen Schichten durchlässiger wurden und der Rang nicht mehr alleine per Geburt definiert war. Gerade die Anhäufung von Besitz der Händler während der Ausbreitung des Empires ließ Personen gesellschaftliche Führungspositionen beanspruchen. John Locke meinte dagegen, Handel sei einem Gentleman gar abträglich (*Thoughts on Education*, 1693) und Wissen müsse die Moral zum Ziel haben.

298 Die Vorstellung des 18. Jahrhunderts fasst Daniel Defoe (bekannt durch *Robinson Crusoe*, 1719) in seinem unvollendeten Buchentwurf *The compleat English Gentleman* von 1729 gut zusammen. Ob jemand Gentlemen durch Geburt oder Verhalten sei, ist das Thema der Diskussion in den Dialogen, die Defoe beschreibt. Er wendet sich dabei gegen die Ignoranz des Adels und setzt sich für deren Übernahme von Verantwortung ein, wozu sie Bildung zur Moral benötigte. Zum Gentleman wird man laut Defoe nicht durch den Beruf und auch nicht durch Reichtum (er problematisiert die „upstarts", die falschen Gentlemen), sondern durch Anstand und Bildung. Zu Bildung gehöre auch das Wissen um Kunst, auch daher galt die *Grand Tour* als Abschluss der Ausbildung der Oberschicht. Er beschreibt den vollendete Gentleman folgendermaßen: „He had a mind fortify'd with virtue and solid judgment against the fopperies and follyes of the age" (Defoe in BÜLBRING, 276). HOOCK bezeichnet Kunst dagegen nicht als Distinktionsmerkmal, sondern als „unifier of old and new élites meeting in the discourse of politeness and taste" (ebd., 9).

die den englischen Stil nachahmten. Weil der englische Adel keinen Grund zum Auswandern hatte, war der koloniale Konflikt auch ein Klassenkonflikt. Daher wurden in England die Unabhängigkeitsbestrebungen auch immer als ein Aufbegehren der unteren Schichten empfunden und der Vorwurf der amerikanischen Provinzialität auch immer als Degradierung verstanden. Franklin schrieb von „a deep sense of comparative weakness and inferiority."[299]

Um sich nach außen von der vermeintlichen Minderwertigkeit zu befreien, war die Nachahmung der herrschenden Klasse die zunächst naheliegende emanzipatorische Strategie. Dabei spielten visuelle Symbole der Zugehörigkeit eine wichtige Rolle, die auch nach innen zur Abgrenzung zur niedrigeren Klasse dienten.

Defoe riet aus diesem Grund, sich als äußeres Zeichen des Standes eine Bibliothek sowie eine Kunstsammlung zuzulegen.[300] Ein gutes Beispiel für die amerikanische Oberschicht, die auf diese Weise oft oberflächlich der europäischen Kultur nacheiferte, ist George Washington. Dieser bestellte beispielsweise im Jahr 1757 in London ein Landschaftsgemälde für das Wandfeld über dem Kamin auf seinem Landsitz Mount Vernon. Dabei legte er keinen besonderen Wert auf einen bestimmten Inhalt oder Stil, sondern gab neben den Maßen nur an, es solle sich um ein „neat Landskip [sic]" handeln. Tatsächlich war 1798 ein französischer Besucher darüber erstaunt, bei Washington, der den amerika-

---

299 Zit. in ROZBICKI, 5. Aus diesem Grund ist die Bezeichung des Unabhängigkeitskrieges als „Revolution" durchaus gerechtfertigt. Antibritische Rhetorik zu dieser Zeit war auch eine Reaktion auf die Herablassung, die lange Zeit von Europa zu spüren war. Während ihre nützlichen Erfindungen innovativ waren, empfanden sie ihre Kultur selbst als minderwertig (vgl. MILLER 1966, 11). Die Erniedrigung zeigte sich beispielsweise auch in der Behauptung des Comte de Buffon, die Tiere Amerikas seien grundsätzlich kleinwüchsig, was Jefferson schnell zu widerlegen suchte. Dabei half ihm die Entdeckung des Mastodons durch Charles Willson Peale (s. HARRIS, 20 u. ALLEN 2004, 4). RAETHEL schreibt: „Die politische Nation war entschlossen, ihre Existenzberechtigung als Kulturnation nachzuweisen, sie war rechtfertigungsbedürftig, und sie geriet manchmal in Beweisnot" (ebd., 287). S. a. ELLIS 1979, 30.

300 Vgl. BÜLBRING, 124ff. u. ROZBICKI, 167. Amerika versuchte sich aus der Provinzialität gegenüber England mit einer ähnlichen Strategie zu befreien, mit der England sich in der Mitte des 18. Jahrhunderts bemühte, gegenüber Kontinentaleuropa aufzuholen (vgl. HOOCK, 93).

nischen Kontinent nie verlassen hatte, so viel Geschmack so weit entfernt von Europa zu finden.[301]

Wie sehr Geschmacksfragen mit Gesellschaftsfragen verknüpft waren, wird bereits bei Edmund Burke deutlich. Demnach fühlten Menschen mit schlechtem Geschmack sich von „merely sensual pleasures" angeregt, also der „niedrigen" mimetischen Malerei. Gentlemen dagegen nehmen für sich in Anspruch, nicht nur den richtigen Kunstgeschmack, sondern auch die richtige Moral zu besitzen. Beides verknüpfte Shaftesbury schließlich miteinander, indem er „natural beauty" und „moral beauty" als dasselbe bezeichnet.[302] Burke lässt jedoch zu, dass guter Geschmack durch die Aneignung von Wissen erworben werden könne: „The cause of a wrong taste is a defect of judgment. And this may rise from a weakness of understanding [...] or, [...] it may arise from a want of proper and well directed exercise, which alone can make it strong and ready."[303]

Der französische Soziologe Pierre BOURDIEU macht deutlich, wie sich Macht und Chancen sozioökonomisch entlang von gesellschaftlichen Schichten verteilen. Die Annäherung an Kunst- wie Bildungsinhalte könnte so auch dazu dienen, sich einer höheren Schicht anzuschließen.[304] Da Reynolds Hierarchie der Bildgattungen ebenfalls parallel zur Sozialhierarchie verläuft, ist es nur folgerichtig, dass der An-

---

301 Vgl. ROZBICKI, 167 u. 171. Natürlich hat man sich gleichzeitig auch um Wappen bemüht und nach Stammbäumen geforscht, um ein „ancient pedigree" zu konstruieren. Ähnliches ist auch heute noch zu beobachten, wenn Reichtum und Bekanntheit eines Bill Gates oder der Sängerin Madonna eine gesellschaftliche Stellung alleine offenbar nicht ausreichend legitimiert.

302 Vgl. SHAFTESBURY, 65 u. 330.

303 BURKE, Vorwort „On Taste" zu *On the sublime and beautiful.* Burke kannte auch Unterschiede im Geschmack, aber zunächst sei die Fähigkeit der Empfindung bei jedem Menschen gleichermaßen ausgebildet. Der Unterschied im Geschmacksurteil liege jedoch im Kenntnisstand der Person und sei somit erworben und formbar. Bewundert eine Person ein Werk minderer Qualität, so ist dies laut Burke, nicht auf eine andere Sinnesaufnahme, sondern nur auf einen Mangel an Kenntnissen der Kunst zurückzuführen. Sensibilität und Urteilskraft würden erst den Geschmack ausmachen. Den gebildeten Geschmack in eine Hierarchie zuoberst einzuordnen, bestätigt und legitimiert die höhere Gesellschaftsschicht und ihren Ausweis an Kunstkennerschaft.

304 Vgl. BOURDIEU, 405ff.

schluss an die Oberschicht über die Wertschätzung der Historienmalerei erfolgte.

Trumbull selbst war die Historienmalerei und die damit verbundene Darstellung von Gentleman-Idealen vermutlich besonders wichtig, drohte doch gerade ihm der Verlust seines Status. Es ging ihm nicht um Aufstieg, sondern um Vermeidung des Abstiegs. Die finanzielle Situation des Vaters hatte immer wieder Tiefpunkte und er selber schien durch die Wahl des Künstlerberufes eine gesellschaftliche Herabsetzung riskiert zu haben. West und Copley mussten sich über die Malerei in diese Schicht hocharbeiten. Trumbull war dagegen in sie hineingeboren und versuchte ihr nun eine Repräsentation zu geben.

Während West für Drummond das Gemälde *Agrippina landing in Brundisium* als Visualisierung seines Wissens von Bildungsinhalten umsetzte und damit den Idealen der Oberschicht Ausdruck verlieh, musste die amerikanische Historienmalerei dagegen den Konflikt mit England nivellieren, um die Zugehörigkeit zur Führungsschicht des Empires darzustellen. Diese Zugehörigkeit wird in Trumbulls *Battle of Bunker's Hill* über die Gleichgesinntheit im tugendhaften Verhalten suggeriert. Sie soll als Beweis dafür dienen, dass auch in Amerika Gentlemen die Geschicke des Landes steuerten.

Tatsächlich zeigt Trumbull, dass trotz des Blutvergießens, in dem Hunderte den Tod gefunden haben, sich die Beteiligten wie Gentlemen verhalten: Small ermöglicht Warren durch die Verhinderung des Erstechens einen würdevollen Tod. Das Pathos des würdevollen Aufgebens des eigenen Lebens in der Niederlage erschien bereits bei Trumbulls erstem Historiengemälde, *Paulus Aemilius*. Auch in seinem späteren *The Sortie by the Garrison of Gibraltar* von 1788 liegt der Spanier Don José im Bildzentrum im Sterben und lehnt mit einer Geste die von den Briten angebotene Hilfe ab. Trumbull beschäftigte diese Figur sehr. In Vorzeichnungen veränderte er dessen Position mehrfach und legte dem Sterbenden die Worte in den Mund: „No Gentlemen [...] I am dying – I have no wish to survive my disgrace – bury me [...] in the Ruins of the post I have lost.“[305]

---

[305] Boston Athenaeum Sketchbook, zit. in JAFFE, 135. Die in der späteren Ausführung deutlichere Abwendung der Figur mit gesunkenem Kopf steigert die Dramatik und lässt an den „sterbenden Herkules“ (*Dying Gladiator* ausgestellt in der Royal Academy)

Gleichzeitig umfasst in *Battle of Bunker's Hill* auch der britische Major Small beschwichtigend den Lauf des Gewehres, um zu zeigen, dass ein Gentleman den anderen auch im Kampf erkennt. Man ist nicht Brite oder Amerikaner, sondern Angehöriger des gleichen Standes. Über der Nation steht die Würde der Klasse. Trumbulls Zielgruppe war die Gentry auf beiden Seiten des Atlantiks. Die Stiche sollten in Amerika, Frankreich, aber auch England vertrieben werden. Daher zeigte er den heldenhaften Tod im Kampf und großzügige, würdevolle Gesten auf beiden Seiten. John Adams' Frau Abigail schrieb im März 1786, Trumbull „teaches mankind that it is not rank, nor titles, but character alone, which interests posterity."[306]

In der Aussage von Abigail Adams ist wieder das Echo der klassischen Vorstellung zu finden, das Handeln sei nur auf die Bewertung durch die Nachwelt gerichtet. Aber gerade das moralische Handeln verleihe die Legitimation, in der Gegenwart einer Aristokratie anzugehören.[307] Dies bedeutet nicht nur nach außen die Anerkennung durch das Mutterland, sondern auch nach innen eine Legitimierung der amerikanischen Oberschicht innerhalb der dortigen Gesellschaft, in der sie eine Führungsrolle einnehmen und erhalten wollte. Schließlich war diese Schicht nicht nur der Geringschätzigkeit der englischen Elite ausgesetzt, sondern stand auch unter zunehmendem Legitimationsdruck der Mittelschicht im eigenen Land. Die „Revolution" war zwar weniger eine soziale Umwälzung innerhalb der Kolonien, setzte jedoch eine Transformation der Gesellschaft in Gang, welche die Rolle der bisherigen aristokratischen Führungselite in Frage stellte. Die aktive Teil-

---

denken. Trumbull schrieb über *Gibraltar*: „the Subject was equally honorable to two great Nations, & to Humanity" (sketchbook, zit. in JAFFE, 133). In seiner Autobiographie schrieb er: „I now resolved to exert my utmost talent upon the Gibraltar, to show that noble and generous actions by whomsoever performed, were the objects to whose celebration I meant to devote myself" (TRUMBULL 1953, 149). Auch Copley schob die Seeschlacht in seinem *Gibraltar* (1783) in den Hintergrund, um im Vordergrund den Großmut der Offiziere zu zeigen.

306 Zit. JAFFE, 90.

307 Der Erfolg im Handel und Finanzwesen führte dazu, dass auch hohe Beamte in New York und Philadelphia eine Art Hofhaltung praktizierten, die Londoner Verhältnisse nachahmten (vgl. PHILLIPS, 43).

nahme am Geburtsmythos des Staates konnte aber die gesellschaftliche Position dieser Elite sichern.

So hatte auch Trumbull sich gegen eine Aufweichung seiner gesellschaftlichen Stellung zu wehren. Hatte er doch durch seine amerikanischen Bilder bei „some extra-patriotic people in England" (gemeint sind vermutlich loyalistische Amerikaner) Anstoß erregt, wollte Trumbull nun die edlen und großzügigen Handlungen zeigen, von wem auch immer sie vollführt würden. Er schrieb rückblickend in seiner 1841 erschienenen Autobiographie, er zeige sich hier als Weltbürger, der menschlichem Verhalten mehr Wert beimesse als nationaler Zugehörigkeit.[308]

Als John Trumbull mit dem Ende des Unabhängigkeitskrieges der Gentry mit *Battle of Bunker's Hill* ein Denkmal gesetzt hatte, befand er sich in London im Zentrum des Diskurses um Amerikas Zukunft. Benjamin West konnte kaum seine Sympathie für die amerikanische Sache zurückhalten und fordert damit die „extra-patriotics" heraus. Mit John Adams, dem amerikanischen Gesandten, stand Trumbull in Kontakt mit einem politischen Vordenker, der durchaus skeptisch der Rolle der Kunst und der Künstler gegenüberstand. Aber erst durch das Zusammentreffen mit einem Geistesverwandten kam es wie zu einer Befreiung seines Talents und zu einer solchen wechselseitigen Inspiration, dass Trumbull sich von West lösen und einen eigenen Stil entwickeln konnte: Im Jahr 1786 kam Thomas Jefferson nach London.[309]

Der Anlass für den amerikanischen Botschafter in Paris waren diplomatische Besprechungen mit John Adams. Der 30-jährige Trumbull übernahm für ihn schnell die Rolle eines künstlerischen Ratgebers und führte Jefferson durch die Ateliers von Benjamin West, John Singleton Copley und Mather Brown.[310] Er schrieb über Jefferson:

---

[308] Trumbull hatte wegen dieser „extra-patriotic people" keine Zukunft in England, denn er wurde von loyalistischen Flüchtlingen gehasst, die die Erinnerung an seinen vermeintlichen Verrat nicht vergessen hatten. Es war bekannt, dass er eine Bilderserie vorbereitete, die den von England verlorenen Krieg heroisierte, auch wenn die Gemälde keine Siege Amerikas darstellten (vgl. JAFFE, 130).

[309] S. JAFFE zum vermutlich frühesten Zusammentreffen beider (ebd., 96).

[310] Jean-Antoine Houdon erhielt zu dieser Zeit den Auftrag für eine Skulptur George Washingtons. Auch hier stellte sich die Frage nach der passenden Kleidung. Tatsächlich wurden Porträts in Virginia nicht selten in römischer Tracht ausgeführt, hielt sich

> *He had a taste for the fine arts, and highly approved my intention of preparing myself for the accomplishment of the national work. He encouraged me to persevere in this pursuit, and kindly invited me to come to Paris, to see and study the fine works there, and to make his house my home, during my stay.*[311]

Trumbull nahm diese Einladung Jeffersons wenig später an und reiste nach Paris.[312] Dort eröffnete sich ihm die Kunstwelt der französischen Hauptstadt, die er begierig in sich aufnahm. Das Zusammentreffen mit dem Autor der Unabhängigkeitserklärung kulminierte in der Idee, dieses Ereignis in einem Gemälde festzuhalten.[313] Am Anfang stand vermutlich der Vorschlag Jeffersons zur malerischen Umsetzung

---

die Oberschicht doch für legitime Nachfolger des Römischen Reiches. Jefferson hatte mit Washington selbst diese Frage erörtert, der die Entscheidung den Kunstkennern überließ. In London besprach sich Jefferson daher mit West, Copley, Trumbull und Mather Brown, die ihm alle zu zeitgenössischer Kleidung rieten (vgl. DUMBAULD, 78f. und ADAMS 1976, 90f.). Als Brown das erste Porträt Jeffersons in London malte, rieten ihm Copley, West und Trumbull ebenfalls, sich in modernen Kleidern zu zeigen. Brown, der 1781 aus Boston kam, blieb sein Leben lang in England und malte Porträts. Auch er versuchte sich in Historienmalerei als Entwurf für Stiche, wie z. B. *Lord Howe on the Deck of the 'Queen Charlotte'* (Stich von 1795 durch Daniel Orme), erhielt aber auch Aufträge von dem Duke of Norfolk (s. EVANS 1959, 96ff.).

311 TRUMBULL 1953, 92-93.

312 Hauptgrund war das Treffen mit seinem Verleger der Kupferstiche, Antonio di Poggi (s. COOPER, 32).

313 Vgl. TRUMBULL 1953, 117ff. Trumbull spielte eine entscheidende Rolle in Jeffersons Romanze mit Maria Cosway (KIMBALL, Kap. VIII), war als „Jefferson's agent in artistic matters" (ebd., 117) in London, um dort für ihn Gemälde zu beschaffen und war Hauptinspirator für dessen Rheinreise (S. KLINKE 2007). Im August/September 1786 verließ Trumbull Paris Richtung Metz auf dem Weg nach Frankfurt/Main, wo er Antonio di Poggi auf der Herbstmesse treffen wollte, zu der Künstler aus ganz Europa anreisten. Dort wollte er einen Kupferstecher finden, denn in London wurde keiner seinen Ansprüchen gerecht. Vermutlich war dort auch niemand bereit, ein Bild mit dem Inhalt von *Bunker's Hill* in einen Stich umzusetzten. Anschließend reiste er den Rhein hinunter nach Mainz, Köln und Düsseldorf. Dort begeisterte er sich für die Rubens-Sammlung des „Electoral palace and gallery" (TRUMBULL 1953, 136). Sein Tagebuch versah er mit zahlreichen Skizzen der Reise. Im Oktober gelangte er schließlich nach Amsterdam, von wo aus er einen langen Brief an Jefferson schrieb (9. Oktober 1786, Jefferson Papers, Library of Congress). Die Eindrücke seiner Reise wird er sicher auch mit Jefferson besprochen haben, als er im nächsten Jahr ein zweites Mal nach Paris kam.

des Ereignisses, denn er versah Trumbull mit einer Skizze des Raumes im Pennsylvania State House, die Trumbull als Ausgangspunkt seiner Komposition diente.[314]

Der hochgebildete Thomas Jefferson verkörperte die Ideen der Aufklärung, zeichnete den Weg für die Vereinigen Staaten vor und war der erste Präsident, der später wissenschaftlich den amerikanischen Westen erforschen ließ (Lewis-und-Clark-Expedition). Seine bedeutendste Tat war aber der Entwurf der Unabhängigkeitserklärung.[315]

Gemälde, Dokument, Ereignis und Beteiligte stehen in der *Declaration of Independence* in einem engen Verhältnis zueinander. Das Gemälde ist geradezu der Schlüssel zur Erhebung des Ereignisses zum zentralen Augenblick der Unabhängigkeitsbewegung. Es dient auf der einen Seite der Propagierung der Ideen der Aufklärung, auf der anderen Seite einer interessengeleiteten Interpretation der Geschichte. Vor allem ist es jedoch eine Weiterführung des modernen Historiengemäldes, das Trumbull das erste Mal zu einer von West recht unabhängigen Bildfindung und Komposition entwickelte.

Die bildparallele Komposition (Abbildung 26) ist Copleys *Death of Chatham* vergleichbar. Auch hier nehmen zahllose Porträts in einer Innenraumszene weite Teile der Bildfläche ein, so dass es als historisches Konversationsstück bezeichnet werden kann. Ohne eindeutige Einstiegsfigur wirkt das Gemälde in sich geschlossen und ohne Bezugnahme auf den Betrachter, dessen Blick ohne aus dem Bildraum

---

314 Möglicherweise hatte er im Beiseins Trumbulls in London Wests Entwurf von *Signing the Peace Treaty between the United States and Great Britain, November 30, 1782* gesehen. Der (nicht ganz korrekten) Grundriss des „groundfloor old state House left hand at entering“ in Philadelphia befindet sich auf dem gleichen Blatt mit Trumbulls erster Skizze (Sept. 1786). Vgl. Edward Savage: *Congress Voting Independence* von ca. 1795-1817 u. Trumbulls Tuschezeichnung *Peace Treaty Commissioners*, Historical Society of Pennsylvania, gezeigt in MARKS 1974, Abb. 15. Zu einem Porträt Jeffersons, das möglicherweise zur selben Zeit aus Trumbulls Hand stammt s. RICHARDSON 1975.

315 Dass er dies selbst so sah, zeigt sich in seinem Entwurf seines Grabsteines, dessen Inschrift der Nachwelt seine wichtigsten Taten mitteilen sollte: „Here was buried Thomas Jefferson, author of the Declaration of American Independence, of the statute of Virginia for religious freedom, and father of the University of Virginia“ (März 1826, Jefferson Papers, Box 9, Manuscript Division, Library of Congress).

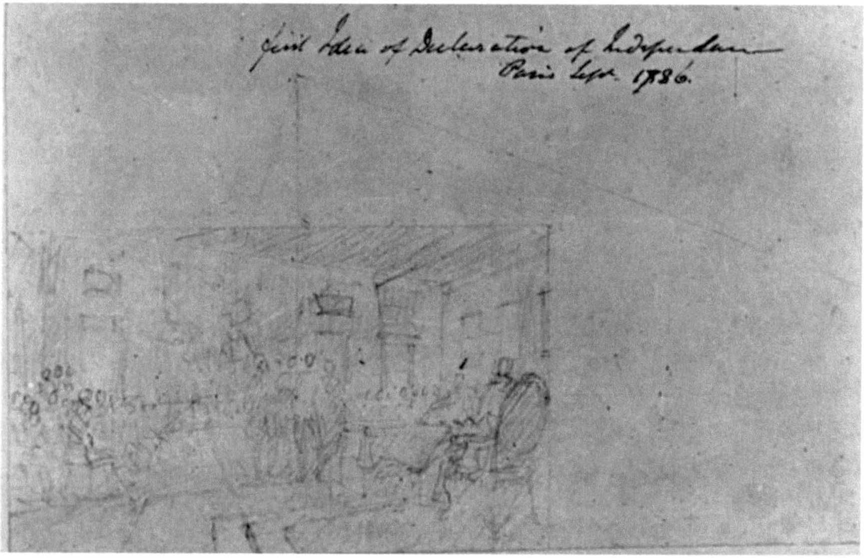

Abbildung 25 John Trumbull: *First Idea of the Declaration of Independence*, 1786
Tusche auf Papier, 17,6×23 cm, Yale University Art Gallery, New Haven. Quelle: COOPER, Kat.-Nr. 26

heraus adressiert zu werden durch das Bild streift. Dynamik und Farblichkeit sind demonstrativ zurückgenommen.[316]

Im Gegensatz zur ersten Skizze, in der der Raum noch diagonal angelegt ist, findet die Szene in der Ausführung vor einer frontalen Stirnwand des Raumes mit symmetrisch angelegten Zugängen statt. Davor zieht sich in perspektivischem Bogen eine Reihe zahlloser Miniaturporträts der Abgeordneten wie ein dichter Fries um die Gruppe des Ausschusses. Thomas Jefferson als entscheidende Figur ist von größter Helligkeit hinterfangen. Vor ihm liegt auf dem Tisch das Dokument, das dem Vorsitzenden, der auf einem repräsentativen Stuhl um zwei Stufen erhöht mit dem Rücken zum Betrachter sitzt, überreicht wird.[317]

316 BLEYL ist der Meinung, die Rücknahme des Handlungsimpetus erhöhe die Involvierung des Betrachters (ebd., 286).

317 Noch bei Anton von Werner diente die „ordnende Symmetrie der Wandgliederung" in seiner *Kaiserproklamation* von 1877 dem festen Bildaufbau mit staatstragender

Für die amerikanische Oberschicht bedeutete die Unabhängigkeit nicht nur die Befreiung von dem vermeintlichen Tyrannen George III., sondern auch die Emanzipation gegenüber dem englischen Adel. „Freiheit“ bedeutete auch „Aufstieg“. Nicht zufällig steht daher Thomas Jefferson, dessen Identität sich wie bei keinem anderen um das Gentleman-Ideal drehte, im Mittelpunkt des Gemäldes.[318] Er hatte ein besonderes Interesse daran, dieses Ereignis von Trumbull darstellen zu lassen, denn das zu diesem Zeitpunkt noch nicht historisch aufgearbeitete Ereignis erlaubte ihm, mithilfe der Kraft des Bildes die kollektive Erinnerung in den Köpfen der Menschen zu formen.[319]

Ein Gemälde, das im Sinne der *perfect truth* das Ereignis zeigt, wie es überzeugend als wahr erscheint, hat die Kraft, das *mental picture* im Geist des Betrachters zu prägen. Das äußere Bild wirkt auf das innere. Damit wird die Interpretationshoheit über das Ereignis gesichert und die Geschichte aus dem Blickwinkel der Oberschicht erzählt, zu der sich Trumbull und Jefferson zählen mochten. Die aktive Teilnahme am nationalen Mythos sollte ihre Stellung als führende Gesellschaftsschicht legitimieren und den persönlichen Ruhm mehren.[320]

Das Streben der „Gründungsväter“ nach Ruhm wurzelte in der klassischen Antike und fand dort ihre Vorbilder, denen nachgeeifert wurde, um säkulare Unsterblichkeit zu erlangen. Jefferson, Adams und viele andere Politiker der Zeit hatten eine klassische Ausbildung und meinten, so wie sie die Handlungen der antiken Helden im Schrift-

---

Wirkung (vgl. SCHOCH, 175). FLEXNER ist der Meinung, die *Declaration* sei eine Vorausdeutung auf moderne Literatur, die den Fortschritt der Geschichte nicht mehr als Werk eines Einzelnen sieht (s. FLEXNER 1969, 86). Trumbulls Geschichtsverständnis muss aber wohl noch nicht als derart modern gewertet werden, ist doch die Hervorhebung Jeffersons ein deutliches Zeichen, dass eine Einzelpersönlichkeit die Wendung der Weltgeschichte bewirken könne.

318 Vgl. ADAMS 1976.

319 Ein Aufruf des Ausschusses für öffentliche Arbeiten fasst dies 1793 in Frankreich so zusammen: „Früher korrumpieren sie [die Künste] die öffentliche Meinung, heute helfen sie ihrer geistig-moralischen Gesundung [...]“ (zit. in WARNKE, 310). Gleichzeitig wird das Volk als Ersatz des Hofes als Auftraggeber des Künstlers erwartet.

320 MORAN schreibt: „It is fair to state that the large majority of the people of the United States think of the Battle of Bunker's Hill and the Declaration of Independence only in terms of Trumbull's compositions, so universal has been their use to depict these events in our history“ (ebd., 22).

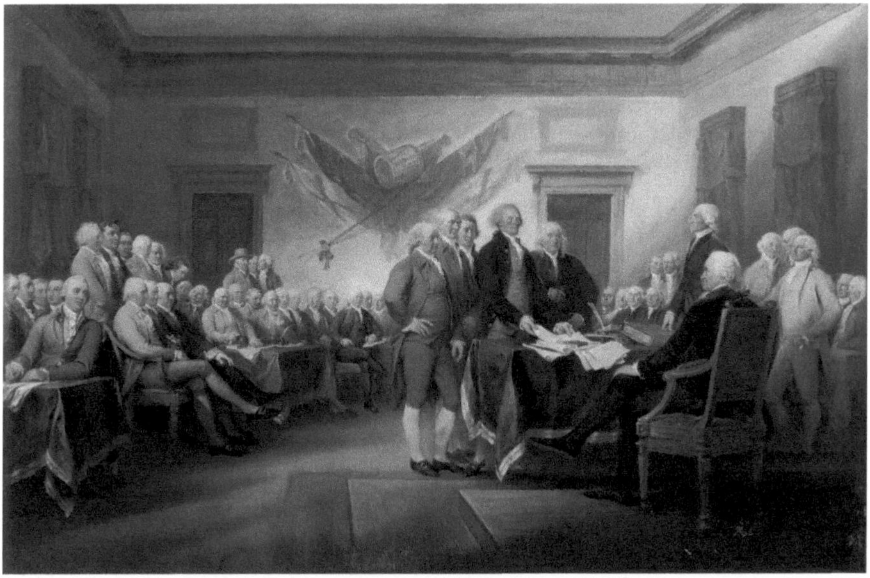

Abbildung 26 John Trumbull: *The Declaration of Independence*, 1787
Öl auf Leinwand, 53,7×79,1 cm, Yale University Art Gallery, New Haven. Quelle: HUGHES, Abb. 84

medium bewunderten, so würde die Nachwelt auch auf ihr Leben blicken. Dies war die Motivation für ihre die Anstrengung, mit bedeutsamen Taten ebenso historisch relevant zu werden und als „men of letters“ die Geschichte zu prägen.

Erst das Zusammentreffen mit Jefferson brachte Trumbull auf die Idee, die Unabhängigkeitserklärung als Thema in die Planung seiner Gemäldeserie aufzunehmen.[321] Trumbull hat sie offenbar bis zum Besuch in Paris nicht als eines der wichtigsten Ereignisse der Revolution

[321] Laut *Catalogue of paintings* wählte Trumbull mit der Ermutigung von Adams und Jefferson, seinen Plan, die Revolution mit „faithful portraits“ zu verwirklichen, folgende Ereignisse aus: The Death of General Warren at Bunker's Hill, The Death of General Montgomery at Quebec, The Declaration of Independence, The Capture of the Hessians at Trenton, The Death of General Mercer at Princeton, The Surrender of General Burgoyne at Saratoga, The Treaty with France, The Battle of Eutaw Springs, The Surrender of Lord Cornwallis at Yorktown, The Treaty of Peace, The Evacuation of New York, The Resignation of General Washington. (TRUMBULL 1835, 4).

angesehen. Wie ADAMS zeigt, war in Amerika und Frankreich wenig bekannt, dass Jeffersons der Urheber dieses Textes ist, schießlich waren die Gedanken der Unabhängigkeitserklärung Teil des herrschenden Zeitgeistes und die Funktion des Dokuments vor allem eine notwendige Rechtfertigung für den formalen Bruch mit Großbritannien.[322]

Die Unabhängigkeitserklärung diente zumindest Lafayette, General auf Seiten der Franzosen im Unabhängigkeitskrieg, als Vorbild.[323] Dieser ließ ihren Text 1783 in Gold gravieren und in einer Art Schrein ausstellen. Daneben befand sich ein leerer Rahmen, der auf die Erklärung der Menschenrechte in Frankreich warten würde, wie Lafayette den Besuchern erklärte. Tatsächlich übernahm Lafayette Jeffersons Gedanken 1789 in seiner „Déclaration des droits de l'homme et du citoyen".[324]

Da der Kongress keine Sitzungsprotokolle anfertigen ließ, bleibt der genaue Ablauf der Entstehung der Unabhängigkeitserklärung im Dunkeln. Umso bedeutender wurden daher andere Texte über dieses für die amerikanische Geschichte und die Biographien der einzelnen Teilnehmer so entscheidenden Ereignis. Vor allem konnten aber „commemorative pictures" die Auseinandersetzung um das Bild in den Köpfen der Nachwelt entscheidend prägen. Die Funktion der Bilder kann es sein, die Erinnerung zu gestalten, als moralisches Vorbild zu dienen und der Nachwelt den Ruhm zu übermitteln.

John Adams klagte später, Jeffersons Ruhm sei einem „coup de theatre" geschuldet, der Entwurf der Unabhängigkeitserklärung sei nichts als dessen „theatrical show" gewesen, „[he] run away with all the stage effect [...] and all the glory of it."[325] Hier klingt an, dass Adams gerne selbst als Held der Revolution gesehen werden wollte, war er doch ebenfalls Mitglied des Komitees gewesen und fühlte sich hilflos gegenüber der per Bild erreichten Interpretationshoheit über das Ereig-

---

322 Vgl. ADAMS 1976, 94ff.

323 Eigentlich Marie Joseph de Motier, Marquis de La Fayette (1757-1834).

324 Vgl. ADAMS 1976, 95f. Diese wurde von der Nationalversammlung jedoch abgelehnt. Schreinartig wird das Dokument der Unabhängigkeitserklärung auch heute wieder in den National Archives in Washington präsentiert.

325 An Benjamin Rush, nachdem er 1800 die Präsidentschaftswahl gegen Jefferson verloren hatte, zit. in MCGLONE, 422 u. ADAMS 1976, 97.

nis. Es beschlichen ihn Zweifel, ob er durch seine schwankende Haltung gegenüber der Kunst, die suggestive Kraft des Bildes, dessen Potenzial zur Geschichtsdeutung und die Funktion für die eigene Sache entscheidend unterschätzt habe. Noch 1809 lamentierte Adams:

> *Mausoleums, statues, monuments will never erected to me [...] Panegyrical romances will never be written, nor flattering orations spoken, to transmit me to posterity in brilliant colors.*[326]

Wie FARRELL zeigt, strebte Adams nach Ruhm in der Rolle als Redner, wobei ihm Cicero als Vorbild diente. Daher begann er später eine Autobiographie zu schreiben, welche falsche Darstellungen über seine Person widerlegen sollte. Der Höhepunkt des Buchentwurfs ist seine Rede für die Unabhängigkeit, nachdem John Dickinson noch auf Aussöhnung mit Großbritannien gedrängt hatte. Tatsächlich führte erst diese Ansprache die Wendung herbei und machte den Weg für die Unabhängigkeitserklärung frei, deren Text Jefferson auf seinen Vorschlag hin entworfen hat, wie er in einem Brief von 1822 betonte.[327]

Viel zu spät, offenbar erst 1817, erkannte Adams die Bedeutung von Bildern für das historische Gedächtnis und imaginierte sich selbst als Historienmaler der Phantasie: „my imagination runs upon the art, and has already painted, I know not how many, historical pictures."[328] Als er in jenem Jahr erfuhr, dass das Parlament einen Auftrag für Gemälde vergeben habe, schrieb er, er stelle sich als Themen das Boston Massacre oder die Kapitulation Burgoynes vor. Ausführlich beschrieb er zwei Szenen, die er für entscheidend in der Amerikanischen Revolution hielt, in denen er sich selbst wie beiläufig erscheinen ließ.[329]

---

326 An Benjamin Rush, 23. März 1809, zit. in FARRELL, 505.

327 Er habe ihn dazu gedrängt, weil Jefferson aus Virginia stamme, er selbst unpopulär sei und Jefferson besser schreiben könne (vgl. MCGLONE, 413 u. FARRELL, 528).

328 An William Tudor, 15. April 1817, ADAMS 1856, 249. An William Tudor, 29. März und 15. April 1817, zit. in ADAMS 1856, 244-253.

329 Die eine Szene fand im März 1770 statt, als Samuel Adams eine Krise um den Abzug britischer Soldaten aus der Stadt entschärfte. Die andere Szene spielte im Februar 1761, als der einflussreiche Verteidiger kolonialer Rechte, James Otis, Kaufleute von Boston vor Gericht gegen die Krone vertrat. Dessen selbstloses Verhalten „would have done honour to the most virtuous patriot or martyr of antiquity. [...] Then and there was the first scene of the first act of opposition to the arbitrary claims of Great Britain. Then and there the child Independence was born." Hier stellte er sich selbst

Jefferson, durch seinen Kontakt mit Trumbull für die Möglichkeiten der modernen Historienmalerei sensibilisiert, hielt es dagegen bereits in Paris für angebracht, mit Blick auf die Nachwelt die Geschichte aus seiner Sicht visuell darstellen zu lassen. Als im „Journal de Paris" im August 1787 ein Bericht erschien, wonach fälschlicherweise der opponierende John Dickinson für die Schrift verantwortlich gewesen sei, war Jefferson um seine Position in der Geschichte besorgt. In einem letztlich dann doch nicht abgeschickten Brief machte er seinem Ärger Luft und korrigierte die Behauptungen: „If contemporary histories are thus false, what will future compilations be."[330]

Es kann daher angenommen werden, dass die aus seiner Sicht korrekte Darstellung der Geschichte seine Intention war, als er Trumbull das Thema vorschlug. Daher stellte er ihm seine eigenen Erinnerungen als Grundlage zur Verfügung. Jefferson tat dies sicher in dem Glauben, dass es sich bei seiner Sicht um die Wahrheit handele, schließlich stützte sich seine Erinnerung auf eigene Aufzeichnungen aus der Zeit. Aber alleine die Fehlerhaftigkeit der Raumskizze macht deutlich, dass es im Gespräch zwischen Jefferson und Trumbull nicht um historische Wahrheit ging.[331] Er verstand inzwischen ausreichend von der visuellen Kraft der Bilder gegenüber geschriebenem Text, um mit dem Gemälde die Geschichte und seine Rolle darin so darzustellen, wie er sie gesehen haben möchte.[332]

Adams' Bilderskepsis und Bevorzugung der Schrift als Medium erklären sich dagegen vermutlich aus seiner puritanischen Überzeugung heraus. Reformatoren hatten mehr auf das Wort und die Schrift als auf das Bild gesetzt. Calvin schrieb: „Wer recht belehrt werden will, muss anderswo als bei den Bildern lernen, was man von Gott wissen muss".[333] Der Deist Jefferson mit seinem rationalen Gottesglaube war freier darin, neben der Kraft des geschriebenen Wortes, auch die des

vor als „short thick archbishop of Canterbury, seated at the table with a pen in his hand" (an William Tudor, 23. März 1817, zit in: ADAMS 1856, 248).

330 ADAMS 1976, 94.

331 Zur historischen Korrektheit des Gemäldes s. MULCAHY.

332 Malerei und Skulptur war für ihn ein legitimes propagandistisches Instrument, um die Tugenden Washingtons und Lafayettes zu preisen (s. ADAMS 1976, 88).

333 CALVIN, Kap. XI. Mehr zu Calvins Ästhetik s. SPELMAN.

Bildes in seiner Funktion zur überzeugenden Formung der Erinnerung zu nutzen. Stand Jefferson der Malerei zunächst ebenfalls skeptisch gegenüber, so machte ihn spätestens die Ankunft Trumbulls zu einem emphatischen Enthusiasten der Malerei, denn Trumbull zeigt ihm nicht nur seine eigenen Bilder, sondern auch die von Jacques-Louis David (1748-1825).

Vermutlich im Gegenzug zu seinen Diensten in London, ermöglichte ihm Jefferson mit seinen Kontakten Zugang zu den Ateliers, Sammlungen und Museen in Paris zu erhalten. Im August konnte er sich so David vorstellen, der im Dienste des französischen Königs stand.

In Frankreich hatten Teile der Malerei bereits im 17. Jahrhundert klassizistische Züge angenommen. Hier galten die nach Ordnung und Klarheit strebenden Historienbilder Nicolas Poussins als nachahmenswert, so dass der Klassizismus zur künstlerischen Manifestation der Französischen Revolution wurde. Auch David überwand das Rokoko durch einen Aufenthalt in Rom, wo er den radikal anti-barocken Klassizismus Gavin Hamiltons kennenlernte, der bereits West nachhaltig beeinflusst hatte.[334] Nachdem er 1780 zwei Jahre vor seinem Kontakt mit Trumbull nach Paris zurückgekehrt war, erregte sein Gemälde *Der Schwur der Horatier* großes Aufsehen (Abbildung 27). Der Grund dafür lag nicht alleine darin, dass es sich um ein ideales klassizistisches Historiengemälde handelte, sondern vor allem darin, dass es von den politischen Akteuren als eine verschleierte Vorhersage gesellschaftlicher Umwälzungen im vorrevolutionären Frankreich interpretiert wurde.

Das Gemälde basiert auf der Erzählung Rollins, der die Geschichte nach Livius erzählt, wonach die Drillingsbrüder des altrömischen Patriziergeschlechts gegen die Curiatier auf der Seite Alba Longas im Jahre 669 v. Chr. um die Vorherrschaft in Rom kämpften.[335] Nachdem zwei der Horatier gefallen waren, täuschte der jüngste eine Verletzung vor und floh. Auf diese Weise konnte er die unterschiedlich schnell folgenden Curiatier nacheinander töten und den Kampf für Rom entschei-

---

[334] Mehr zu dieser Beziehung bei ROSENBLUM 1961.

[335] *Histoir Romain* von 1738. Sie war Trumbull also bekannt und wurde 1782 von Corneille auf der Bühne inszeniert und in Paris von David gesehen (vgl. LANKEIT, 103). Die Geschichte basiert auf Livius, *ad urbe condita liber*, Buch I, Kap. 24-25.

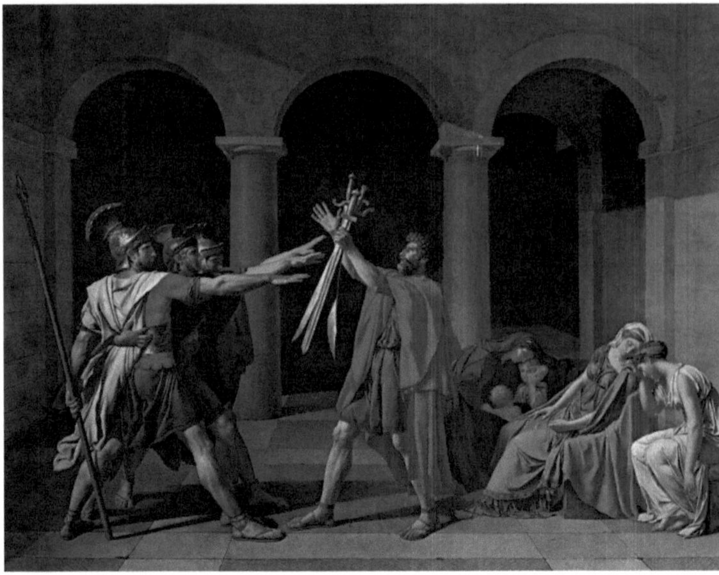

Abbildung 27 Jacques-Louis David: *Le Serment des Horaces*, 1784
Öl auf Leinwand, 330×425 cm, Musée du Louvre, Paris.
Quelle: Prometheus-Bildarchiv

den. Als er entdeckte, dass seine Schwester um einen der Feinde trauerte, da sie heimlich mit diesem verlobt war, nahm er ihr das Leben mit den Worten: „Du hast die toten Brüder und den lebenden Bruder vergessen, du hast die Heimat vergessen. So soll sterben, welche Römerin auch immer den Feind betrauern wird.“[336] Als er wegen dieses Mordes angeklagt wurde, verteidigte ihn der Vater, indem er dessen Heldentat für Rom hervorhob und gegen das Einzelinteresse der Tochter abwog.

Diese Legende enthält alles, was ein Drama benötigt. David brachte komprimierter als West in seinem *Agrippina landing in Brundisium* Geschichte, eine bewusst nüchterne Komposition, Kostüme und eine dramatisierte Moral miteinander in Einklang. Vor allem ist der Zusammenhang zwischen im Bild dargestellten Werten und der gegenwärtigen Politik so eng wie nie zuvor. Die dargestellte unbedingte patriotische Indienststellung seines eigenen Lebens ist eine Vorausdeutung auf die Werte der Französischen Revolution. Während die Brüder bereit sind,

[336] Ebd.

wie Regulus oder Paulus Aemilius, sich für die nächst höhere Kollektiveinheit zu opfern, stellt die Schwester ihr persönliches Glück über den Erfolg Roms. David lässt beide Standpunkte nebeneinander erscheinen und verdeutlicht so einen inneren Konflikt des Vaters in der Bildmitte. Die Entscheidung ist aber eindeutig: Am Ende setzt sich das Wohl der Nation gegen das Interesse des Individuums durch.

Der Schwur der Horatier markiert den Wendepunkt zu einer französischen Historienmalerei, welche die moralischen und politischen Forderungen des Bürgertums darstellte und sich in der Folgezeit zunehmend der Gegenwart zuwandte. Auch unter dem Eindruck der amerikanischen Unabhängigkeit wurde das Gemälde in Frankreich als vorrevolutionärer Weckruf interpretiert, sich für den gerechten Kampf für die Freiheit und den Staat zu opfern.[337]

Die scharf beleuchtete Gruppierung von Brüdern, Vater und Töchtern auf einer Raumbühne geringer Tiefe wird zusätzlich durch die Gliederung der dorischen Rundbögen unterstrichen, die mit je einer Figurengruppe korrespondieren. Statt barocker Dynamik wirkt die Inszenierung statisch. David, der im revolutionären Konvent gegen die „unzüchtigen Schmierer“[338] des Rokoko schimpfte, hatte zu einer asketischen Formenstrenge gefunden.

David wählte jedoch nicht einen Höhepunkt der Geschichte, etwa den Kampf oder die Anklage, sondern den bei Livius nicht vorkommenden Eid der Brüder vor dem Vater. Eine Vielzahl an Vorausdeutungen, die jeder, der mit der Geschichte vertraut ist, entschlüsseln kann, lässt ihre weitere Entwicklung im Geiste verfolgen. So liegen die beiden im Verlauf der Erzählung sterbenden Brüder in tieferen Schatten. Die Schwestern sind in Trauer versunken, da für sie der bevorstehende Kampf in jedem Falle tragisch enden wird. So wie der Schwur am Anfang eines schließlich erfolgreichen Kampfes für die Nation steht, so ist das Gemälde als ein Appell zu lesen, in der Gegenwart, an der Schwelle zur Revolution, brüderlich zusammenzustehen.

Der Schwur spielt bei David und in der Französischen Revolution eine große Rolle. So unternahm er im Jahre 1789 mit großem Enthusiasmus auch Studien zum Ballhausschwur, denn die Eidesgeste markiert

---

337 Vgl. LANKEIT, 103 u. HASKELL, 420-426.

338 Zit. in KML, Bd. 6, 401.

einen Nullpunkt, an dem die Zukunft neu beginnt.[339] Seine Darstellung deutet auf diese Zukunft voraus und suggeriert ein unausweichliches Schicksal.[340]

Die puritanische Formenstrenge in Einfachheit, klarer Linie und gedämpften Farben stand auch für eine Befreiung von den zeitgenössischen Herrschern und ihren barocken Gemälden.[341] Der Klassizismus war in Europa somit Ausdruck der Überwindung der absolutistisch-aristokratischen Gesellschaft zu einer aufgeklärt-bürgerlichen. Das auf ein klassisches Schönheitsideal gerichtete Streben, das Gesetz von Maß und Harmonie, Reinheit, Klarheit sowie Einfachheit des flächigen Stils Raffaels war ein Gegenentwurf zu den Übersteigerungen der als frivol und degeneriert empfundenen barocken Formenwelt mit ihrer höfisch-ausschweifenden, gefühlsbetonten Üppigkeit.

Wie Trumbull in seiner Autobiographie schreibt, schlossen er und David schnell Freundschaft und gemeinsam erkundeten sie alles, was in Paris und Umgebung mit Kunst zu tun hatte.[342] Schließlich führte Trumbull Jefferson in die Arbeit Davids ein und machte ihn mit der Weiterentwicklung der ästhetischen Dogmen vertraut. Jefferson war von David und dessen Klassizismus offenbar so beeindruckt, dass er 1787 Trumbull, der im Spätjahr 1786 nach London zurückgekehrt war, um an der *Declaration of Independence* weiterzuarbeiten, nach London schrieb, dieser solle den Salon in Paris besuchen, in dem Davids *La Mort de Socrate* zu sehen war: „The best thing is the Death of Socrates by

---

339 Seine sechs Meter breite Leinwand blieb jedoch unvollendet. 1789 war das große Jahr der Eide: George Washington wurde auf die amerikanische Verfassung vereidigt, im *Jeu de Paume* (Ballhaus) konstituierten sich die Abgeordneten des dritten Standes als Nationalversammlung und schworen, sich nicht zu trennen, bevor sie nicht der Nation eine Verfassung gegeben haben (vgl. STAROBINSKI, 59-62, s. a. PRENDERGAST, 119f.).

340 Eine solche Vorausdeutung, die den Höhepunkt der Geschichte ankündigt, dient auch einer Narrativität und der Dramatisierung (vgl. PRENDERGAST, 66).

341 TRUMBULL bemerkt „the story well told, drawing pretty good, coloring cold" (TRUMBULL 1953, 108).

342 David gab ihm die Möglichkeit „of seeing all that related to the arts, in Paris and its vicinity" (TRUMBULL 1953, 152). Laut JAFFE machte ihn auch Jean-Baptiste Piere Lebrun mit den führenden Künstlern der Stadt bekannt (ebd., 96).

David, and a superb one it is."[343] Im selben Jahr schwärmte er, er habe vor dem Gemälde *Marius at Minturnes* von Davids Schüler Jean Germain Drouais die Zeit vergessen.[344] Trumbulls Projekt, Szenen der Amerikanischen Revolution in ähnlichen Bildern darzustellen, fand daher bei Jefferson besonderen Beifall.[345] Das Interesse beider war es, den Kampf um die staatliche Unabhängigkeit zum Symbol des universellen Kampfes um Freiheit zu machen.

Trumbulls erste beiden Gemälde der Serie zum Unabhängigkeitskrieg sind voller Dynamik. Erst der Kontakt mit David führte zu einer Orthogonalität, Unbuntheit und Steifheit, die West bereits wieder abgelegt hatte. Auch das Sublime Copleys ist in der *Declaration* wieder ganz verschwunden und Trumbull beschränkt sich auf die Darstellung eines geistigen Vorgangs, der noch weniger als der Schwur der Horatier die Darstellung körperlicher Bewegung benötigt. Dies mag einerseits durch den Einfluss der französischen „philosophischen" Malerei zu begründen sein, die sich der „rhetorischen" Malerei entgegenstellt und den Betrachter nicht visuell zu überwältigen versucht, sondern in einer Komposition voller Ruhe eine rein geistige Ansprache anstrebte.[346] Mehr noch als in *Battle of Bunker's Hill* zeigt diese Aneignung betont anti-sensualistischen Ausdrucks Trumbulls Abgrenzung zu einer „niedrigeren Malerei" und das Ziel, ein ästhetisch gebildetes Publikum anzusprechen.

---

343 Jefferson an Trumbull, 20. Aug. 1787, zit. in ADAMS 1976, 99. Das Gemälde von 1787 befindet sich heute im Metropolitan Museum of Art, New York. Trumbull hat die *Horatier* im Atelier Davids gesehen, bevor das Gemälde im Salon von 1785 ausgestellt war (s. a. HAFERTEPE, 225 u. JAFFE, 129).

344 HAFERTEPE zeigt, dass die Meinung des Jefferson vermutlich durch den schottischen Philosophen Lord Kames beeinflusst war, der schrieb: „This is the cause of the pleasure that is felt in a reverie, where a man, losing his sight of himself, is totally occupied with the objects passing his mind, which he conceives to be really existing in his presence" (KAMES, 112).

345 Jefferson gab Trumbull 1789 den Auftrag, ein Gemälde mit den Büsten von Bacon, Newton und Locke anzufertigen, denn dies seien die „greatest men that have ever lived" (zit. in BROWN, 80).

346 S. PRENDERGAST, 49 u. 67. Thistlethwaite ist der Meinung, Trumbull zeige geistige, statt physische Aktionen (in GERDTS 1988, 20).

Allerdings ist dies andererseits auch inhaltlich zu begründen. Jacques-Louis Davids *Schwur der Horatier*, Benjamin Wests *Penn's Treaty* (s. Abbildung 41) wie auch John Trumbulls *Declaration of Independence* können im Gegensatz zu den Schlachtenbildern als Pakt (*Covenant*) verstanden werden, der keine Dynamik benötigt, sondern eine feierliche Stimmung. Für Amerika hatte der Pakt, der mit der Unabhängigkeitserklärung geschlossen wurde, eine identitätsstiftende Funktion als Gründungsakt der Vereinigten Staaten. So war ihre Unterzeichnung ein gefährliches Unterfangen. Denn wäre der folgende Konflikt zu Ungunsten der Amerikaner ausgegangen, hätten die Verantwortlichen sich vor einem britischen Gericht verantworten müssen. Franklin brachte es auf den Punkt: Man müsse zusammenstehen, wolle man nicht später einzeln gehängt werden: „We must hang together, gentlemen [...] Else, we shall most assuredly hang separately."[347] Damit reiht sie sich in die Vertragsabschließungen ein, die seit dem *Mayflower compact* (1620) der ersten puritanischen Siedler die Geschichte Nordamerikas in einer Mischung aus Republikanismus und Religiosität begleiteten.

Den Bildern von *Covenants* fehlt eine bildimmanente narrative Verschränkung von Einzelszenen. Sie deutet jedoch als Ganzes auf das weitere Geschehen, auf einen als unausweichlich suggerierten Ausgang. Die verlorene erste große Schlacht von Bunker Hill kann auf den von den Amerikanern schließlich gewonnen Krieg deuten und damit auf die Anstrengung, der Freiheit und dem Projekt „Aufklärung" einen Sieg geschenkt zu haben. Wie *Der Schwur der Horatier* eine frühe Szene der Geschichte darstellt, die auf das weitere Geschehen verweist, so kann auch *Battle of Bunker's Hill* und die *Declaration of Independence* als eine Vorausdeutung auf den letztendlich positiven Ausgang der Geschichte verstanden werden. Während in Davids *Schwur der Horatier* die französische Idee der brüderlichen Solidarität (*Fraternité*) im Mittelpunkt stand, ist die Unabhängigkeitserklärung als Auftakt zur Amerikanischen Revolution und Trumbulls *Declaration of Independence* als Ausdruck von Freiheit (*Liberté*) zu verstehen.[348] Während die Horatier noch als ein Vorbild für

---

[347] Zit. in HEIDEKING, 50.

[348] Der Begriff der „Égalité" hatte in Amerika nie eine solche Bedeutung erlangt, auch wenn Jefferson „created equal" in die Urkunde schrieb. An dieser Stelle dienen die Trias „Liberté, Égalité, Fraternité" nur zur Bezeichnung von Ideen, die zu dieser Zeit

die Französische Revolution dienten, konnte die vergangene Amerikanische Revolution bereits selbst als Tugendbeispiel herangezogen werden (*exemplum virtutis*).

Zu der feierlichen Atmosphäre eines Schwures gehört klassizistische Klarheit, in der eine spannungsvolle Diagonalkomposition stören würde. Die Statik und Orthogonalität des Bildes reflektiert aber auch den Willen, eine neue rationale Ordnung aufzubauen. Wie David schwebte auch Trumbull eine republikanische Staatsverfassung vor, die in Amerika zum ersten Mal verwirklicht werden konnte. Die Komposition repräsentiert also die Idee eines auf Vernunft aufgebauten Staates. Die *Declaration of Independence* ist insofern nicht nur ein retrospektives Historiengemälde, sondern stellt vor allem eine Vision für die Zukunft dar.

Auch hier ist noch einmal ein Vergleich mit einer Ereignisillustration hilfreich, um Trumbulls malerischen Spielraum zu verdeutlichen: Die einzige zeitgenössische Darstellung des Ereignisses stammt von Robert Edge Pine (Abbildung 28).[349] Neben technischen Schwächen gelingt es Pine nicht, die Einzelszenen zu gewichten und die Komposition auf das Wesentliche zu fokussieren. So ist beispielsweise die Geste der Dokumentenübergabe zwar im Mittelpunkt des Gemäldes, Einzelfiguren wenden sich aber von dieser Szene ab und lenken den Blick vom Zentrum weg. Benjamin Franklin, im Stuhl im Vordergrund zu sehen, erscheint geradezu teilnahmslos. Dagegen ist das Ereignis vom 4. Juli historisch getreu abgebildet. Wie MALCAHY zeigt, ist die Innenarchitektur zuverlässiger wiedergegeben als bei Trumbull. Die Verallgemeinerung des Ereignisses zu einer nachahmungswürdigen Tat ist dagegen nicht zu erkennen.[350] Dies war vermutlich auch nicht die Absicht Pines.

Leitmotive darstellten. Sie wurde erstmals zum Jahrestag des Bastillesturms 1790 verwendet, aber erst mit dem Beginn der Dritten Republik (1871) zum offiziellen Motto.

349 Pine (1730-1788) wurde in London geboren und malte Historienbilder mit deutlich antimonarchischen Tendenzen. Er exilierte 1784 nach Amerika (vgl. HOOCK, 144).

350 Zu Pine s. MULCAHY u. STEWART. Rembrandt Peale bezeichnete die Malerei Pines als „total failure of the historical painting“ (zit. in FLEXNER 1969, 85). MULCAHY hält das Gemälde in der Historical Society of Pennsylvania für ein alleiniges Werk von Edward Savage (1761-1817, ebd., 91). STEWART meint dagegen, es handele sich um eine Kopie Savages nach Pine (ebd., 29). Dass Trumbull keine Verwendung für das Gemälde hatte, zeigt ein Briefwechsel mit dem Sohn Savages (s. MULCAHY, 88). Dies

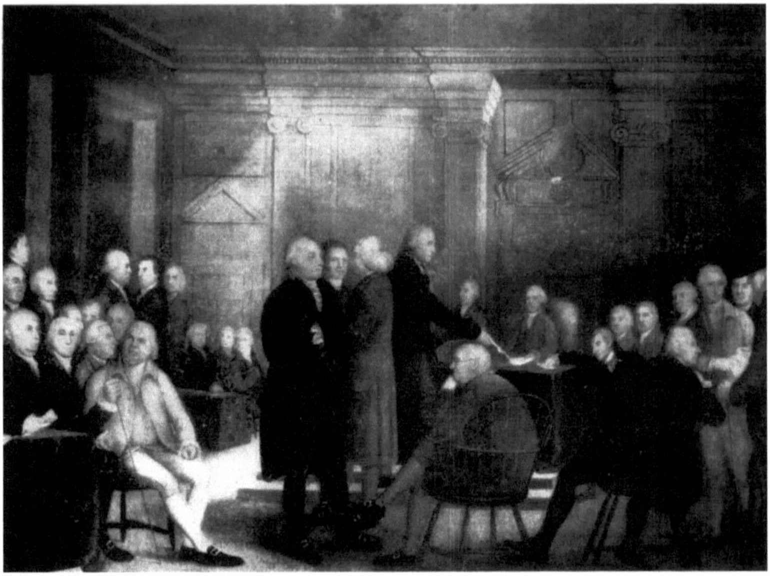

Abbildung 28 Edward Savage nach Robert Edge Pine: *Congress Voting Independence*, ca. 1796-1801
Öl auf Leinwand, 50,1×67,3 cm, Historical Society of Pennsylvania.
Quelle: STEWART, Abb. 8b

Sein Ziel war es, das historische Ereignis reportagehaft im Bild festzuhalten (*matter-of-fact*).

Bevor Trumbull 1789 Paris verließ, bot ihm Jefferson den Posten seines persönlichen Sekretärs an. Für den 33-jährigen war dies ein verlockendes Angebot mit aussichtsreicher Zukunftsperspektive. Trumbull musste nun über seine berufliche Karriere nachdenken und sich für oder gegen die Kunst entscheiden. Schon oft war er zwischen seiner Rolle als Künstler, Diplomat und Unternehmer hin- und hergerissen.

ist die einzige zeitgenössische Darstellung des Ereignisses. Daneben existieren spätere Darstellungen der Entwurfsfassung bzw. der Unterzeichnung der Unabhängigkeitserklärung, darunter von T. Knight (1849), Alonzo Chappel (Stich: 1857), Currier and Ives (Lithographie: 1876), Sarah Paxton Ball Dodson (1883), Jean Leon Gerome Ferris (1900) und Allyn Cox (1973-1974, Capitol). Diese sind nicht zu verwechseln mit Darstellungen der Unterzeichnung der Verfassung; deren verbreitetesten Versionen: von Thomas Prichard Rossiter (ca. 1837) und Howard Chandler Christy (1940).

Bereits bei seiner Rückkehr nach Lebanon (Connecticut) im Jahr 1782 erwartete seine Familie von ihm, in das Handelsunternehmen seiner Brüder einzutreten. Tatsächlich dachte er Zeit seines Lebens wie ein Unternehmer.[351] Die Unsicherheit über seine Position in der Gesellschaft verdeutlicht die Erschütterung der gesellschaftlichen Künstlerrolle in der Umbruchszeit nach der Unabhängigkeit.[352] Die Abwägung Trumbulls an diesem Punkt ist daher entscheidend für die Herausbildung einer neuen Künstlerrolle in der heranbrechenden Epoche.

Rollenwechsel hatten für ihn auch Vorteile. Zum einen war ihm als Künstler das unternehmerische Denken hilfreich in der Konzeption seiner Vorstellung der Malerei als spekulative Unternehmung. Zum anderen standen seine Beziehungen zur Politik mit der Porträt- und Historienmalerei in entscheidender Wechselwirkung. Mit der unternehmerischen Betrachtung seiner Arbeit suchte er sich vermutlich auch die Anerkennung seiner Familie zurückzugewinnen. Während andere Künstler sich einen gesellschaftlichen Aufstieg durch die Malerei des Grand Styles erarbeiten mussten, ging es John Trumbull um den Erhalt der gesellschaftlichen Position, die er als unternehmerischer Künstler zu erreichen hoffte. Zudem rückte er sich mit den Bildentwürfen selbst in die Nähe der Dargestellten und konnte die Nobilitierung seiner

---

[351] Das Angebot war ein Zeichen großen Vertrauens für den Fall, dass sein Assistent Willliam Short nach Amerika zurückkehren sollte. Jefferson sprach davon, dass Trumbull dadurch eventuell auch die Gelegenheit hätte, Italien zu besuchen. Dies hätte sicher großen Einfluss auf dessen Stil gehabt und ihn weiter von West befreit. Jedoch kam es nicht dazu (vgl. TRUMBULL 1953, 156-7). Sein Interesse lag offenbar in den malerischen Techniken, für die London der richtige, sowie der Darstellung der Gegenwart, für die Rom der falsche Ort war. Dies zeigt sich auch darin, dass er die Produktion und den Vertrieb der Kupferstiche bald selbst organisierte. Das britische Urheberrechtsgesetz von 1767 gab dem Besitzer der Druckplatte über einen Zeitraum von 28 Jahren das Verwertungsrecht unabhängig von dem Urheber des Bildes (s. CLAYTON, 198). Es lag also im Interesse des Künstlers, die Verbreitung des Bildes über die Reproduktion und die darüber erwirtschafteten Zweitverwertungseinkünfte in die eigenen Hände zu nehmen. Zur Preisgestaltung der Drucke s. ZABLOTNEY.

[352] Die Nähe der Künstler zu Politikern ging vereinzelt so weit, dass Künstler gar zu Politkern wurden. So ist Jacques-Louis David (Führer der Reformpartei) in Frankreich kein Einzelfall. Künstler wie Peale, Morse oder Trumbull engagierten sich leidenschaftlich für die politischen Vorgänge. Zudem hofften sie, zum Teil nicht ohne Grund, auch künstlerisch von ihren Beziehungen zu Entscheidern zu profitieren.

eigenen Person mit der Verbreitung der Stiche erreichen. Eine Strategie, die dem Charakter Trumbulls durchaus entsprach, war er durchaus als klassenbewusst bekannt.

Sein Vater, der selbst über Umwege von der Theologie zum Handel und dann in die Politik gekommen war, drängte ihn dazu, einen standesgemäßen Beruf als Priester, Rechtsanwalt oder Politiker zu ergreifen. Über ihn war er früh mit politischen Diskussionen vertraut gewesen und konnte problemlos mit Angehörigen höchster Kreise der Politik Kontakt aufnehmen. Jeffersons Angebot richtete sich also an den talentierten Sohn des Gouverneurs Trumbull, der die Erfahrung und den Intellekt besaß, auf Augenhöhe mit den politischen Entscheidungsträgern umzugehen und die Zusammenhänge zu verfolgen. Dies war offenbar ausreichend, um von Jefferson den Sekretärsposten angeboten zu bekommen. Welchen Weg sich ihm dadurch möglicherweise eröffnete, zeigt Jeffersons bisheriger Assistent William Short. Dieser wurde später dessen Nachfolger auf dem Botschafterposten in Paris, einer Stelle, die Benjamin Franklin vor Jefferson innehatte, die nicht selten der Beginn einer verheißungsvollen politischen Karriere war.

Mit dem Angebot Jeffersons stand Trumbull nun an einer Wegmarke. Er konnte sich jetzt entscheiden, entweder eine gesellschaftlich akzeptierte, seriöse und vielversprechende Richtung einzuschlagen oder einen risikoreichen Weg zu gehen, der seiner künstlerischen Vision gerecht wurde.

Eine Karriere in der Politik und ein Verzicht auf die Kunst waren an diesem Punkt noch möglich. Aber eingenommen von der europäischen Kunsttheorie erschien ihm die Verfolgung seines patriotischen Projekts lohnenswerter, auch wenn sich der Künstlerberuf in Amerika erst entwickeln musste. Der Künstler stand dort weniger im Wettbewerb mit den anerkannten Literaten, wie in England und Renaissance-Italien. Trumbulls Tätigkeit stand vielmehr in der Konkurrenz mit anderen freien Berufen in der Politik und Wirtschaft. Er war vermutlich jedoch der Meinung, dass die Malerei mehr Ruhm einbringen konnte und er vielleicht auf einer anderen Ebene den Akteuren der Ereignisse gleichkommen könne. Die Historienmalerei könnte durch ihre didaktische Aufgabe dem Land vielleicht noch mehr dienen. Die Kunst war die Fortsetzung der Politik mit anderen Mitteln und sein künstlerisches Projekt, die Gemäldeserie zur Erinnerung an die Unabhängigkeitsbewegung, erschien ihm als historische Mission im Dienste der Freiheit, die nur er umsetzen konnte, an der ihn die Nachwelt messen würde. Daher lehnte er das Angebot Jeffersons ab.

Die Beweggründe für seine Entscheidung legte Trumbull selbst in seiner Antwort vom 1. Juni 1789 offen. Darin machte er präzise deutlich, warum er sich für die Kunst entschied:

> *The greatest motive I had or have for engaging in, or for continuing my pursuit of painting, has been the wish of commemorating the great events of our country's revolution. I am fully sensible that the profession, as it is generally practiced, is frivolous, little useful to society, and unworthy of a man, who has talents for more serious pursuits. But, to preserve and diffuse the memory of the nobles series of actions which have ever presented themselves in the history of man; to give to the present and future sons of oppression and misfortune, such glorious lessons of their rights, [...] were objects which gave a dignity to the profession, peculiar to my situation.*[353]

Er war sich bewusst, dass es manchem unverständlich erscheinen müsse, wenn er eine ernsthafte Aufgabe wie die des Sekretärs Jeffersons ausschlagen würde, um sich als Maler zu bewähren. Aber er wollte der Darstellung der Ereignisse der Unabhängigkeitsbewegung Würde verleihen, indem sie, ganz im Geiste Reynolds, als Vorbild moralischen Verhaltens dienen sollte. Hinzu kamen patriotische Gründe:

> *And some superiority also arose from my having borne personally a humble part in the great events which I was to describe. No one lives with me possessing this advantage, and no one can come after me to devide the honor of truth and authenticity, however easily I may hereafter be exceeded in elegance. Vanity has thus one side of duty, and I flatter myself that by devoting a few years of life to this object, I did not make an absolute waste of time, or squander uselessly, talents from which my country might justly demand more valuable services; and I feel some honest pride in the prospect of accomplishing a work, such as had never been done before, and in which it was not easy that I should have a rival.*[354]

---

353 Der vollständige Brief: TRUMBULL 1953, 158-162, Zitat hier: 159.

354 Ebd.

Er war sich der spekulativen Natur seines Planes durchaus bewusst und erkannte, dass der entscheidende Faktor die Unterstützung seiner Landsleute sein würde.

> *I foresee the utter impossibility of proceeding in my work, without the warm patronage of my countrymen. Three or four years more must pass before I can reap any considerable advantage from what I am doing in this country, and as I am far from being rich, those years must not be employed in prosecuting a plan, which, without the real patronage of my country, will only involve me in certainties of great and immediate expense, with little probability of even distant recompense. I do not aim at opulence, but I must not knowingly rush into embarrassment and ruin. [...] my future movements depend entirely upon my reception in America, and as that shall be cordial or cold, I am to decide whether to abandon my country or my profession. [...]*
>
> *But if [...] my countrymen should not give me such encouragement as I wish and hope, I must give up the pursuit [...].*[355]

In Amerika würde er ohne ernsthafte Konkurrenz einer der besten Porträtmaler und der einzige Historienmaler sein. Was ihn dort erwarten sollte, konnte er trotzdem nicht mit Bestimmtheit voraussagen. Es blieb ein risikoreiches Experiment ohne Vorbild. Er wusste wohl, dass er von Auftraggebern und Abnehmern abhängig sein würde. Die Arbeit der letzten Jahre sollte jedoch nicht umsonst sein und er verspürte die Notwendigkeit, als visueller Historiker, gewissermaßen als „malender Rollin", universal vorbildhaftes Verhalten für folgende Generationen im Bild festzuhalten. Er meinte sogar, eine historische Mission zu erfüllen, zu der nur er als Zeitzeuge und Künstler imstande war.

Auch West war optimistisch, als sich Trumbull zur Rückkehr nach Amerika entschloss. Noch 1804 erzählte er Joseph Farington von einer merkwürdig melancholischen Vorstellung, die sowohl seine Wertschätzung Trumbulls illustriert, wie auch seine Erwartungen an Amerika als Ort der Künste:

> *That were He [West] 10 years younger He would go to America, where he was sure that much might be done as the people had a strong*

[355] Zit. in TRUMBULL 1953, 160-162.

> *disposition to the Arts, & it would be easy to encourage a Spirit of rivalry in that respect between the Cities of Philadelphia and New York.- Trumbull, He said, should settle at the latter place & He at the former, & raise the spirit as Higher as it could be.*[356]

Mit Trumbulls Entscheidung für die Kunst musste sich jetzt zeigen, ob in Amerika sein Projekt und die Historienmalerei akzeptiert würden. So entscheidend wie einst die Reise Wests nach Europa im Jahr 1760, so entscheidend war die Rückkehr Trumbulls nach Amerika im Dezember 1789.

356 FARINGTON, VI, 2339, 31. Mai 1804. Galt diese Wertschätzung offenbar noch 1804, muss sie wohl vor allem zu der Zeit gegolten haben, als Trumbull bei West arbeitete und der Meister seinen Schüler zu der Bilderserie ermutigte. Umgekehrt war Trumbulls Wertschätzung der Arbeit West so hoch, dass er als Präsident der American Academy Werke Wests aufkaufen ließ.

III. Funktion

Trumbull war zwar nicht der erste amerikanische Künstler, der nach einem Studium bei West und Copley in seine Heimat zurückkehrte. Er war aber der erste, der sich in seiner Heimat als Historienmaler versuchen wollte und konsequent eine Anwendung seiner Fähigkeiten in Amerika anstrebte.[357] An diesem Punkt, an dem er den Brief an Jefferson schrieb, war er sich sowohl des möglichen Lohns in Geld und Ruhm wie auch der unvorhersehbaren Risiken bewusst gewesen. Dass die Unterstützung seiner Landsleute dabei der entscheidende Faktor war, erkannte er klar. Nun musste sich sein Plan in der Praxis bewähren.

In der Revolutionszeit hatten sich die Radikalen innerlich vom Mutterland losgesagt und die amerikanische Gesellschaft gespalten. Als mit dem Friedensschluss von Paris (1783) Großbritannien die Unabhängigkeit seiner ehemaligen Kolonien anerkannte, waren für diese die

[357] Vor ihm ist nur Robert Edge Pine als Historienmaler zu nennen, der wegen fehlenden Erfolgs in England und aus Sympathie für die Unabhängigkeit nach Amerika ging. Dort veranstaltete er die erste One-Artist-Show, publizierte den ersten Kunstkatalog und plante eine Serie von acht Historiengemälden zur Revolution, von denen offenbar aus vergleichbaren Gründen wie bei den hier besprochenen Künstlern nur wenige verwirklicht wurden. Alle sind jedoch verschollen mit Ausnahme von *Congress voting Independence*, das vermutlich in einer Kopie von Savage erhalten ist (Abbildung 28). Die Allegorie *America* von 1778 (2,76×1,86 m) wurde 1803 durch einen Brand zerstört und ist nur noch als Stich überliefert. Seine Motivation war ähnlich patriotisch wie die Trumbulls als er schrieb: „I had now built an apartment sufficient for finishing the Pictures intended to represent the most Noble Scenes in the late Revolution, and also as farr [sic] as in my power to transmit to Posterity a faithful similitude of the Distinguished Characters in those Heroic Transactions“(zit. in STEWART, 25).

Probleme jedoch nicht gelöst. In einem nur schwachen Staatenbund zusammengeschlossen, überschuldet und am Rande der Anarchie musste nun eine neue Ordnung gefunden werden. Integrationsfigur war dabei weiterhin George Washington, zu dem das Vertrauen so groß war, dass manche ihn gerne zum Alleinherrscher erhoben hätten. Dieser gab jedoch im Dezember 1783 den militärischen Oberbefehl zurück, um sich, dem Vorbild des römischen Staatsmannes Cincinnatus folgend, auf seinen Landsitz Mount Vernon zurückzuziehen.[358]

Gleichzeitig mit der Unabhängigkeitsbewegung ging auch eine Autoritätskrise einher, da der *common-man* in allen Belangen Mitspracherecht verlangte. Als Voraussetzung für ein politisches Amt galten nicht mehr Vermögen und Besitz, sondern gerade die einfachen Leute erschienen als die besseren Repräsentanten des Volkes. War die Unabhängigkeitsbewegung noch überwiegend von der kolonialen Oberschicht gelenkt, vervielfachte sich nun die Anzahl der Bauern und Handwerker in den Parlamenten und Vertreter des gesellschaftlichen Egalitarismus kämpfte in Wahlreden, Zeitungsbeiträgen und Pamphleten gegen noch bestehende Vorrechte der Oberschicht. Was für die einen demokratische Verheißung war, erschien den anderen wie eine Auflösung der gesellschaftlichen Ordnung.[359] Die ideologischen Grundsätze und religiösen Identitäten wirkten nun einer Homogenisierung der USA entgegen.[360]

Im Jahr 1787 tagte unter Leitung George Washingtons der Konvent, der die Verfassung ausarbeitete. Sie sollte die Macht sowohl der Aristokratie wie auch der Massen mit *Checks and Balances* begrenzen.[361] Dieses Engagement ebnete Washington die Rückkehr auf die politische Bühne und bereits 1789 wurde er einstimmig zum ersten Präsidenten der USA gewählt. Vielen widerstrebte der quasi-monarchische Pomp, mit dem

---

358 Lucius Quinctius Cincinnatus wurde 458 v. Chr. zum Diktator ernannt, legte nach dem Sieg über die Äquer die Diktatur nieder. Im Jahre 439 wurde er jedoch erneut Diktator.

359 Vgl. HEIDEKING, 59.

360 In diesem Zusammenhang ist auch die *Farewell Address* Washingtons vom September 1796 zu lesen.

361 S. John Adams: *Defence of the Constitution*, 1787, vgl. Montesquieu: *De l'esprit des lois, 1748.*

der Präsident umgeben wurde. Washington, der alles andere als ein König sein wollte, nutzte seine Stellung jedoch, um das Präsidentenamt mit starker exekutiver Autorität auszustatten und die Republik zu festigen.[362]

Nach dem Boykott britischer Waren und der Zerstörung englischer Symbole benötigte die amerikanische Identität neue Bilder. Diese fand sie zunächst in landläufigen Allegorien der Freiheit, aber auch in konkreten Staatsaufträgen für Staatswappen, Flagge und Banknoten.[363] So zeigte die vom Kongress 1792 in Auftrag gegebene Liberty-Münze die Personifizierung der Freiheit, die vielerorts die Darstellung des Königs als Symbol der nationalen Einheit ersetzte und sich bald mit der Darstellung der Apotheose Washingtons verband.[364] Keime kultureller Eigendynamik zeigten sich auch in der Sprache. So gab Noah Webster 1782 das *American Spelling Book* heraus, das die vom Englischen abweichende Orthographie kodifizierte. Seine Forderung, Jugendliche sollten nicht, wie es oft in der Oberschicht üblich war, im Ausland erzogen werden, sondern Kenntnisse des eigenen Landes erwerben, war einer der ersten Versuche, sich auch kulturell abzukoppeln.

Trumbull hoffte daher, in Amerika mit seinen Gemälden der Unabhängigkeit willkommen zu sein und sein Einkommen mit dem Verkauf von Stichen nationaler Themen bestreiten zu können. Gerade in Zeiten von inneren Differenzen konnte die Erinnerung an die Unabhängigkeitsbewegung einend und identitätsstiftend wirken. Er musste jedoch auf Subskriptionen hoffen, ohne auch nur einen einzigen Probeabzug mitgebracht zu haben, denn die Anfertigung der Stiche hatte sich verzögert, so dass er die Prototypen in der Obhut von West und dem Verleger Antonio di Poggi auf der andern Seite des Atlantiks zurücklassen musste. Unbeirrt machte er sich bereits im Januar des nächsten Jahres daran, sein Projekt bekannt zu machen und Subskriptionen anzubieten, wie er es Jefferson angekündigt hatte:

---

[362] Vgl. BESIER, 72 u. FRYD 1992, Kap. 8. Beispiele sind: Edward Savages *Liberty in the Form of the Goddess of Youth, Giving Support to the Bald Eagle* (1796) und Samuel Jennings *Liberty Displaying the Arts & Sciences* (1792).

[363] Vgl. HARRIS, 17-28.

[364] Vgl. BESIER, 74.

> *Immediately [...] upon my arrival in America, I shall offer a subscription for prints to be published from such series of pictures as I intend, with the condition of returning their money to subscribers, if the sum received shall not prove to be sufficient to justify me in proceeding with the work [...]*[365]

Dies macht den großen Optimismus deutlich, mit dem Trumbull an das Projekt heranging. In der *Gazette of the United States* kündigt er sogar den Verkauf von Stichen an, für die er bisher noch keine Entwürfe hatte. Für die Serie hatte er zusätzlich folgende Themen ausgewählt, die er für Schlüsselszenen des vergangenen Krieges hielt:

- The Treaty with France
- The Signing of the Treaty of Peace
- The Evacuation of New York by the British
- The President Received by the Ladies of Trenton and the Arch
- The Inauguration of the President
- The Battle of Eutaw Springs[366]

Tatsächlich erreichte er, dass sich George Washington als erstes auf die Liste der Vorbestellungen für *Battle of Bunker's Hill* und *Montgomery at Quebec* eintrug.[367] Auch konnte er den Vizepräsidenten John Adams, den Gouverneur von New York, George Clinton, und viele andere dazu bewegen, Stiche zu bestellen. Dann ebbte das Interesse an dem nationalen Projekt jedoch schnell ab.

Ein Grund lag darin, dass der erste Stich erst 1792, 17 Jahre nach den Ereignissen, erschien.[368] Vor allem aber beschäftigte die Amerikaner der Verlauf der Französischen Revolution inzwischen erheblich

---

[365] Zit. in TRUMBULL 1953, 161.

[366] S. TRUMBULL 1790, vgl. JAFFE, 154 u. PROWN 1982, 37-38.

[367] Washington setzte sich auch bei Lafayette für Trumbulls Stichserie ein. Ein Abzug von *Bunker's Hill* befindet sich heute im Treppenhaus von Washingtons Landsitz Mount Vernon.

[368] Vgl. TRUMBULL 1953, 164 u. 172. Zunächst reiste er an die Orte, um Hintergründe von Originallandschaften zu skizzieren, sowie weitere Porträts in die *Declaration* einzufügen. Hier zeigt er sich als Meister der Miniatur. JAFFE spekuliert, wären die Stiche früher fertiggeworden, als die Nation noch nicht so gespalten war, hätten sie sich besser verkauft (ebd., 187).

mehr als ihre eigene.[369] Die Ausrufung der Republik in Frankreich und die Kriegserklärung gegen die Interventionsmächte begeisterten viele Amerikaner und es schien, als hätten diese Vorgänge den Blick auf die eigene Vergangenheit verstellt.[370]

Besonders Thomas Jefferson, der im Jahr 1789 aus Paris zurückgekehrt war und in Washingtons Kabinett *Secretary of State* wurde, war ein überzeugter Verfechter der Französischen Revolution. Mit dem Ideal eines bescheidenen Republikanismus, der die Belange des einfachen Mannes vertrete, verschaffte er sich viele Sympathien in der Bevölkerung. Jefferson sympathisierte mit Frankreich, obwohl es Europa mit Krieg zu überziehen begann. Er kritisierte die pro-britische Tendenz der eigenen Regierung und hielt den Terror in Frankreich nur für ein Übergangsphänomen auf dem Weg zu einer gerechteren Gesellschaftsordnung.[371] Er war der Meinung, die Bekämpfung von großem Unrecht müsse auch Opfer fordern. Niemand dürfe im Wege stehen, wenn eine Demokratie geschaffen würde, vor allem, wenn sich mit einer erfolgreichen Revolution in Frankreich die freiheitlichen Ideen in ganz Europa verbreiten würden.[372]

Aber bereits früh warfen John Adams und sein Sohn John Quincy Adams den Revolutionären von 1790/91 vor, Freiheit und Zügellosigkeit zu verwechseln.[373] Mit der Hinrichtung Ludwigs XVI. im Januar

---

369 Vgl. TRUMBULL 1953, 154.

370 Frankreich erklärte am 20. April 1792 den Krieg (Erster Koalitionskrieg). Die Französische Republik wurde am 21. September desselben Jahres ausgerufen.

371 Vgl. HEIDEKING, 82. Als Reaktion gegen die revolutionskritische Schrift des britischen Konservativen Edmund Burke befürwortete Paine die Revolution in der Schrift *Rights of Man* von 1790/91. Eine „zweite Revolution" sollte gar die gesellschaftlichen Konflikte in Amerika lösen (s. BESIER 73). BESIER bemerkt, dass die innenpolitischen Auseinandersetzungen, bis auf das Duell zwischen Burr und Hamilton, unblutig verlaufen seien: „Das war ein wesentlicher Unterschied zu anderen Revolutionen und nationalen Unabhängigkeitsbewegungen der Neuzeit" (ebd. 79). Andererseits war der Unabhängigkeitskrieg auch ein Bürgerkrieg mit vielen Kriegstoten. Der Vergleich mit anderen Revolutionen ist schwierig, schließlich war der König auf der anderen Seite des Atlantiks und nicht im eigenen Land.

372 Vgl. LISITZSKY, 204f.

373 Vgl. HEIDEKING, 79. Die nach dem Vorbild der Jakobinerklubs gegründeten *Democratic-Republican Societies* erklärten Kritik an der Französischen Revolution für unvereinbar mit freiheitlicher Gesinnung.

1793 sowie der Kriegserklärung gegen England begann ein polarisierender Streit zwischen den politischen Lagern über die freiheitliche Gesinnung in Amerika.[374] So machte der Föderalist Alexander Hamilton, ein Kabinettskollege Jeffersons, deutlich, dass er die Französische Revolution verabscheue. Im Gegenzug unterstellte Jefferson dessen Partei, eine misslungene Revolution in Frankreich dazu nutzen zu wollen, um die republikanische Verfassung in Amerika zu stürzen sowie die Regierungsform nach britischem Modell umzugestalten und die Monarchie einzuführen. Die Föderalisten erklärten die andere Seite dagegen als subversiv und mit demselben Geist beseelt, der in Frankreich zu blutigem Terror führe. Hamilton tendierte gar zur Unterstützung des letzten Kriegsgegners England gegen Frankreich.[375]

Nach seinen Erlebnissen in Paris war Trumbull als ein Sympathisant Frankreichs zurückgekehrt. Aber die dort herrschende Gewalt ließ sein Vertrauen in die Ziele der Revolution schwinden und ihn von Jeffersons Position abkehren. Er schrieb: „Mr. Jefferson [...] became the apologist of France",[376] „The [French] Government is now a Military Despotism, more uncontrolled than at any period of Monarchy."[377] In seiner Autobiographie von 1841 blickt er zurück:

> *The calm splendor of our own Revolution, comparative rational and beneficial as it had been, was eclipsed in the meteoric glare and horrible*

---

[374] Wie RAEITHEL schreibt, zeigten sich die politischen Unterschiede selbst in der Mode: „Die Frauen der Republikaner kleideten sich á la mode française, die der Federalisten á la mode anglaise" (ebd., 257).

[375] Trumbull schreibt, die Vorgänge in Frankreich habe das amerikanische Volk in „violent partisans" verwandelt, „to such a degree did this insanely prevail, that the whole country seemed to be changed into one vast arena, on which the two parties, forgetting their national character, were wasting their time, their thoughts their energy, on this foreign quarrel" (TRUMBULL 1953, 172).

[376] TRUMBULL 1953, 173.

[377] So schrieb er an Walcott, 8. Dez. 1797, New-York Historical Society (zit. in JAFFE, 182). Sein Kampf gegen den Despotismus ließ den weltpolitischen Analysten Trumbull den sogenannten Miranda-Plan propagieren, der Südamerika zur Revolution führen und das jakobinische Frankreich in Schach halten sollte (s. JAFFE, 183f. u. ERNST, 265f). Francisco de Miranda wurde im Übrigen ein Hang zur Kunst, Musik und Literatur nachgesagt. Möglicherweise hat über dieses Interesse der persönliche Kontakt zu Trumbull besondere Qualität erhalten (s. ROZBICKI, 170). Vgl. die Schrift von Burke *Reflections on the revolution in France* von 1790.

> *blaze of glory of republican France [...] some of our people [...] even hurraed when the head of Louis XVI, our real benefactor, was submitted to that instrument of wholesale butchery, the guillotine.*[378]

Gerade weil Trumbull die Ideale der Aufklärung, die die Ideale der Unabhängigkeit waren, verschwinden sah, versuchte er sie mithilfe der Historiengemälde lebendig und präsent zu halten. Aber selbst seine Porträts verkauften sich immer schlechter, weil Jeffersons Embargopolitik zu Einkommenseinbrüchen seiner New Yorker Klientel führte.[379]

Erst im Oktober 1791, als die Amerikanische Revolution bereits durch die Ereignisse in Frankreich überschattet war, konnte Trumbull einen Probedruck von *Battle of Bunker's Hill* und *Montgomery at Quebec* vorzeigen.[380] Zu spät, um noch ausreichend Aufmerksamkeit erreichen zu können. Als die endgültigen Stiche von *Bunker's Hill* und *Montgomery at Quebec* 1797 fertig geworden waren, hatten die Subskriptionen nur etwa 75 % der Kosten gedeckt und waren damit keine Ermutigung für die Fortführung des Projekts. Trumbull ließ schließlich den Plan fallen, auch seine Prototypen von *The Surrender of Lord Cornwallis at Yorktown*, *The Capture of the Hessians at Trenton* und andere Bilder in den Stich über-

378 TRUMBULL 1953, 172f., vgl. FARINGTON, III, 996, 1. Feb. 1798.

379 So schrieb er in seiner Autobiographie die Schuld seines geringen Einkommens zu dieser Zeit unter anderem Jefferson zu (vgl. TRUMBULL 1953, 241-242). Nach einer Dinnerparty in Philadelphia 1793 und Streit mit Senator Giles aus Virginia über Religion wurde Trumbulls Verhältnis zu Jefferson kühler. Daraufhin wurden Anhänger Jeffersons, Jakobiner und Atheisten für Trumbull zum Feindbild (ebd., 173-175). Ironisch empörte er sich in einem Brief an Rufus King 1813: „Oh, the *supernatural* Wisdom of Embargoes, non-intercourse, non-importation, and declaration of war [...]" (Hervorhebung im Original, 4. März 1813, zit. in KING, 274, ähnliche Wortwahl über Jeffersons „wisdom" bereits am 30. April 1809, vgl. KING, 154f.).

380 1797 konnte er den fertigen Stich in Stuttgart abholen, der 1798 publiziert wurde, 23 Jahre nach dem Ereignis; *Gibraltar* gar erst 1799. Farington traf Trumbull und berichtet: „He complained much about the delay in the Publication of the Prints from His picture of Gibraltar, & actions in America. [der Kupferstecher William] Sharp is now 3 years over the time He engaged to complete His work in – Trumbull says He is in consequence at a stand, for He cannot think of preparing more subjects till He knows how these Prints will answer. – ‚Better Play for nothing, than work for nothing', said He, ‚I know not whether I am to be a gainer or not till the Prints are published.'" (FARINGTON, II, 646, 20. Aug. 1796).

tragen zu lassen. Er schrieb resigniert: „The process of the French revolution was blasting my hopes [...] my great enterprise was blighted.“[381] Trumbulls Hoffnung, in Amerika seinen Lebensunterhalt mit der Historienmalerei nach Wests Vorbild bestreiten zu können, war damit zunächst gescheitert.[382]

So endete das 18. Jahrhundert mit dem Tod Washingtons und der vorläufigen Aufgabe des Projekts „Historienmalerei“ durch Trumbull. Vom geringen Erfolg seiner künstlerischen Unternehmung enttäuscht, schrieb er am 25. November 1799 an Lafayette, er bezweifle, ob er die Malerei überhaupt jemals wieder aufnehmen würde:

> *But convinced at length that I was sacrificing the most precious part of my life, I have for several years given all my attention to other objects; if different prospects should hereafter open, I may perhaps wish to resume the work, although I very much doubt whether I shall ever resume sufficient courage.*[383]

Er war überzeugt, „no other branch of the profession can be cultivated in America with Success, & the renewed War and confusion in Europe destroy all hope here during my life time.“[384] Eine Alternative zur Malerei schien es für ihn jedoch nicht zu geben: „I know nothing of farming – little of trade. I fear I shall find my countrymen care very little for the only thing I pretend to understand.“[385] Diese einzige Sache, von der er meinte, etwas zu verstehen, war die Malerei.

Trumbulls Wunsch, den Beruf des Künstlers zu ergreifen, um es den antiken Künstlern gleichzutun, war sein Vater bereits früh mit der Aus-

---

[381] TRUMBULL 1953, 173.

[382] Am 31. Mai 1804 erzählte West Farington von der geringen Ermutigung, die er für die Historienmalerei erhalten hätte und dass er ohne die Förderung des Königs sich wohl der Porträtmalerei zugewandt hätte. Es ist vermutlich diese Erfahrung Wests, die Trumbull dazu brachte, sich um die Gunst des Präsidenten, des Kongresses und der Wohlhabenden zu bemühen (vgl. FARINGTON, VI, 2339, 31. Mai 1804).

[383] New-York Historical Society, zit. in JAFFE, 189. Washington starb am 14. Dezember 1799.

[384] An Daniel Wadsworth, 7. Sept. 1803, Yale, zit. in JAFFE, 199.

[385] An Daniel Wadsworth, 7. Sept. 1803, Yale, zit. in JAFFE, 198, allerdings erschien ihm zu diesem Zeitpunkt seine diplomatische Karriere ebenso beendet wie seine militärische (TRUMBULL 1953, 235).

sage begegnet: „Connecticut is not Athens.“[386] In Amerika, so meinte dieser, spiele Kunst eine andere Rolle. Tatsächlich muss Trumbulls Projekt an diesem Punkt auf verschiedenen Ebenen als gescheitert angesehen werden. Einerseits war das Interesse am Inhalt, der Unabhängigkeitsbewegung, erlahmt. Andererseits war die Nachfrage nach derartigen künstlerischen Artefakten aus wirtschaftlichen Gründen reduziert. Entscheidend für die grundsätzlichen Schwierigkeiten, die Idee der europäischen Historienmalerei zu importieren und an amerikanische Verhältnisse anzupassen, wurde erst später deutlich: Die amerikanische Gesellschaft war anders strukturiert als beispielsweise die englische. Kunst in der Funktion, die Identität des Gentlemans zu affirmieren, spielte eine deutlich geringere Rolle. Kunst musste in dieser Gesellschaft eine neue Funktion finden. Und schließlich hatten der Bildbegriff und die Bildrezeption eine andere Tradition.

Mit Trumbulls erstem Scheitern ist die Geschichte der Historienmalerei in Amerika jedoch nicht an ihr Ende gelangt. Hier liegt vielmehr erst der Beginn einer Anpassung der Bildformen an die gesellschaftlichen Realitäten. Dieser Prozess zeigt sich in einem kunsttheoretischen Diskurs, der weitreichende gesellschaftliche Fragen aufwarf, da er den Kern der nationalen Identität berührte: Trumbull und andere Künstler hatten die Malerei des Grand Styles nicht nur zur eigenen Nobilitierung in Amerika zu etablieren versucht. Ihr Ziel war vielmehr die Nobilitierung Amerikas im internationalen Konkurrenzkampf, vor allem im Wettbewerb mit England. Das Engagement der Künstler entsprang einem patriotischen Pflichtgefühl, ihre Heimat aus der vermeintlichen Provinzialität herauszuhelfen. Die USA brauchte also eine Hochkunst, um sich weltweit Anerkennung zu verschaffen. Die Frage war nur, welche Art von Kunst der amerikanischen Republik entsprach. Ob die aus Europa importierte Historienmalerei die richtige Antwort darstellte, war bald Gegenstand öffentlicher Diskussionen. So lässt die Kritik an den Gemälden Trumbulls aber auch sehr kontrovers geführte Parlamentsdebatten erkennen, wie wenig sich die Historienmalerei und die Kunst im Allgemeinen auf einen Konsens über ihre Funktion in der neuen Republik stützen konnten.

---

386 TRUMBULL 1953, 35.

Historienmalerei in der bürgerlichen Öffentlichkeit

Zum Zeitpunkt, an dem Trumbull sein Talent aufgeben musste, waren seine künstlerischen Fähigkeiten durch die Ausbildung in Europa und die praktische Ausübung der Malerei auf ihrem Höhepunkt. Trotzdem kam ihm nach der Frustration mit seinem Projekt ein Angebot, in eine andere Funktion überzuwechseln, offenbar gelegen. Im Jahr 1794 akzeptierte er daher das Angebot Washingtons, als Sekretär von John Jay an einer diplomatischen Mission teilzunehmen, und reiste sogleich nach London.[387] Der 1789 im Brief an Jefferson dargelegte Entschluss für die Kunst und gegen eine diplomatische Karriere war damit revidiert.

Der Jay-Vertrag, der in London auszuhandeln war, regelte einige der seit dem Pariser Frieden ungeklärten Fragen, darunter die Räumung des Nordwest-Territoriums durch die Briten und die Ermöglichung des Handels mit den westindischen Inseln. Die Konzessionen, die den USA in diesem Vertrag zugesagt wurden, sind nur aus den europäischen Rivalitäten zu erklären, die die Amerikaner geschickt für sich zu nutzen verstanden.[388] Trotzdem mussten auch sie im Gegenzug Zugeständnisse machen, die zu innenpolitischen Diskussionen führten.[389] Hinzu kamen außenpolitische Spannungen mit Frankreich, als das französische Direktorium den Jay-Vertrag für eine Verschwörung der Angloamerikaner hielt und den Bund von 1778 auflöste.[390] Daraufhin verlangte der französische Außenminister Talleyrand durch Mittelsmänner eine Geldzahlung als Vorbedingungen für weitere Gespräche und setzte die Amerikaner dadurch so sehr unter Druck, bis der Ausbruch eines Krieges zu drohen schien.[391]

---

[387] Vgl. TRUMBULL 1953, 173.

[388] Vgl. JUNKER, 22f., s. TRUMBULL 1953, Kap. 6.

[389] Jefferson meinte, der Vertrag würde das Land zugrunde richten (vgl. DAHMS, 47).

[390] Vgl. HEIDEKING, 82 u. DAHMS, 48.

[391] In der sog. „XYZ-Affäre" spielte auch Trumbull eine Rolle (ausführlich dazu LOKKE). Eine dreimonatige Pause in Verhandlung um Ansprüche von Transportunternehmern infolge des Jay-Treatys nutze er im Sommer 1797, um in Stuttgart den Stich von *Bunker's Hill* durch Müller zu überprüfen. Auf dem Weg dorthin, übergab er in Paris dem dortigen Botschafter Monroe einen Brief von Jay mit geheimen Informationen über den Vertrag. Von Frankreich wurde dies als ein unfreundlicher Akt ange-

Als es schließlich doch zu einem erfolgreichen Abschluss der Verhandlungen kam, nahm Trumbull an der Überwachung des 7. Artikels des Jay-Vertrages teil, die ihn bis 1804 beschäftigt hielt. Während dieser Zeit wohnte er zwar in einem Künstlerviertel Londons, hatte aber wenig mit Kunst zu tun. Zu sehr war er mit der Politik beschäftigt, ohne dass er den Pinsel in die Hand hätte nehmen können. Kritiker glauben, dass in dieser Zeit ohne Praxis seine künstlerischen Fähigkeiten verloren gingen.[392]

Vollständig hatte Trumbull sein Projekt dennoch nicht aufgegeben. Den Auftrag, Monroe einen Brief von Jay in Paris zu übermitteln, nutzte er als Gelegenheit, um anschließend nach Stuttgart weiterzureisen und den Fortschritt des Stiches von *Battle of Bunker's Hill* zu begutachten, den er Johann Gotthard von Müller (1747-1830) in Auftrag gegeben hatte.[393] Tatsächlich war dieser soweit fertiggestellt, das

sehen, der zu ersten Spannungen führte. Unterstützung bekam er weniger von Talleyrand, als vielmehr von dem Malerkollegen und Politiker Jacques-Louis David. Das zu dieser Reise benötigte Ausreisevisum verweigerte ihm Außenminister Talleyrand offenbar, um von Rufus King, dem Gesandten Amerikas in England und Harvard-Freund Trumbulls, Bestechungsgelder zu erpressen. Als Trumbull über Den Haag nach Stuttgart und dann zurück nach Paris reiste, ging er anschließend zu David, den er zunächst wegen dessen Verbindungen zu Robespierre gemieden hatte. Dieser riet ihm *Bunker's Hill*, das er aus Stuttgart mitgebracht hatte, mit zur zuständigen Polizeistation zu nehmen, es sei mehrere Pässe wert: „ce tableau-là vaut bien des passeports" (zit. in TRUMBULL 1953, 224). Auf dem Weg dorthin äußerte David, es sei gut für die Republik gewesen, wenn 500 000 Köpfe mehr gerollt wären. Die Idee der Republik bezeichnete Trumbull 1840 in seiner Autobiographie desillusioniert als „that favorite phantom of the age" (TRUMBULL 1953, 226, vgl. MCCOUBREY, 19).

392 So z. B. DUNLAP, I, 378, aber auch Horatio Greenough in TUCKERMAN, 87.

393 Johann Wolfgang von Goethe sah *Bunker's Hill* und schrieb am 30. August 1797 an Schiller: „Sodann ist er [Professor Müllern] auch an einem Tod eines Generals beschäftigt, und zwar eines amerikanischen, eines jungen Mannes, der bei Bunker-Hill blieb. Das Gemälde ist von einem Amerikaner Trumbull und hat Vorzüge des Künstlers und Fehler des Liebhabers. Die Vorzüge sind: sehr charakteristische und vortrefflich tockierte Porträtgesichter; die Fehler: Disproportionen der Körper unter einander und ihre Theile. Componiert ist es, verhältnismäßig zum Gegenstande, recht gut, und für ein Bild, auf dem so viele rothe Uniformen erscheinen müssen, ganz verständig gefärbt; doch macht es im ersten Augenblick immer eine grelle Wirkung, bis man sich mit ihm wegen seiner Verdienste versöhnt.", Goethes Werke, Bd. 34, 287f. Ein Stich von „Bunker's Hill" hängt im Schiller-Haus in Weimar (s. TRUMBULL 1953, 122 u. 184). Auf dem Rückweg kam Trumbull durch Karlsruhe (s. TRUMBULL 1953,

Trumbull ihn zusammen mit dem Gemälde zurück nach Paris nehmen konnte. Inzwischen 44 Jahre alt, kehrte er nach Beendigung der Aufgaben mit Jay zurück nach New York.[394]

Amerika hatte sich inzwischen weiter verändert: War Jefferson in der Präsidentschaftswahl von 1796 John Adams noch knapp unterlegen, konnte er sich im Jahre 1800 gegen den Kandidaten Aaron Burr durchsetzen und wurde in der neuen Hauptstadt Washington als neuer Präsident vereidigt.[395] Durch eine vereinfachte Einbürgerung strömten zunehmend Einwanderer in das Land und mit dem *Louisiana Purchase* von 1803 war nun auch der Weg bis zu den Rocky Mountains frei geworden.[396] Außenpolitisch standen weiterhin Probleme an: Während der Koalitionskriege beeinträchtigte Napoleons Kontinentalsperre und die britische Gegenblockade den amerikanischen Handel mit Europa. Jefferson verhängte daher ab 1807 einen unpopulären Ausfuhrstopp, um die Europäer zur Beachtung der Neutralitätsrechte zu zwingen. Doch während Napoleon einlenkte, hielten die Engländer an der Beschränkung des amerikanischen Handels fest. Dies führte im Jahr 1812 schließlich zum „zweiten Unabhängigkeitskrieg" gegen Großbritannien.

So mussten die Amerikaner im Sommer 1814 erleben, wie ein feindliches Flottengeschwader bis nach Washington vordrang. Die amerikanischen Truppen waren bereits aus der Stadt geflohen und die Briten schickten Abgesandte voraus, um den Bewohnern mitzuteilen, dass privates Eigentum unangetastet bliebe, man aber alle öffentlichen Gebäude zerstören würde.[397] So legten die Engländer am Abend des 24. August 1814 im Kapitol Feuer, das zu dieser Zeit nur aus dem Nord- (Senat) und Südflügel (Repräsentantenhaus) bestand, die mit

219). Er hatte mit mehr Verkäufen auf dem Kontinent als woanders gerechnet. Europa war nun jedoch zu sehr mit eigenen Kriegen beschäftigt, dass keine Nachfrage nach Gemälden erwartet werden konnte. Daher gab er sein Projekt zunächst auf und kam 1796 wieder nach England zurück (s. DUNLAP, I, 368).

[394] Nach seiner Rückkehr am 27. Juni 1804 wandte er sich zunächst „the more humble branch of this profession" zu, also der Porträtmalerei (TRUMBULL 1953, 237, Anm. 2).

[395] Damit hatte sich die Republik durch friedlichen Machtwechsel bewährt (s. HEIDEKING, 88ff). Unter Washington war Jefferson Außenminister, unter John Adams Vize-Präsident und ab 1801 dessen Nachfolger.

[396] Im gleichen Jahr begann die Expedition von Lewis und Clark bis zum Pazifik.

[397] Vgl. PITCH, 99.

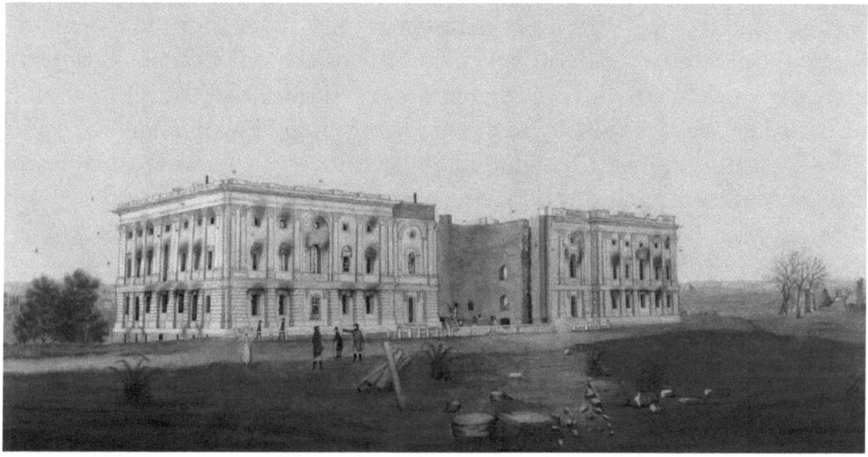

Abbildung 29 George Munger: *The Capitol in Ruins*, ca. 1814
Kipler Washington Collection. Quelle: ALLEN, 99

einem vorläufigen hölzernen Durchgang verbunden waren. Als offizielle Begründung der Aktion wurde die Vergeltung für die Zerstörung in der Schlacht um York (heute Toronto) im Vorjahr angegeben, in der die Amerikaner die Stadt einschließlich des Parlamentsgebäudes in Brand setzten. Der ranghöchste amerikanische Beamte der Marinewerft, Mordecai Booth, schrieb über den Anblick des brennenden Kapitols, es sei „so repugnant to my feelings, so dishonourable, so degrading to the American character".[398] Der britische Hauptmann Harry Smith schrieb später in seiner Autobiographie: „I had no objection to burn arsenals, dockyards, frigates buildings, stores, barracks etc. [...] but we were horrified at the order to burn the elegant Houses of Parliament".[399]

---

[398] Brief an Thomas Tingey, 10. Sept. 1814, zit. in PITCH, 103. Neben Washington waren auch Lake Champlain, New Orleans und Baltimore Ziele der Briten. Auch die im Kapitol befindliche Bibliothek ging in Flammen auf. Am 17. Juli 2003 entschuldigte sich der britische Premierminister Tony Blair für diese Tat. Thomas Jefferson verkaufte dem Kongress seine Privatbibliothek, die den Grundstock der heutigen Library of Congress bildet.

[399] Zit. in PITCH, 104. Harry Smith berichtete später in London anhand einer Karte von der Zerstörung jedes einzelnen öffentlichen Gebäudes in Washington (vgl. ebd. 149).

Die Zerstörung war also keineswegs ein spontaner Akt der britischen Soldaten, sondern geschah auf höchsten Befehl. Offenbar handelte es sich um einen gezielten Gegen-Ikonoklasmus, diesmal eine Zerstörung des Symbols der amerikanischen Unabhängigkeit und Selbstbestimmung. Wie bedeutend Staatsymbole waren, zeigt First Lady Dolley Madison nach der Schlacht von Bladensburg, als die Einnahme Washingtons bevorstand. Sie gab die Anweisung, das Washington-Gemälde von Gilbert Stuarts eher zu zerstören, als es in die Hände des Feindes fallen zu lassen.[400]

Die Neuauflage des Unabhängigkeitskrieges war wenig heroisch. Zwar errang Commodore Oliver Perry auf den großen Seen einige Achtungserfolge, doch blieb der Krieg ergebnislos. Im Jahr 1814 wurde in Gent ein Kompromissfriede ausgehandelt, der den *Status quo ante bellum* wiederherstellte.[401] Keine der beiden Seiten hatte einen Sieg davontragen können. Das wichtigste Ergebnis aus amerikanischer Sicht war aber die Bestätigung der territorialen Souveränität und der Integrität der Vereinigten Staaten. Zudem entfielen die meisten Handelsbeschränkungen, unter denen die Amerikaner seit dem Ausscheiden aus dem britischen Empire gelitten hatten. Deshalb feierte die Bevölkerung das Ende des Krieges wie einen Sieg. Dem patriotischen Stolz genügten Episoden wie die Verteidigung Baltimores oder General Andrew Jacksons Sieg bei New Orleans im Januar 1815, zu einem Zeitpunkt, als die Feindseligkeiten offiziell bereits beendet waren.

Mit Kriegsende führte die Erinnerung an den Unabhängigkeitskrieg zu neuen patriotischen Schüben. Nationale Symbole wie das Sternenbanner, der Unabhängigkeitstag oder die Gestalt des *Uncle Sam* ermöglichten die Identifikation mit dem Staat.[402] Aus dieser Bewegung des

---

[400] Das lebensgroße Lansdowne-Porträt hatte die Regierung 1800 angekauft, am 24. August 1814 befand es sich im großen Esszimmer des Weißen Hauses. „Save the picture if possible. If not possible, destroy it. Under no circumstances allow it to fall into the hands of the British" (zit. in PITCH, 87).

[401] Die Nachgiebigkeit Englands in den Verhandlungen zum Frieden von Gent lässt sich mit der Kriegsmüdigkeit infolge der Napoleonischen Kriege erklären (vgl. JUNKER, 23).

[402] Die Nationalflagge wurde am 14. Juni 1777 vom Kontinentalkongress angenommen. Die Figur des *Uncle Sam* tauchte 1813 erstmals gedruckt auf und bildete seitdem ein „kollektives Vorbild" (RAEITHEL, 252). Der amerikanische Diplomat Albert

neuen Nationalismus heraus war es nur folgerichtig, das Kapitol wieder aufzubauen – größer als ursprünglich geplant.

Die Verfassung hatte in Artikel 1,8 eine Landschenkung an den Kongress für die neue Hauptstadt (*nine-miles-square*) sowie den Bau der notwendigen öffentlichen Gebäude vorgesehen. Der *Resident Act* benannte drei Jahre später das Nordufer des Potomac als Sitz der Hauptstadt. Der *District of Columbia* wurde zur *City of Washington*.[403]

George Washington selbst hatte den Auftrag zu einem stadtplanerischen Entwurf an Pierre L'Enfant gegeben. Dieser sah unter Mitwirkung Thomas Jeffersons ein Straßenraster mit breiten Diagonalen sowie einer weiten Distanz zwischen dem Präsidenten- und dem Parlamentsgebäude als Zeichen der Gewaltenteilung vor. Das Parlamentsgebäude nannte L'Enfant noch „Congress House", Jefferson änderte dessen Name zu „Capitol" in Anlehnung an den Tempel auf dem kapitolinischen Hügel in Rom, der den Senat beherbergte.[404] Dieses Gebäude sollte nach seiner Vorstellung eine Symbolarchitektur für Amerika werden. Er schrieb: „I am an enthusiast on the subject of the arts [...] as its object is to improve the taste of my countrymen, to increase their reputation, to reconcile to them the respect of the world and procure them its praise."[405] Daher wünschte er sich für das Kapitol „one of the models of antiquity, which have had the approbation of the thousands of years."[406]

Gallatin schrieb, der Krieg habe „renewed and reinstated the national feelings and character which the Revolution had given" (zit. in MILLER 1966, 9).

403 Philadelphia war das Zentrum der Revolution. Die Vorbehalte gegenüber dem Umzug von Regierung und Parlament nach Washington, D. C. (vorher auch in Princeton, Annapolis und New York City) lagen vorwiegend in lokalpolitischen Gründen, spiegeln aber auch ein Bild zwischen konservativen und progressiven Meinungen wider. Ironischerweise waren es noch einmal die Briten, die durch die Zerstörung eines amerikanischen Symbols die Zustimmung zum Aufbau einer neuen Hauptstadt den Weg freimachte. Zu Vorbildern in der Stadtplanung s. KLINKE 2007.

404 Vgl. ALLEN 2004, 10 u. FRYD 1992, 10.

405 20. Sept. 1785 an James Madison, zit. in ALLEN 2004, 14.

406 10. April 1791 an Latrobe, zit. in ALLEN 2004, 13. 1792 war ein Wettbewerb für einen Entwurf das Kapitol ausgeschrieben worden. Die Ergebnisse stellten jedoch nicht zufrieden. So wurde zunächst auf verschiedene Pläne wechselnder Architekten aufgebaut.

Die praktische Umsetzung der Vision einer nationalen Hauptstadt, die sich mit London und Paris messen könne, war zunächst sehr bescheiden ausgefallen, erlaubte den Verfassungsorganen aber immerhin, im November 1800 von Philadelphia nach Washington umzuziehen. Vor dem noch unfertigen Kapitol wurde Jefferson Anfang 1801 zum Präsidenten vereidigt, der im März 1803 Henry Latrobe zum „surveyor of the public buildings" ernannt hatte, um das Gebäude fertigzustellen.[407] Erst dieser hatte einem Masterplan erdacht, trieb die Bauarbeiten voran und stellte die beiden Flügel fertig, die er zunächst provisorisch mit einem zweigeschossigen hölzernen Mittelteil verband.

Die gezielte Zerstörung des Gebäudes durch die Briten zeigt seine hohe politische Bedeutung als Symbol der Unabhängigkeit. Sein Wiederaufbau war nun umso mehr von nationaler Wichtigkeit, um amerikanische Selbständigkeit und Unabhängigkeit zu demonstrieren. Gerade der Zentralbau sollte zur zentralen Kultstätte nationaler Identität werden. Präsident Madison beauftragte Latrobe, die beiden durch den Brand von 1814 beschädigten Flügel schnell wiederherzustellen und einen endgültigen Mitteltrakt zu planen, der erst durch Charles Bulfinch als Zentralbau mit einer kuppelgekrönten Rotunde umgesetzt wurde.[408]

Während dieser Jahre verdiente sich Trumbull nach seiner diplomatischen Karriere seinen Lebensunterhalt wieder mit der Porträtmalerei. Er war einer der besten Porträtmaler New Yorks und konnte entsprechende Preise verlangen. Gleichzeitig versuchte er sich in der Landschaftsmalerei und Benjamin West folgend auch in religiösen Bildern.[409]

---

[407] Beide waren Mitglieder der American Philosophical Society. Zu dieser Zeit waren Künstler in Amerika rar und Latrobe schrieb später: „The Capitol was begun at a time when the country was entirely destitute of artists [...]" (6. März 1805, zit. in FAIRMAN, 3). Giuseppe Franzoni und Giovanni Andrei konnten daher erst 1806 aus Italien angeworben werden, um die bildhauerische Arbeit zu übernehmen. Andrei starb 1825. Franzoni bereits 1815 und konnte daher nicht mehr am Wiederaufbau teilnehmen.

[408] Im Dezember 1817 erhielt Bulfinch erstmals Lohn, offiziell war er im Januar 1818 Nachfolger Latrobes.

[409] Sein erster öffentlicher Auftrag war ein Monumentalporträt Washingtons für die City Hall von New York in Jahre 1790. *General Washington at New York* wurde nach seinem Gemälde *General Washington at Verplanck's Point* gemalt, für das der Präsident Porträt saß. Dabei wurde es auf Wunsch der Stadt New York vom Kleinformat von

Die Porträtmalerei hatte den Vorteil, den Zugang zu entscheidenden Persönlichkeiten zu erleichtern, die seinen weiteren Projekten hilfreich sein konnten. Denn als das Kapitol wiederaufgebaut werden sollte, sah Trumbull die Chance gekommen, an dieser bedeutenden Stelle seinen Historiengemälden eine neue Funktion zu geben.[410]

Seiner Vorstellung nach sollte der Zentralbau ein nationaler Gedenkraum für die Staatsgründung sein, eine säkulare Sakralhalle der Nation. Dieser zusammen mit seinem Freund Bulfinch als Rotunde konzipierte Raum sollte in acht Wandnischen seine um ein mehrfaches vergrößerten Gemälde der Unabhängigkeitsbewegung aufnehmen und so an die Werte der Amerikanischen Revolution erinnern, den Geburtsmythos wach halten und letztendlich mit dem einenden Nationalgedanken auch der zunehmenden Fragmentierung der Gesellschaft entgegenwirken. Der architektonische Gedanke eines runden Raums unter einer Kuppel leitet sich vom Pantheon in Rom ab.[411] Möglicherweise orientierte sich Trumbull auch an der Halle für „commemorative pictures", die in der Royal Academy diskutiert wurde. Dieses nationale Museum (*The Dome*) mit einer tempelartigen Rotunde als Zentral-

30×20 auf 108×72 cm vergrößert (SIZER 1949, Abb. 94). Trumbull hatte bis zu diesem Zeitpunkt kein größeres Gemälde geschaffen. JAFFE versucht die mangelnde Qualität im Großformat aus Trumbulls Psychologie heraus zu erklären (ebd., 155ff.). Eine Version für Charleston mit wildem Schimmel und dramatischem Himmel war dem Auftraggeber zu emotional, es wurde ein „matter-of-fact" Likeness bevorzugt (s. JAFFE, 159 u. TRUMBULL 1953).

410 Ein Brief von Trumbulls Freund, John Stevens Cogdell, der am 2. Dezember 1816 veröffentlicht wurde, initiierte die Projektidee (vgl. VERHEYEN, 262). Ein anderer Freund, Charles Wiles, wies Trumbull darauf hin, dass Baltimore zwei Historiengemälde in Auftrag geben würde. Dabei machte er die Bekanntschaft mit Joseph Hopper Nicholson, der ihm, als dieser Auftrag nicht zustande kam, riet, seine Bilder dem Kongress in Washington anzubieten (vgl. TRUMBULL 1953, 256-7).

411 Die Rotunde misst etwa 30 m im Durchmesser, die Oberkante der Sandsteinwände liegt bei etwa 15 m, alles darüber ist das Werk von Thomas U. Walter ab 1855, heute ist die Kuppel etwa 55 m hoch. Als Zentrum des Kapitols verbindet sie das Repräsentantenhaus und den Senat. Jefferson hatte bereits an das römische Pantheon gedacht. Die erste Idee stammte von William Thornton, der 1793 eine Ausschreibung gewann. Die acht Historiengemälde wurden ab 1819 darin platziert (Trumbull 1819-1824, weitere zwischen 1840 und 1855).

element sollte die Künste der Nation zeigen, wurde in dieser Form jedoch nicht verwirklicht.[412]

Trumbull war für sein Projekt auf die Stimmen der in den Parlamentskammern vertretenen Parteien angewiesen. Daher schrieb er sowohl Adams wie auch Jefferson einen Brief, in dem er sie an die Entstehung der *Declaration of Independence* 1786 erinnerte: „[...] future artists may arise with far superior Talents, but time has already withdrawn almost all their Models; and I who was one of the youngest actors in the early scenes of the War, passed the Age of sixty [...]“[413] Noch einmal beschwor er den Geist von Paris, schrieb von der Idee, die römische Republik in Amerika wiederaufleben zu lassen und erinnerte daran, dass nur er diese Gedanken im Bild festhalten könne.

Jefferson unterstützte ihn selbstverständlich uneingeschränkt und empfahl dem Mitglied des entscheidenden Komitees, Senator James Barbour, „the subject on which Trumbull has employed his pencil are honorable to us, and it would be extremely desirable that they should be retained in this country as monuments of the taste as well of the great revolutionary scenes of our country.“[414]

Eine bemerkenswerte Antwort erhielt Trumbull von John Adams, der ihn gerne ermutigte, aber noch einmal daran erinnerte, dass die Künste immer im Dienst des Despotismus gestanden hätten:

> *But you will please remember that the Burin and the Pencil, the Chisel and the Trowell, have in all ages and Countries of which we have any Information, been enlisted on the side of Despotism and Supersti-*

[412] Auch Karl Friedrich Schinkel legte 1814/15 einen Plan für eine preußische Kathedrale als Denkmal für die Freiheitskriege vor, ein „unmittelbar bildendes und im Volk historischen Sinn begründendes Monument“, so Schinkel (zit. in NIPPERDEY, 547). Es sollte allerdings ein gotischer Dom sein, im Gegensatz zum historistischen Kapitol. Pantheonartige Zentralbauten wurden in Museen in Rom, Madrid, Dresden und Berlin verwirklicht (vgl. HOOCK, 281). Vgl. auch das v. Klenzes Konzept von Walhalla (1815-20, s. NIPPERDEY, 551f.). Herrmann Grimm griff dies 1896 noch einmal auf und forderte in Berlin ein deutsches Pantheon. NIPPERDEY bewertet dies als „Nachklang der Bildungsreligion“ (ebd., 556).

[413] Zit. in JAFFE, 235.

[414] 19. Jan. 1817, New York Public Library, James Barbour Papers, zit. in TRUMBULL 1953, 235. Jefferson schrieb in diesem Brief, er halte Trumbull für den größten Historienmaler nach David.

> *tion. [...] Architecture, Sculpture, Painting, and Poetry have conspir'd against the Rights of Mankind . [...] I must beg Pardon of my Country, when I say that I See no disposition to celebrate or remember, or even Curiosity to enquire into the Characters Actions of Events of the Revolution.*[415]

Adams erkannte in Amerika keine Neigung, sich mit der Unabhängigkeitsbewegung zu beschäftigen und sah Trumbulls Projekt daher skeptisch. In einem Antwortschreiben dankte Trumbull Adams und erklärte ihm seine Vorstellung von der Funktion der Kunst in der Republik. Man solle Kunst nicht an sich ablehnen, es komme vielmehr auf die Inhalte an. Kunst sei weniger ein Zeichen für Despotismus, sondern vielmehr ein Mittel, diesen zu bekämpfen. So könne die Kunst im Dienst der Moral und Freiheit stehen:

> *You will be pleased to see that this nation has departed from the general system & has given a preference to two great Political and moral Events. I hope the Example thus set will be hereafter followed, in deploying the Arts in the Service in religion, Morality and Freedom.*[416]

Während Trumbull so seine Beziehungen aktivierte, versuchte er sich den Auftrag auch durch taktisches Lobbying zu sichern. So war er nach Washington gereist, um sich als Künstler in Erinnerung zu rufen, der derlei Gemälde bereits gemalt hatte. Er war Schüler des in Amerika hochgeschätzten Benjamin West, hatte im Krieg an der Seite Washingtons mitgekämpft und war somit Augenzeuge zumindest eines der Ereignisse. Letzteres war ein wichtiger Punkt für die historisch korrekte Darstellung. Tatsächlich gehörte Trumbull zu den wenigen noch lebenden Vertretern der Kriegsgeneration.

Am 13. Januar 1817 wurde eine Resolution in den Senat eingebracht, die den Präsidenten ermächtigen sollte, „to employ John Trumbull, of Connecticut, to compose and execute a painting commemorative of the Declaration of Independence; to be placed when finished in the Capitol of the United States."[417] Zwei Tage später wurde das Thema ein zweites Mal behandelt und auf Antrag des Abgeordneten Robert Henry Golds-

---

415 1. Jan. 1817, TRUMBULL 1953, 311.

416 3. März 1817, zit. in JAFFE, 237.

417 13. Januar 1817, 2nd session, 14th cong., zit. in FAIRMAN, 34.

borough an ein Komitee weiterverwiesen, dem neben ihm selbst James Barbour sowie Senator Rufus King angehörten, Trumbulls Freund aus Jugendtagen und Mitglied seiner American Academy. Aufgabe des Komitees sollte es sein, mit Trumbull Verhandlungen zu führen, neben der *Declaration of Independence* noch zwei weitere Szenen aus dem Revolutionskrieg zu malen.[418]

Tatsächlich war es wenig umstritten, dass er als der bedeutendste amerikanische Künstler ohne ernstzunehmende Konkurrenz den Auftrag zugesprochen bekam. Die Resolution, nun vier Gemälde in Auftrag zu geben, wurde daher am 27. Januar mit klarer Mehrheit angenommen.[419] Trumbull erhielt insgesamt 32.000 $ für den bis zu dieser Zeit größten öffentlichen Auftrag an einen amerikanischen Maler.[420]

Der Erfolg der Resolution war ein Erfolg der Lobbyarbeit Trumbulls und seiner guten Beziehungen. Trumbulls Raumkonzept wurde daher überraschend unkontrovers beschlossen. Erst mit dessen Realisierung in den Folgejahren brach eine politische Diskussion

418 Robert Henry Goldsborough (1779-1836), Senator 1813-1819 u. 1835-1836, Föderalist, Anti-Jacksonian, Maryland. James Barbour (1775-1842), Senator 1815-1825, Anti-Demokrat, Virginia. Rufus King (1755-1827), Senator 1789-1796, 1813-1825, Föderalist, New York, studierte mit Trumbull 1777 in Harvard, 1796-1803 Diplomat in England, 1816 Gouverneur von New York, Miniaturporträt von Trumbull 1792 (Yale University Art Gallery, New Haven). Mit Rufus King und Christopher Gore verband Trumbull eine lebenslange Freundschaft. Nach dem Studium trafen sie sich mit anderen als politischer Klub in Trumbulls Atelier in Boston. Als alle drei während des Jay-Treaties in offizieller Mission in London waren (Gore war ebenfalls Mitglied der Kommission), standen sich ihre Familien sehr nahe. Ohne seine Entscheidung zur Kunst hätte er eine ähnliche Karriere in der Politik machen können (s. ERNST, 23). King schrieb an Gore, er habe Trumbull geraten, die Prototypen nicht nur den Abgeordneten zu zeigen, damit diese den Wunsch verspürten, sie im Großformat in Auftrag zu geben, sondern auch auf den Präsidenten zu warten, um dessen Einfluss zu nutzen (17. Januar 1817, TRUMBULL 1953, 312-3). Die Vorgänge sind dokumentiert in Journal of the Senate, Bd. 6, 114 u. 138-140, sowie Journal of the House, Bd. 10, 288-291.

419 Im Senat am 6. Februar 1817. Zum genauen Verlauf s. FAIRMAN, 34. Dieser weist darauf hin, dass Randolph ebenfalls für die Resolution gestimmt hatte (s. a. TRUMBULL 1953, 253). Bedeutend wird dies, als er sich in der Diskussion elf Jahre später (8. Januar 1828) enttäuscht über Trumbulls Leistung ausspricht (s. u.). Das Repräsentantenhaus nahm die Resolution ohne Änderungen an.

420 Als er den Auftrag des Kapitols bekam, wurde er auch Präsident der American Academy und damit nach vielen Jahren als führender Künstler Amerikas anerkannt.

darüber aus, welche Bilder den Staat in diesem zentralen Raum repräsentieren sollten, welche Funktion Bilder überhaupt in diesem Staat haben sollten.

Der *National Intelligencer* berichtete einige Tage später über die Beratungen im Repräsentantenhaus und berichtete sehr positiv über den dort ausgestellten kleinformatigen Prototypen der *Declaration of Independence*:

> *The subject which occupied the larger part of the sitting of the House of Representatives yesterday, was the joint resolution which has already passed the Senate for authorizing the President to employ Col. Trumbull the distinguished American Artist, to execute four paintings commemorative of the principal events of the Revolution. The debate was desultory, but pleasing, and occasionally animated by flashes of eloquence. The Resolution was passed by a very large majority, and no doubt will receive the approbation of the President.*
>
> *The subjects spoken for theses paintings, are the Declaration of Independence by the Congress, and the resignation of his sword to Congress by General Washington at Annapolis. The size of the pictures is proposed to be 12x18 the figures to be as large as life.*
>
> *Judging from one or two of these paintings on a small scale, now exhibited in the Hall of the Representatives, these great historical paintings, when executed, will do credit to the artist and to his country.*[421]

Durch diesen Beschluss konnte Trumbull nun auf die Planung des zu bauenden Raumes Einfluss nehmen, in dem seine Bilder hängen sollten. Die Beziehung zwischen ihm und dem Architekten waren grundlegend für die Verwirklichung seines Raumkonzeptes. Das Projekt in Washington hatte er lange aufmerksam verfolgt und als

421 Zit. in FAIRMAN, 34. Auf das ausgestellte Bild deutete auch ein Hinweis von Wright, der während einer Debatte über außenpolitische Neutralität zur Unterfütterung seiner Argumentation auf das Bild wies. FAIRMAN fand die Bemerkung „pointing to Colonel Trumbull's painting of the Signature of the Declaration of Independence" in der Debatte vom 24. Januar (ebd., 34). Es kann sich dabei wohl nur um das Originalgemälde handeln, da Kopien erst nach 1817 erstellt wurden. Das Repräsentantenhaus tagte zu dieser Zeit im Old Capitol Building, dem sogenannten „Brick Capitol". Dies war ein 1815 entstandenes Gebäude, das dem Kongress während der Bauarbeiten als Versammlungsort diente (vgl. ALLEN 2004, 134).

Trumbull davon hörte, dass die Stelle eines Architekten für das Kapitol besetzt werden sollte, schlug er daher seinen Freund George Hadfield vor, der ebenfalls bei Benjamin West studiert hatte.[422] Aber auch L'Enfant mochte die Entwürfe für das Gebäude niemandem zeigen außer Trumbull. Ebenso verstanden Henry Latrobe genauso wie Charles Bulfinch dessen Gemälde nie nur als Wandschmuck ihrer Architektur, sondern planten die Rotunde vielmehr für Trumbulls Bilder.[423] Latrobe korrespondierte mit Trumbull über deren Hängung. Am 10. Oktober 1817 schrieb er: „[...] I have made your pictures part of the essential character of the design, [...]. The architecture of this vast Dome will in fact owe its merit to your merit."[424]

Auch Kongressmitglieder verfolgten die Planung zu diesem Bau aufmerksam. Einige zeigten sich jedoch weniger an einer repräsentativen als vielmehr an einer funktionalen Nutzung des Raumes für die Aufgaben des Parlaments interessiert und forderten, Versammlungsräume daraus zu machen. Als Bulfinch, seit 20 Jahren ein Freund Trumbulls, die Aufgaben Latrobes übernahm, versuchte er die Hängung mit der Notwendigkeit von Räumen für die Komitees zu verbinden.[425] Er schlug vor, das Erdgeschoss zu Nutzräumen zu machen und die Gemälde gegenüber den Fenstern des Portikus im Stockwerk darüber zu platzieren, das über Treppen zu erreichen sein sollte.

---

[422] Beide waren seit 1784 miteinander befreundet. Trumbull schlug im Juni 1794 Hadfield der Kommission vor, die ihm im Dezember desselben Jahres zunächst antwortete, es würde keine freie Stelle geben (aus Geldmangel). Im März des Folgejahres kam er auf Einladung doch nach Washington (s. ALLEN 2004, 29). Hadfield war der Bruder der Jefferson-Bekanntschaft Maria Cosway (s. HAMLIN, 256).

[423] Die Gestaltung der heutige Rotunde geht weitgehend auf seine Idee zurück: „plain bold solid walls, embellished only by four splendid door-casings of white marble [...] and a frieze crowning the top of the wall [...] basso-reliefs may be introduced" (an Bulfinch, 28. Jan. 1818, TRUMBULL 1953, 266). VERHEYEN arbeitet die Zusammenarbeit mit den Architekten auf und vermutet, dass Trumbull nach dem Auftrag von vier Gemälden in der Architektur mehr Wandflächen vorsah, in der Hoffnung, dafür weitere Aufträge zu erhalten (ebd., 267-268). Zudem vermutet VERHEYEN, es sei Trumbulls Plan gewesen, dem Betrachter in der Rotunde den Eindruck eines Panoramas zu geben (ebd., 269, s. a. FRYD 1992, 15).

[424] Zit. in HAMLIN, 499.

[425] Vgl. ALLEN 2004, 135. Nachdem Latrobe Ende 1817 sein Amt aufgegeben hatte, war nun Charles Bulfinch sein Ansprechpartner (er verdiente 2.500 $ p.a., ebd. 41).

Als Bulfinch Trumbull um ästhetischen und architektonischen Rat fragte, hielt dieser den Vorschlag für unpassend für die Präsentation seiner Bilder und schrieb: „I would be deeply mortified, if, having devoted my life to recording the great events of the Revolution, my paintings, when finished, should be placed in a disadvantageous light.“[426] Stattdessen schlug er vor, zum Schutz der Bilder und zum einfacheren Zugang zu dem Raum, Treppen in das Untergeschoss führen zu lassen. Als Bulfinch schließlich eine andere Lösung für die Komitees fand, konnte die Rotunde so realisiert werden, wie sie Trumbull am besten erschien. Er schickte Bulfinch eine Reihe von Entwürfen und zeigte sich sehr bestrebt, sein Lebenswerk zu vollenden. „[...] I consider my future fame involved in this question.“[427]

Die Größe und der Inhalt der Gemälde sollten laut Resolution von Präsident Madison bestimmt werden. Mit diesem traf sich Trumbull, um den noch nicht begonnenen Bau zu besprechen. Erst am 24. August 1818 wurde der Grundstein des Zentralgebäudes gesetzt. Entgegen Trumbulls Erwartungen, der die Gemälde gerne 6×9 Fuß (180×270 cm) ausgeführt hätte, bestand der Präsident jedoch darauf, in einem solch großen Raum auch lebensgroße Bilder zu zeigen und die Gemälde auf 12×18 Fuß zu vergrößern.[428] Der kleine Ölentwurf der *Declaration of Independence* misst 20×30 Inch (53,7×79,1 cm) und wurde so für die Rotunde auf 365×550 cm vergrößert: Dies entspricht der 47-fachen Fläche (s. Abbildung 30).

Als Thema schlug Madison zunächst die Schlacht von Bunker Hill vor. Trumbull, der ursprünglich auf einen Auftrag über acht Gemälde gehofft hatte, erwartete, anschließend einen Folgeauftrag für die verbliebenen vier zu erhalten. Daher schlug er zunächst zwei militärische und zwei zivile Themen vor: *Burgoyne at Saratoga*, weil er dies für den mi-

---

426 Zit. in ALLEN 2004, 135.

427 An Bulfinch 28. Jan. 1818, TRUMBULL 1953, 272.

428 Die später umgesetzten Gemälde für das Wadsworth Athenaeum entsprechen der Größe, die Trumbull bereits für die Rotunde geplant hatte. An einem Brief an Jefferson schreibt er, er habe sich zunächst vor der gewünschten Größe gefürchtet, aber sei sich nun sicher, ein großformatiges Werk schaffen zu können (28. Nov. 1817, zit. in TRUMBULL 1953, 311). Athenaeum wurde gegründet von Daniel Wadsworth, dem Ehemann von Trumbulls Nichte Faith (SIZER 1950, 288).

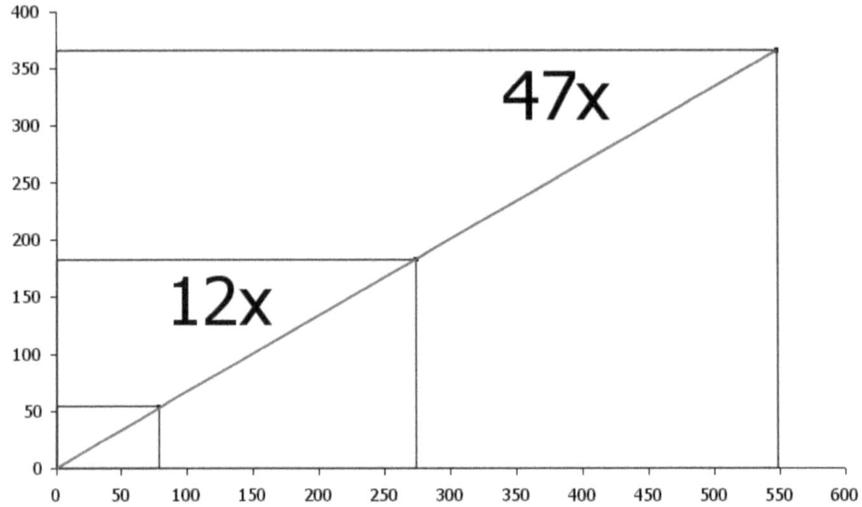

Abbildung 30 Größenvergleich des Prototypen zu Trumbulls Vorstellung und zu Madisons Forderung am Beispiel der *Declaration of Independence* (in cm)
Quelle: Autor

litärischen Wendepunkt des Krieges hielt, *Cornwallis at Yorktown*, weil dies der zweite überragende militärische Sieg war und das praktische Ende des Krieges bedeutete,[429] sowie als nichtmilitärische Themen die *Declaration of Independence* und *Resignation of General Washington at Annapolis*, denn sie würde die größte moralische Lektion erteilen.[430]

Präsident Madison stimmte dem zu und Trumbull erhielt den Auftrag, zunächst folgende Gemälde nach seinen Prototypen in Lebensgröße für die Rotunde anzufertigen:

(1) The Declaration of Independence
(2) The Surrender of the British to the American forces at Saratoga

---

429 Zur Entstehung von *Yorktown* s. TRUMBULL 1953, 147.

430 Washington, der diktatorische Macht hätte erlangen können, übernahm nach dem Krieg zunächst kein weiteres politisches Amt: „„one of the highest moral lessons ever given to the world" (TRUMBULL 1953, 263). Dies knüpft wieder an das Thema des Cincinnatus an, mit dem Trumbull 1784 in London debütiert hatte.

(3) The Surrender of the British to the American forces at Yorktown sowie
(4) The Resignation of General Washington at Annapolis[431]

Durch den Kapitolauftrag ermutigt, wagte Trumbull es noch einmal, die *Declaration of Independence* in einem Stich umsetzen zu lassen und gab dem Kupferstecher Asher B. Durand aus New York für 3.000 $ auch deshalb den Auftrag, damit alles am „national picture" amerikanisch sei und das Gemälde nicht noch einmal den Atlantik überqueren müsste, was mit einem Risiko und einer zeitlichen Verzögerung auch der Umsetzung ins Großformat verbunden wäre.[432] Die von vier ehemaligen Präsidenten angeführte Subskriptionsliste erhielt bei Auslage im Kongress jedoch ebenfalls keine einzige weitere Eintragung, obwohl der Preis von 20 $ (10 $ im Voraus) nicht zu hoch gewesen sei, so JAFFE. West hatte für einen ähnlichen Preis 1800 Exemplare von *Death of Nelson* verkauft.

Das fertige großformatige Gemälde konnte eine breitere Öffentlichkeit ansprechen. Daher ging Trumbull nach dem Vorbild von Copleys One-Artist-Show mit der fertigen *Declaration of Independence* auf Ausstellungstour, bevor sie ins Kapitol zu hängen kam.[433] Copley hatte eine Halle in Spring Gardens gemietet, um sein großformatiges *Death of*

---

431 TRUMBULL 1953, 258-9. DUNLAP gibt andere Gründe an. Senatoren und Abgeordnete hätten die kleinformatigen Gemälde von *Bunker's Hill* und *Montgomery at Quebec* als unpassend für die Rotunde empfunden: „The Congress did not choose to ornament their halls with the triumphs of their enemies and rejected those subjects" (DUNLAP, I, 376, s. a. 359). Sizer weist auf einen undatierten Textentwurf Trumbulls zur Themenwahl in der New York Public Library hin (in: TRUMBULL 1953, 258).

432 Vgl. JAFFE, 239. DUNLAP bemerkt, dass ein Vertrag mit dem Italiener Monro Gondolfi und dem Engländer James Heath nicht zustande gekommen sei, offenbar auch weil Durand bereit war für den sehr geringen Lohn von 3.000 $ zu arbeiten (s. DUNLAP, I, 382 u . II, 306).

433 Copley zeigte das von der Stadtverwaltung Londons nicht gekaufte *Death of Chatham* gegen Eintrittsgebühr. Trumbull nannte es „a very profitable speculation" (zit. in DICKSON, 5). Er stand auch in Konkurrenz mit der zeitgleichen Shakespeare Gallery. Benjamin West zeigte 1806 *Lord Nelson* in seinem Privathaus, in das 30 000 Besucher kamen (FARINGTON, 2802, 8. Juli 1806). Erste derartige Veranstaltung in Amerika organisierte Edward Savage mit *The Washington Family* (s. DICKSON, 7), einem als „Historical Genre" klassifizierbaren Gemälde. Dunlap ging seit 1822 mit Gemälden auf Tour (s. DUNLAP, I, 294).

Chatham und *The Siege of Gibraltar* zu zeigen. Einnahmen erhielt er aus den Eintrittsgeldern sowie aus den Subskriptionen für einen geplanten Kupferstich. Bereits in London hatte auch Trumbull mit diesem Konzept Erfahrungen sammeln können, indem er seine eigene Version von *Gibraltar* ebenfalls in Spring Garden mit „satisfactory degree" ausgestellt hatte.[434] Trotz der zeitgleichen Ausstellung der Royal Academy, in der er nicht vertreten war, meldete eine Zeitung noch zwei Monate später, dass es weiter das Publikum anziehe: „[...] indeed a picture of so much beauty and excellence has not been offered since Copley's Lord Chatham."[435]

So zeigte Trumbull die *Declaration of Independence*, nachdem sie in seinem Studio in New York fertiggeworden war, einem zahlenden Publikum in der American Academy. Anschließend ging sie auf eine Ausstellungstour durch Boston, Philadelphia (Old State House) und Baltimore. Am Ende konnte er mit etwa 21 000 Besuchern über 4.000 $ einnehmen.[436] Zusammen mit den 8.000 $, die er für das Gemälde vom Kongress bekam, ist seine Strategie als Kunstunternehmer finanziell durchaus erfolgreich gewesen. Trumbull sah die Ausstellung jedoch nicht nur zur Generierung von direkten Einnahmen, sondern auch als Mittel, den Umsatz mit Stichen zu fördern: Für den Durand-Stich konnte er endlich immerhin 57 Subskriptionen vorweisen.

Die Tour führte allerdings auch zu Kritik. Eine Minderheit von Abgeordneten forderte, Trumbull nicht auszubezahlen, denn er habe mit dem für den Staat hergestellten Gemälde bereits genug Einnahmen erzielt. Mit Genugtuung schrieb er am 12. Februar 1819 rückblickend an seine Frau, dass diese Forderung keinen Erfolg haben würde:

> *When the Appropriation Bill was before the House, Mr. Spencer, a New York Member and son of Judge Spencer, one of the Governor's friends or enemies, as the case may be, made the liberal position, that nothing should be appropriated for me because I had exhibited the pic-*

---

[434] Vgl. TRUMBULL 1953, 150.

[435] Zit. in EVANS 1980, 93.

[436] Obwohl Trumbull Anfang 1818 den Präsidenten um Erlaubnis gebeten hatte, die Gemälde vor Lieferung ausstellen zu dürfen (vgl. TRUMBULL 1953, 270), gab es daran Kritik. EVANS sieht diese Unternehmung in der amerikanischen Tradition des reisenden Künstlers (s. EVANS 1980, 184).

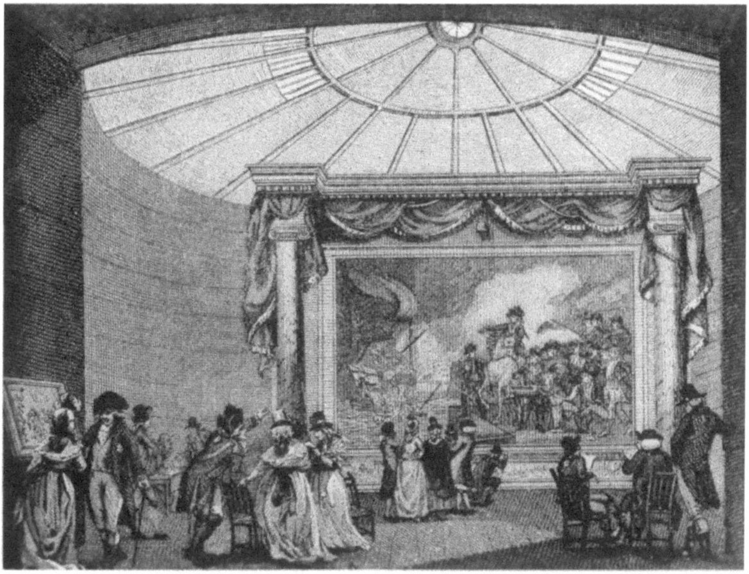

Abbildung 31 Francesco Bartolozzi: *Mr. Copley's Picture of the Siege of Gibraltar as Exhibited in the Green Park*, 1791
Kupferstich, British Museum, London. Quelle: DICKSON, Abb. 2

ture in various cities and made a great deal of money by it. The wise young man persisted in his opposition and found twenty-two or three who voted with him. The bill passed, however, and will soon be before the Senate, where I shall meet either no opposition or a very feeble one.[437]

Die Ausstellungstour hatte aber noch einen weiteren Effekt. Nachdem der Prototyp der *Declaration of Independence* nur einem recht kleinen Publikum zu Gesicht gekommen war, wurde die moderne Historienmalerei in den USA nun erstmalig einer breiten Öffentlichkeit zugänglich und musste sich damit auch das erste Mal dem Urteil eines bürgerlichen Publikums stellen. Vor allem die endgültige Hängung in der Rotunde provozierte zum Teil heftige Kritik.

[437] Zit. in FAIRMAN, 44. Er gibt für das Jahr 1828 1.200 $ für „Four picture frames completed in rotunda" an.

Bildkritik

Als alle vier Gemälde im Jahr 1826 in der Rotunde des Kapitols installiert wurden, war Trumbull über 70 Jahre alt und die dargestellten Ereignisse 50 Jahre vergangen. Der Auftrag war für ihn eine Anerkennung als Künstler und ein finanzieller Erfolg. Mit der Hängung der Großformate in Washington lastete aber auch ein hoher Erwartungsdruck auf Trumbull. Die Gemälde sollten die Historienmalerei in Amerika etablieren, sowohl dem Künstler als auch dem Land zu Ansehen verhelfen, das künstlerische Niveau in Amerika repräsentieren, das als ein kultiviertes Volk innerhalb der Völkergemeinschaft gezeigt werden sollte.

Gerade weil Trumbulls Ausführungen mit großen Erwartungen belegt waren, fiel die Kritik vieler Kommentatoren negativ aus.[438] Der alte John Adams zeigte sich nicht enttäuscht, denn, so schrieb er in seinem Tagebuch, er habe ohnehin nicht viel von Trumbull erwartet:

> *Called [...] at Mr. Trumbull's house and saw the picture of the Declaration of Independence, which is now nearly finished. I can not say I was disappointed in the execution of it, because my expectations were very low; but the picture is immeasurably below the dignity of the subject. [...] I think the old small picture far superior to this large new one. He himself thinks otherwise.*[439]

Der Schriftsteller John Neil (1793-1876) wurde dagegen noch deutlicher. Die vier Gemälde mit Ausnahme der *Declaration of Independence* seien „among the greatest and most unaccountable failures of the age. [...] In fact, not to disguise the matter at all, one out of the three is contemptible; one tolerable; the other nothing extraordinary; and valuable only as a collection of tolerably well-arranged portraits."[440] Immerhin gestand er ihnen einen gewissen Wert als ein Gruppenporträt zu und forderte gleichzeitig mehr Erhabenheit von den Gemälden:

> *His Declaration of Independence [has] not one feature of sublimity, or grandeur. [...] no passion – no majesty – no emotion; [...] I wish,*

---

[438] GERDTS führt eine Reihe derartiger Forderungen seit Chastellux auf (s. GERDTS 1988, 74-76).

[439] Zit. in TRUMBULL 1953, 313, aus John Quincy Adams' Tagebuch, 1. Sept. 1818.

[440] NEIL, 28.

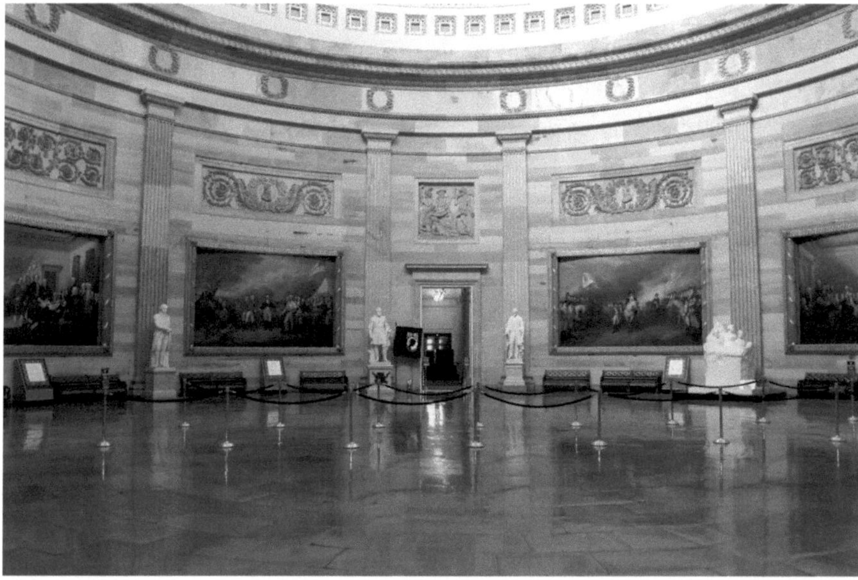

Abbildung 32 Trumbulls Gemälde in der Kapitol-Rotunde heute
U.S. Capitol Rotunda, Washington, D. C.
Quelle: Architect of the Capitol

heartily, that I could say something in favour of the picture; but I cannot – it does not deserve it. It is only a collection of strongly painted portraits; assembled together, without any common feeling or expression [...].[441]

Verständlich wird diese Aussage durch die Tatsache, dass der *Declaration of Independence* eine Schlüsselfigur zur Erzeugung zeitlicher oder örtlicher Distanz fehlt, die das Dargestellte aus dem Realraum in einen Ideenraum erhebt. Dies vor allem, als das Gemälde am Ort der Unterzeichnung im State House von Philadelphia ausgestellt wurde. Hier kamen Realität und visuelle Imagination übereinander zu liegen und das Verständnis als *matter-of-fact*-Reportagebild drängte sich auf, wie Neils Anerkennung des Bildes als Porträtsammlung zeigt.[442]

---

441 NEIL, 14.

442 Umgekehrtes Beispiel: 1792 hatte Trumbull ein Porträt von Washington gemalt, das er in einem „sublime moment" zeigte. Dies ist das Porträt, das sich heute in Yale befindet. Der Auftraggeber, der Kongressabgeordnete William R. Smith, erwartete je-

Der Dichter Joseph Rodman Drake dagegen machte sich über die fehlende Dynamik des Gemäldes lustig, als er in seinem Gedicht mit dem Titel „National Paintings“ schrieb:

Go on, great painter! Dare be dull –
No longer after Nature dangle;
Call rectilinear beautiful; [...][443]

Natürlich sollte die Ikone der Ideen der Aufklärung gerade keine barocke Dynamik zeigen, sondern klassizistische Ordnung. Das als erstarrt empfundene Pathos jedoch ließ Drake zusammen mit seinem Freund Fitz-Greene Halleck die Idealmalerei verhöhnten:

How bright their buttons shine! How straight
Their coat-flaps fall in plaited grace;
How smooth the hair on every pate,
How vacant each immortal face![444]

Doch auch differenziertere Kritik wurde laut. Der Zeitungskommentator Benjamin Perley Poore schrieb 1853 über die *Declaration of Independence*, sie habe zwar kleine Schwächen, die sich aus der Menge an Porträts ergeben, das Bild sei im Ganzen aber gut gelungen:

> *As a piece of coloring, it is but a tame imitation of West's style; but its chief merit lies in the felicity with which a great number of figures have been introduced, each a study in itself as an undoubted portraits, yet all grouped together so as to form a harmonious whole, leaving the Declaration itself as the ruling idea.*[445]

Und über das Gemälde *The Surrender of General Burgoyne at Saratoga* schrieb er:

---

doch „a more matter-of-fact likeness.“ Trumbull malte daraufhin ein weiteres, „agreeable to their taste“, das nach Charleston ging (TRUMBULL 1953, 171).

443 „[...] find grace and freedom in an angle; / Pour on the red, the green, the yellow, 'Paint till a horse may mire upon it,' / And, while I've strength to write or bellow, / I'll sound your praises in a sonnet“ (zit. in STEDMAN).

444 Zit. in GUTTMANN, 180, s. a. PLEADWELL, ADKINS U. TRUMBULL 1953, 317. Als sich die fertigen Gemälde während der Bauarbeiten noch in Nebenräumen befanden, hielt Senator John Holmes die Gemälde für eine Geldverschwendung (s. JAFFE, 256).

445 POORE.

> *Twenty-seven portraits in the former, and thirty-four in the latter, most of them ‚full lengths,' and many ‚equestrian,' ensured a stiffness which no genius could entirely obviate, and in addition, the formidable blue and red of the uniforms presented peculiar difficulties. Yet Trumbull maneuvered his men in a style which would do credit to Horace Vernet, and there is sufficient redeeming virtue in the treatment if the subjects to confer great artistic value on the painting.*[446]

Ganz ähnlich äußerte sich der Kommentator Charles Lanman von der Zeitschrift *The Crayon*, dem ersten Kunstmagazin New Yorks:

> *In point of action, they are below mediocrity, and the defects of drawing are too numerous; but with regard to color and design, they are worthy of considerable praise.*[447]

Der Maler, Poet und Essayist fügte die Einschätzung hinzu, dass Trumbulls Leistung anzuerkennen sei, obwohl es sich um einen Import europäischer Ideen handele:

> *As a pioneer artist, in the historical line, he is deserving of a high rank; but as a master and a guide, he is decidedly behind several of his successors. The very idea of placing in the Capitol of the United States a series of national paintings, was, in itself, creditable, though imported from Europe; but the subjects chosen to be represented, proved the soldier-artist to have been possessed of an accomplished and well-balanced mind.*[448]

Tatsächlich blieben die Gemälde vergleichsweise steif und flach. Dies lag einerseits sicher an der Auswahl der Themen, denn alle vier Gemälde waren *covenants*, formale Prozeduren, und nicht wie *Battle of Bunker's Hill*, dynamische Schlachten.[449] Andererseits lässt sich durchaus die Technik kritisieren: Zwischen den kleinformatigen Prototypen der *Declaration of Independence* und der lebensgroßen Ausführung für die Rotunde besteht ein qualitativer Unterschied, der mehrere Gründe hat.

---

[446] Ebd.

[447] LANMAN, 136.

[448] LANMAN, 136-137.

[449] DICKSON spekuliert: „A good enlargement of his early Battle of Bunker's Hill probably would have stirred the popular interest more than the entire quartet of paintings for the capitol" (ebd., 10).

Erstens hatte Trumbull den Zenit seiner künstlerischen Schaffenskraft bereits überschritten und durch die Zeit seit dem Jay-Treaty nur noch sporadisch an Porträts gearbeitet, so dass er aus der Übung gekommen war, die er für die höchste Disziplin der Historienmalerei benötigte. Zweitens hatte Trumbull vorher nie ein eigenes Werk in dieser Größe geschaffen. Er hatte kaum die Gelegenheit, an derartigen Monumentalgemälden Erfahrungen zu sammeln, weil in Amerika lebensgroße Gemälde sehr selten, nur in Staatsporträts, in Auftrag gegeben wurden. Drittens ist die enorme Vergrößerung natürlicherweise mit einem Qualitätsverlust verbunden. Nur mit dem Prototyp als Vorlage und ohne weitere Bildinformationen muss das Ergebnis flächig und grob wirken.[450] Viertens wird immer wieder Trumbulls monofokale Sicht angegeben, die ihn einschränkte, im großen Maßstab zu malen. Tatsächlich konnte Trumbull seit einem Treppensturz als Kind nur auf einem Auge sehen.[451] Und fünftens war Trumbull vor allem Schüler eines Autodidakten: Auch West war kein Meister in der Monumentalmalerei.

Von 1786 bis 1789 war Trumbull an Wests großformatigen Gemälden für Windsor Castle in England beteiligt, an denen die technischen Defizite Wests im Zeichnerischen und der Anatomie sichtbar wurden. Es ist bemerkenswert, dass auch Wests Ölstudien deutlich positiver bewertet wurden als die großformatigen Ausführungen. ERFFA schreibt: „For all his pictures he painted oil sketches, [...] to his contemporaries the superiority of these sketches to the large finished pictures seem to have been universally apparent.“[452]

William Beckford, nach dem Tod König George III. Wests Gönner, bemerkte 1820, dass die Entwürfe großartig seien, in den Ausführungen jedoch die Personen wie zu Gliederpuppen erstarrt wirkten:

> *I have seen [...] most of West's great pictures, but there is more genius in that sketches than in anything I ever saw of his. I think he took*

[450] Andererseits erscheint ein 53 cm hohes Gemälde bei einem Meter Abstand ebenso groß wie ein 3,65 m hohes bei einem Abstand von 6,8 Metern, durchaus ein mittlerer Betrachtungsabstand in der fast 30 Meter breiten Rotunde.

[451] S. TRUMBULL 1953, 6 u. DUNLAP, I, 182.

[452] ERFFA, 101. Beteiligt waren neben Trumbull auch Gilbert Stuart sowie Wests Söhnen Raphael und Benjamin jr.

> *too much pain with his sketches [i.e. in developing them into large pictures]. The consequence was that the original spirit evaporated long before the completion of the great painting, where his men and women too often look like wooden lay figures covered with drapery.*[453]

Die Flächigkeit der Gemälde ist möglicherweise aber Absicht Trumbulls gewesen, um in der Tradition Reynolds auf realistische Details zu verzichten und um nicht von der *general idea* abzulenken. Über großformatige Bilder, die West 1811 konzipierte, sagte Trumbull: „It is a few points the eyes fixes, and these having been attended to, the business is in great measures done."[454] Auch hier wird wieder die Vermeidung von *Minuteness* deutlich. Zudem ist nicht zu vergessen, dass die Gemälde für einen großen Raum bestimmt waren und von größerer Entfernung betrachtet werden sollten, Detailreichtum war dabei gar nicht notwendig.

Hinter diesen technischen Beanstandungen stand jedoch ein grundsätzliches Prinzip. Die immer wieder aufflammende inhaltliche Kritik ging weit über das Künstlerische hinaus. Zeitgenössische Kommentatoren bemängelten vor allem, dass sich die Unabhängigkeitserklärung nicht wie gezeigt abgespielt habe. Die Diskussion drehte sich also um die Frage nach der Wahrheit im Bild.

Tatsächlich zielte Trumbull ursprünglich gar nicht auf eine Darstellung reiner Fakten, sondern behandelte die Figuren nach ihrer Bedeutung. Daher hob er Jefferson hervor und andere, die gegen den radikalen Bruch mit England waren, verschob er schlicht in den Hintergrund. Auch das Weglassen und Hinzufügen von Personen entsprach seiner europäischen Bildauffassung. Aber gerade diese Bildauffassung und die damit verbundene Freiheit des Künstlers, etwas so darzustellen, wie es ihm vorschwebt, wurde Gegenstand der Diskussion.

---

453 Zit. in ERFFA, 101, s. a. 107. Andere Künstler wie John Constable, hatten aber ähnliche Probleme. Dies wird noch deutlicher in seinen neobarocken Bildern wie *Death on a pale horse*, in klassizistischen Bildern ist Steifigkeit Teil des Konzepts. Aufgrund seiner monokularen Sicht hatte West ihm bereits geraten, nur kleine Leinwände zu malen (vgl. ALBERTS, 136). William Beckford war Architekt von Fonthill Abbey und der Käufer von Wests *King Lear*.

454 Zit. ALBERTS, 355. Trumbull war Meister der Miniatur und talentiert in Historiengemälden im Kleinformat.

Der Kommentar eines anonymen Autors mit dem Pseudonym „Detector“ macht deutlich, dass dieses Bildkonzept nicht geteilt und nicht verstanden wurde. Dieser sah die *Declaration of Independence* in New York und bemerkte, es könne sich gar nicht um die Darstellung der Unabhängigkeitserklärung handeln, denn dafür würde das Gemälde schlicht zu viele faktische Fehler enthalten:

> *It may, perhaps, be a very pretty picture, but is certainly no representation of the Declaration of Independence. The errors in Point of fact, with which it abounds, ought to exclude it from the walls of the capitol, where its exhibition will hereafter give to the mistake of the artist the semblance and authority of historical truth.*[455]

Der Autor bemerkte, dass das Gemälde mit der Autorität von Wahrheit auftrete, aber Falsches zeige. Er gestand dem Maler durchaus einen Spielraum in der Gestaltung zu, meinte aber, hier seien die Grenzen zur Unglaubwürdigkeit überschritten. Konkret warf er Trumbull vor, Personen zu zeigen, die am 4. Juli 1776 nicht anwesend waren und umgekehrt, tatsächliche Teilnehmer weggelassen zu haben:

> *If he overleaps this boundary, he violates the plain rules of propriety and common sense; and his piece sinks from the grade of a great historical painting into a sorry, motley, mongrel picture, where truth and fiction mingle, but cannot discriminated.*[456]

Wer auch immer diese Zeilen geschrieben haben mag, er schien Trumbulls Vorstellung von künstlerischer Freiheit in der Bildanlage nicht zu teilen. Selbst wenn er mit dem europäischen Kunstdiskurs vertraut war, schien er die Grenze zum Erlaubten deutlich enger zu ziehen als beispielsweise Bromley, der mit seiner Vorstellung, man solle „near the truth“ bleiben, offensichtlich einen weiteren Spielraum zuließ. Die Präsenz einzelner Persönlichkeiten im Bild diente nicht erst Trumbull dazu, das Interesse am Bild zu steigern und dem Dargestellten Teilhaberschaft und Legitimation am Bildinhalt zu verleihen. Innerhalb des weiten Spielraums konnte es sich West erlauben, entgegen der histo-

[455] The Portfolio, 7, 1819, 84-86, hier: 85. Es handelt sich um den Nachdruck der Artikel aus dem National Advocat, Washington, vom 20. Oktober 1818 und dem Daily Adviser, New York, vom 22. Oktober 1818.

[456] Ebd., 85.

rischen Wahrheit in *Battle of La Hogue* James II., in *Penn's Treaty* seinen Vater und in *General Wolfe* Sir William Johnson einzufügen.[457] Ebenso gab Copley in *Death of Peirson* den Hintergrund Jerseys genau wieder, nahm sich in der Bildanlage mit ihrer dynamischen Seitwärtsbewegung jedoch kompositorische Freiheiten. So bemerkt SAUNDERS, dass der entscheidende Einsatz des schottischen 78. Regiments an die Seite verlagert wurde, um die englische Gendarmerie in das Zentrum zu rücken und das Bild dem englischen Publikum, für das es vorgesehen war, genehm zu machen.[458]

Auch Jefferson erkannte die dichterische Freiheit des Künstlers an. Über vermeintliche Ungenauigkeiten in der *Declaration of Independence* schrieb er:

> *But as far back as the days of Horace at least we are told that pictoribus atque poetis; Quidlibet audendi semper fuit aequa potestas. [Trumbull] has exercised this licentia pictoris in like manner in the surrender of York, where he placed Ld Cornwallis at the head of the surrender altho' it is well known that he was excused by General Washington from appearing.*[459]

Er zitierte Horaz, nachdem es Malern und Dichtern immer erlaubt gewesen sei, alles zu wagen.[460] Aus diesem Geist heraus schrieb Trumbull an Madison über die *Resignation of Washington* (Abbildung 33):

---

[457] Vgl. FRYD 1995, 74-78. In *La Hogue* hatte Benjamin West Admiral George Rooke in das Zentrum der Schlacht platziert. Noch 1877 war in Berlin Anton von Werner mit einer ähnlichen Aufgabe konfrontiert. In der *Kaiserproklamation* stand er vor dem Problem, dass die Vorstellung des Ereignisses bereits durch viele öffentlich zugängliche Abbildungen geprägt war und er deshalb zu Exaktheit verpflichtet war. Andererseits wollte er sie darstellen, wie er sie „gedacht und gewünscht hatte". Daher zeigte er Bismarck entgegen der historischen Tatsache in der dem Ereignis angemessenen Galauniform und fügte den eigentlich nicht anwesenden General Roon in das Bild ein (vgl. SCHOCH, 173-175).

[458] Vgl. SAUNDERS 1990, 30f. Das Spalier von Bajonetten kann man als Referenz an Velazquez *Die Übergabe von Breda* (1635) sehen.

[459] Brief an Samuel Adams Wells, 23. Januar 1819, zit. in ADAMS 1976, 106

[460] HORAZ (Ars poetica, 9-10) begrenzt diese Freiheit aber auch: Man solle nicht Unzusammenhängendes vermengen, vor allem solle das Werk geschlossen und einheitlich sein („simplex dumtaxat et unum", Zeile 23), dabei könne sich die Dichtung an der Malerei orientieren („ut pictura poesis", Zeile 361).

> *[At the resignation, Mr. Jefferson] and Mr. Munro [sic] were [...] present – their portraits are introduced of course in the picture. And that I may have all the Virginia Presidents, I have taken the liberty [...] of placing you among the spectators: - it is a Painter's licence, which I think the occasion may well justify.*[461]

Für Jefferson und Trumbull stand außer Frage, dass der Künstler eine *licentia pictoris* oder *Painter's licence* habe, die ihm Freiräume ermöglicht. Alles andere wäre eine Beschneidung der künstlerischen Möglichkeiten und der potenziellen Kraft eines Bildes, der sich kaum ein Künstler mehr unterwerfen wollte. Die Grenze zwischen künstlerischer Freiheit und visueller Lüge musste jedoch immer wieder neu diskutiert werden und wurde in Amerika offenbar enger gezogen. Reynolds hatte 1782 den Pfad dieser Gratwanderung noch einmal deutlich gemacht. So ließ er Detailtreue eingeschränkt zu, diese habe sich aber der Darstellung der *general idea* unterzuordnen:

> *I am not recommending a neglect of the detail; indeed it would be different, if not impossible, [...] I am well aware that a judicious detail will sometimes give the force of truth to the work, and consequently interest the spectator. I only wish to impress on your minds the true distinction between essential and subordinate powers; and to show what qualities in the art claim your chief attention, and what may, with the least injury to your reputation, be neglected.*[462]

Beispielsweise habe Raffael den Aposteln Würde verliehen, indem er sie nicht als einfache Leute zeigte, die sie waren, sondern als Helden:

> *Agesilaus was low, lame, and of mean appearance: none of these defects ought to appear in a piece of which he is the hero. In conformity to custom, I call this part of the art History Painting; it ought to be called Poetical, as in reality it is.*[463]

---

461 1. Okt. 1823, zit. in ADAMS 1976, 107.

462 Disc. XI, 197.

463 Disc. IV, 60. Im englischen Rationalismus ist Wahrheit zwar das höchste Ziel. Reynolds ging in seiner Forderung jedoch noch weiter: Der Künstler soll nicht nur Details weglassen, sondern müsse sogar von der Wahrheit abweichen, wenn sie ordinär, d. h. alltäglich, seien. Damit ordnete er die Wahrheit der Idee unter. Dies ist vielleicht der entscheidendste Punkt in seiner Kunsttheorie: „But it is not enough in Invention that the Artist should restrain and keep under all the inferior parts of his

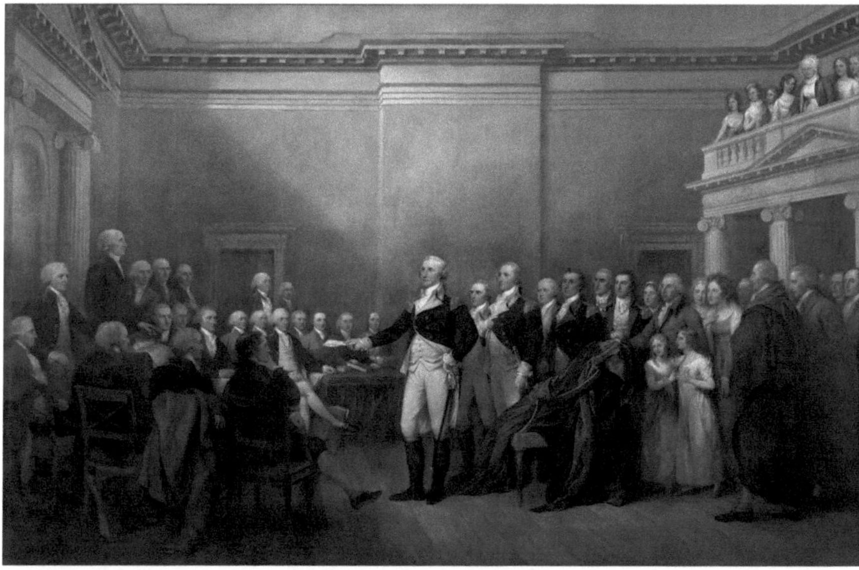

Abbildung 33 John Trumbull: *Resignation of General Washington*, 1824
U.S. Capitol Rotunda, Washington, D. C.
Quelle: Architect of the Capitol

Im Sinne von *ut pictura poesis* sollte Historienmalerei also „dichterische Malerei" mit entsprechenden Freiheiten sein. Dies bedeutete bei Reynolds jedoch nicht, dass Tatsachen verfälscht dargestellt würden, sondern die Historienmalerei im Gegensatz zum Porträt nicht die Erscheinung, sondern die Idee hinter der Erscheinung zeige:

> *All this is not falsifying any fact, it is taking an allowed poetical licence. A painter of portraits retains the individual likeness; a painter of history shews the man by action.*[464]

Reynolds hatte den Kern des Konflikts erkannt und konnte ihn in der Theorie noch lösen. Was im Kontext der Royal Academy funktionierte, hatte in Amerika aber kaum eine Chance auf Anerkennung oder kommerziellen Erfolg. Für die amerikanischen Künstler, die sich in einer durch mimetischen Realismus geprägten Gesellschaft bewegten,

---

subject; he must sometimes deviate from vulgar and strict historical truth, in pursuing the grandeur of his design" (Disc. IV, 59).

[464] Disc. IV, 60.

war diese Gratwanderung schwieriger und die Spannung zwischen dem Anspruch des Künstlers und den Erwartungen des Publikums belastender. Die Ausnutzung künstlerischer Freiheit konnte bei der Darstellung mythologischer Themen fraglos funktionieren, stiftete bei zeitgenössischen Ereignissen jedoch Verwirrung. Denn gerade die Augenzeugen des Ereignisses waren überrascht, im Gemälde nicht die Unterzeichnung der Unabhängigkeitserklärung, sondern die Idee „Unabhängigkeit“ gezeigt zu bekommen, also die Konstituierung nicht nur nationaler, sondern auch individueller Freiheit. Die *Declaration* steht somit nicht nur alleine für die amerikanische Sache, sondern auch für die Freiheit aller Menschen. Sie wird so zur Repräsentation einer Idee, die über das eigentliche Ereignis hinausreicht. Auch die *Declaration* ist daher als *epic history* zu lesen.

Die Künstler der Idealmalerei waren sich des Konflikts sicher bewusst, sowohl den Zielen des Grand Styles als auch einem Publikum mit „realistischen“ Bilderwartungen gerecht werden zu müssen. Kompromissversuche konnten aber auch dazu führen, dass sie beide Seiten enttäuschten. Dies zeigt das Beispiel Trumbulls am deutlichsten.

Trumbull musste sich nun entscheiden, wie er auf die Kritik reagieren sollte: Er konnte entweder die Vorstellung der *licentia pictoris* verteidigen oder der Forderung des „Detectors“ folgen und die „Fehler“ korrigieren, bevor das Gemälde im Kapitol endgültig zu hängen kam. Überraschenderweise entschloss sich Trumbull jedoch zu etwas Drittem: Er veröffentlichte sofort eine Erwiderung, in der er deutlich machte, sich auf keine Diskussion darüber einzulassen, wo die Linie zwischen Treue und Unglaubwürdigkeit verlaufen würde, sondern verteidigte sein Gemälde als die Darstellung der tatsächlichen Wahrheit. So habe er zunächst die Liste der Unterzeichner der Urkunde als Grundlage genommen und während der Jahre, in denen er Porträts der Beteiligten sammelte, die Zeitzeugen auch immer nach dem tatsächlichen Vorgang befragt, die die Richtigkeit seiner Darstellung verifiziert hätten. So habe der Prototyp des Gemäldes die Anerkennung der europäischen Kunstkenner erhalten, sei unter Heranziehung des Rates Jeffersons entstanden und tagelang im Repräsentantenhaus ausgestellt gewesen, ohne dass Kritik geäußert worden wäre. Trumbull ging gar soweit, jedem zu danken, der ihm Fehler nachweisen und ihn mit Informationen versorgen könne, um diese zu korrigieren.[465] Daher blieb er bei seiner Meinung, so und nicht anders habe sich die Erklärung der Unabhängigkeit abgespielt. Er betonte, das Ereignis historisch korrekt rekonstruiert zu haben und so seiner Aufgabe als visueller Historiker geworden zu sein.

Die Ursache für diesen Sinneswandel von einem glühenden Anhänger des idealisierten Bildes zum Verteidiger des faktischen Bildbegriffs ist nicht bekannt. Denkbar sind verschiedene Erklärungen: Entweder lag die Motivation für diese klare öffentliche Positionierung Trumbulls in wirtschaftlichen Überlegungen. Aufgrund seiner vorherigen Erfahrungen mit dem amerikanischen Kunstmarkt hatte er erkannt, dass ein idealisiertes Bild dort nicht verstanden wurde. Als er nun mit dem Gemälde auf Tour ging und Stiche verkaufte, wollte er seine Bilderfindung kapitalisieren. Dies war jedoch nur möglich, wenn er ein möglichst großes Publikum ansprechen konnte. Daher versuchte er, die *Declaration* bewusst in ein faktisches Bild umzudeuten.

Denkbar ist ebenso, dass Trumbull den faktischen Bildbegriff aufgrund der Erfahrungen mit der amerikanischen Kunstwelt selbst unbewusst übernahm. Seine idealisierte Darstellung des Ereignisses als heroischer Augenblick und Kulminationspunkt der Unabhängigkeitsbewegung hatte möglicherweise eine Eigendynamik entwickelt und die Erinnerung der Beteiligten an den erlebten Vorgang überschattete. Während Trumbull noch darauf beharrte, seine Arbeit empirisch korrekt ausgeführt zu haben, hatte er bereits mithilfe des Bildes die Vorstellung über das Ereignis und das, was die Wahrheit des Ereignisses sei, beeinflusst. So formte das äußere Bild das innere Bild. Man könnte gar soweit gehen, zu sagen, er ist in New York der perfekten Wahrheit erlegen, die er selbst in Paris entworfen hatte. Trumbulls Ziel in Paris war es nicht, den 4. Juli darzustellen, sondern die Zuspitzung auf eine allgemeinere Idee von Unabhängigkeit und Freiheit, die zentralen Begriffe der Aufklärung, am Beispiel der amerikanischen Unabhängigkeitserklärung, die der Nachwelt als moralisches Vorbild dienen sollte. Mit der Überquerung des Atlantiks und der seither vergangenen Zeit

---

[465] The Portfolio, op. cit., 88. Auch für Copley waren die Faktengrundlage zunächst kurze Zeitungsartikel und dann die Mitteilungen von Offizieren, die Augenzeugen des Ereignisses waren.

scheint dieser Gedanke selbst bei ihm verloren gegangen zu sein.[466] Trumbull sah das Gemälde nun mit dem mimetischen Blick, mit der Vorstellung, es repräsentiere die faktischen Zusammenhänge und visuelle Realität.

Möglicherweise ist Trumbulls öffentliches Beharren auf der im Gemälde repräsentierten Wahrheit auch eine Verteidigung der Interpretationshoheit über die Geschichte. Daher erklärt sich die demonstrative Nähe zu den Abgeordneten des Repräsentantenhauses und speziell zu Jefferson. Es ist ihr Bild, ihr Ereignis und ihre Wahrheit. Eine Infragestellung des Bildes bedeutet eine Kritik an der Stellung dieser Führungselite. Oder andersherum: Wer die gesellschaftliche Position einer Gruppe angreifen will, greift zunächst ihre Bilder an. Daher musste das Gemälde und seine dargestellte Wahrheit verteidigt werden. Die Angriffe gegen diese Interpretation der Wirklichkeit ebbte aber nicht ab, im Gegenteil: Der „Detector“ agierte im Jahr 1818 noch aus der Deckung der Anonymität heraus, aber bald wurde der Bilderkampf deutlich offener ausgetragen.

John Trumbulls ursprüngliche Vorstellung von Wahrheit im Bild wird auch deutlich in *Cornwallis at Yorktown*, dem zweiten Gemälde für das Kapitol. Die Niederlage von Lord Cornwallis war ein Sieg der amerikanisch-französischen Streitkräfte und markiert damit praktisch das Ende des Krieges. Für die Briten war es eine beschämende Niederlage. Bei der Kapitulation wurde ihnen die Ehre, in Würde die Stadt zu verlassen, verwehrt, so wie General Lincoln 18 Monate vorher in Charlestown der würdevolle Abgang nicht zugestanden wurde. Um dieser Schmach zu entgehen schickte Cornwallis, statt selbst zu erscheinen, seinen Stellvertreter, General Charles O'Hara, zur Kapitulationszeremonie.

Trumbull war der Meinung, dass die Würde eines Gemäldes von der Würde der dargestellten Personen abhinge, ein herausragendes Ereignis also auch die Anwesenheit herausragender Persönlichkeiten benötige.

---

[466] Jeffersons Entwurf der Unabhängigkeitserklärung wurde in einer langen Debatte mehrfach verändert, am 4. Juli verabschiedet und im Laufe des Augusts unterzeichnet. ADAMS legt nahe, Jefferson habe in seinem Bericht an Trumbull die einzelnen Daten bereits vermengt und es sei so zu einer fälschlichen Darstellung gekommen (vgl. ADAMS 1976, 92 u. 97).

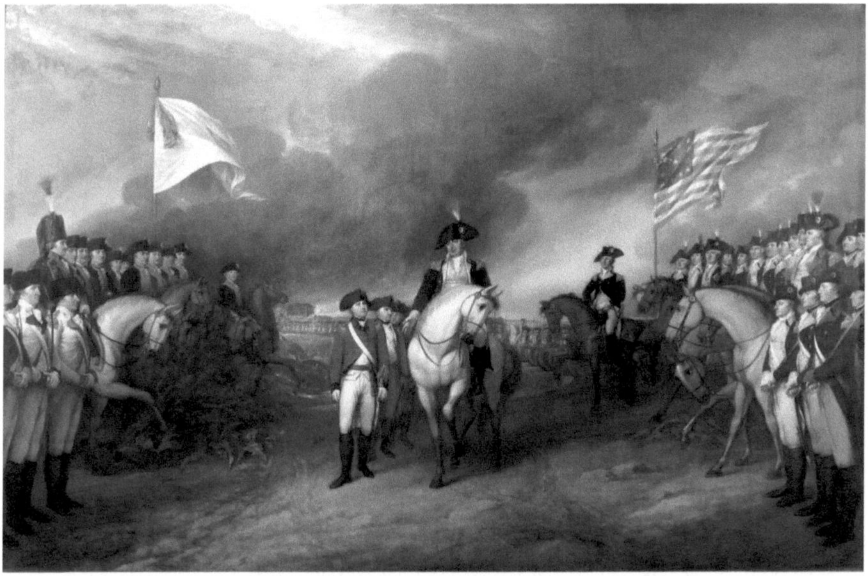

Abbildung 34 John Trumbull: *The Surrender of Lord Cornwallis at Yorktown (October 19, 1781)*, 1828
U.S. Capitol Rotunda, Washington, D. C.
Quelle: Architect of the Capitol

Daher identifizierte er die unberittene Figur im Zentrum der Szene ursprünglich nicht als den tatsächlich anwesenden O'Hara, sondern verzeichnete sie in einem beigefügten Personenschlüssel als Lord Cornwallis.[467] Trumbull zeigte die Geschichte also nicht so wie sie war, sondern wie sie sein sollte, strebte also de Piles' perfekte Wahrheit an.

William Dunlap, der von 1784 bis 1787 Schüler bei Benjamin West war, widersprach diesem Vorgehen jedoch entschieden: Man dürfe die Wahrheit der Geschichte nicht einem Effekt oder einer Schmeichelei opfern. Er schrieb über *Cornwallis at Yorktown*: „the painter again violated truth, by introducing Lord Cornwallis in the scene of the surrender". Als wäre Dunlap nie in London gewesen, hätte nie etwas von

---

[467] Trumbull war bemüht, getreue Porträts einzufügen und reiste sogar nach Yorktown, um einen originalgetreuen Hintergrund zu zeichnen (s. TRUMBULL 1953, 168). Die Vorzeichnungen befinden sich heute in der Fordham University, New York.

Reynolds Vorlesungen gehört oder Wests Gemälde gesehen, sah auch er nun „Fehler“ in Trumbulls *Declaration of Independence*:

> *[...] a disappointment was felt and loudly expressed. Faults which escaped detection in the miniature, were glaring when magnified [...] and people asked, "What is the point of time?" - "It is not the declaration," - "No, it is the bringing in of the declaration by the committee." It was then found that men who were present at the scene were omitted; and men not present, or who had not even then taken a seat in congress, were represented as actors in the great deliberative drama. Men said, "Is history thus to be falsified, and is this record to be placed in the capitol to contradict the minutes of congress and the truth?"*[468]

In der klassischen Historienmalerei, genauso wie bei Wests *General Wolfe,* bestand immer ein Konflikt zwischen historischer Treue auf der einen und dramatischer Inszenierung auf der anderen Seite. Was als *accuracy* bezeichnet wurde, beschreibt die genau recherchierten Vorgänge aufgrund von Literatur und Befragungen, das Studium der Landschaft vor Ort und die richtige Wiedergabe des Hintergrundes, der Attribute und Porträts. Diese Detailtreue tritt in Konflikt mit der freien Inszenierung des Ereignisses zwecks Idealisierung und Kommunikation von erhabenen Werten, zur Einbeziehung des Betrachters und um eine Erhabenheit zu erzeugen. Historische Treue wird dieser Inszenierung als Gegengewicht entgegengestellt, um eine wissenschaftliche Legitimation und eine Deutungshoheit zu erlangen. Copley wusste wie West, wenn erst durch Bilder eine Vorstellung in den Köpfen der Menschen geschaffen ist, haben Fakten keine Relevanz mehr.[469] Es war nicht die Absicht des Grand Styles, reportagehaft die Wirklichkeit wiederzugeben, sondern die Wirklichkeit zwecks Vorbildfunktion zu inszenieren.

Auch West hatte Personen in *General Wolfe* eingefügt, die sich zum Zeitpunkt des Ereignisses nicht einmal auf demselben Kontinent be-

[468] DUNLAP, I, 376-7. DUNLAP, der an der National Academy immerhin „Professor of Historical Painting“ war, bezeichnet die Gemälde als „imaginative scenes“ (DUNLAP, I, 284). Trumbull habe zudem vorgeschlagen, bei der Darstellung der Inauguration Washingtons eine unbedeutende durch eine bedeutende Person zu ersetzten.

[469] Vgl. SAUNDERS 1990, 38. Der Realismus der Darstellung erzeugt einen Teil der Faszination von Wests *Wolfe*. Da Copley ohnehin zu „Overminuteness“ tendierte, setzte er sich über Reynolds hinweg, der vor der Überbewertung von Details warnte.

fanden. Für diese Künstler war die Leinwand eine Art Theaterbühne, auf der Personen auftauchen oder verschwinden konnten. Diese Freiheit der visuellen Gestaltung führte jedoch zu einem Konflikt mit dem mimetischen Bildbegriff, der sich in der amerikanischen Porträtmalerei der Kolonialzeit entwickelt hatte. Ohne das Wissen um die akademischen Ideen kann das Historiengemälde nicht in seiner intendierten Bedeutung entschlüsselt werden. Für das an die einfache Wahrheit des *matter-of-fact* gewohnte amerikanische Publikum bedeutete dies daher eine Verletzung der historischen Wahrheit und erschien somit als falsch. Es handelte sich um ein grundsätzliches Missverständnis in der Auffassung von Wahrheit im Bild.[470]

Dieses Missverständnis in der Bildauffassung ist zum einen durch die unterschiedliche Bildtradition zu erklären. Zum anderen hatte Trumbull in der *Declaration of Independence* keinen temporalen oder lokalen Distanzierungsschlüssel eingefügt, der das Dargestellte entrückt und dem Betrachter signalisiert, dass nicht die Nachahmung der visuellen Erscheinung, sondern die Generalisierung Ziel der Bildanlage ist. Gerade in der Ausstellung im Philadelphia State House, in dem der Bildraum mit dem Realraum im Vergleich stand, ist die Reaktion des Kritikers John Neil verständlich, es handele sich nur um eine Ansammlung von Porträts ohne jede Erhabenheit. Wird das Bild mit einer mimetischen Erwartungshaltung rezipiert, schrumpft der zugestandene künstlerische Spielraum auf Null, und jede künstlerische Freiheit wird als „Fehler" erkannt. Dann gilt ausschließlich Wests Aussage „the pen of the historian should govern the pencil of the artist" und nicht mehr Jeffersons *licentia pictoris*.

Trumbulls partielle Abkehr von den akademischen Vorstellungen nach seiner Rückkehr nach Amerika zeigt sich einerseits in seinem Beharren auf der Wahrheit in der *Declaration of Independence*, andererseits darin, dass er der öffentlichen Kritik nachgab und die Bezeichnung der

---

470 Charles Willson Peale hatte bereits 1767 auf die Schwierigkeiten der Historienmalerei in Amerika hingewiesen: „in this Part of the World few have a Taste for it" (zit. in EVANS 1980, 182). EVANS meint, Amerikaner hätten sich vor der Historienmalerei unsicher gefühlt, weil sie nicht wussten, wie sie sie bewerten sollten, während die Qualität von Porträts und Landschaftsmalerei einfach durch den Vergleich mit der Natur zu erfassen sei (ebd.).

Figuren in *Cornwallis at Yorktown* schließlich zu „the principal officers of the British army“ relativierte.[471] Dies ist kein Beweis eines grundsätzlichen Sinneswandels, wohl aber eine Reaktion auf die Bildrezeption des amerikanischen Publikums.

Damit gab er praktisch den Versuch auf, den Kunstgeschmack in Amerika zu verändern, und kapitulierte vor dem mimetischen Bildbegriff. William Dunlap ging noch weiter und propagierte den faktischen gegen den idealen Bildbegriff. Zu seiner Argumentation zog er interessanterweise den englischen Schriftsteller Horace Walpole heran. Ihm folgend sei ein Porträt der Historienmalerei vorzuziehen, weil es mehr Wahrheit besäße, denn es sei vom Künstler direkt vom Modell gemalt. Die Historienmalerei dagegen müsste immer Phantasie enthalten, sie sei daher immer falsch – ein Porträt immer wahr:

> *I prefer portraits really interesting, not only to landscape painting, but to history. A landscape is, we will say, an exquisite distribution of light and shade, wood, water, and buildings. It is excellent - we pass on, and it leaves not one trace in the memory. In historical painting there may be sublime deception, but it not only always falls short of the idea, but it is always false. Thus it has the greatest blemish incidental to history. It is commonly false in the costume, always in the grouping and attitudes, which the painter, if not present, cannot possibly delineate as they were. Call it fabulous painting, I have no objection. - But a real portrait, we know, is truth itself; and it calls up so many collateral ideas, as to fill an intelligent mind more than any other species.*[472]

---

471 TRUMBULL 1835, 26. Im Jahr 1831 schenkte er den Großteil seiner Sammlung an die Yale University in New Haven (damals noch Yale College) und publizierte in diesem Zusammenhang den *Catalogue of Paintings*, der in mehreren Auflagen erschien (zunächst 1831 bei Nathaniel B. Holmes, New-York, als Katalog zur Ausstellung in der American Academy).

472 Horace Walpole (1717-1797, 4th Earl of Orford) zit. in DUNLAP, I, 377, ohne Quellenangabe. Vermutlich bezog sich Dunlap auf die Aussage Walpoles in seinem vierbändigen Werk *Anecdotes of Painting in England* (1762-64). Darin sah der wohl bedeutendste Connaisseur seiner Zeit den Grund für die größere Anzahl von Porträts in England nicht nur in der Eitelkeit der Dargestellten, sondern darin, dass diese Gattung im Gegensatz zur Historienmalerei mehr Wahrheit besäße: „A portrait of real authenticity we know is truth itself, and calls up so many collateral ideas, as to fill an intelligent mind, more than any other species of painting. Historical painting has more of imagination only“ (WALPOLE, 547). Dadurch nahm er zunächst keine Bewertung

Dunlap versuchte nicht weniger als mit dem Kriterium der Wahrheit eine umgekehrte Gattungshierarchie zu konstruieren, in der das Porträt nicht verachtet wird, sondern noch über der Historienmalerei steht. Trumbull, so argumentiert Dunlap weiter, hätte gar nicht alle Vorgänge sehen können, die er darstelle. Stattdessen würden an den Wänden der Rotunde Dokumente hängen, die den historischen Fakten widersprächen.

> *Now, although Mr. Trumbull did not, and could not, see any of the scenes represented by him, he had the advantage of seeing the costumes of the persons, and of painting the portraits of many of the men, although some years after the transactions. He had an opportunity of knowing, from Mr. Jefferson, Mr. Adams, and others, and from the minutes of Congress, who were present when the committee brought in the Declaration; and Count Rochambeau, or other French officers in Paris, and Washington and his officers, could have told him every minutiae of the Surrender at York Town. The pictures should have been portraits of the events, as faithful as of the faces of the men. That the painter should fail in copying the features he had put on canvas in early life, is only to be lamented; but just disappointment was excited and expressed when men found that the walls of the Rotunda were to contradict the records of history.*[473]

Trotz der negativen Kritik in den Zeitungen, hatte Trumbull mit seiner Ausstellungstour der *Declaration* finanziellen Erfolg. Allerdings ist zu bezweifeln, ob die Menschen, die das Bild täglich sahen, sich an der Erbaulichkeit der Historienmalerei erfreut haben oder ob sie nur Neu-

---

vor, sondern unterschied die Bildtypen in ihrer Eigenschaft der Darstellung von äußerer Realität und Phantasie des Künstlers. Erst Dunlap verwandte die Autorität Walpoles zur Argumentation einer umgekehrten Gattungshierarchie. Trumbull hatte Walpole 1787 in Strawberry Hill besucht (s. TRUMBULL 1953, 151 u. JAFFE, 137).

473 DUNLAP, I, 377-378. Im Gegensatz zum Historienmaler sei es, laut Reynolds, die Aufgabe des Porträtisten, etwas Spezielles zu zeigen („and consequently a defective model", Disc. IV, 70). Dunlap erklärte nun, die Historienmalerei müsse nicht die ideale, sondern eine mimetische Wahrheit zeigen. Während Reynolds die Gattung unter dem Aspekt des Idealen an die Spitze der Hierarchie brachte, unterwarf Dunlap die Malerei der „Wahrheit", d. h. der mimetischen Wertung und musste folglich zu einer umgekehrten Gattungshierarchie kommen, die demokratische Forderungen an die gesellschaftliche Hierarchie einschließt. Die Kritik an den Gemälden ist eine Kritik an der kolonialen Aristokratie, die von Trumbull repräsentiert wird.

gier dazu brachte, 25 Cent Eintritt zu bezahlen. Ein Hinweis darauf ist, dass die anschließende Ausstellungstour von *Cornwallis at Yorktown* kaum ein Drittel der Besucherzahlen verzeichnen konnte und das Interesse an den in Folge gezeigten *Burgoyne at Saratoga* und *Resignation of Washington* noch weiter sank. Das Gemälde war vermutlich nur eine visuelle Sensation, die nicht mit den Augen eines europäisch erfahrenen Kunstkenners betrachtet wurde, sondern in seinem Bildbegriff schlicht missverstanden wurde.

Die Erfahrung mit einem unverständigen amerikanischen Publikum führte zu zwei Strategien der Künstler. Die eine basierte auf der Hoffnung, die amerikanische Öffentlichkeit zu einem Bildverständnis erziehen zu können, um sie zu befähigen, „höhere" Kunst zu verstehen, zu schätzen und zu fördern. „To elevate taste in America" war so zu einem didaktischen Ziel und aufklärerischen Projekt der Generation Trumbulls geworden. Erst das weitgehende Scheitern dieses Projekts ließ eine weitere Generation von Künstlern eine entscheidende Kehrtwende vollziehen, die genau an diesem Punkt begann: Ihre Strategie sollte nicht die Erziehung des Publikums sein, sondern die Orientierung am tatsächlichen Kunstgeschmack der amerikanischen Öffentlichkeit. Damit begann die Abkehr von alten europäischen Kunstidealen und die Entwicklung eigener kultureller Vorstellungen setzte ein.

Doch soweit war es noch nicht. Als Präsident Adams am 28. November 1826 die Hängung der vier Gemälde inspiziert hatte, versuchte Trumbull sofort, einen Folgeauftrag für die restlichen vier Felder der Rotunde zu erhalten.[474] Inzwischen hatte sich jedoch das politische Spektrum aufgespalten, seine vormals einflussreichen Freunde waren nicht mehr in Ämtern und er musste sich in verschiedenen Lagern um Unterstützung bemühen. Schon 1818 hatte er erkannt: „[...] this is a logocracy. You must talk [...] Whatever is not supported by active and influential friends has no chance of success."[475] Jetzt geriet die Rotunde jedoch in die parteipolitischen Auseinandersetzungen des Wahlkampfes und die ästhetischen Qualitäten der Gemälde bedeuteten

[474] Trumbull berichtet am 9. Dezember 1828 dem Repräsentantenhaus über seine Arbeiten, die Rotunde von Feuchtigkeit zu befreien, welche die Bilder angreifen könnte. Doc. No. 10, House of Reps. 20th Cong., 2nd Session, Kopie AOC.

[475] Zit. in JAFFE, 240 an Theodore Dwight, Jr.

plötzlich nur noch wenig. John Quincy Adams (Sohn von John Adams) schrieb in sein Tagebuch:

> Nov. 28. – *At noon I rode up to the Capitol, and met Colonel Trumbull in the rotunda. His four pictures are placed, an in such a favorable light that they appear far better than they had ever done before. There are four other spaces to be filled with pictures of the same size, for which the Colonel is very desirous of being employed. He had therefore placed under them his small pictures of the deaths of Warren and Montgomery, and two others, bare sketches, one, of the death of Mercer at Princeton, and the fourth, another battle; and with them he had brought two small pictures for churches, religious subjects, which, he said, he had painted this present year, and had taken here with him to show that he was not too old to paint yet.*[476]

Trumbulls Vorstellung, den Tod Warrens, Montgomerys und Mercers für die Rotunde zu produzieren, kollidierte jedoch mit den Hoffnungen anderer Künstler auf öffentliche Aufträge. Neben dieser persönlichen Konkurrenz wurde nun deutlich, dass sich Gesellschaft und Politik verändert hatten und Bildinhalte nicht mehr widerspruchslos hingenommen wurden, sondern Anlass zu heftigen Diskussionen gaben. Zudem war das Parlament irritiert, auf welche Weise sich Amerika in seinem nationalen Repräsentationsraum zeigen sollte. In dieser Verunsicherung und Verschiebung der Rollen von Auftraggeber und Künstler, legte Trumbull einen Plan vor, wie die Künste in den Dienst des Staates gestellt werden könnten.

Die Rolle des Künstlers

Im Jahr 1826, kurz nach der endgültigen Hängung der Gemälde, entwickelte Trumbull eine Idee weiter, die er bereits in Paris formuliert hatte. An Jefferson hatte er 1789 geschrieben, er wolle sich bei Rückkehr nach Amerika nicht nur sofort um die Subskriptionen kümmern, sondern auch den Kongress um Schirmherrschaft bitten. Dabei stellte er sich den Künstler im Staatsauftrag vor:

> *I am told that it is a custom in France, for the king to be considered as a subscriber for one hundred copies of all elegant works engraved by*

---

[476] John Quincy Adams, zit. in NEVINS, 366.

> *his subjects, that these are deposited in the Bibliothèque du Roi, and distributed as presents to foreigners of distinction and taste, as specimens of the state of the fine arts in France. Would this be a mode of diffusing a knowledge of their origin, and at the same time a lesson on the rights of humanity, improper to be adopted by the United States?*[477]

37 Jahre nach der Idee, diese Künstlerrolle auf die USA zu übertragen, schrieb er an Weihnachten 1826 zwei interessante Briefe, in denen er Präsident John Quincy Adams das Projekt „plan for the permanent encouragement of the fine art in the United States“ darlegte.[478]

Trumbull schrieb, so wie der Staat bereits die verschiedenen Branchen der Industrie fördere, so sollten die Künste ebenfalls unterstützt werden, da sie auch einen wichtigen Beitrag zum nationalen Wohlstand leisteten.

> *I would propose that whenever an event, political, naval, or military, shall occur, which shall be regarded as matter of history, the most eminent painter of the time, be ordered to paint a picture of the same, to be placed in some of the national buildings – that an artist of secondary talent be employed to make a copy of the same, which shall be given to the minister, admiral, or general under whose direction or command the event shall have taken place, as a testimony of the approbation and gratitude of the nation.*[479]

Nach seinem Plan solle nach einem historisch Ereignis der beste Kupferstecher des Landes einen Stich produzieren, der tausendfach gedruckt und von Diplomaten mit ins Ausland genommen werden sollte, um damit die heroischen Taten Amerikas in der Welt zu verbreiten. Trumbull versuchte hier nichts weniger, als sich dem Staat als Hof-

---

477 Zit. in TRUMBULL 1953, 161.

478 Beide kannten sich gut aus der Zeit in Europa. Dass sowohl Vater wie Sohn Adams der Unterstützung von Kunst in Amerika skeptisch gegenüberstanden, konnte Trumbull daher erwarten. John Quincy Adams war Präsident von 1825 bis 1829, davor Secretary of State unter Monroe, dessen Doktrin seine Handschrift trägt. Als Präsident erwarb er Florida und sicherte die Grenzen sowie die Ausbreitung nach Westen.

479 Zit. in DUNLAP, I, 384-387, Originalveröffentlichung von Trumbull: New York, 1827, printed by William Davis, Jr., 8 Seiten (digitalisiert: Gale Document Number CY102704194).

künstler anzudienen.[480] Weitere Drucke sollten verkauft werden, um die Kosten des Planes zu decken. Er verwies hier explizit auf die Geschäfte von Boydell während der Regentschaft George III. Dieser Plan hatte die Ermutigung und Kultivierung der Künste zum Ziel. Trotzdem fühlte Trumbull sich genötigt, ein weiteres Mal dem Vorwurf zu begegnen, die Historienmalerei sei Kunst der Könige und Adeligen, denen die Schuld an der Dekadenz der Gesellschaft zugeschrieben wurde. Amerika sollte als Muster einer Alternative dienen. Welchen Platz könnte in der amerikanischen Gesellschaft dann die Kunst, speziell die Historienmalerei, einnehmen?

Edmund Burke hatte Trumbull bereits 1784 darauf hingewiesen, er solle statt Malerei lieber Architektur studieren, denn schließlich müssten in einer jungen Nation zunächst „national buildings" gebaut werden, bevor man diese ausschmücken könne: „decorate them also, if you will."[481] Nun wies Trumbull darauf hin, dass auch das Gebäude des Präsidenten und die Komiteeräume im Kapitol auszustatten seien.[482] Diese Gebäude sollten nicht mit teuren Spiegeln überladen werden „and all the frivolous and perishable finery of fashionable upholstery", sondern „be enriched by subjects of national history, executed by our own artists". Er appellierte also an den Patrioten im Präsidenten und stellt der Repräsentation der Alten Welt ein Konzept entgegen, das das Eigene, das Amerikanische fördere und versucht die Historienmalerei in den Dienst des republikanischen Staates zu stellen.[483]

---

480 Zum Hofkünstler als Geschenkproduzent im diplomatischen Dienst s. WARNKE.

481 TRUMBULL 1953, 84. Zu Aspekten Trumbulls als Architekt s. SIZER 1949 u JAFFE, 290-296. Das Fehlen von Aufträgen in Amerika ist nicht alleine auf das zurückhaltende Verhalten der Regierung zurückzuführen, in der Anfangszeit der Republik Geld für Kunst auszugeben, sondern auch auf das Fehlen von großen öffentlichen Räumlichkeiten, die große Gemälde ausstellen könnten. Auch daher zielte Trumbulls auf die Gebäude in Washington als Ort der Historienbilder.

482 Vgl. DUNLAP, 389. Die Ausgestaltung der Komiteeräume war ihm nicht vergönnt, sie wurden erst später, vor allem von Constantino Brumidi, zu einem Gesamtkunstwerk gestaltet (vgl. WOLANIN).

483 Es ist interessant, dass Verplanck in einem Brief im folgenden Januar eine ähnliche Formulierung benutzte. Er wies darauf hin, das neben dem Kapitol auch das Präsidentengebäude mit „works of art connected with the history, or at least with the scenery of the country [...] instead of filling it merely with mirrors, curtains, and chandeliers" ausgestattet werden sollte (zit. in DUNLAP, I, 300-301). Hier klingt es nicht

Wie Jeffersons Vorstellung, dass Architektur eine Vorbildfunktion habe, weil sie Ideenträger sei, so diente sich Trumbull als Innenausstatter mit ähnlicher Funktion an. Er verfolgte das Ziel, die Kunst aus ihrer angenommenen europäischen Funktion, als Opulenz- und Dekadenzförderer, zu befreien, ihr eine Funktion in der republikanischen Gegenwelt zu geben und sie in den Dienst der „highest moral purposes of human society“ zu stellen.

Adams war von den Ausführungen Trumbulls aber nicht überzeugt.[484] Drei Tage später schob Trumbull daher noch einen detaillierten Finanzplan nach, an dem ebenso wie an seinen Notizbüchern (Library of Congress) deutlich wird, dass er zu streng wirtschaftlichem Denken in der Lage war. Er zeigte darin, dass das moralische Ziel mit dem finanziellen verbunden werden könne. Den kalkulierten Ausgaben stellte er mögliche Einnahmen entgegen, die er aus eigenen Erfahrungen wiedergab.[485]

Die Briefe wurden im Folgejahr in der *Times* in New York publiziert. Trotz der allgemeinen Formulierung unterstellte ihm William Dunlap, es sei ihm mit der Veröffentlichung alleine darum gegangen, sich den Auftrag für die restlichen vier Felder der Rotunde sowie für die Ausmalung des Präsidentengebäudes zu sichern.[486] „The most eminent painter of the time“ in Sachen Historienmalerei war schließlich niemand anderes als Trumbull selbst. Seine Rolle als solcher war immer auch eine Nachahmung der Rolle Wests in London – die Position des

---

mehr nach der hohen Kunst der Historienmalerei, sondern eher nach besserer Innendekoration. In diesem Brief machte Verplanck zudem deutlich, dass er keinen Einfluss mehr auf die Entscheidung habe, da diese nun in die Hände eines Komitees unter Stephen Van Rensselaer gelegt wurden.

[484] Er folgt dabei durchaus Vorstellungen des Klassizismus, der dem Barock inhaltlich die Moral der Antike und stilistisch Klarheit entgegenstellt. Bei Trumbulls Konservatismus wird aus der klaren Ordnung oft eine Steifigkeit der Figuren und Unbeweglichkeit der Komposition. Die Dynamik von Copleys *Peirson* und seinen eigenen Entwürfen für *Montgomery* oder *Bunker's Hill* (beide 1785/6) ist auch noch bei *Hessians at Trenton* und *Mercer at Princeton* zu sehen. Sie ist bei den Indoor-Szenen ab der *Declaration* aber auch bei den Outdoor-Szenen später verschwunden.

[485] Diese übergab er als Kopie der Akademie als Dokument, die diese drucken ließ.

[486] Vgl. DUNLAP, 383.

mäzenatischen Königs wollte er offenbar mit dem Präsidenten besetzten.

Dunlap war an dieser Stelle allerdings nicht ganz aufrichtig, wenn er Trumbull dafür kritisierte, in Washington agitiert zu haben, denn zur gleichen Zeit hatte er selbst ebenfalls einen Brief an den Abgeordneten Verplanck geschrieben, in der Hoffnung, einen staatlichen Auftrag zu erhalten.[487] Dunlap, der im Konflikt zwischen der American Academy und der National Academy auf der Gegenseite Trumbulls stand, überlas, dass Trumbull neben der Malerei auch die Skulptur und als Thema nicht nur den Unabhängigkeitskrieg zuließ, sondern explizit auch den Krieg von 1812 erwähnte:

> *The History of the United States already abounds in admirable subjects for the pencil and the chisel, which should not be suffered to sink into oblivion: the last war especially, is full of them, and it seems to me that this is the proper field for the present and rising artists to cultivate; the field is not only fertile and extensive, but is hitherto untouched, and seems to solicit their patriotic labours and to chide their delay.*[488]

Offensichtlich setzte sich Trumbull in der sehr an die Ideen Chastellux' erinnernde Passage nicht ausschließlich für sich und die eigenen Entwürfe ein. Im Gegenteil, zum ersten Mal öffnete sich Trumbull für die berechtigten Forderungen der neuen Generation, die sich nicht mehr mit dem Unabhängigkeitskrieg und deren Moral identifizierte, sondern eher mit der Beteiligung am Krieg von 1812 ihre Teilnahme am öffentlichen Leben legitimierte. Er bemerkte, dass hier eine neue Gruppierung um Chancen buhlte, die ein Bildthema aufgriff, für das er – im Gegensatz zur „Revolution" – kein Alleinstellungsmerkmal besaß. Dabei wird deutlich, dass die Generationen untereinander zu konkurrieren begannen und den jeweils eigenen Krieg zu instrumentalisieren suchten. Das Forum für diesen Kampf um die Bildinhalte war die Rotunde. Die Unabhängigkeitsbewegung als Thema hatte hier kaum eine Chance mehr. Das wusste Trumbull.[489]

---

[487] Seinen Brief überging er daher geflissentlich und druckt in seiner eigenen Biographie nur die Antwort Verplancks ab (s. DUNLAP, I, 300f.).

[488] Zit. in DUNLAP, I, 386. Zur *American Academy of Fine Arts* s. S. 279 oben.

[489] Trumbull stellte sich vor, Kunst könne in der Republik doch noch eine fest verankerte Aufgabe bekommen. Mit der Kunst soll eine doppelte Aussage gemacht

Trumbulls Konzept der Kunst im Dienste des Staates fand keine Beachtung beim Präsidenten und passte ebenso wenig in die Zeit wie seine autokratisch geführte Akademie. Seine Vorstellung war offenbar die Förderung der Künste nach dem Vorbild der Royal Academy. Deren Gründungsidee im Jahr 1769 war die Protektion der Künste unter dem König.[490] In Amerika hatte der Versuch, den Präsidenten an die Stelle des Königs zu setzten, jedoch bereits bei der Gründung des Columbianums in Philadelphia im Jahr 1795 zu großen Auseinandersetzungen geführt.[491] Dieses hierarchische Modell passte nicht mehr in die Zeit und Gesellschaft.

Amerika hatte sich nicht nur politisch unabhängig gemacht, sondern befand sich zudem inmitten eines Prozesses der Egalisierung und Demokratisierung, den Trumbull offenbar nicht wahrnehmen wollte. Konservativ blieb er bei seinen Gentleman-Idealen, die er als allgemein verbindliche Leitideen in Gemälden darzustellen wünschte. Dass der Staat diese Leitideen vorgeben sollte, schien ihm selbstverständlich. Doch die Debatten über die Folgeaufträge für die Rotunde machten große Meinungsunterschiede über genau diese Frage deutlich.

Der Zeitraum zwischen Unabhängigkeit und Bürgerkrieg war nicht nur von dem Scheitern der Historienmaler geprägt, sondern auch von der allmählichen Anpassung der Künstler an eine post-revolutionäre Gesellschaft und ihr Publikum. Aber nicht nur die Künstler hatten eine neue Rolle zu finden, sondern auch der Staat als Auftraggeber. Daher werden im Folgenden Debatten verfolgt, in denen im US-Kongress am Beispiel der Auftragsvergabe für Historiengemälde im Kapitol das Verhältnis zwischen Staat, Kunst und Künstler diskutiert wurde.

---

werden: Einmal über das Niveau der Kunst Amerikas selbst und damit über die Kultiviertheit der Nation. Und auf der anderen Seite inhaltlich über die Taten der Nation, die in der Welt verbreitet werden sollten. Aber genau dieses Konzept erinnerte manchen zu sehr an die Einlassung der Kunst mit dem despotischen und korrupten Europa (vgl. MARKS 1977, 264).

490 S. Disc. I.

491 BELLION schreibt: „The proposal to create an academy office with a monarchical parallel and to appoint an elected president to that post infuriated the many founders of the Columbianum who supported the egalitarian politics of Jeffersonian republicanism“ (BELLION 2003, 22).

Die Rolle des Staates als Auftraggeber

Am 27. Dezember 1827 schrieb der *Architect of the Capitol*, Bulfinch, in seinem Bericht:

> *In closing this report I ask leave to add that the Rotunda cannot be considered complete while the four large panels are suffered to remain vacant; and to suggest a hope, that measures may be taken to supply them with paintings, comfortable to the others, on great national subjects. In the meantime, frames might be made at present with more economy than at any time after the workmen are discharged and their appearance would give an air of finish to the room.*[492]

Die Gemälde Trumbulls füllten nur vier von insgesamt acht Wandfeldern der Rotunde. Weitere vier waren unbelegt.[493] Den Abgeordneten, die durch diesen Raum zu den Kammern gingen, fiel dieser Umstand praktisch täglich auf.[494] Daher ging dem Bericht Bulfinchs ein Vorstoß im 19. Kongress voraus, die restlichen Felder zu füllen. Zu diesem Zweck wurde am 11. Dezember 1826 das *Committee of the Library of the House of Representatives* angewiesen, die Zweckdienlichkeit einer Ausschreibung zu prüfen, die vier Felder mit der Darstellung von Szenen zu bestücken, „taken from some of the most interesting and remarkable events of the American Revolution".[495]

Auf dem *Library Committee* als Entscheidungsgremium lag die Hoffnung vieler Künstler, einen staatlichen Auftrag zu erhalten, der Geld und Ruhm bringen sollte. Um den zweiten Auftrag für die Rotunde konkurrierte nun eine neue Generation von Künstlern. Realistische Aussichten konnte sich aber nur machen, wer einflussreiche Freunde im Kongress hatte. Als Ergebnis ihrer Prüfung berichtet der Sprecher des Komitees, Mr. Everett, eine Woche später:

---

492 The Annual report of the Commission of the Public Buildings, 4. Januar 1828, zit. in FAIRMAN, 53.

493 Laut FRESE habe Trumbull 1817 ein weiteres Gemälde mit dem Titel *The Capture of Major André* angeboten (ebd., 72).

494 Randolph erwähnt dies, s. FAIRMAN, 82.

495 Niles' Weekly Register, Bd. 31, Ausg. 796, 245. Das Komitee existierte seit 1806.

> *[...] It is desirable that the pannels of the Rotunda should be filled with the production, not only merely of respectable artists, but of the very best which the country has produced.*

Offenbar schien es inzwischen eine Anzahl von in Frage kommenden Künstlern gegeben zu haben. Mit „respectable" war aber alleine Trumbull gemeint. Eine erweiterte Auswahl sollte offenbar zu höherer Qualität führen, als sie der umstrittene Colonel abgeliefert hatte. Über die genauen Kriterien hieß es weiter:

> *It is not a matter of course, that the artist able to furnish, in a few months, what would reputed to be the best design, would be able to produce the best picture. This remark applies with even greater force to paintings literally historical – that is, such as borrow their action and personages from history – than to other paintings, which though technically called historical, impose no restraints on the invention of the artist.*
>
> *In selecting and executing designs of paintings of scenes of the American Revolution, accident might guide to the choice of a happy subject, and moderate degree of skill exhibit it, in the form of a very reputable design, without either circumstance furnishing assurance of the talent necessary to the infinitely higher task of executing a historical Painting of the largest size and in the highest style.*[496]

Demnach sollte ein Künstler ausgesucht werden, der nicht nur den besten Entwurf vorlegt, sondern dem auch die beste Ausführung zugetraut wurde. Auch hier wollte man offenbar aus den enttäuschenden Ausführungen Trumbulls zu lernen. Vor allem wurde nun explizit ein wahrheitsgetreues Historiengemälde verlangt und keines, das dem Künstler die Freiheit von Erfindungen lässt. Diesmal sollte eine größere Kontrolle über das Ergebnis ausgeübt und dadurch effektiv die *poetical licence* des Künstlers eng begrenzt werden. Die Entscheidung, keinen Preis auszuschreiben, sondern vielmehr direkt einen oder mehrere Künstler auszuwählen, denen unter guter Bezahlung eindeutige Anweisungen gegeben werden sollten, zeigt, wie die Lage des Künstlers

---

496 Rep. No. 8, zit. in FAIRMAN, 62, auch komplett abgedruckt in: Daily National Intelligencer, Washington, D. C., 20. Dez. 1826, 2, Spalte 3-5. Trumbull machte sich Hoffnungen auf den Folgeauftrag, als er am 28. Januar 1827 schrieb: „There is a strong probability that I shall be ordered to paint *Four* others, to fill the vacant Spaces which offend every Eye" (an Wilkes, New-York Historical Society, zit. in JAFFE, 157).

und die Monopolstellung des Staates als Auftraggeber zwecks Kontrolle des Ergebnisses genutzt werden sollte.[497]

Trotz des herrschenden Patriotismus infolge des Krieges von 1812-14 war die Zeit danach von politischen Differenzen geprägt. Gerade die 1820er Jahre waren eine Periode des Übergangs und der Neuausrichtung.[498] Besonders die gesellschaftlichen Gruppen, die Minderheiten blieben oder nur zeitweise im Zentrum standen, hatten unter Umständen eine ganz andere Vorstellung vom neuen Staat.[499] Bereits der Unabhängigkeitskrieg war keine gemeinsame Anstrengung aller Amerikaner, sondern ähnelte eher einem Bürgerkrieg, in dem die Radikalen die Loyalisten bekämpften.[500] Ebenso war der Aufbau der Republik ein ständiger Diskurs über die Zukunft Amerikas und seiner diplomatischen, philosophischen und ästhetischen Positionierung gegenüber Europa. Dies lässt sich immer wieder am Streit um Bilder ablesen.

Die erste große Wirtschaftskrise der USA im Jahr 1819 und die darauf folgende Depression schwächte die alte Elite. Die *Federalist Party*, die sich ursprünglich um Mitglieder der Regierung Washingtons, darunter Alexander Hamilton und John Adams, gruppiert hatte, unterstützte eine pro-britische Außenpolitik gegen die *Democratic-Republicans* Jeffersons. Sie hatten jedoch nach 1800 mehr und mehr an Einfluss verloren. Adams' Sohn, John Quincy Adams, war zunächst Sympathisant der Partei, wechselte dann aber zu den Republikanern. Als Unterhändler des Vertrags von Gent erwarb er sich das Vertrauen Monroes und entwarf die nach diesem benannte außenpolitische Doktrin. Diejenigen, die von niederer Herkunft waren und sich hochgearbeitet hatten, fühlten sich jedoch eher von dem Helden der Schlacht von New Orleans, dem in die Politik gewechselten Andrew Jackson repräsentiert.

---

497 Vgl. FAIRMAN, 62.

498 Vgl. LATNER, 8.

499 LUBIN schreibt, Sozialwissenschaftler hätten bisher „disputed the melting pot notion of America as a unified totality, a relatively harmonious blend of ethnic ingredients. The new social history calls attention to the way certain of those ingredients historically failed, or only temporarily succeeded, in masking others out" (ebd., x).

500 Vgl. BREUNIG.

Bei der Wahl im Jahre 1824 konnte zunächst keiner der Präsidentschaftskandidaten eine Mehrheit der Wahlmänner erreichen, sodass das Repräsentantenhaus zu entscheiden hatte. Andrew Jackson hatte von dem Wahlrecht profitiert, das nicht mehr an Mindestbesitz gebunden war, und war so der Kandidaten mit den meisten Stimmen. Da der drittplatzierte Henry Clay sich jedoch für Adams aussprach, gewann dieser gegen Jackson und wurde Präsident.[501] Es folgte die Spaltung der Partei Jeffersons und eine Zeit harter Auseinandersetzungen der rivalisierenden Flügel. Der Vorwurf der geheimen Absprache (*corrupt bargain*) belastete die Präsidentschaft Adams' und machte die zweite Hälfte seiner Amtsperiode praktisch zu einer „do-nothing"-Periode, die Jackson Zulauf brachte und den Konflikt der Parteien bis zur Wahl 1828 schwelen ließ.

Mit den gesellschaftlichen Veränderungen löste sich das bisherige Parteiensystem auf und konsolidierte sich anschließend wieder in einem neuen Zweiparteiensystem. Die „Whig Party" Adams' stand dann der 1828 gegründeten „Democratic Party" des als *Selfmademan* angesehenen Kriegshelden Jackson gegenüber, der vor allem im Westen Anhänger fand. Die neue Strömung hatte bereits gegen Anfang der 1820er Jahre begonnen und ihren Ursprung im Mittelstand, schließlich weitete sie sich in alle geistigen, sozialen und wirtschaftlichen Lebensbereiche aus. Die Wahl des distanziert-aristokratischen Neuengländers Adams 1824 hatte diese Bewegung nur vorläufig aufhalten können.

In Debatten über Kunst ging es gerade in dieser Zeit selten um Gemälde oder Künstler. Vielmehr spiegelte sich in ihnen parteipolitisches Kalkül sowie die Instrumentalisierung der Kunst zur Auseinandersetzung um Machtverteilung. Deutlich wird dabei, wie Bilder zum Politikum werden, zum Symbol politischer Ideen und Zugehörigkeiten. Letztendlich dienen die durch die Historiengemälde angestoßenen Fragen des Umgangs mit der Vergangenheit dem öffentlichen Diskurs um die Zukunft des Landes.

---

501 S. SHADE, 214-224. In der Politik wurde nicht Besitz oder Prestige, sondern zunehmend die Fähigkeit entscheidend, die Wähler anzusprechen (s. LATNER, 9).

Gesellschaft im Umbruch: Die Hamilton-Debatte

Nachdem die Empfehlung des Komitees über das Vorgehen in der Rotunde zunächst folgenlos geblieben war, griff der Abgeordnete James A. Hamilton aus South Carolina die Aufforderung Bulfinchs zur Vollendung der Rotunde auf. Am 8. Januar 1828 reichte er einen Resolutionsentwurf im Repräsentantenhaus ein, wonach das Komitee angewiesen werden sollte, die Umsetzung eines ganz bestimmten Themas durch einem bestimmten Künstler zu prüfen:[502]

> *That the Committee on the Library be instructed to inquire into the expediency of having an historical picture of the Battle of New Orleans painted and placed in one of the panels of the Rotunda. And that they further inquire into the expediency of engaging Washington Allston to design and finish the work, and if expedient in both contingencies, to ascertain whether, and on what terms he can be so engaged.*[503]

Hamilton schlug somit vor, Washington Allston den Auftrag für wenigstens eines der ausstehenden vier Gemälde zu geben, um die Schlacht von New Orleans zu malen. Dem Anhänger Jacksons ging es dabei jedoch nicht um die Vollendung der Rotunde, sondern um die Herausforderung des politischen Gegners. Denn die Schlacht von New Orleans im Jahre 1814 war eine der größten amerikanischen Siege im zweiten Unabhängigkeitskrieg. Der Held dieser Episode war General Jackson, der nun der politische Herausforderer Adams' war. Dessen Fraktion konnte eine Heroisierung des politischen Gegners in der Auseinandersetzung vor der Präsidentschaftswahl keinesfalls akzeptieren. So erstreckte sich die Debatte über zwei Tage, in denen vordergründig über Kunst, aber eigentlich über innenpolitische Friktionen verhandelt wurde. Künstler und Bildthemen wurden dabei zu Instrumenten der politischen Auseinandersetzung, die einen grundsätzlichen Transformationsprozess der amerikanischen Gesellschaft abbildete.

Um die Resolution zu verhindern, reagierten die Anhänger Adams' auf die Vorlage mit der Forderung, den Antrag Hamiltons zu erweitern, die Worte „Washington Allston" zu streichen und stattdessen „some

---

[502] Dokumentiert ist die Debatte in Gales&Seaton's Register, 8. Jan. 1828, 929-958, sowie im Journal of the House, 136-151, s. a. MILLER 1966, 48-51 u. FRYD 1992, 45.

[503] 8. Januar 1828, zit. in FAIRMAN, 81.

suitable artist" einzufügen. Zudem machten sie Trumbull wieder zu einer Option, indem sie dessen Themen „Bunker's Hill", „Quebec" und „Monmouth" vorschlugen.[504]

Künstler und darzustellende Themen waren also eng verknüpft. Ziel war es nun aber weniger, John Trumbull zu protegieren, sondern vielmehr das mit Adams in Verbindung gebrachte Revolutionspersonal gegen die seit 1814 zunehmend auf die Politik Einfluss nehmende Bewegung Jacksons in Stellung zu bringen.[505] So wurde an den Teilnehmern und ihren Themenvorschlägen ein innenpolitischer Konflikt deutlich. Die Adams-Fraktion hielt noch an Trumbull, seinen Gemälden des Unabhängigkeitskrieges und damit an ihrer dadurch verliehenen Legitimation fest. Der Partei Jacksons war dagegen daran gelegen, den zweiten Krieg gegen die Engländer für ihre Machtbasis populistisch zu instrumentalisieren.

Überraschenderweise ist jedoch festzustellen, dass es sich offenbar weniger um einen Generationenkonflikt handelte. Die Trumbull-Unterstützer waren keineswegs diejenigen Abgeordneten seiner Generation, die an Altbewährtem festhielten. Es sind eher die jüngeren Jahrgänge der Mittdreißiger, die sich für ihn einsetzten, während der relativ alte John Randolph, der sich in der letzen Legislaturperiode vor seinem Ausscheiden aus dem Kongress befand, vehement gegen Trumbull agitierte. Eine lokale Motivation kann dagegen eher unterstellt werden. Die Abgeordneten Ingersoll und Dwight stammten aus Connecticut bzw. Massachusetts und insofern könnten sie eher zur Unterstützung

---

[504] Es handelt sich um Ralph I. Ingersoll, Connecticut und Henry W. Dwight, Massachusetts (s. FAIRMAN, 81, vgl. TINKLER, 75). Spätesten ab 1830 wurde Trumbull dem Lager der Jackson-Gegner zugeordnet, hatte er laut DUNLAP doch den Vorsitz eines politischen Treffens einer solchen Gruppe innegehabt. Daraufhin äußerte sich ein Abgeordneter: „The painter had better kept to his palette", worauf Trumbull öffentlich erklärte, er sei sein Leben lang nicht nur Maler gewesen und zählte seine öffentlichen Aufgaben seit seiner Zeit als Colonel auf (vgl. DUNLAP, I, 379-381).

[505] Der Abgeordnete Ingersoll nahm den Gedanken ernst und opponierte zunächst nur gegen die Festlegung auf einen bestimmten Künstler. Er wunderte sich in diesem Zusammenhang öffentlich, dass John Trumbull nicht erwähnt wurde und er nicht denke, dass dieser mit Fairness behandelt worden sei. Dem wurde mit dem Vorschlag gekontert, Seeschlachten zu zeigen (Henry R. Storrs, New York). Tristam Burges aus Rhode Island hielt es für nützlicher, das Geld den Veteranen des Krieges zu spenden.

Trumbulls tendieren. Der Trumbull-Gegner Hamilton kam aus South Carolina, der Heimat Allstons.[506] So standen in der Debatte um die Gemälde im Kapitol Abgeordnete aus dem Süden Parlamentariern aus Neuengland gegenüber.[507]

Einen Künstler aus dem eigenen Bundesstaat zu unterstützen, ist aber nicht der alleinige Sinn des Vorstoßes Hamilton. Keine künstlerische oder inhaltliche Überlegung motivierte seinen Antrag, sondern der begonnene Wahlkampf zur Präsidentschaft im Herbst. Das Ziel war eine Attacke auf Präsident John Quincy Adams. Als Anhänger Andrew Jacksons und Anführer der Kräfte gegen den Amtsinhaber hatte sich Hamilton bereits im Vorjahr für das Anliegen eines einflussreichen Mannes aus seinem Heimatstaat eingesetzt, das den Präsidenten diskreditieren sollte. Zwar hatte dieser Vorstoß keinen Erfolg in dem von Adams' Partei majorisierten Parlament, erreichte aber sein Ziel, zu polarisieren und Hamilton die Unterstützung in seinem Wahlkreis zu sichern.

Es ging nicht um „Allston kontra Trumbull", sondern um „Jackson kontra Adams". Die Jackson-Fraktion war gegen den etablierten Trumbull. Mit dem Angriff auf ihn wurde das bestehende Establishment herausgefordert. Als sie mit dem Vorschlag, Allston die vier Gemälde zuzusprechen, nicht sofort punkten konnten, fügt Hamilton als Argument gegen Trumbull hinzu, es solle sich um einen jungen Künstler handeln, schließlich müsse er herumreisen, um Material für seine Bilder zu sammeln. Auf diese Weise sollte der inzwischen einundsiebzigjährigen Trumbull ausgeschlossen werden. Allston war achtundvierzig.

Kein Zweifel: Hamilton wusste, dass auch dieser Vorschlag keine Mehrheit finden würde.[508] Mit der Forderung, Jackson einen Platz auf

---

[506] Die Akteure sind folgende. Jackson-Fraktion: James Hamilton, George Kremer (1775-1854), John Randolph of Roanoke. Adams-Fraktion: Ralph Isaacs Ingersoll, Henry Williams Dwight: Andere: Vorsitzender Edward Everett (1794-1865), Henry Randolph Storrs (1787-1837), John McKeon (1808-1883).

[507] Während um 1790 die Führungselite noch vorwiegende aus dem Raum Boston kam, verlagerte sich unter Jefferson der Ort der größten Vermögen von Neuengland zunächst nach New York und dann weiter nach Süden (vgl. PHILLIPS, 48).

[508] Der Vorsitzende des *Committee on the Library*, Edward Everett, wollte den Resolutionsentwurf dahingehend erweitert haben, dass sie gleich alle Felder der Rotunde

der Leinwand in der Rotunde zu geben, konnte die Hamilton-Fraktion jedoch ihrem Anspruch Ausdruck verleihen, eine ernstzunehmende politische Kraft darzustellen. Alleine die Verhinderung weiterer Trumbull-Bilder räumte der neuen gesellschaftlichen Gruppe Mitsprache an dem dort repräsentierten Nationalmythos ein. Wieder einmal wird der Versuch deutlich, sich der Historienmalerei zu bedienen, um sie zur Legitimierung eines Führungsanspruches zu benutzen. Dies ist die Funktion der Gemälde in der Rotunde: Die gesellschaftliche Gruppe, deren Bilder in der historischen Erinnerungshalle präsent sind, wird politisch wahrgenommen. Die Proklamierung des Anspruchs auf Bilder ist die Proklamierung von Anspruch auf Macht.

Kurzfristiges Ziel war es, die Anhänger Adams' in Verlegenheit zu bringen, hatten diese sich doch als *Federalists* gegen den Krieg von 1812 ausgesprochen. John Quincy Adams verfolgte die Debatte daher genau. Er schrieb: „Hamilton, who fancies himself equal to five Ciceros, flourished in a speech about Allston's restoring the Augustan Age of Painting." Und doch wusste er, „[the] painting was part of the canvass [sic] for Jackson."[509]

Daher bediente sich Henry Williams Dwight eines ähnlichen Vorwands, indem er den Text dahingehend geändert haben wollte, *Battle of Bunker Hill*, *Monmouth*, *Princeton* und *The Attack on Quebec* einzuschließen.[510] Dies kann als ein Manöver gewertet werden, von Jacksons Taten abzulenken und auf solche, die eigene Gruppe legitimierende Er-

umschließt. Der Abgeordnete Henry Randolph Storrs aus New York schlug vor, die Worte „or such victories achieved by the Navy of the United States as in their opinion should be selected for such a national commemoration" hinzuzufügen. Im vorangegangenen Kongress war er Vorsitzender des Komitees für Marineangelegenheiten. Dieser Vorschlag wurde nach einer Diskussion, in der Hamilton sich offen zeigte, die Erfolge seines Freundes Perry auf dem Lake Erie zu würdigen, mehrheitlich abgelehnt, ebenso derjenige Dwights (Abstimmungen: 80:90 u. 80:107). Ein Antrag Hamiltons, andere Tagesordnungspunkte zu verschieben, um über dieses Thema weiter diskutieren zu können, fand dagegen eine Mehrheit (113:80). So wurde über die zukünftigen Bilder der Rotunde zwei Tage lang diskutiert.

509 TINKLER, 74f. Das Adams-Zitat ist dort aus dessen Memoiren zitiert. Adams bezieht sich auf Hamiltons Ausspruch in der Debatte: „if there was a man living who was capable of lightening up anew the glories of the Augusteian age of painting, that man was Washington Allston", zit. in Gales&Seaton's Register, op. cit., 930.

510 Vgl. FAIRMAN, 81.

eignisse des Unabhängigkeitskrieges hinzuweisen. Gleichzeitig brachte dies Trumbull wieder ins Spiel, handelt es sich doch um Themen seiner Entwurfsserie.

Die Reaktion ließ nicht lange auf sich warten: Der Jackson-Anhänger George Kremer setzte zu einem ironischen Seitenhieb auf die Föderalisten an. So wünschte er, dass nicht nur *The Battle of New Orleans*, sondern auch *The Meeting of the Hartford Convention* gemalt werden sollte. Der Hintergrund ist folgender: Die Neuengland-Staaten waren im Dezember 1814 in Hartford (Connecticut) zusammengekommen, um zu beraten, wie in der Zeit des Krieges der republikanischen Mehrheit in Washington zu begegnen sei. Zur Diskussion stand eine Änderungen der Verfassung, um damit den Einfluss der *Federalists* zu sichern. Da im Geheimen getagt wurde und diese Staaten den Krieg ursprünglich ablehnten, kamen Gerüchte auf, die von den *Federalists* dominierte Versammlung plane eine Abspaltung oder andere illoyale Taten. Das unerwartet plötzliche Ende des Krieges machte die Zusammenkunft obsolet. Diese Anschuldigungen diskreditierte jedoch die *Federalist Party,* beschleunigte ihren Niedergang und löste die bisher bestehenden Parteigrenzen auf. Der Vorschlag, die Hartford Convention in einem Gemälde zu zeigen, war daher rein polemisch.

Auf diese Weise kam John Randolph zu Wort, um seiner Meinung Ausdruck zu verleihen, dass er kaum je durch die Rotunde käme, ohne sich für den Zustand der Kunst in diesem Land zu schämen. Er kritisierte die Konzeption der Rotunde, der er Jahre vorher zugestimmt hatte: Man müsste die *Declaration of Independence* als „the Shin Piece“ bezeichnen, weil nie zuvor so viele Beine der Menschheit vor Augen gestellt worden seien und schließt seine Rede: „[...] as general Washington stood on the canvas of the Revolution alone and prominent, so stands Jackson in the history of the late war.“[511]

---

[511] Gales&Seaton's Register, op. cit., 942 u. 952. Randolph, der für pointierte Reden bekannt war, verglich die Rotunde als Ruhmeshalle mit dem Westminster Abbey in London. John Randolph (1773-1833), Jackson-Anhänger, studierter Jurist, Senator 1825-29, Gegner Jeffersons, Madisons und Adams', forderte 1826 Henry Clay zum Duell, das unblutig zu Ende ging. Aus einer der größten aristokratischen Familien Virginias kommend sagte er über sich selbst: „I am an aristocrat, I love liberty, I hate equality“ (zit. in KIRK, 46). Randolph hatte während seiner Zeit in der Kommission eine freundschaftliche Einstellung zu Trumbull gehabt und für ihn gestimmt. In den

Trotz zweitägiger Debatte erlaubten es die Mehrheitsverhältnisse noch nicht, mit einem Schlachtengemälde Andrew Jackson eine Repräsentation in der Rotunde zu verschaffen. Hamiltons Vorstoß in Sachen Allston blieb erfolglos, die Abstimmung über seine Resolution ging knapp verloren. Die Schlacht um das Kapitol war damit aber eröffnet, das Weiße Haus bald gewonnen. Am Ende des Jahres wurde Andrew Jackson mit einer überwältigenden Mehrheit zum siebten Präsidenten gewählt.[512] Damit war die Epoche der *New-England Jeffersonians*, die sich trotz aller politischen Unterschiede zu Europa als eine elitäre Oberschicht empfanden, zu Ende. Die Macht verschob sich von Neuengland in Richtung Westen. Jackson war der erste westlich der Appalachen geborene Präsident. Er verkörperte einen dynamischen Pragmatismus und präsentierte sich entschieden als Mann der Mittelschicht, des „common man", weshalb seine Regierungszeit als *Jacksonian Democracy* bezeichnet wird. Der Historiker GUGGISBERG schreibt über Jackson: „[...] geistige Interessen besaß er keine, dafür umso größeres politisches Führungstalent."[513]

Eine Verwirklichung weiterer Bilder Trumbulls in der Rotunde war nun nicht mehr denkbar. Trumbull fühlte sich daher in dieser Debatte als Spielball zwischen den parteipolitischen Fronten. Er hatte diese Diskussion verfolgt und projizierte sich wenige Tage später in einem heroischen metaphorischen Vergleich als Held, der sich für die Kunst opferte:

Folgejahren entwickelte sich diese Beziehung jedoch zu einer Feindschaft. Zur Bewertung des Urteils von Randolph s. Greenough in TUCKERMAN, 85. Randolph hatte ihn am 28. Januar 1817 aufgrund der Vorzeichnungen gelobt und redet später negativ über ihn. „When the paintings were hung, John Randolph, who had supported and voted for the Trumbull resolution, maliciously criticised them in the debate, in opposition to the New England members, who, in the finished work, found praise for the artist" (HAZELTON, 10, s. a. FAIRMAN, 34). Als Randolph die *Declaration* als „shinpiece" bezeichnete, überlegte sich Trumbull, mit dem duellsüchtigen Randolph in den Ehrenkampf zu gehen (vgl. JAFFE, 261).

512 Adams gewann nur die Neuengland-Staaten, New Jersey und Delaware.

513 GUGGISBERG, 96. PHILLIPS schreibt, dass „die Besitzer der großen Vermögen zwischen 1815 und 1860 kaum vornehmer waren, als die Kaiarbeiter in Philadelphia [...]. Alle waren *self-made men* wie old Andy Jackson selbst. [...] Anders als die Amerikaner der 1790er Jahre spielte er nicht den Aristokraten" (ebd., 57, kursiv im Original).

> *The newspapers will have shown you that in the memorable battle of the 9th, the mangled bodies of all the painters strewed the bloody field, - Allston, Morse, and myself all fell, but we fell gloriously by the side of the immortal Hero of the Day. You will see that I in particular was most barbarously tomahawked and scalped by the unrelenting hand of the half breed chief of Roanoke and saddest of all to say, by the faithless hand of him who had once been my friend. To speak seriously, it was my fate to be selected on that occasion, by the Hon. John Randolph, of Roanoke, as the butt of his merciless sarcasms.*[514]

State of the Art – Art of the State: Die Wise-Debatte

Am 24. Januar 1834 brachte der Abgeordnete Henry Alexander Wise in das Repräsentantenhaus eine Resolution mit dem Titel ein „That the Committee on the Public Buildings be instructed to inquire into the propriety and expediency of employing American artists to execute four national paintings appropriate to fill the vacant niches in the rotunda of the Capitol corresponding to those executed by Trumbull."[515]

Im Zentrum des Parlamentsgebäudes hatte Trumbull einen Raum zum Gedenken an die Unabhängigkeitsbewegung mit Gemälden ausstatten wollen, die auf seine Entwürfe aus Paris und London zurückgehen. Aber gerade die symbolische Aufgeladenheit des Gebäudes nach seiner Zerstörung durch die Engländer stellte die Repräsentation der Aristokratie in der Form europäischer Historienmalerei auf den Prüfstand. Eine Weiterführung der Gemäldeserie Trumbulls in der Rotunde wurde problematisch, denn es war sein patriotisch motivierter Wille, die kosmopolitische Elite auf beiden Seiten des Atlantiks zu zeigen, um die Gleichberechtigung der amerikanischen Politik und Nation zu demonstrieren. Aber gerade die stilistische und bildbegriffliche Abhängigkeit von der europäischen Kunstvorstellung und die darin implizierte Gesellschaftshierarchie provozierten Teile des amerikanischen Publikums.

---

514 An Theodore Dwight, den ehemaligen Kongressabgeordneten und Herausgeber des New York Daily Advertiser, 13. Januar 1828 aus Washington (Niles' Weekly Register, 9. Februar 1828, 391-392).

515 Zit. in FAIRMAN, 77.

Die auf die Wise-Resolution folgende Debatte im Repräsentantenhaus am 15. Dezember 1834 macht deutlich, welche Ablehnung dieser Art von Malerei als nationaler Repräsentation entgegenschlug, aber auch, dass noch nicht mit konstruktiven Gegenargumenten reagiert werden konnte und der Widerstand in der Ablehnung stecken blieb.[516] In der Hamilton-Debatte wurde die kunstskeptische Meinung geäußert, wenn die Kunst nicht aus eigener Kraft und ohne Staatsauftrag aufblühe, solle sie eben scheitern.[517] Und auch jetzt vermischte sich die Kunst- wieder mit der Innenpolitik und stand die Frage im Raum, welche Rolle der Staat in der Kunstförderung spiele und auf welche Weise der Staat die Kunst für seine Ziele instrumentalisieren könne.

Es war niemand anderes als der 67-jährige Ex-Präsident John Quincy Adams, der sich in die Debatte einschaltete, noch einmal die diffuse Kunstskepsis wiederholte und dabei bezweifelte, ob es überhaupt möglich sei, einheimische Künstler mit ausreichender Kompetenz zu finden, um diese Aufgabe zu erfüllen.[518] Emphatisch entgegnete ihm Wise, Amerika habe sogar eine ganze Reihe fähiger Künstler:

> *Sir, I am proud to say and believe that this country – the great masters dead – is richer now in native talents in the fine arts than any country on the globe. Without meaning to be invidious in the naming of our artists, as an American, I will boast that Allston is the finest historical painter, Sully the finest portrait painter, and Greenough is the finest sculptor in the world. And to these I could add the names of twice the number of four. One – Chapman – I know to have slept upon his easel during his stay of three years in Italy, before the works of the old masters in the Vatican, and to have had an historical painting engraved by the academy of fine arts at Rome.*[519]

[516] Die Debatte ist dokumentiert in Journal of the Senate of the USA, Bd. 6, 138-140, sowie in Journal of the House, Bd. 10, 288-291. S. a. MILLER 1966, 52-54 u. FRYD 1992, 45-46.

[517] Vgl. FRESE, 74.

[518] Daher schlug er vor, vier Namen zu nennen und es dem Komitee zu überlassen, ob sie einen Künstler auswählen, der alle vier Gemälde ausführt oder mehrere Künstler, die je ein Gemälde ausführen.

[519] Gales&Seaton's Register, op. cit. Henry Alexander Wise (1806-1876) aus Virginia war studierter Jurist und wurde 1833 als Jackson-Anhänger Mitglied des Repräsentantenhauses (bis 1844). Den regelmäßigen Redner bezeichnete John Quincy Adams

Gerade weil es eine große Zahl an einheimischen Künstlern geben würde, müsste man sie durch Aufträge fördern und unter ihnen einen Wettbewerb um die Aufträge ausschreiben:

> *The country is rich in artists. Though the fine arts are not encouraged here, they are indigenous to the country. The gentleman says that the result of employing four will be that the paintings will be indifferent. Sir, I cannot see how. There are four panels in the Rotundo to be filled. By selecting an artist for each, you will enlarge the field of selection, develop as much as native talent as possible, and, by having more than one artist, you will ensure success in the pictures by competition. Such is the object of selecting four.*[520]

John Neil stimmte 1824 in den Chor der Kulturnationalisten ein, die die Meinung vertraten, der amerikanische Staat müsste die Aufgabe zukommen, die Kultur aktiv zu unterstützen:

> *A second or third-rate musical composer, performer, architect, sculptor, etc., etc., if he cannot get bread at home, will be able to get bread – but nothing more – in America. By bread, I mean, such a provision as will keep him alive, dependant, and wretched. If he be of the anointed few – the exalted – he will probably starve, die of a broken heart, or destroy himself; for such men will not barter their inspiration for bread; their immortality for a mess of pottage.*[521]

---

als Nachfolger von John Randolph „with his [...] bitterness, his malignity, and his inconsistency" (zit. in SIMPSON, 17).

520 Anschließend erhob er Vorwürfe gegen Trumbull: „The evil of a monopoly is now to be seen in the Rotundo. The precedent of Trumbull's paintings, instead of being quoted for the selection of one artist, should be cited for the selection of four. Does the gentleman from Massachusetts [Adams] not know that the piece of the Signing of the Declaration of Independence was dubbed, by a form Representative of Virginia, (Mr. Randolph,) the 'shin piece? [...] There always will be too much sameness in any four pieces executed by the same hand, however different the subjects; and, therefore, there should be different hands to execute them" (ebd.). Dies entspricht der Meinung von des Vorsitzenden Jarvis, der ein Monopol eines einzelnen Künstlers vermeiden wollte, wie es zuvor mit Trumbull bestand. Wise verglich die Funktion der Rotunde mit *Nelson's Column* (wiedergegeben in The Portfolio, 7, 1819, 84).

521 NEIL, 26. Edward Everett schrieb 1824: „No government [...] ever did more for the arts than that of Athens" (zit. in MILLER 1966, 36). MILLER bezeichnet die Befürworter der Staatspatronage als „cultural nationalists" (ebd.).

In diesem Zusammenhang ist auch Trumbulls „plan for the permanent encouragement of the fine art in the United States" zu sehen. Ähnliche Diskussionen hatten auch in Frankreich nach der Revolution stattgefunden, wonach eine gute Regierung die Künste unterstützen müsse. Dort wurde argumentiert, dass diese Förderung nicht nur als Selbstzweck diene, sondern auch dem eigenem Interesse: Die Künste förderten umgekehrt das gute Regieren, proklamierte Jacques-Louis David bereits 1797 in seiner Ansprache an die Nationalversammlung.[522]

In England war es seit Mitte des 18. Jahrhunderts anerkannte Aufgabe des Staates, die Künste zu fördern, was die Gründung der Royal Academy zur Folge hatte. Denn die Kunst, gerade die Historienmalerei, könnte normative Werte vermitteln.[523] Zur Eröffnung des neuen Gebäudes der Royal Academy im Somerset House 1780 hatte Reynolds auf die Beziehung der Künste zum Staat sowie der Gesellschaft hingewiesen. An der Kunst könnten die geistigen Fähigkeiten einer Nation sichtbar werden, nach denen sie von anderen Ländern gemessen würde. So könne die Kunst zum Ruhm der Nation beitragen. Sie könne aber nur so viel Unterstützung vom Staat erwarten, wie sie zum Gemeinwohl der Gesellschaft beitrüge, d. h. zur Verbreitung von Tugend.[524] Reynolds wies an dieser Stelle noch einmal darauf hin, dass die sinnliche Kunst, d. h. eine, die nur auf visuelle Effekte Wert lege, minderwertig sei. Ziel aber sei es, den Geist zur Vorstellung allgemeiner Schönheit zu erheben. Der Staat habe daher ein Interesse an der höheren Kunst, denn sie fördere nach innen die Tugend und nach außen den Ruhm der Nation.

---

522 Vgl. PRENDERGAST, 118.

523 Daher sah ein Kommentator des *London Examiner* England durch den ersten Rotunda-Auftrag gar in Zug¬zwang gebracht. Amerika ginge mit gutem Beispiel voran und würde den Griechen gleich die Kunst fördern, während die Künstler in Eng¬land ohne Auftrag Hunger leiden müssten (vgl. HOOCK, 7).

524 Vgl. Disc. IV. Durch die Verbreiterung des Publikumsspektrums in der Ereignismalerei ist dabei nicht mehr nur an die Oberschicht, sondern an die Nation als Ganzes gedacht. Es war Ziel der Aufklärung, den Bürger zur Mündigkeit zu erziehen, wobei die Kunst eine Rolle in der Erziehung zukam (vgl. BÜTTNER, 83ff.).

Dies war auch der Gedanke, den Trumbull und ein Teil der patriotisch motivierten Abgeordneten antrieb.[525] Sie wünschten die Rotunde zum Aushängeschild Amerikas zu machen, an dem das Niveau der Künste und damit die Kultiviertheit Amerikas sichtbar würde.

Ebenfalls gegen die Meinung Adams argumentierte das Mitglied des Komitees, Aaron Ward, der eine Reihe von Künstlern aufzählte.[526] Speziell Chapman und Weir seien Künstler mit größtem Talent, die noch nicht die Gelegenheit gehabt hätten, ihre Namen der Nachwelt durch ein solch großes Werk zu hinterlassen. Um als Künstler ein hohes Niveau zu erreichen, müsse man bis zu zehn Jahren studieren und dabei nach Rom reisen. Während europäische Fürstenhäuser Akademien unterhielten, die diesen Aufwand erlaubten, seien amerikanische Künstler dazu nur in der Lage, wenn die Regierung ihnen eine Kompensation zukommen ließ. Zu dem Aufwand an Zeit und Geld komme noch hinzu, dass sie von jedem selbsternannten Kunstkenner kritisiert würden. Er appellierte: „Sir, you must encourage their efforts before you enjoy the benefits of them, and before your country will be graced by their labors.“ Auch er plädierte für die Kunstförderung als Staatsaufgabe, die sich am Vorbild der europäischen Höfe orientieren sollte.

Als der Abgeordnete Tristam Burges aus Rhode Island wenig ernst gemeint das Thema *The Battle of New Orleans* vorschlug, war man wieder an dem gleichen Punkt der Hamilton-Debatte von 1828. Während es bisher um die entscheidenden Fragen ging, ob es genug gute einheimische Künstler gäbe und ob diese staatliche Unterstützung benötigten, ging es nun wieder um Politik. Wise hielt entgegen, dies würde doch bedeuten, eine Begebenheit aus dem Leben von Jackson, dem Helden der Schlacht, zu zeigen. Niemand mit gutem Geschmack würde erwägen, in der Kunst ein so kürzlich erfolgtes Ereignis darzustellen: „you must go back until you meet events hallowed by time, and magnified and mystified by antiquity“. Seine Auffassung, das Ereignis müsse von der Gegenwart enthoben, am besten altertümlich sein,

---

525 Schließlich sei nicht die Verfassung allein, sondern die Tugend des Volkes der Garant der Freiheit, so schrieb James Madison auf Montesquieu aufbauend an Thomas Paine (vgl. HARRIS, 29).

526 Er nannte Sully, Allston, Vanderlyn, Morse, Chapman, Weir, Peale, Leslie, Trumbull, Agate, Osgood und andere.

ignoriert die Neuerungen Benjamin Wests. Die Argumentation genügte aber, um Ansprüchen der Gegenseite zu begegnen und die Resolution auf Ereignisse vor dem Vertrag von 1789 zu begrenzen. Ereignisse aus dem Krieg von 1814 mochte er explizit ausschließen und nur solche aus dem Unabhängigkeitskrieg zulassen. Wieder wurde Geschmack als Argumentationswaffe und zur Distinktion verwendet: Wer ihm in seiner Auffassung nicht zustimme, habe keinen guten Geschmack, also kein Wissen über Historienmalerei und würde sich folglich nicht qualifizieren, über das Thema entscheiden zu können. Das Ziel seiner kunsttheoretischen Argumentation diente Wise als taktisches Manöver, um die Darstellung der Jackson-Siege zu verhindern und Gesellschaftsgruppen mit einem anderen Bild- und Politikverständnis die politische Mitsprache zu verweigern.[527]

Der Abgeordnete Samuel Finley Vinton versuchte mit dem Vorschlag auf das Thema zurückzukommen, man könne „historical“ durch „colonial or revolutionary“ ersetzen. Dem entgegnete Adams, man solle das Wort „colonial“ streichen. Auch Leonard Jarvis war gegen Vintons Vorschlag, denn dieser würde *The Landing of Columbus* als mögliches Thema ausschließen, das Künstlern einen großen Spielraum geben würde. Damit vertagte sich das Haus beschlusslos.[528]

Nur wenige Wochen später schlug Jarvis, der Vorsitzende des Komitees, vor, ein *Joint Committee* der beiden Häuser zu bilden, das über die Aufträge der vier weiteren Felder beschließen sollte. Es dauerte jedoch noch zwei weitere Jahre, bis tatsächlich ein gemeinsamer Aus-

527 Davon provoziert äußerte sich auch der Abgeordnete Burges noch einmal die Nachwelt könne alle Leistungen Jacksons erfahren, aber er hoffe, dass sie besser nichts von den Parteigängern wüssten, die ihn an einen Tag lobten, an einem anderen beschimpften. Damit war offenbar Wise gemeint, der daraufhin auf weitere Wortmeldungen verzichtete.

528 Die Debatte ist aufgezeichnet in Gales&Seaton's Register, op. cit., Debates in Congress, Vol. XI, 1835, p. 791-795. Es handelt sich um Samuel Finley Vinton aus Ohio. Die Betonung, „native artists“ zu beauftragen, bekam bei der Vergabe von Aufträgen an den Italiener Constantino Brumidi ab 1855 neue Bedeutung (S. WOLANIN, 91ff.).

schuss zusammengestellt wurde und noch länger, bis dieses Komitee zu einem Beschluss kam.[529]

Die über Jahre offene Entscheidung über die weiteren vier Wandfelder in der Rotunde zeigt, dass über die Rolle des Staates als Auftraggeber kaum ein Konsens zu erreichen war. Aus diesem Grund wurde das Thema zunächst nur auf die Tagesordnung gebracht, wenn es parteipolitisch zu instrumentalisieren war. Der Vorschlag, den Staat mäzenatisch auftreten zu lassen, um die Künste und mit ihr die öffentliche Moral zu fördern, konnte keine Mehrheit finden, denn mit der in Trumbulls Gemälden propagierten Tugend konnte sich die postrevolutionäre amerikanische Gesellschaft nicht identifizieren.

Währenddessen formte sich eine neue künstlerische Szene, die in Verbindung mit der Bewegung Jacksons eine so große politische Kraft erreichte, um einen Folgeauftrag für Trumbull zu verhindern und eigene Ansprüche geltend zu machen.

Gegenbewegung

Es organisierte sich Widerstand gegen Trumbulls monopolistischen und elitären Zugang zu den Entscheidern. Diese Gegenbewegung begann, über Lobbyisten Druck auszuüben. Zudem stiegen ihre Protagonisten nun ebenfalls in die Debatte um die weiteren Gemälde der Rotunde ein. Diese Opposition formierte sich in New York.

1807-1825 hatte sich New York als literarisches Zentrum profilieren können. Autoren wie Washington Irving, William Cullen Bryant und James Fenimore Cooper sowie James Kirke Paulding und Gulian C. Verplanck lebten hier, bestimmten die Szene und prägten das gesellschaftliche Leben. Damit wurden die bisherigen Zentren Philadelphia und Boston abgelöst. Sie wurden nach einer Romangestalt Irvings die „Knickerbockers" genannt.[530]

---

529 Der Vorschlag wurde am 11. Februar 1834 gemacht, der Ausschuss kam am 23. Juni 1836 zusammen, s. FAIRMAN, 78.

530 Die bekannten Hosen dieses Namens wurden ebenfalls nach Irvings Figur Diedrich Knickerbocker benannt, die als fiktiver Erzähler in *History of New York* (1809) auftaucht. Mehr zur Kulturgeschichte New Yorks s. LANKEVICH, bes. 65. Philadelphia war lange Zeit kulturelle Hauptstadt. Gilbert Stuart nannte sie „Athens of America"

Nachdem 1825 der Erie-Kanal eröffnet wurde, expandierte die Stadt, durch den Aufschwung des Handels. Entsprechend hatten die Kaufleute Kapital, um Künstler zu unterstützen und ihre gesellschaftliche Stellung mit entsprechender Kunst zu repräsentieren. Auf diese Weise wurde New York auch zu einem Zentrum der bildenden Kunst. John Wesley Jarvis, Henry Inman, Charles Elliott und andere hatten über ihre Porträtaufträge bereits Kontakte zu den Neureichen knüpfen können, die ein Interesse daran hatten, ein Porträt von sich zu besitzen. Diese unterstützten die Künstler, indem sie ihnen Reisen nach Europa finanzierten.

Doch nicht alle hatten einen Geschmack, der sich mit den Vorstellungen der Künstler deckte. Viele waren ungelernte Aufsteiger, die das schnelle Geld machten und der Meinung waren, ein Amerikaner habe „the perfect right to think as he pleases and say what he pleases, as well about a picture as about the President."[531] Sie stellten eine neue Generation von Geldadel dar, die sich mit dem Habitus der *Upper Class* versahen und deren Kunstverstand imitierten. CALLOW schreibt jedoch: „As long as they believed that taste was an instinct needing no nourishment but coming to full bloom immediately in a climate of wealth, such patrons hindered the progress of American art."[532] Auch Dunlap erkannte die kontraproduktive Energie der Möchtegern-Kunstkenner:

> *It is thus, that avarice, ignorance and impudence combine to crush the growing taste of the country, and oppose the efforts of those who would cherish the liberal arts.*[533]

Der Handel mit falschen Alten Meistern blühte. Dafür wurden Maler wie Polsterbezieher und Dekorateure der Privatwohnungen behandelt, wie sich Bryant beschwerte.[534] Es gab nur wenige „ideale" Förderer. Zu ihnen gehörte Luman Reed, ein Kaufmann, der seine Galerie einmal in der Woche der Öffentlichkeit zugänglich machte und Künstlern damit die Möglichkeit gab, die Werke zu studieren. Er

(MIRES, 39). Jemand schrieb 1794: „Boston is the Bristol, New York the Liverpool, and Philadelphia the London of America" (zit. in CLARK, 411).

531 Zit. in CALLOW 1967, 8.

532 CALLOW 1967, 9.

533 Zit. in CALLOW 1967, 10 (im Jahre 1825).

534 Bryant, zit. in CALLOW 1967, 10.

schickte den Maler George W. Flagg nach Europa und vergab Aufträge an Künstler wie William Sidney Mount, Thomas Cole und Asher B. Durand. Sein Geschäftspartner Jonathan Sturges finanzierte 1840 Durands zweite Reise nach Europa. Aber verglichen mit den Hunderten reichen New Yorkern, war die Zahl der aufgeschlossenen Anhänger der Künste noch viel zu klein.[535]

In einer Gesellschaft, in der leicht konsumierbare Kunst den Ton angab, war es für Künstler mit europäischem Kunstideal besonders schwierig, mit der Malerei den Lebensunterhalt zu verdienen, geschweige denn ihre Vorstellungen von großer Historienmalerei zu verwirklichen. Es blieb nur die Hoffnung auf einen Auftrag des Kongresses, der nur mit einflussreichen Fürsprechern zu erringen war. Auch diese organisierten sich in New York.

Einige Jahre nachdem sich die Knickerbockers etabliert hatten, versuchten nun auch die Maler die Aufmerksamkeit auf sich zu ziehen. Die Literaten, mit denen in vielen Fällen eine enge Freundschaft bestand, konnten ihnen dabei helfen, Verbindungen zu mächtigen Förderern aufzubauen.[536] Kommunikativer Treffpunkt war ab etwa 1822 der *Bread and Cheese Club*.[537] Unter der Führung von Cooper traf dort zunächst der Kreis seiner Freunde zusammen, der bald ein informeller Zirkel Intellektueller wurde. Dazu gehörten die Literaten William Cullen Bryant und Gulian Crommelin Verplanck sowie die Künstler Dunlap, Durand, Jarvis, Morse, Weir und Inman. Bald kamen auch Ärzte, Juristen, Kaufleute und Wissenschaftler hinzu.[538]

---

[535] Vgl. CALLOW 1967, 11. George Whiting Flagg (1816-1897) studierte bei seinem Onkel Washington Allston und malte Historiengemälde vor allem für seinen Förderer Luman Reed, aber auch Themen wie *The Landing of Columbus* oder *The Landing oft he Pilgrims* für James Brewster aus New Haven. Nach Reeds Tod 1836, vor allem aber nach 1851 malte er fast nur noch Porträts (s. DEARINGER, 193).

[536] Vgl. CALLOW 1967, 6.

[537] Zur Chronologie des Bread and Cheese Clubs s. MARCKWARDT.

[538] Dr. John W. Francis, ein Freund Coopers, nahm teil und schrieb: „It included a large number of the most conspicuous of professional men, statesmen, lawyers, and physicians. Science was not absent" (zit. JULY, 95). Bryant traf in Düsseldorf mit Leutze zusammen, hatte über viele Jahre Kontakt mit Latrobe und war mit Cole als Naturfreund verbunden. Als er sich in London aufhielt, gab er keinen einzigen Kommentar zur Royal Academy ab. Daniel Huntington kam ihn 1851/2 besuchen und

Abgelöst wurde dieses Zentrum ab 1829 vom *Sketch Club*. Hier wurde zunächst tatsächlich regelmäßig gemeinsam zu einem Thema gezeichnet, dann auch geschrieben. Sehr bald entwickelte er sich zu einem beliebten Treffpunkt der an geistigen Dingen interessierten Persönlichkeiten. Künstler wie Thomas Cole, Durand, Inman, Morse, Dunlap und Weir kamen hier mit Kaufleuten zusammen und bildeten eine verschworene Gemeinschaft, in der sich häufig gemeinsam über John Trumbull und seine American Academy lustig gemacht wurde.[539]

John Trumbull hatte bisher die Szene der künstlerischen Förderung unter seiner Kontrolle. Dies nicht nur durch seine Kontakte zu Jefferson und anderen Politikern, sondern auch als Präsident der New Yorker *American Academy of the Fine Arts*, die sich vor allem dadurch auszeichnete, nicht von Künstlern gelenkt zu sein, sondern von reichen aristokratischen Laien, die sich die Kunst anzueignen versuchten. Als Gegenströmung dazu etablierte sich die 1825 von professionellen Malern, Architekten, Bildhauern und Kupferstechern gegründete *Drawing Association*, die im folgenden Jahr als *National Academy of Design* offiziell in Erscheinung trat. In ihr fanden sich auch junge Künstler im Umfeld der Knickerbockers.[540]

Der Dichter Joseph Rodman Drake, hatte 1819 Trumbulls *Declaration of Independence* mit dem Gedicht *The National Painting* verspottet und auch Bryant war mit Trumbull unzufrieden. 1828 warnte er den Vorsitzenden des *Committee of Public Buildings*, den Knickerbocker Gulian Verplanck:

> *[...] not [to] let Col Trumbull paint the other national pictures. [...] the Col has got 32000 dollars already for his copies. Give one to Allston while he is not only alive but in the vigor of his genius. Give one to Morse who is going abroad next spring – to Rome – who will study it here, and give 5 years of his life to it. Give one to Sully – and if the Col*

Bryant gratulierte Lincoln zur Präsidentschaftsnominierung (vgl. GODWIN, I, 15, 308, 384; II, 2, 58; 142, s. a. BEARD, 483).

539 Vgl. CALLOW 1967, 12ff. u. 26. Der Sketch Club ging später mit dem Century Club zusammen. Mehr zur American Academy s. S. 279ff. unten.

540 Vgl. CALLOW 1967, 29ff. In der American Art Union, die sich 1839 noch als Apollo Association gründete, funktionierte ähnlich wie ein Kunstverein und wurde vor allem von Schriftstellern, aber auch von Geschäftsleuten getragen. Mehr zur National Academy s. S. 284ff. unten.

cannot do without the remaining one, let him have it as a matter of grace.[541]

Trumbull sollte nur aus Höflichkeit ein Bild zugestanden werden, Ziel war es jedoch, den eigenen Leuten Aufträge zu sichern. Der Kongressabgeordnete und Schriftsteller Gulian Crommelin Verplanck (1786-1870), den Bryant hier offenbar als die entscheidende Figur ausmachte, ist insofern ein interessanter Akteur, als er die Verbindung zwischen Politik und Literaturszene darstellt. Als literarisch produktiver Jurist war er dafür der ideale Mittler. Als Europareisender war er zudem mit der dortigen Kunsttradition vertraut.

Der in New York City geborene Jurist stieg später als Gegenspieler von DeWitt Clinton politisch in Erscheinung.[542] Es ging dabei unter anderem um den Bau des Erie-Kanals, den Verplanck im Gegensatz zum New Yorker Bürgermeister und späteren Gouverneur ablehnte. Trotz aller politischen Differenzen hatte er mit ihm die Gründungsmitgliedschaft der *New-York Historical Society* gemein sowie das damit verbundene Interesse an Literatur und Geschichte. Die Auseinandersetzung verarbeitete er jahrelang literarisch in zahlreichen Essays und in politischer Prosa. Als er 1815-17 nach Europa reiste, sah er Holland, Frankreich und England und nutzte dies zur Beschäftigung mit der europäischen Kunst, Literatur und dem Theater.

1824 stieß er zu dem *Bread and Cheese Club* und kam darin nicht nur mit Malern, Bildhauern, Schriftstellern und Schauspielern in Kontakt, sondern auch mit Philosophen, Wissenschaftlern und anderen Politikern. Hier wurde er zu einem engen Freund Bryants. Zusammen mit diesem und Robert Sands gründete er im Jahre 1828 die Literaturzeitschrift *Talisman*.[543] Im gleichen Jahr erreicht ihn obiger Brief des Freundes, der sich für Allston, Morse und Sully einsetzte. Der Biograph JULY schreibt über Verplanck:

---

541 New York, 29. Dezember 1828, zit. in CALLOW 1967, 46.

542 Clinton war Gründungsmitglied in Trumbulls American Academy.

543 Vgl. JULY, 96, 115ff. u. 105ff. Der Bruder des Großvaters Verplancks traf Copley 1775 in Italien und überzeugte ihn, mit nach Neapel zu kommen (s. DUNLAP, I, 110). Zur Entwicklung der amerikanischen *Societies* aus der englischen Tradition s. CLARK, Kap. 11.

> *His interest in people merged with his absorption in almost every form of artistic and philosophical endeavor to make him an enthusiastic supporter of anyone who gave evidence of adding to the fund of human knowledge.*[544]

Aus diesem Grund setze er sich in seinen politischen Funktionen ebenfalls für die Künste ein. Wie bereits die Auseinandersetzung zwischen *Federalists* und *Democrats* viele Freundschaften und Familien spaltete, brach die Gesellschaft durch den *corrupt bargain* in zwei Lager auf. Wie viele Literaten dieser Zeit, hatte auch Verplanck eine sehr hohe Meinung von Jackson.[545] Am 8. Januar 1828 nahm er, laut einem Brief an Bryant, begeistert an einer Jubelfeier zum Jahrestag von Jacksons Sieg teil.[546] Durch den Glauben an soziale Veränderung ließen sich Bryant, Verplanck und Paulding nach der Ablösung der „Virginia-Dynastie" gerne *Jacksonians* nennen.[547]

Ab 1820 war Verplanck Abgeordneter im Staat New York und seit 1824 als Demokrat im Repräsentantenhaus. Dort engagierte er sich für den Copyrightschutz von Autoren, was ihm den Dank der Schriftsteller einbrachte.[548] Nach der Verabschiedung des Gesetzes zum Urheberschutz wurde ihm 1831 in New York von den Literaten ein Gala-Empfang gegeben und mit den Worten begrüßt:

---

[544] JULY, 117

[545] Ebenso Bryant, Irving, Cooper und Bancroft. Bryant arbeitete für die Zeitung *Evening Post*, die sich gegen Adams auf die Seite Jacksons positionierte (vgl. GODWIN, I, 242, s. a. II, 69).

[546] Vgl. GODWIN, 243f. Dies war der Tag der Hamilton-Debatte. Es verwundert, dass Verplanck anwesend war, sich aber nicht an der Diskussion beteiligte, war er doch auf der Seite Jacksons, seit Van Buren das politische New York auf dessen Linie gebracht hatte. Selbst Bryant schrieb eine Ode an Jackson, die von Verplanck offenbar an diesem Tag in Washington unter dem Beifall von Kremer verlesen wurde. An Bryant berichtete er am 9. Januar: „The company shouted and clapped, the music brayed, the cannons fired, and Colonel Hayne swore the Jackson cause had all the poetry as well as all the virtue of the land" (zit. in JULY, 139).

[547] Vgl. DAHMS, 66. Jefferson, Madison und Monroe kamen aus Virginia.

[548] Nach seinem Ausscheiden aus dem Parlament gab er die „Discourses and Addresses on Subjects of American History, Arts, and Literature" heraus (1833), die seine Vorlesungen und Essays zusammenfasst. Später edierte er eine dreibändige wissenschaftliche Auflage der Stücke Shakespeares (1847).

> Our Guest Gulian C. Verplanck – *Doubly entitled to the gratitude of the lovers of literature. As an* author, *he has increased its treasures – as a* legislator, *he has secured its interests.*[549]

Diese Honorierung geschah aus Dankbarkeit, aber sicher auch zur Ermunterung, sich in Washington weiterhin für die New Yorker Szene zu agieren. Für die Bildenden Künstler wurde ihr Mann in Washington besonders entscheidend, als er an zentraler Stelle über die weitere Dekoration des Kapitols mitzuentscheiden hatte. Da er kein großer Redner war, arbeitete er meist im Hintergrund verschiedener Kommissionen. In Albany war er Vorsitzender des *Committee on Science, Literature and Schools*, in Washington Mitglied der *Library Commission* und Vorsitzender des *Committee on Public Buildings*. Letzteres hatte zur Aufgabe, die Architektur des 1825 fertiggestellten Kapitols mit Gemälden und Skulpturen zu vervollständigen. Dies versetzte Verplanck in eine Schlüsselposition. Infolgedessen wurde er mit Anfragen von Künstlern bestürmt, die sich Hoffnungen auf einen staatlichen Auftrag machten.[550]

Während sich die Maler Morse, Weir, Inman und Vanderlyn sowie die Bildhauer Horatio Greenough und John Frazee an Staatsaufträgen für das Kapitol interessiert zeigten, blieb Washington Allston eher im Abseits. In einer langen Korrespondenz versuchte ihn Verplanck davon zu überzeugen, einige der Felder der Rotunde zu übernehmen.[551] Allston antwortete jedoch, er beabsichtige nicht die Darstellung von „military or naval history“, denn diese würden viel besser durch Dichter, Historiker und Romanschriftsteller wie Cooper wiedergegeben. In dem Medium der Maler sei es besonders schwierig, den Ton der Trompeten und das Säbelrasseln darzustellen. Er schlug stattdessen *The three Marys at the Tomb* als Thema vor. Ein religiöses Thema für die

549 Zit. in JULY, 133.

550 Vgl. JULY, 134. Dass die Entscheidung über die Kunst des Kapitols nicht dem *Architect of the Capitol* überlassen wurde, sondern der parlamentarischen Aufsicht unterstellt wurde, lag offenbar nicht nur an dem notwendigerweise zu beschließenden Budget, sondern auch an der durchaus bewussten politischen Dimension staatlicher Kunstaufträge.

551 Zudem verschaffte er ihm eine Ehrenmitgliedschaft in der New-York Historical Society und schrieb hin und wieder kurze Notizen in Zeitschriften, welche die Fähigkeiten des Malers priesen (vgl. JULY, 117).

Rotunde musste aber illusorisch sein und Verplanck wusste es. Im Gegenzug regte er an, Allston sollte doch *The Landing of the Pilgrims* versuchen. Doch dies war nicht nach Allstons Geschmack, der nun *Columbus' first Interview with Ferdinand and Isabella* vorschlug, ein Thema, das Irving bereits erfolgreich in der Literatur eingeführt hatte.[552] Verplanck sicherte ihm zunächst zwei der vier offenen Aufträge der Rotunde zu, doch auch diese lehnte Allston nach sechs Jahren des Zögerns ab. Offenbar ohne Verständnis für den Kontext in der Rotunde schrieb er:

Cambridgeport, Mass., Feb. 3, 1837

> *Sir --- I beg you to present my respectful and grateful acknowledgements to the Committee of Congress, on the subject of the National paintings, for the honor which they have done to me, in naming me as one to supply a picture for the rotunda of the Capitol; but I regret to say in reply, that imperative circumstances, over which I have no control, put it wholly out of my power to avail myself of the proffered commission. I can only add, that under other circumstances --- such as would leave me free to follow my inclination, I should esteem it one of the happiest privileges of my life to be employed. As it is, I as compelled, however, reluctantly, to forgo this honor.*

Washington Allston [553]

Obwohl er das Geld hätte gebrauchen können, zog er es vor, in Boston zu bleiben und an dem nie fertiggestellten Gemälde *Belshazzar's Feast* zu arbeiten.[554] Während seine Knickerbocker-Freunde Henry Inman und Robert Weir Verplanck schriftlich um Hilfe baten, riet Allston ihm, Vanderlyn und Morse zu verpflichten, da sie die fähigsten Künstler für diese Aufgabe seien.[555] Auf Allstons Urteil vertraute Ver-

---

552 Vgl. CALLOW 1967, 46.

553 Veröffentlicht in: The New York Herald, 3. Dezember 1840, 2. Am gleichen Tag schrieb er auch eine Erklärung an Jarvis (s. WRIGHT, 294-298). „Verplanck in 1830 secured a commission for Allston to do two of the remaining four [panels]. Allston demurred" (JULY, 134).

554 Vgl. JULY, 134.

555 Am 18. März 1834 bzw. 12. Juni 1836, vgl. JULY, 134 u. MONDELLO, 93. CALLOW schreibt, so eklektizistisch wie bereits Bryant und andere sich der Ausdrucksmittel bediente, so brach diese Generation von New Yorker Künstlern die strengen neoklas-

planck auch, als er Horatio Greenough den Auftrag für die Skulptur George Washingtons und Vanderlyn für das Washington-Porträt verschaffte. Im letzteren Fall folgte er sogar dem Rat, obwohl er zunächst Morse oder Inman vorgezogen hätte.[556]

Als Verplanck 1833 den Kongress verließ, beriet er weiterhin Leonard Jarvis, seinen Nachfolger im Komitee und konnte so weiter Lobbyarbeit für die New Yorker Künstler betreiben.[557] Die Entscheidung über die weiteren Wandfelder der Rotunde machte seinen Einfluss deutlich, denn die ausgewählten Künstler konnten zur Gruppe seiner Freunde gezählt werden.

Die Entscheidung

Obwohl der Umbruch in der künstlerischen Szene bereits begonnen hatte, dauerte es noch bis 1837, um die Wandfelder der Rotunde wieder auf die Tagesordnung zu setzen. Von der Hängung der Gemälde Trumbulls im Jahre 1826 bis zur Entscheidung waren elf Jahre vergangen, in denen man sich nicht einigen konnte, wie man mit der unvollendeten Rotunde umgehen wollte. Man war mit dem bisherigen Konzept nicht zufrieden, hatte aber auch kein anderes Idee, die zur zufriedenstellenden Vollendung führen könnte.

Schließlich berichtete John McKeon, der Vorsitzende des ein Jahr zuvor zu diesem Zweck geschaffenen Komitees, am 28. Februar von der getroffenen Entscheidung.[558] Darin wurden zunächst die Bildinhalte bestimmt, dann die ausführenden Künstler. Demnach sollten

---

sischen Formen auf und mischten sie mit romantischen Ideen des Primitivismus und Nationalismus, indem sie das Malerische und den Kult des „Common Man" in der Landschafts- und Genremalerei zusammenbrachten (s. CALLOW 1967, 8).

556 Vgl. JULY, 134.

557 Leonard Jarvis (1781-1854) war zweiter Vorsitzender der Kommission von 1836-37, im 21.-24. Repräsentantenhaus als Demokrat für Maine (1829-37) und Klassenkamerad von Washington Allston in Harvard (vgl. MILLER 1966, 60).

558 24th Congress, 1st session, Resolution 8. Das Komitee wurde am 23. Juni 1836 durch die Joint Resolution beauftrag und berichtete 28. Februar 1837 dem Kongress von der Entscheidung (s. CADET FINE ARTS FORUM, 14). Es sind leider keine Akten der Besprechungen der Kommission erhalten. Es handelt sich um den Jacksonian John McKeon aus New York.

die zu illustrierenden Themen aus folgenden Phasen der amerikanischen Geschichte stammen:

- The Discovery of America
- The Settlement of the United States
- The History of the Revolution oder
- The Adoption of the Constitution

Auf den ersten Blick scheint es, als sei man mit der Themenwahl überraschend liberal geblieben, denn sie sollte in weiten Grenzen den Künstlern überlassen bleiben, solange es sich um ein bedeutendes historisches Thema aus der nationalen Geschichte handele. Im Vertrag wurde nur das Recht vorbehalten, die Bezahlung zu unterlassen, wenn die Bildthemen nicht der Resolution entsprächen. Da die Vorschläge der Künstler aber bereits der Kommission bekannt waren, wurde sich mit den gewählten Künstlern klar gegen Revolutionsbilder entschieden, denn keiner der vier Künstler hatte einen Entwurf für die Revolution vorgelegt. Aber mit der Definition der historischen Themen wurden auch Bildinhalte, die dem Jackson-Lager zugeordnet werden könnten, ausgeschlossen. Stattdessen hatte man sich auf die politisch unverfängliche Schnittmenge geeinigt – nämlich die kolumbianische und koloniale Periode.

Dann teilte McKeon die Auswahl der Künstler mit:

> *They have applied to Messrs. Vanderlyn, Weir, Inman, and Chapman to undertake the execution of the said paintings. [...] Indeed, as they are, for monuments as well of the state of the arts in this country at the present period, as for memorials of important events connected with the history of the nation, liberal support ought to be extended to those to be employed by the Government. The committee have [sic] agreed to allow ten thousand dollars for each picture, and recommend that two thousand for each be appropriated at the present session. This plan of partial payments was practiced in the case of the paintings now in the rotunda; as the artists necessarily will be subject to some expense, it has been deemed just to give them a portion of the amount to be paid for the several works.*[559]

---

559 Rep. No. 294, Ho. of Reps. 24th Congress, 2nd Session, s. a. FAIRMAN, 75. Der undatierte Vertrag mit Vanderlyn und Chapman lautet: „The Committee proposes to the

Die vier Künstler hatten also zweierlei Aufgaben. Einerseits sollten sie die wichtigen Ereignisse der amerikanischen Geschichte und andererseits das Niveau der amerikanischen Künste zeigen. Als Entlohnung erschien dem Komitee 10.000 $ nicht zu viel – deutlich mehr als Trumbull seinerzeit erhalten hatte.

Trumbull, der noch 1825 vier weitere Gemälde seiner achtteiligen Serie vorgeschlagen hatte, war inzwischen 80 Jahre alt und durch die Dauer des Entscheidungsprozesses kein ernsthaft verfügbarer Künstler mehr.[560] Bereits im Jahr 1831 hielt er es offenbar nicht mehr für wahrscheinlich, den Auftrag für die Rotunde zu bekommen. Seine Lobbyisten, Jefferson und Adams, waren bereits 1828 gestorben.[561] Daher vermachte er die Entwürfe seiner Revolutionsserie gegen eine Lebensrente dem Yale College, wo sie sich noch heute befinden.[562] Der auf das private Interesse ausgerichtete Individualismus wurde zum Kern einer

---

Artists who undertake the execution of the pictures in the Rotunda. 1st. That the subject of each picture shall come fairly and obviously within the scope of the joint resolution. 2nd. That the committee or some authority designated by it shall have the right to reject the subject if it should not be deemed within the scope of the said resolution. 3rd. That the pictures be executed within reasonable dispatch. 4th. That the panell [sic] in which the picture is to be placed shall be selected by the Vice President and Speaker of the House. 5th. That ten thousand dollars shall be given for each picture of which sum annual advance shall be made in the progress of the work. 6th. That the pictures shall be of different subjects and in case of identity of choice, the Speaker and Vice President shall select. These proposals are submitted by Wm.C. Preston, Leod. Jarvis, Chairman of Committee. We accept the above proposals. Jn. Vanderlyn, Jn.G. Chapman“ (Act. 81.296, Kopie der Nationals Archives Fiscal Branch in AOC-Files).

560 Vgl. Brief an Charles Tait, 25. Okt. 1825, zit. in TRUMBULL 1953, 315.

561 James Monroe bemerkte zu Jefferson, dass dessen Einfluss zur Entscheidung über die Auftragsvergabe geführt habe: „I am satisfied that he [Trumbull] owes this tribute of respect, principally, to your favorable opinion of his merit“ (23. Februar 1817, zit. in MONDELLO, 46). Jefferson und Adams überwanden ihre Differenzen erst in einer interessanten um 1812 aufgenommenen Briefkorrespondenz. Dabei fühlten sie sich von dem materialistischen Streben ihrer Landsleute eher befremdet (s. CAPPON, Kap. 13).

562 Die auf seine Entwürfe zurückgehende „Trumbull Gallery“ war das erste Kunstmuseum, seine Autobiographie (ab 1837) die erste Künstlerbiographie Amerikas.

neuen amerikanischen Identität.[563] Aufklärerischer Kosmopolitismus, der Jefferson oder Trumbull beseelte, verblasste nun.

Die vier Künstler hatten sich für folgende Bildthemen entschieden:

John G. Chapman	Baptism of Pocahontas at Jamestown
Robert W. Weir	Embarkation of the Pilgrims at Delft Haven
Henry Inman	The Emigration of Daniel Boone to Kentucky
John Vanderlyn	Landing of Columbus at the Island of Guanahani

Die Aufträge für die Wandfelder an vier verschiedene Künstler zu vergeben, statt an einen einzelnen, mag zu ästhetischen Unausgewogenheiten im Gesamteindruck der Rotunde führen, wie GERDTS schreibt. Es erlaubte jedoch die Zufriedenstellung von vier politischen Unterstützergruppen.[564] Dass bei der Entscheidung Beziehungen entscheidender waren als künstlerische Qualität, zeigt sich darin, dass außer Vanderlyn keiner der Künstler bisher nennenswert in der Historienmalerei in Erscheinung getreten war.[565] Vor allem Chapman und Weir waren unerfahren in der Erstellung von Gemälden dieser Größe.

John Gadsby Chapman (1808-1889) stammte aus Virginia und vertrat damit im Proporz den Süden der USA. Er hatte in Italien studiert, in New York gearbeitet und war Mitbegründer des Century Clubs. 1836 wurde er Vollmitglied der National Academy, interessierte sich für den Holzschnitt und wurde Kunstlehrer. Auch er hatte einen mehrseitigen Brief an die Abgeordneten Preston (Senat) und Jarvis (Repräsentantenhaus) geschickt. Für ihn spielte aber vor allem die Beziehung zu Henry Wise die entscheidende Rolle zur Sicherung des Auftrages.[566]

Chapman wählte als Thema eine Szene aus der Geschichte des Indianermädchens Pocahontas, die der Legende nach Kapitän Smith das Leben gerettet hatte und dann zum Christentum übertrat. Ihre Geschichte ist nicht nur eine frühe Kolonialepisode, sondern wurde auch als Zivilisationsparabel gelesen. Den Gedanken ihrer Emporhebung aus dem Naturzustand in die Sphäre der Zivilisation suggeriert Chapman sowohl durch die Stufen als auch durch die farbliche An-

---

563 Vgl. HEIDEKING, 103.

564 GERDTS, 15.

565 Vgl. FRESE, 76.

566 Vgl. Thistlethwaiste in GERDTS 1988, 31.

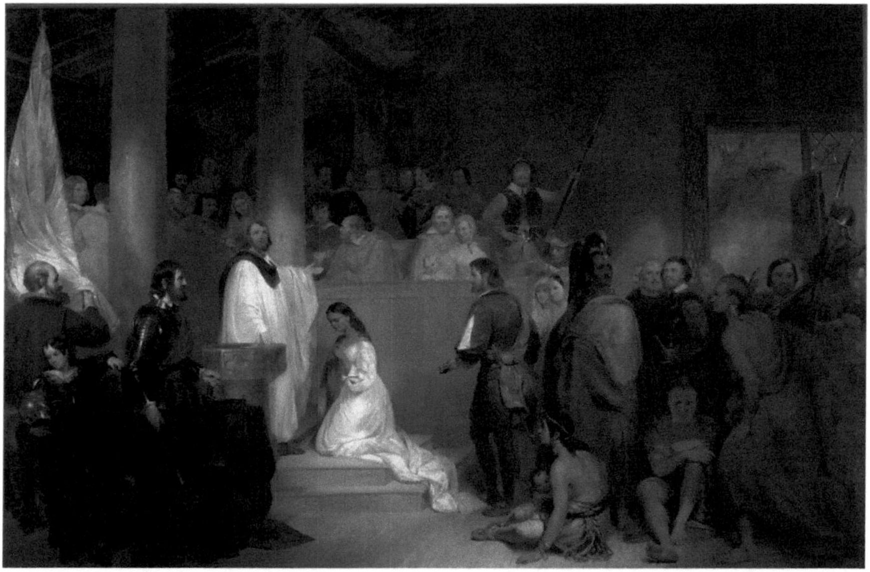

Abbildung 35 John Gadsby Chapman: *Baptism of Pocahontas at Jamestown, Va., 1613*, 1836-1840
U.S. Capitol Rotunda, Washington, D. C.
Quelle: Architect of the Capitol

passung ihrer Kleidung an die des vor ihr stehenden Pfarrers und ihres zukünftigen Ehemannes John Rolfe. Ihre Familienmitglieder verbleiben dagegen im Halbdunkel der rechten Bildhälfte. Nicht nur ihr geneigter Kopf und die gefalteten Hände, auch die Gesamtkomposition erinnert an Wests *The Institution of the Garder* von 1787 oder auch Davids *Krönung Napoleons* von 1805-07.[567]

Der orthogonale Bildaufbau, die Figurengruppierung, Lichtdramaturgie und narrative Blickführung zeigen die Beherrschung der Stilmittel akademischer Historienmalerei. Auch die malerische Technik scheint dieser Künstlergeneration keine Schwierigkeit mehr zu bereiten, so selbstverständlich war inzwischen das Studium in Europa. Auch Chapman unternahm umfangreiche Studien für das Gemälde und hatte angegeben:

---

567 Beide gehen in der Komposition auf Rubens' *Krönung Maria de' Medicis* (ca.1622-1625) zurück.

> *[...] the artists has been governed by the best authorities as to facts and details, and has made all the research within his power in England as well as our own country, for information with regard to the subject.*[568]

Trotzdem warf ihm der Kritiker Gabriel Harrison grundsätzliche Fehler vor:

> *There is no necessity for untruthful historical representations. The historian has given the artist the facts of American history with sufficient exactum to prevent the artist making any mistakes, provided the artist sought for truth.*[569]

Noch einmal wurde hier das Verhältnis von Historiker zu Künstler thematisiert. Harrisons Forderung, eine historische Darstellung müsse sich genau an die Worte der Geschichtswissenschaft halten, lässt dem Künstler keinerlei Spielraum in der Interpretation. Chapmans Anstrengung, das Potenzial eines Gemäldes auszuschöpfen und die Taufe Pocahontas' zu einem würdevollen Ereignis zu stilisieren, das als nationaler Mythos dienen kann, scheint dem Kritiker keine Erwähnung wert.[570]

Nur wenige Tage nachdem sich das Komitee konstituiert hatte, setzte sich William Cullen Bryant aus New York bei seinem Abgeordneten Churchill Caldom Cambreleng für Robert Walter Weir (1803-1889) ein. Er schrieb:

> *Understanding that in conformity with a resolution of Congress the vacant panel in the Rotundo of the Capitol are to be filled with historical paintings by American artists, I take the liberty of soliciting your interest in favour of Robert W. Wier [sic], the professor of drawing at West Point, who desires to be employed to execute one of them. You have seen, I believe, many of the works of his pencil, and know him to be a man of uncommon genius, whose professional talent has been refined by practice and the contemplation of the best models in foreign countries. Mr. Wier is a national American; his studies have been much directed to historical painting, and in my judgment he is one of the few who could execute the*

568 Zit. in VINCENT, 68.

569 Zit. ebd.

570 FAIRMAN schreibt: „Pocahontas [...] has probably been criticized on account of alleged defects in drawing far more extensively than the circumstances would warrant" (FAIRMAN, 127).

> *work with honour to his country and himself. Indeed so well do I think of his talents, that I have no doubt he might be employed to advantage in painting out some of the panels in the Rotundo and putting in better pictures.*[571]

Weir hatte unter Jarvis und dem Historienmaler Pietro Benvenuti in Florenz studiert. Im Alter von 20 Jahren war er professioneller Maler geworden und als er nach drei Jahren Italienaufenthalt nach New York zurückkam, wurde er Mitglied der National Academy und erhielt 1832 eine feste Anstellung als Professor für Zeichnung an der *United States Military Academy* in West Point, die er 42 Jahre lang bekleidete.[572] Den Auftrag erhielt er vermutlich weniger aufgrund seiner künstlerischen Erfolge, sondern vielmehr durch seine Beziehungen zu Bryant und Verplanck im Sketch Club.[573] Verplanck war ein aktiver Förderer Weirs und von dessen Naturstudien so angetan, dass er mehrere Werke für seine eigene Sammlung ankaufte.[574]

Weir entschied sich für ein Thema, das noch mehr zur Identitätsfindung der Amerikaner beitrug. Bereits John Quincy Adams hatte die Landung der Pilgerväter in einer Rede im Jahr 1802 für die Aufnahme in die nationale Mythologie empfohlen, worauf zahlreiche Bearbeitungen in der Literatur folgten.[575] Nach siebenjähriger Arbeit an *Embarkation of the Pilgrims* (Abbildung 36) zeigt Weir die Pilgerväter im Aufbruch von Delft, von wo aus sie nach England reisten, um das Schiff *Mayflower* nach Amerika zu besteigen. Und auch in diesem Gemälde

---

571 Am 28. Juni 1836, National Archives, Record Group 233, Records of the U.S. House of Representatives, HR 24A D 24.1, Kopie in AOC-Files. Cambreleng (1786-1862) kam 1802 nach New York City und wurde als Demokrat in den 17. und 18. Kongress gewählt (4. März 1821-3. März 1839). Mehr zu Weirs Verbindung zum Sketch Club s. CALLOW 1976.

572 Dort bildete er unter anderem James McNeill Whistler aus. Weir malte eine Reihe an Historienbildern, darunter *Landing of Henry Hudson* (s. TUCKERMAN 204, FAIRMAN, 126 u. CADET FINE ARTS FORUM, Abb. 48 u. 49). Verplanck versuchte auch William Dunlap die Berufung auf die Professur in West Point zu verschaffen.

573 Vgl. VINCENT, 69. Zunächst lautete sein Bildthema *Signing of the Mayflower Compact*, das er jedoch änderte, als er erfuhr, dass Morse dasselbe Thema gewählt hatte (ebd.).

574 Vgl. JULY, 117f. Die Freundschaft war wechselseitig: Weir nannte aus Verehrung des Freundes gar einen seiner 16 Kinder nach Verplanck.

575 Vgl. FRYD 1992, 25.

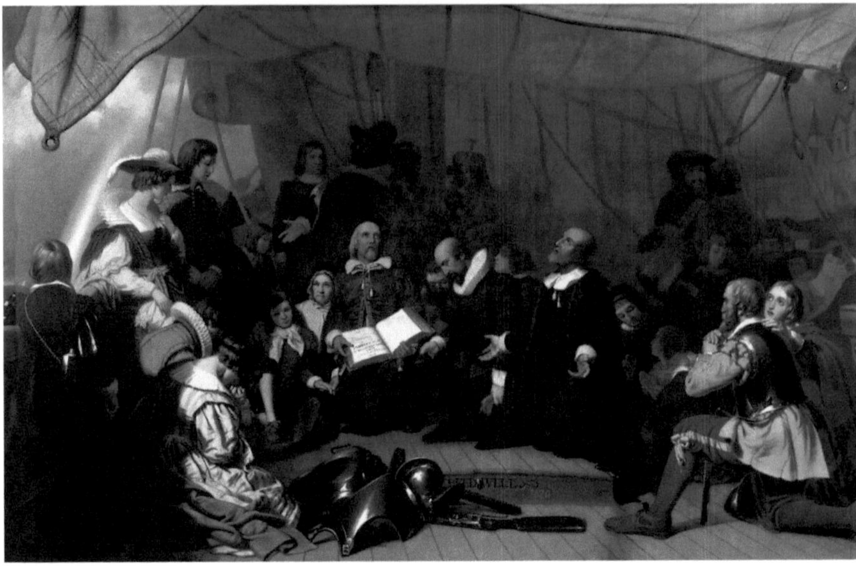

Abbildung 36 Robert W. Weir: *Embarkation of the Pilgrims at Delft Haven, Holland, July 22nd, 1620*, 1836-1843
U.S. Capitol Rotunda, Washington, D. C.
Quelle: Architect of the Capitol

mischt sich Geschichte mit Religion in dem Moment, indem hoffungsvoll in die Zukunft geblickt wird.[576] Weirs Freunde lobten das Werk sehr. Der Landschaftsmaler Thomas Cole schätzte es dagegen als nur mittelmäßig ein: „It is not a great picture as will be found out when all the exaggerations of friendship for the artist and vapouring of the public press have subsided into a calm judgement."[577]

Bemerkenswert war die Themenwahl von Henry Inman (1801-1846). Er hatte sich offenbar *The Emigration of Daniel Boone to Kentucky* ausgesucht.[578] Damit wurde zum ersten Mal nicht die koloniale Vergan-

---

[576] Weir richtete sich nach der Beschreibung des Ereignisses von Nathaniel Nortons aus dem Jahre 1669 und besuchte Plymouth, um historische Gegenstände zu studieren (vgl. ALLEN 2004, 176).

[577] Brief von Thomas Cole and Jonathan Mason, 1. Sept. 1843, zit. in GERDTS 1976, 16.

[578] Dafür wurde ihm je 2.000 $ am 27. Mai 1837, 18. Mai 1838 und am 26. März 1839 bezahlt, insgesamt also 6.000 $.

genheit der Neuengland-Staaten, sonderne die Geschichte des amerikanischen Westens thematisiert.[579] Inman war kein Unbekannter in der New Yorker Szene. Er war 1825 bei der Gründung der National Academy involviert, diente als deren erster Vizepräsident und stand im Zentrum der Knickerbocker.

Seine Arbeit kam jedoch nicht weiter als bis zu einer Entwurfszeichnung (nicht erhalten), denn Inman starb am 17. Januar 1846.[580] Dadurch entflammte noch ein letztes Mal kurz ein Kampf um den letzten verbliebenen Auftrag für die Rotunde. Am 14. Januar 1848 stand der Entschluss der gemeinsamen Kommission von Senat und Repräsentantenhaus jedoch fest:

> *A contract to be made with Mr. Powell for a painting ordered by Congress, to be executed by him, to fill the vacant panel in the rotunda of the Capitol, was under consideration; and Mr. Powell having been consulted in relation to its terms it was on motion that the Chairman of the Library Committee on the part of the Senate, and the chairman of the Library Committee on the part of the House of Representatives, be requested to complete the contract with Mr. Powell on the condition agreed upon in the Joint Committee.*[581]

Es war den Lobbyisten aus Ohio gelungen, den künstlerisch unerfahrenen William Henry Powell (1823-1879) durchzusetzen. Der Auftrag wurde ihm weniger aufgrund von Rang und Alter, sondern vielmehr aus Achtung vor seiner Herkunft aus dem Westen verliehen, so

---

[579] Im Jahr 1784 erschien die erste Biographie des volkstümlichen Pioniers Daniel Boone aus Kentucky (1734-1820). Über die Fortschritte Inmans berichtete Vanderlyn: „Mr. Weir's picture is finished and will be delivered at this session of Congress; those who have seen it speak in high terms of it. Mr. Inman says this will be finished next fall. He is making a finished study of it, and will have it transferred to the large canvas by one of his pupils (Mooney) I believe, and the retouched by himself. I think it is possible for him to get it done by that time, but some what difficult" (Jan. 1840, zit. in SCHOONMAKER). Das Thema wurde später vor allem von Thomas Cole (1826) und Georg Caleb Bingham (1851) wieder aufgegriffen.

[580] Vgl. FAIRMAN, Anm. 2, 159. Seine Quelle ist möglicherweise WYETH, 125 u. 227. S. a. CUMMINGS, 189-192 u. GERDTS 1987, 43.

[581] Zit. in FAIRMAN, 107. Powell bekam praktisch denselben Vertrag wie Vanderlyn und Chapman, am 14. Januar 1848 unterschrieben von „Jas. Alfred Pearce, J. Q. Adams, Chairman of the Committee" (Kopie in AOC-Files).

TUCKERMAN: „according to the singular system of applying to art-commissions the principle of State-rights, it was finally awarded to a young man from Ohio.“[582] Der erst 23-jährige Schüler Inmans bekam den Auftrag und entschied sich ebenfalls für ein Thema, das nicht aus der Vergangenheit Neuenglands stammte, sondern ein Thema des Westens zeigte: *Discovery of the Mississippi by De Soto*.[583]

Der spanische Entdecker Hernando de Soto war 1539 als *royal debuty* in Florida angekommen. Auf der Suche nach Gold und einem Weg nach China durchkreuzte er mit Hunderten von Soldaten zwei Jahre lang erfolglos Nordamerika. Im Jahr 1541 überquerte er wohl als erster Europäer den Mississippi.[584]

Ähnlich wie bei Chapmans Gemälde *Pocahontas* wird hier die Unterscheidung zwischen „savages“ und „civilized“ deutlich.[585] Die Figuren im Vordergrund repräsentieren die für die Erschließung des Kontinents notwendigen Mittel: Kampf, Arbeit und Religion. Geschichte wird so zur Legitimation der Westexpansion eingesetzt. Wie Trumbull, zeigte

---

582 TUCKERMAN, 458, s. a. FRYD 1992, 57, ähnlich GERDTS 1976, 15. Samuel Morse, der sich den Auftrag erhofft hatte, schrieb: „Congress have voted $6000 to have the panel filled by young Powell. He enlisted all Ohio, and they all electioneered with all their might, and no one knew that the question would come up“ (MORSE, II, 267).

583 Vorher hatte er ebenfalls ein Gemälde mit dem Titel *Landing of Pilgrims* erstellt (verschollen, s. VINCENT, 73). Auch Peter F. Rothermel behandelte das Thema von *De Soto* (Abb. in GERDTS 1988, 83). FRYD legt nahe, die Entscheidung, sich auf Themen von 1812 zu beschränken, habe nicht dazu geführt, die Auswahl von der Parteipolitik zu befreien. Den beteiligten Künstlern nahestehende Politiker hätten die Gemälde dazu benutzt, um Unterstützung für ihre Politik der Westexpansion zu bekommen (s. FRYD 1992, 47). Die Annexion von Texas folgte 1844, der Krieg mit Mexiko 1846-48.

584 „Missi Sipi“ bedeutet in der Sprache der Algonquian Indianer „Großer Fluss“. Eine genaue Beschreibung der Expedition findet sich bei SEVERIN. Es mussten Flöße gebaut werden, Indianer griffen vom Wasser aus an, die Soldaten waren müde und hungrig, die Rüstung rostig und verbeult. Nachdem die bereits an Inman gegangenen Zahlungen offenbar nicht zurückgefordert wurden und man beschlossen hatte, Powell voll zu bezahlen, kostete nach FAIRMANs Rechnung das Mississippi-Gemälde die Regierung zusammen 12.000 $ (ebd., 159). Powell erhielt je 2.000 $ am 15. Januar 1848, 16. Januar 1849, 13. April 1850, 29. Juni 1852 und 2.000 $ in Raten im Februar und März 1855. Zudem erhielt er weiter 2.000 $ (Additional, 10 Stat 668), zusammen also 12.000 $ (AOC-Files).

585 Vgl. FRYD 1992, 38.

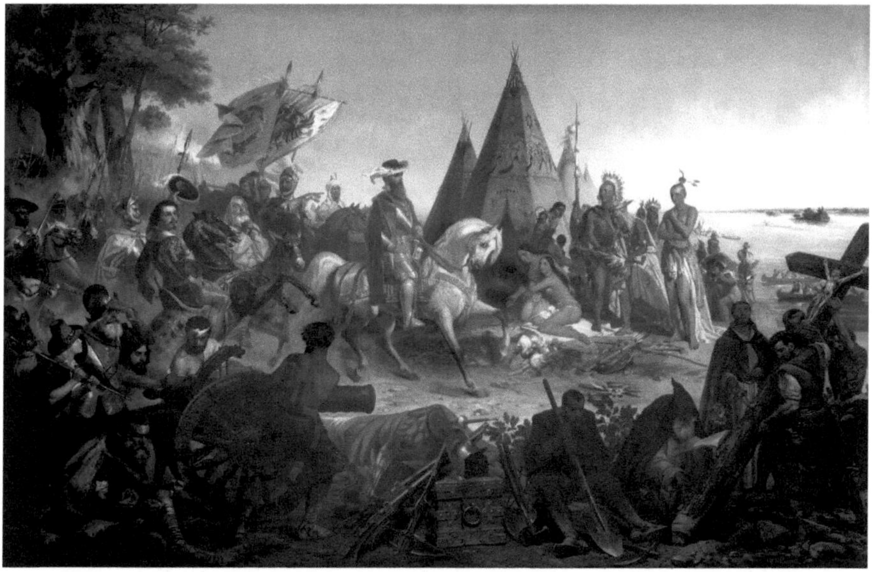

Abbildung 37 William H. Powell: *Discovery of the Mississippi by De Soto, A. D. 1541*, 1848-1853
U.S. Capitol Rotunda, Washington, D. C.
Quelle: Architect of the Capitol

auch Powell sein Gemälde zunächst auf einer Roadshow, um zusätzliche Einkünfte zu erzielen.

Obwohl das Finanzministerium das Komitee dazu drängte, Powell zur schnellstmöglichen Lieferung zu bewegen, gelangte es zunächst 1853 in die National Academy in New York, wo es offenbar positiv aufgenommen wurde, dann nach Baltimore.[586] Dort kommentierte der *Washington Sentinel*:

586 Zum Drängen des Ministeriums: Peter C. Washington (Assistant Secretary of the Treasury), Lib. Com., 17. Jan. 1855, 220a, AOC-File. Zur Ausstellung in New York: „Critics speak of it in warm terms of commendation" (Gleanson's Pictorial Drawing Room Companion, 22. Okt. 1853, 285). Anschließend stellte er an verschiedenen Orten entlang der Küste aus, so im Januar 1855 in Harrisburg, Pa., „for the benefit of the artist [...] Colored lithographs of figures from the pictures were also shown, after the fashion of musical artists, whose comings preceded by their likenesses being exposed in Broadway windows" (The Crayon, Vol. 1, 1855, 31. Jan. 1855, 76).

De Soto-Powell's picture of „De Soto discovering the Mississippi," is now on exhibit in Baltimore. It is intended for the only vacant panel of the rotunda of the United States Capitol; and it will probably be placed there, provided it shall not be worn-out before it reaches the city! [...] Previously to its delivery, however, he is making it a matter of private speculation; the "wear and tear" not certainly being to the improvement of the painting. Uncle Sam will, instead of receiving a fresh, be the recipient of a second-hand, production.[587]

Obwohl sich alle vier Künstler deutlich weniger künstlerische Freiheiten herausnahmen, meldeten sich auch hier wieder Stimmen, die ihnen Fehler nachweisen wollten. Im Jahr 1870 nannte es ein Kommentator: „a picture in which fancy is in excess of historical truth."[588] 1882 war im *Evening Star* aus Washington zu lesen:

The picture referred to is intended as a representation of the discovery of the Mississippi by De Soto in 1541. Although the painting is, beyond criticism, from the artistic standpoint, it is, according to the best authorities, incorrect in one feature at least, inasmuch as it is known that the party was ragged and necessarily demoralized when they landed, but under the glowing imagination and magical brush of the artist they appear as if dressed for a state occasion.[589]

587 Dort kommentiert der *Washington Sentinel* am 1. Februar 1855 (3, Spalte 1, AOC-Files). Als Powell vor der Lieferung eine höhere Bezahlung fordert, als ursprünglich vereinbart, schreibt der *Evening Mirror* aus New York: „His picture is not worth what has been paid for it. But if Congress will appropriate a sum to pay the advertising bills for exhibiting it, *we* won't object" (Evening Mirror, New York, Samstag, 24. Feb. 1855, 3, Spalte 4, AOC-Files, Hervorhebung im Original.)

588 ADAMS 1870, 731.

589 Evening Star, Washington, Montag, 10. April 1882, 3, Spalte 4. Mr. Tyson schlug bereits am 27. Januar 1857 vor, Powell 10.000 $ zu bieten, damit er *The Battle of Lake Erie* nach seiner bereits vorhandenen Zeichnung ausführen sollte. Jedoch war man zu dieser Zeit nicht daran interessiert. Dies führte dazu, dass er später von dem Ohio State Capitol seines Heimatstaates den Auftrag für das Gemälde bekam, das sich vor allem an Emanuel Leutzes *Washington crossing the Delaware* orientierte, das 1851 und 1953 in New York ausgestellt war. Der U.S. Congress forderte schließlich ein Gemälde „illustrative of some naval victory" an (U.S. Congress, Joint Resolution 25, 38th Cong., 2d sess., 2. März 1865). Man erwartete offenbar eine Kopie des Erie-Bildes aus Ohio, das er ein Jahr nach der Lieferung des De Soto-Bildes, am 21. Januar 1865, in der Rotunde ausgestellt hatte (s. Journal of B. B. French, AOC-Files). Powell malte auch

Als Powell das Gemälde am 10. Februar 1855, sieben Jahre nachdem er den Auftrag erhalten hatte, nach Washington auslieferte, war die Rotunde mit acht Gemälden komplett.

Eine Alternativstrategie: John Vanderlyn

Bedeutendster Künstler der zweiten Vergaberunde für Gemäldeaufträge war jedoch John Vanderlyn (1775-1852). 16 Jahre nachdem Trumbull nach London reiste, sah auch er seine Zukunft in der europäischen Historienmalerei. Nach seiner Rückkehr nach Amerika erhoffte er sich Einnahmen aus Stichen und Wanderausstellungen von Stadtpanoramen, um sich für die Historienmalerei freizustellen. Doch erst der Staatsauftrag für die Kapitolrotunde verhalf ihm zur Realisierung seines einzigen Monumentalwerks.

Bereits als Jugendlicher hatte John Vanderlyn Ansichten von Le Brun kopiert und wurde 1792 nach New York geschickt, um dort Abendunterricht an der Columbia Academy of Painting zu nehmen, die von den Reynolds-Schülern Archibald und Alexander Robertson geleitet wurde.[590] Währenddessen verdiente er Geld bei einem Kunsthändler, dem Gilbert Stuart sein Porträt des späteren Vizepräsidenten Aaron Burr zum Rahmen gab. Vanderlyn kopierte es so gut, dass er nicht nur Stuarts Assistent, sondern auch Burrs Protegé wurde. Dieser war bereit, ihn finanziell so lange zu unterstützen, wie es notwendig war „to cultivate his genius to the highest point of perfection".[591]

Diese Kultivierung benötigte zu dieser Zeit offenbar immer noch eine Ausbildung in Europa. Daher ermöglichte ihm Burr das Studium in Paris. Obwohl die politischen Beziehungen gespannt waren, zog es Vanderlyn als ersten amerikanischen Künstler nicht mehr nach

---

ein Gemälde mit dem Titel *Landing of the Pilgrims.* Als Powell zeigte das Gemälde an verschiedenen Orten und schrieb dem Joint Committee sieben Jahre später am 17. Januar 1855 „[...] request that the picture be delivered and placed in the panel as early as applicable" (zit. in FAIRMAN, 159).

590 Vgl. LINDSAY, 8 u. DUNLAP, I, 425. Er wurde von dem Kaufmann John Pintard finanziert, dem späteren Gründer der New-York Historical Society. In dieser Kunstschule kam er in Kontakt mit Söhnen reicher Kaufleute, die ihm später finanziell aushalfen, so z. B. mit R. Murray und Isaac G. Ogden (vgl. MONDELLO, 4).

591 Zit. in MONDELLO, 7.

London.[592] Dies hatte einerseits den Grund in der anti-britischen Haltung Burrs, andererseits wurde Paris zunehmend zu dem künstlerischen Zentrum Europas. Bereits Trumbull schrieb 1789 an Jefferson, er würde das nächste Mal Paris als Studienort vorziehen: „I [...] shall have many reasons for preferring Paris hereafter.“[593]

Vanderlyn studierte bei dem für Historienmalerei bekannten François-André Vincent und erhielt Unterricht an der von Vincent mitgegründeten *Académie des Beaux-Arts*, in der die *Académie Royale de Peinture et de Sculpture* von 1648 aufgegangen war.[594] Nun wurde seine Anatomiedarstellung und malerische Technik spürbar sicherer. Als er sich in den Jahren 1805-07 in Rom aufhielt, konnte er sich zudem an Raffael und Giulio Romano sowie antiken Statuen schulen. Mit 25 Jahren war er im Jahre 1800 der erste Amerikaner, der im Pariser Salon ausstellte. Dort zeigte er ein Selbstporträt, hatte jedoch bereits 1798 geschrieben, nicht Porträts, sondern die Historienmalerei sei sein Ziel: „ I don’t wish to attach myself too much that way for I choose rather to devote myself to the historical part.“[595]

Den Konflikt zwischen den Idealen der französischen Malerei und dem amerikanischen Markt erkannte er durchaus früh und bemerkte im selben Brief pragmatisch, das Anatomiestudium würde ihm nicht nur bei der Historienmalerei helfen, sondern auch für Porträts nützen, die er wohl in Amerika malen müsste: „painting of heads of portraits which branch I fancy I will be obliged to do in America being the only one encouraged there as well as its being the most lucrative.“[596]

Ab 1803 arbeitete er an seinem bedeutendsten Werk dieser Schaffensperiode und griff ein Thema des Unabhängigkeitskrieges auf: Die Tory-Anhängerin Jane McCrea war am 27. Juli 1777 von New Jersey ins nördliche gelegene Fort Edward in New York gereist, um ihren Geliebten, David Jones, zu treffen, einen Offizier in der

[592] Er erreichte Bordeaux am 18. Okt. 1796.

[593] Zit. in HARRISON, 707.

[594] François-André Vincent (1746-1816) war, wie sein Rivale Jacques-Louis David, ein Schüler von Joseph-Marie Vien (1716-1809).

[595] 13. Juli 1798 an Peter Vanderlyn, Senate House Museum, Kingston, zit. in FINK, 12.

[596] Ebd.

britischen Armee von General Burgoyne, die von Kanada nach Süden vorstieß, um das Territorium der Kolonien abzuschnüren. Sie traf unter dem Schutz einer indianischen Eskorte auf eine weitere Gruppe von Indianern, die sie töteten und skalpierten.

Mit dem Fall von Fort Ticonderoga verbreitete sich das Gerücht, ein in die britischen Truppen eingebundener indianischer Söldner habe das Massaker an der jungen Amerikanerin verübt. Daran entzündete sich der Unmut über die Briten und der amerikanische General Horatio Gates nutzte die Nachricht sofort, um Propaganda gegen die Tories zu machen. Selbst der Oppositionelle Edmund Burke instrumentalisierte den Fall im englischen Parlament, um gegen die Politik der Krone zu polemisieren. So war Burgoynes militärische Strategie der territorialen Teilung der Kolonien zwar zunächst erfolgreich, gleichzeitig gelang es den Amerikanern jedoch, über die plakative Grausamkeit des Falles McCrea, die Sympathien der amerikanischen Tories zu spalten. EDGERTON mutmaßt gar, dass dies mit zur späteren Niederlage bei Saratoga beigetragen habe.[597]

Eine Darstellung des Falles McCrea konnte also nur ein Propagandabild sein. Bereits John Trumbull hatte dieses Thema in einer Zeichnung von 1790 erwogen, aber letztlich nicht in Öl umgesetzt. Es bot ihm offenbar keine ausreichende Glorifizierung von Sitte und Anstand. Vanderlyn dagegen erschien der Auftrag zu einer Literaturillustration des Themas als eine Chance, sich in der Historienmalerei zu beweisen.

Joel Barlow hatte den Vorfall zum Thema seiner Gedichtsammlung *Columbiad* gemacht und die Geschichte im Stile Shakespeares weiter dramatisiert.[598] Er bot dem West-Schüler Robert Fulton an, die geplante Publikation zu illustrieren (Zeichnung verschollen), doch dessen gleichzeitige Ingenieurprojekte, vor allem die Entwicklung des Dampfschiffs, waren erfolgreich und Fulton riet Barlow daher, dem gerade in Paris an-

---

597 Vgl. EDGERTON, 483.

598 Demnach sei die Hochzeit durch eine Schlacht unterbrochen worden. Als sie ihn für gefallen hielt, begab sie sich in den Wald, wo ihr Jones vergeblich zur Hilfe eilt. Barlow, der unter Präsident Jefferson Botschafter in Frankreich wurde, erinnerte daran, die Indianer seien bezahlte Handlanger der Briten, die keinen Frieden gewollt hätten. Ursprünglich wollte er das Buch als hochwertige Auflage herausbringen, die den Fortschritt der Künste in Amerika dokumentieren sollte (vgl. EDGERTON, 484).

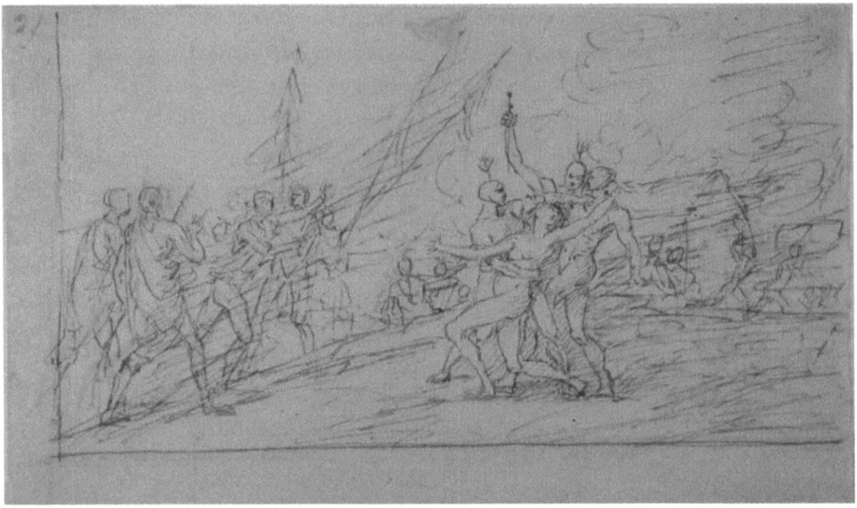

Abbildung 38 John Trumbull: *The Murder of Jane McCrea*, ca. 1790
Ca. 10×18 cm, Tusche. Fordham University Libraries, Charles Allen Munn Collection, Trumbull Drawings, Nr. 10.
Quelle: Fordham Website www.library.fordham.edu

gekommenen Vanderlyn den Auftrag zu übertragen.[599] Dieser sollte nun zehn Illustrationen für das Gedicht entwerfen. Tatsächlich griff Vanderlyn die zentrale Szene auf, orientierte sich dabei eng an der im Gedicht beschriebenen Schilderung und stellte den dramatischen Augenblick der Tötung in den Mittelpunkt der Komposition.[600]

Im Vergleich zu Trumbulls Entwurf mit einer großen Anzahl an Personen, der narrativ verwoben verschiedene Szenen darstellt, er-

599 EDGERTON, 484-489. Vermutlich war er auch durch die negative Kritik Wests an seinen Entwürfen entmutigt. 1805 kaufte Fulton das Gemälde Vanderlyns und stiftete es der American Academy (vgl. MONDELLO, 25f.). 1892 ging es an das Wadsworth Athenaeum (vgl. KORNHAUSER, 107).

600 "[...] She starts, with eyes upturned and fleeting breath, In their raised axes views her instant death, [...]" (zit. in LINDSAY, 74). Das Äußere der Indianer hatte er im New Yorker Klub „Sons of Tammany" studieren können (ebd.). KORNHAUSER sieht in der Figur der Jane McCrea eine Aufnahme der Figur der Mutter in Davids *Liktoren bringen Brutus seine toten Söhne* von 1789. Die *Sabiner* seines Lehrers Vincent hätten ihm als Vorlage für die Posen der Indianer gedient (ebd., 57 u. 107). Eine ähnliche Bildanlage findet sich auch bei Wests *General Johnson Saving a Wounded French Officer from the Tomahawk of a North American Indian* (ca. 1764-68).

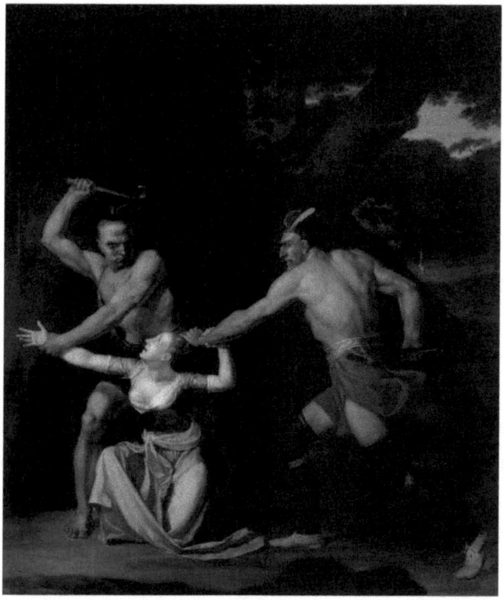

Abbildung 39 John Vanderlyn: *The Murder of Jane McCrea*, 1803-04
Öl auf Leinwand, 81,3×67,3 cm, Wadsworth Athenaeum Museum of Art, Hartford, Conn. Quelle: HUGHES, Abb. 110

scheint in Vanderlyns Gemälde als weitere Person ausschließlich der heraneilende Jones. Dessen vergleichsweise winzig im Hintergrund erscheinende Figur weist auf den tragischen Ausgang der Begebenheit hin. Vanderlyn stellt ihn nicht in der britischen roten, sondern in der amerikanischen blauen Uniform dar, die mit der Farbe von Janes Kleid korrespondiert und einen Kontrast zur roten Bekleidung der Indianer darstellt.

Während Jane als Personifikation Amerikas als vergewaltigte Jungfrau gezeigt wird, stehen die Indianer für die aggressiven und gewalttätigen Briten in der Auseinandersetzung. Die überdeutliche Darstellung des Guten und Unschuldigen auf der einen und des Schlechten und Grausamen auf der anderen Seite entspricht der polarisierenden Zuspitzung des Manichäismus,[601] mit der dem Betrachter suggeriert wird,

---

601 Vgl. JUNKER, 19.

die Amerikaner seien nicht nur die Opfer in diesem Kampf, sondern hätten zudem für die richtige und gerechte Sache gekämpft.

Nun hatte sich das Bild des Indianers grundlegend gewandelt. Während er zunächst noch als edles Wesen galt, veränderte sich das Stereotyp im 19. Jahrhundert zu dem des brutalen Wilden. Dies hat vor allem mit den zunehmend gewalttätigen Auseinandersetzungen an den amerikanischen Westgrenzen zu tun.[602] Die Darstellung des Europäers als mutigem Verteidiger seiner selbst wurde dagegen seit etwa 1840 zum Klischee, in das Jane McCrea als Personifizierung des unschuldigen weißen Amerikaners bereits hindeutete.

Schnell hatte Vanderlyn mehr im Sinn, als nur eine Vorlage für eine Buchillustration. Es war für ihn die Chance, ein Historiengemälde anzufertigen, mit dem er sich als Geschichtsmaler profilieren konnte. So stürzte er sich in die Arbeit mit dem Ziel, dieses Thema in ein großes Werk zu verwandeln, das er im Pariser Salon zeigen konnte. Als das Gemälde im Jahr 1804 dort tatsächlich ausgestellt wurde, stieß seine anti-britische Interpretation der Geschichte durchaus auf Zustimmung.[603]

Da Vanderlyn, offenbar begeistert von diesem Erfolg, das Interesse an der ursprünglich von ihm erwarteten Illustrationsserie zu *Columbiad* verlor, entzog Barlow ihm den Auftrag und gab ihn an den Engländer Robert Smirke weiter. Dessen Darstellung erschienen in hoher Auflage in Buchform und prägte jahrzehntelang die Vorstellung des Ereignisses mehr als Vanderlyns Gemälde.[604]

Als Jefferson und Burr im Jahre 1800 bei den Wahlen gleich viele Stimmen auf sich vereinigen konnten und der Kongress darüber entschied, wer Präsident werden sollte, verhalf Hamilton Jefferson zur notwendigen Mehrheit.[605] Damit war sichergestellt, dass Burr nicht Prä-

---

602 Vgl. SCHIMMEL u. PRATT.

603 Der Katalogtext weist deutlich darauf hin, dass die beiden Indianer im Dienste der englischen Erzrivalen standen (s. FINK, Anhang).

604 Es hing bis 1842 in der Academy of Fine Arts in New York (vgl. EDGERTON, 487). Heute: Wadsworth Athenaeum, Hartford, Connecticut.

605 Burrs Feindschaft gegen Hamilton nahm bis zum Duell im Jahre 1804 zu, das zum Tod Hamiltons und dem Ende der politischen Karriere Burrs führte. Der Unterstützer Vanderlyns war auch durch ein vermeintliches Komplott in Ungnade gefallen, emig-

sident werden würde und Vanderlyn nie des Präsidenten favorisierter Maler. Als er im Jahre 1815 nach dem amerikanisch-britischen Krieg vierzigjährig nach Amerika zurückkehrte, konnte er seine Aussichten trotzdem als durchaus positiv einschätzen. So hatte er doch mehrfach erfolgreich im Salon ausgestellt und konnte Porträtaufträge in großer Zahl erwarten.[606] Ähnlich wie Trumbull bei seiner Rückkehr verfolgte Vanderlyn eine spekulative aber durchaus überzeugende Doppelstrategie. Sein wirtschaftliches Kalkül war, mit dem Massenmedium des Stichs und mit in der klassischen Gattungshierarchie als niedrig eingestuften Inhalten ein breiteres Publikum anzusprechen, um auf diese Weise finanzielle Spielräume zu erlangen, die ihn für die Historienmalerei freistellen sollten.[607]

So versuchte er zum einen seine Ansichten der Niagarafälle in Stiche umzusetzen und zu verkaufen. Auf Burrs Vorschlag war er zu dem Ort gereist, der schon damals als Touristenattraktion galt, um die Monumentalität des Wasserfalls in Gemälden festzuhalten, die ihrer Zeit um Jahre voraus waren und viele Elemente späterer Landschaftsmalerei vorwegnahmen. Für die nach diesen Gemälden zu produzierenden Stichen nahm er Vorbestellungen auf.[608]

Zum anderen veranstaltete er ein Publikumsspektakel in Form eines Bildpanoramas von Versailles. Auf eigene Kosten zeigte er die

---

rierte 1808-12 nach Europa und war dann zu keinem Mäzenatentum mehr fähig, erhielt vielmehr Unterstützung von Vanderlyn.

606 MILLER schreibt, nach seiner Rückkehr „Vanderlyn was overwhelmed with applications for portraits [...]. His price was high for the time, usually between $100 and $250“ (MILLER 1951, 35).

607 Vgl. MONDELLO, 80.

608 Von den Verkäufen erhoffte er sich eine Entspannung einer finanziellen Lage, um sich ganz auf das Studium konzentrieren zu können (s. MONDELLO, 24). Aaron Burr schrieb seiner Tochter: „[...] Vanderlyn projects to visit Charleston, but I am sure he will not. He is run down with applications for portraits, all of which, without discrimination, he refuses. He is greatly occupied in finishing his Niagara views, which, --indeed, will do him honour. They will be four in number, and he thinks of having them engraved in France. You hear the roaring of the cataract when you look at them“ (an Theodosia, New-York, 16. Dezember 1802. DAVIS, o. S). Zur Entwicklung der Landschaftsmalerei s. KORNHAUSER.

Panoramaansichten in einem Pavillon vor der City Hall in New York.[609] Auch hiervon erhoffte er sich ein regelmäßiges Einkommen und finanzielle Unabhängigkeit.

Bereits im Jahr 1787 hatte der Ire Robert Barker seine Erfindung eines Panoramas patentieren lassen. Bei einer solchen Installation steht die optische Täuschung im Vordergrund. Das 1807 in Halle erschienene Handbuch der Ästhetik hebt hervor, der „Zweck dieser neuen Art von Malerey soll seyn, zu zeigen, wie weit die Kunst die Blendwerke der Täuschung treiben kann."[610] Barkers schottische und englische Ansichten konnten in Schottland und England ausgestellt werden, aber nicht die Wirkung von Vanderlyns Darstellung von Versailles in Amerika haben. Erst die Darstellung eines entfernten Ortes erzeugt eine Spannung der Dislokation, die zusätzlich zur optischen Illusion den Reiz des Mediums ausmacht. Als nach 1880 die „Aquarien der Ferne und Vergangenheit" eine weitere Welle des Erfolges erfuhr, kam zu dieser Ortsversetzung der Panoramen, die zu Anfang des 19. Jahrhunderts auf Tournee gingen, die Zeitversetzung hinzu.[611] Diese Elemente der Immersion konnten später im Medium des Kinos und langfristig in der virtuellen Realität der heutigen Medientechnik weitergeführt werden.[612]

---

[609] Gebaut wurde er am nordöstlichen Ecke des City Hall Parks mit Unterstützung von Freunden Burrs von Architekt James O'Donnell im „greek revival Stil" (Säulenhalle mit dorischen Pilastern und rundem Oberlicht). Vanderlyns erste Ausstellung, organisiert von James Warrell in Richmond, zeigte u. a. die Niagara-Bilder, Ariadne und seine Kopien von Correggio und Tizian. Es endete jedoch in einem finanziellen Desaster (1.600 $ Schulden) Dieser Misserfolg konnte von den Porträtaufträgen für den Stadtrat der aufstrebenden Stadt New York wieder aufgehoben werden (s. MONDELLO, 47). Als Panoramen-Aussteller hielt er seine Aussichten für erfolgversprechender, daher ging er mit diesen 1821 auf Tour nach Philadelphia (vgl. MONDELLO, 54 u. 59).

[610] Zit. in VERWIEBE, 97. Charles Willson Peale hatte sich 1788 an der Erstellung von Panoramen versucht (s. BELLION 2004) und Robert Fulton hatte 1814 erfolgreich Panoramen in Paris ausgestellt (vgl. MILLER 1951, 37).

[611] Walter Benjamin, zit. in VERWIEBE, 110. Mehr zur allgemeinen Geschichte der Panoramen s. OETTERMANN, speziell zu Panoramen in Nordamerika s. ebd., Kap. 7.

[612] Zur Tendenz der Virtualisierung in den Bildmedien s. GRAU, speziell in der amerikanischen Kultur s. BIEGER.

Auch Vanderlyns Panoramenprojekt zeigte einen starken Zug zum Illusionismus. Die Einbeziehung des Rezipienten erhielt dabei eine völlig neue Qualität, indem das Bild nicht mehr nur zweidimensional einen fensterartigen Ausblick suggerierte, sondern den Betrachter ins Zentrum der gewölbten Bildfläche stellte. Ziel war es, die Vorstellung zu erzeugen, sich an einem anderen Ort zu befinden. Wie West den englischen Betrachter durch die Figur des Indianers nach Amerika imaginiert, versetzte Vanderlyn den amerikanischen Eintrittszahler auf einen anderen Kontinent, nämlich an den Hof von Versailles. Er strebte in diesem Projekt keine Idealmalerei an, sondern befriedigte rein die Neugier der theorielosen Bildbetrachter, sie sich keine Reise nach Versailles leisten konnten.[613]

Zudem zeigte sich auch der massive Einzug des Unternehmertums bei der Bildervermarktung. Durch das Ausbleiben von Aufträgen war der Künstler gezwungen, unternehmerisch zu denken. VERWIEBE schreibt: „Kein anderes Unternehmen der Kunstgeschichte stand wohl so sehr im Zeichen des neuen Wirtschaftsprinzips des Kapitalismus wie das Panorama, das vor allem Ende des 19. Jahrhunderts mit Aktiengesellschaften, hohen Kapitaleinsätzen und Gewinnen betrieben wurde. [...] Mit Mitteln der Illusion wurde nicht Transzendentes oder Visionäres dargestellt, vielmehr die Welt als faktische Wirklichkeit reproduziert."[614] Auch in Europa richteten sich Panoramen einerseits an die Massen, die per Eintrittsgeld das Projekt finanzierten. Andererseits fanden die Panoramen des Berliner Architekturmalers Johann Philipp Eduard Gaertner seine Abnehmer vor allem in Adelskreisen. So wurde das Berlinpanorama von König Friedrich Wilhelm III. gekauft. Eine zweite Fassung veräußerte er an dessen Tochter nach Moskau, wo er weitere Ansichten anfertigte.[615]

---

[613] Vgl. GUNNING.

[614] VERWIEBE, 98.

[615] Gaertner (1801-1877) malte 1834/35 ein Panorama Berlins (darin u. a. Alexander von Humboldt dargestellt) offenbar nach den Erfolgen, die dieses Mediums in England hatte. Nach dem Tod Friedrich Wilhelms im Jahre 1840 war Gaertner gezwungen, sich nach dem Absatz neuer Produkte umzusehen, da sich die Ausstellung von Panoramen alleine offenbar weniger lohnte als deren Verkauf. Er fand, dank seiner Fähigkeit zur faktischen Architekturdarstellung, Einkommen durch die Inventarisierung von Baudenkmälern und ebenfalls durch die Porträtmalerei. Gaertners Sohn

Das unternehmerische Ziel von Vanderlyns Ausstellung verband sich jedoch mit einem didaktischen. Wieder stand die Argumentation im Raum, wirtschaftlicher Wohlstand würde zu Materialismus und Barbarei führen. Dem wollten Vanderlyn und seine Unterstützer kulturelle Institutionen wie Kunstgalerien entgegenstellen. Sie stellten einen wichtigen Baustein für die ästhetische Erziehung der amerikanischen Öffentlichkeit dar. Daher baute er mit der Hilfe von 112 Bürgern New Yorks ein Rotundengebäude, um das Panorama zu zeigen und das Publikum an seine Historiengemälde heranzuführen, die in einem Raum unterhalb der Ausstellung gezeigt wurden – denn gerade sie könnten Amerika Tugend beibringen.[616] Die „Rotunde" in New York sollte zudem den Anstoß zu einem nationalen Museum geben, das das künstlerische und damit das moralische Niveau kontinuierlich heben würde.[617]

Doch die Eintrittsgelder von 50 Cent deckten nie seine Kosten. Er stand nicht nur in der Konkurrenz zu anderen Showveranstaltern, sondern wurde wie sie zudem ein Opfer der Börsenkrise von 1819. Als ihm die Stadtverwaltung schließlich den Besitz entzog,[618] lamentierte er enttäuscht über die fehlende Unterstützung von Seiten der politischen Eliten für die Künste:

> *Notwithstanding the rapid increase in wealth and power of this our boasted cultural metropolis [New York], in many respects so highly favoured by nature, we are constrained to come to the painful conclusion that a taste for refined intellectual attainments with us is rather retrograding instead of progressing.*[619]

Otto wanderte 1871 über Japan nach Amerika aus, wo er als Dekorationsmaler sein Geld verdiente (s. WIRTH, 33-40).

[616] Vgl. MILLER 1951, 37, MONDELLO, 49f. u. HOWE.

[617] Vgl. MONDELLO, 50. Es war nicht nur das Ideal des Grand Styles, der mithelfen sollte, die amerikanische Gesellschaft zu formen. Es war auch das Vorbild Benjamin Wests, das manchen Künstler davon träumen ließ, eine vergleichbare gesellschaftliche Position in Amerika erreichen zu können. Die Historienmalerei versprach sozialen Aufstieg. Eine Abkehr von ihr hätte eine Abkehr von grundlegenden Überzeugungen bedeutet, mit denen er in Frankreich sozialisiert wurde und von denen er überzeugt war, dass sie gut für die Zukunft Amerikas seien.

[618] Vgl. MONDELLO, 73 u. MILLER 1951, 37f.

[619] Zit. in LINDSAY, 58, 21. April 1818.

Als sich auch die Produktion der Stiche um Jahre verzögerte und diese sich anschließend nur schleppend verkauften, gab er das Projekt auf, den Geschmack in Amerika zu verbessern.[620] Die Frustration gründet sich auf die Auseinandersetzung mit dem amerikanischen Publikum. Denn die Ansicht des französischen Königspalasts versprach zwar einen formalen Illusionismus, konnte das New Yorker Publikum inhaltlich aber kaum faszinieren.[621] Der *National Advocate* gab ihm daher einen interessanten Ratschlag:

We suggest to Mr. Vanderlyn now, [...] the panorama views of our battles, such as Chippewa, Erie, New Orleans, Lake Champlain, etc.,

---

620 Die beiden Niagara-Gemälde befinden sich im Senate House Museum, Kingston, N.Y. Seinem Bruder schrieb er noch optimistisch, die Abzüge „please all who see them here and I flatter myself they will please equally in America“ (an Nicholas Vanderlyn, 10. März 1804). Später, in Rom, schätze er die künstlerischen Aussichten schlechter ein: „The State of the Fine Arts in America I must confess is miserable“ (an Fulwar Skipwith, 11. Juni 1806, zit. in MONDELLO, 24 u. 29). Als er die Stiche in Europa anbieten wollte, wurden sie jedoch beim Transport immer wieder aufgehalten, so dass er sie erst im Februar 1815 in London verkaufen konnte. Dies brachte ihm das Geld zur Rückfahrt nach Amerika ein (vgl. MONDELLO, 42f.). Auch West hatte Schwierigkeiten bei der Produktion des Kupferstichs *Death of Nelson*, die sich ein Jahr länger hinzog, als West für die Produktion des Gemäldes benötigte (vgl. MITCHELL 1967, 269). Trumbulls Kupferstecher für *Gibraltar* benötigte über drei Jahre länger als vorgesehen (vgl. FARINGTON, II, 646, 20. Aug. 1796).

621 Das Versailles-Panorama befindet sich heute im Metropolitan Museum of Art (Gift of Senate House Association, Kingston, N.Y., 1952, 52.184). Interessanterweise gab er in der dazugehörigen Broschüre einen exakten Tageszeitpunkt an: „The original sketches of which were taken on the spot by him in Autumn of 1815, supposed time of day, from 4:00 to 5:00p.m.“ (zit. in LINDSAY, 57). Er war zwar der erste Amerikaner, der die Niagarafälle malte, aber nicht der erste, der Panoramen zeigte (ebd., 57). So wurden bereits 1797 Ansichten Londons ausgestellt, die er gesehen gehaben könnte, bevor er Amerika verließ. In Rom äußerte er das erste Mal den Gedanken, selbst Panoramen auszustellen. Große Mengen an Besuchern erschienen aber erst, als er verkündete, die Hälfte seiner Einnahmen an wohltätige Organisationen zu spenden. 1822 zog er damit weiter in die Südstaaten und Kanada. Die Ausstellung in Havana wurde ebenfalls ein finanzieller Mißerfolg, denn das reiche Zielpublikum hatte die Stadt aufgrund einer Epidemie verlassen. Um seine Rotunde zu retten, versetze er sogar die Medaille, die er in Paris für *Marius* erhalten hatte und musste das Gemälde verpfänden (vgl. MONDELLO, 60). Auch die Erweiterung des Angebots um angekaufte Panoramen (beispielsweise des antiken Athens) und reduzierte Eintrittspreise von 25 Cent brachte wenig Publikum (vgl. ebd., 65f.).

> *with the likeness of the officers engaged on those occasions, would not only be highly national and popular, but exceedingly profitable.*[622]

Diese Kombination von Historiendarstellungen mit dem Panoramenformat war vielversprechend. Doch auch der Versuch, von den Städten New York und New Orleans Aufträge für ein Gemälde der Schlacht General Jacksons zu erhalten, schlug fehl und Vanderlyn verfolgte den Gedanken nicht weiter. Stattdessen riet er seinem Neffen resigniert zu einem entscheidenden Paradigmenwechsel: Er solle einfache und kostengünstige Porträts malen, denn die Masse könne ohnehin deren Qualität nicht einschätzen. „Were I to begin my life again, I should not hesitate to follow this plan." Man solle nicht nach Idealen streben, sondern nach Geld, denn dies sei in Amerika „all and everything".[623]

Die Panoramen verlangten große Anstrengungen, die sich letztendlich nicht auszahlten. Nach diesen Misserfolgen zog er konsequenterweise von New York nach Washington, um mit allen Mitteln einen Auftrag vom Kongress zu erhalten.

Als John Trumbull im Jahre 1816 nach Amerika zurückgekehrt war, hatte er jedoch jene Monumentalaufträge im neuen Kapitolgebäude erhalten, die auch Vanderlyn für sich erhofft hatte. James Monroe, den Vanderlyn 1816 porträtiert hatte, konnte damals offenbar in der Sache für Vanderlyn nichts ausrichten. Nach den Jahren des letztendlich erfolglosen Projekts der New Yorker Panoramen eröffnete sich für Vanderlyn jedoch eine neue Chance, als die Aufträge für die restlichen vier Wandflächen in der Rotunde des Kapitols zu vergeben waren. Der Abgeordnete und zweite Vorsitzende des zuständigen Komitees, Leonard Jarvis, hatte ihn vermutlich dazu ermutigt, sich darum zu bemühen, denn dieser hatte ihm bereits zur Ausführung eines Porträts Washingtons für das Repräsentantenhaus verholfen, das ihm viel Aner-

---

[622] National Advocate, 21. April 1818, zit. in MONDELLO, 65.

[623] 9. September 1825, zit. in MONDELLO, 67. Bemerkenswerterweise stellte der italienische Freskomalerei Nicola Monachesi (1795-1851) zwischen 1838 und 1842 ein großen Historiengemälde mit dem McCrea-Thema in verschiedenen amerikanischen Städten aus (verschollen, s. EDGERTON, 489-490). Sehr kostengünstige und naturgetreue Porträts konnten mit dem Physiognotrace hergestellt werden, z. B. in Charles Willson Peales Museum seit 1803 (s. BELLION 2004, 537).

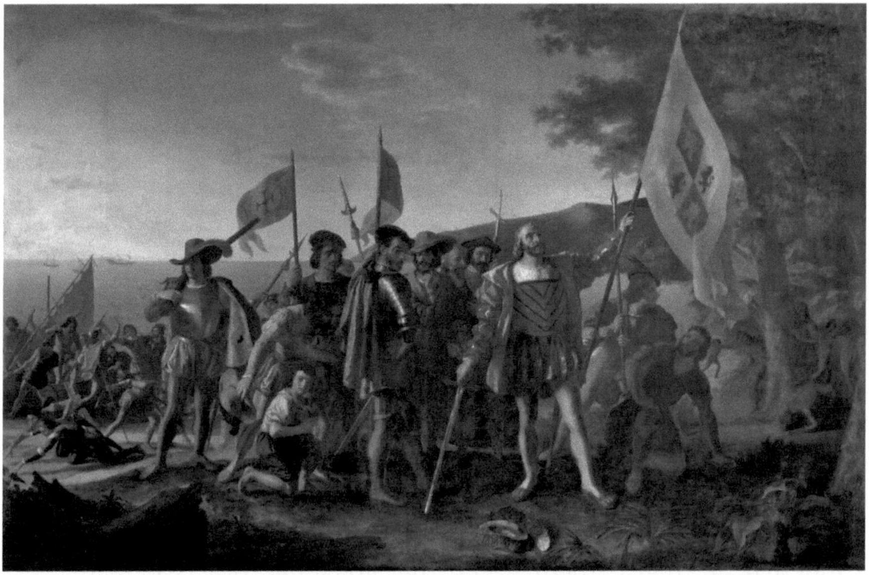

Abbildung 40 John Vanderlyn: *Landing of Columbus at the Island of Guanahani, West Indies, Oct. 12th, 1492*, 1836-1847
U.S. Capitol Rotunda, Washington, D. C.
Quelle: Architect of the Capitol

kennung verschafft hatte.[624] Auch Verplanck bot ihm Hilfe an, um den Auftrag zu erhalten, auf den er sich seit seiner Rückkehr aus Europa 20 Jahre lang vorbereitet hatte.[625]

---

624 Vgl. MONDELLO, 94. Vanderlyn gewann die Ausschreibung für ein Porträt Washingtons zum Gedenken an dessen 100. Geburtstag als Pendant zum lebensgroßen Bildnis von Lafayette im Repräsentantenhaus des Franzosen Ary Scheffer (1795-1858). Es war Jarvis, der am 17. Februar 1832 im *Committee on the Public Buildings* die Resolution einbrachte. Das Ergebnis scheint den Abgeordneten gefallen zu haben, denn zwei Jahre später wurden ihm auf Anregung von Aaron Ward per Resolution 1500 $ zusätzlich für die Ausführung des Washington-Bildes zugesprochen (House Journal, 1st sess., 23rd Cong., 839, zit. in FAIRMAN, 65, vgl. MONDELLO, 91). Bereits am 24. Juni 1836 hatte sich Vanderlyn in einem Brief an den Senator aus South Carolina, William Campbell Preston, gewandt, dem er einen Brief des Senators Stuart aus Charleston beifügte (vom 3. Juni), der sein „high grade among historical painters" preiste und für ihn nach „professional views of him at the capitol" fragt und darum bat, ihn mit den Personen im Kongress bekannt zu machen, die „congenial taste"

Als Vanderlyn den Auftrag schließlich zugesprochen bekam, plante er das Gemälde *Landing of Columbus* (Abbildung 40) äußerst sorgfältig, studierte Fauna und Flora vor Ort in Havanna, reiste nach Madrid, um ein Porträt von Christoph Kolumbus zu sehen und im Juni 1839 nach Paris, wo er das Gemälde ausführen wollte. Doch dies zog sich hin und die Verzögerung führte wiederum zu finanziellen Problemen. Da sich der Verkauf der Stiche verzögerte, musste er, statt an *Landing of Columbus* weiterzuarbeiten, Kopien Alter Meister produzieren, die sich leichter verkaufen ließen und kurzfristig Geld einbrachten. So konnte das große Gemälde erst 1846 fertiggestellt werden.[626]

Es folgt der Ikonographie des amerikanischen Zivilisationsprozesses, die bereits bei Wests *William Penn's Treaty with the Indians* (1771-72) Anwendung fand und sich bis zu *American Progress* von John Gast aus dem Jahre 1872 verfolgen lässt.[627] Der Blick durch das Bild in Leserichtung von links nach rechts lässt die Überfahrt über den Atlantik und die Ankunft in Amerika nachvollziehen. Im Zentrum steht bei Vanderlyn die religiös-pathetische Inbesitznahme des Kontinents, bei West der Handel und Vertragsabschluss mit den Indianern, während im Hintergrund bereits Schiffe ausgeladen und Häuser aufgebaut werden.

Vanderlyns Lichtführung lässt das Studium von Veronese, Tizian und Correggio erkennen, über die er schrieb, sie zeigten eine „artful and agreeable distribution of light and shadow united to a rich and harmonious combination of colours capable of affording pleasure and re-

---

besitzen. (National Archives, Record Group 233, Records of U.S. House of Representatives, HR 24A D 24.1, Kopie in AOC-Files).

625 Der Kongress forderte ihn auf, einen Entwurf eines beliebigen Themas vorzulegen, aufgrund dessen sich 1837 für ihn entschieden wurde (vgl. MONDELLO, 94, zur Hilfe Verplancks s. MILLER 1951, 39 u. 41).

626 Bryant war der erste, der es in Paris sehen konnte. Vanderlyn verließ Paris im Februar 1846 und stellte das Gemälde in New York aus (vgl. MONDELLO, 124ff.).

627 Bei Wests Gemälde handelt es sich um die Darstellung der Gründung Pennsylvanias durch William Penn. John Gast spiegelt die Ansicht aufgrund der kartographischen Gewohnheit, den Westen links zu zeigen. Gemeinsam mit der Personifikation des Fortschritts wandeln Siedler nun die Naturlandschaft in eine Kulturlandschaft um und verdrängen mit Kutsche, Eisenbahn und Telegraphenmasten aktiv Büffel und Indianer. Vgl. die Illustration von Frances Flora Bond Palmer (1812-1876): *Across the Continent. Westward the Course of Empire takes its Way*, 1868 (publiziert von Currier & Ives, New York).

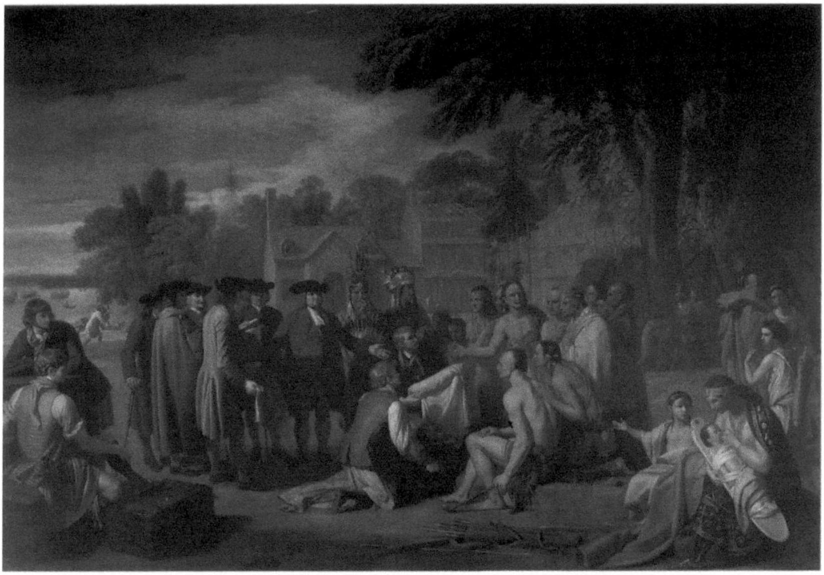

Abbildung 41 Benjamin West: *Penn's Treaty with the Indians*, 1771
Öl auf Leinwand, 192×273 cm, Pennsylvania Academy of Arts.
Quelle: HUGHES, Abb. 50

creation to the eyes."[628] Auch ist zu beobachten, dass Vanderlyn die Lichtverteilung symbolisch einsetzt. Christoph Kolumbus wie auch William Penn haben die Sonne im Rücken, die als Symbol der Zivilisation und Aufklärung in das Dunkel des Waldes strahlt. Auf der rechten Bildseite erscheint dort der Naturmensch, dem die vermeintlichen Segnungen westlicher Kultur gebracht werden.[629]

Bemerkenswert sind zwei Figuren auf der linken Seite, die beide etwas Wertvolles im Sand bemerkt zu haben scheinen und sich gegenseitig in den Arm fallen, um vor dem andern zu Reichtum zu

[628] Ohne Datum, zit. in MONDELLO, 34, s. a. FRYD 1992, 55-56.

[629] VINCENT interpretiert alle Figuren symbolisch: „In Vanderlyn's painting, [...] the Friar bearing a crucifix symbolizes the coming of Christianity to the Western hemisphere, the mutineer stands for all those who doubted Columbus voyage and the sailors grabbing gold nuggets on the beach represent the greed that would destroy the native civilizations" (ebd., 73).

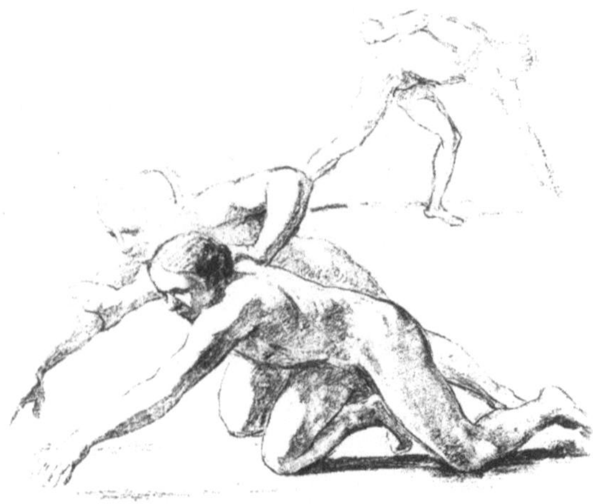

Abbildung 42 John Vanderlyn: *Drawing of Figures at Left for Columbus*, 1840er Jahre
Fred J. Johnston, Kingston, New York. Quelle: LINDSAY, Abb. 72

kommen.[630] Vanderlyn schrieb 1842, die Gier nach Geld und der Egoismus würde das Gefühl für die Schönheit der Natur und der Künste, ideelle Werte, zerstören. Entsprechend ist diese Gruppe, die gierig am Strand nach Schätzen gräbt, der unberührten Natur Amerikas gegenübergestellt. So zeigt das Gemälde nicht nur eine historische Begebenheit, sondern macht auch eine kritische Aussage über die Gegenwart und Zukunft.[631] Tatsächlich verbanden manche Zeitgenossen, wie Ralph Waldo Emerson, wirtschaftlichen Wohlstand mit Materialismus, Individualismus und Barbarei, der nur mit kulturellen Institutionen und der darin propagierten Moral entgegengetreten werden könne.[632]

630 Diese Gruppe ist vergleichbar mit den Figuren auf der rechten Seite von Poussins *Mannawunder*. Dort sind zwei Männer zu sehen, von denen der ältere den jüngeren zur Seite stößt, um die Manna, die er auf der Erde verstreut sieht, an sich zu reißen.

631 Wie LINDSAY zeigt, wurde das Motiv auf einem Nachstich für ein Postwertzeichen eliminiert, passenderweise auf einer Banknote jedoch übernommen (ebd., 74 u. 144, s. a. MONDELLO, 118).

632 Vgl. RAETHEL, 288. Reynolds begreift den Handel in Disc. IX nicht als Ziel, sondern als Mittel zur Kunst und Tugend. Reynolds argumentierte, Kunst müsse auch eine normative Funktion erfüllen. England käme ohne Exzellenz in der Kunst nie über den „rank of a barbarous nation“ hinaus (Disc. IX, 169). Aufgeklärte Künstler könnten

Charles Lanman von der Zeitschrift *The Crayon*, der bereits Trumbulls Bilder kritisierte, urteilte über Vanderlyns *Landing of Columbus*:

> *It is, beyond doubt, a noble work one which does honor to the artist and the nation. The central group is exceedingly fine – artistically speaking, nearly faultless. The chiaroscuro is bold and clear; the figures, especially the musketeer, seeming to stand out completely from the canvas, while the horizon beyond, veiled in the dreamy haze of a tropical noon, leads the eye to a great distance, where the caravels are safely moored. The costumes are given with admirable fidelity, but it is a wonder how they should have been kept so clean after a voyage in Spanish vessels.*[633]

Folgeaufträge gab es jedoch nie.[634] Während der Arbeit am Kolumbus-Gemälde hielt er sich noch einmal kurz in Rom auf. Im Café Greco in Rom zeigte er auf die Stühle um sich herum und sagte resignierend zu dem Landschaftsmaler James Freeman:

> *Thirty years ago I was on this very spot [...]. There sat Allston opposite to me; that was Turner's corner; here on my left sat Fenimore Cooper; and there, I was told, Sir Joshua Reynolds and West sat. – Thirty years ago, and here I am again; I came back old and broken with my first and last commission from our government for the Rotunda – too late! too late!*[635]

Zum Ende seines Lebens verlor er seine Zuversicht, die Politik könne eine kunstfördernde Rolle einnehmen und glaubte stattdessen an das erstarkte Interesse an Kunst in der Mittelschicht. Während Trumbull noch der revolutionären Oberschicht dienen konnte, erkannte

eine Gesellschaft vor dem rein wirtschaftlichen Denken bewahren und in Zeiten der einsetzenden industrialisierten Marktwirtschaft zivilisierend wirken.

633 LANMAN, 137.

634 Vanderlyn überlegte sich, eine kleinformatigere Kopie des Gemäldes zu machen. Doch aufgrund der negativen Kritik kam es nie dazu.

635 Zit. in den Memoiren von James Edward FREEMAN (1808-1884), 15. Der noch sehr wenig erforschte Maler James De Veaux (1812-1844) äußerte sich zur gleichen Zeit ebenfalls in Rom ganz ähnlich eineinhalb Jahre vor seinem Tod: „my dear fellow, 'tis useless, – would to God I could feel as you do, but it is now too late. [...] now, when I look at the years devoted to a wrong channel of study, and contemplate what there is to be accomplished by me in our profession, – it strikes a chill to my heart that nothing can dispel [...] I tell you it is too late" (Bericht Thomas P. Rossiters, zit. in GIBBES, 234f.).

Vanderlyn sowohl das Verschwinden der Oberschicht mit ihren ästhetischen Idealen als auch das zukünftige kulturelle Potenzial des mittleren Bürgertums. Er war jedoch nicht in der Lage, der Mittelschicht mit passenden Inhalten eine Repräsentation zu verleihen.[636] Mit den Niagara-Bildern war er eine Generation zu früh – mit der Historienmalerei zu spät.

In der Medienwahl und Distributionspolitik hatte er sich ähnlich wie Trumbull ausgerichtet. Beide strebten danach ein größeres Publikum über die Produktion von Kupferstichen zu erreichen. Doch während Trumbull nationale amerikanische Themen zum Inhalt wählte und in großformatigen Gemälden auf Tour schickte, versuchte Vanderlyn das Publikum mit den Panoramen in das königliche Frankreich zu versetzen. Er hielt daran fest, die amerikanische Identität würde sich fundamental aus der europäischen Tradition heraus definieren. Ihm war es noch nicht möglich, dem amerikanischen Bürgertum Ausdruck zu verleihen.

Ohne Großauftrag für die vier Monumentalgemälde der Kapitolrotunde hätte auch Trumbull seine Historienmalerei in Amerika kaum umsetzen können. Jedoch war dessen Strategie, mithilfe von Porträtaufträgen in New York und Washington mit den entscheidenden Personen in Kontakt zu kommen, zielführend, denn er war selbst Teil der politisch-intellektuellen Gesellschaft, zu der Vanderlyn erst über Mittelsmänner Zugang suchte. Dass Vanderlyn es trotzdem schaffte, einen Auftrag für die Kapitolrotunde zu erhalten, der auch die existenzielle Hoffnung so vieler anderer Künstler war, stellte jedoch nur einen kurzfristigen Erfolg dar und machte aus Vanderlyn keinen erfolgreichen Künstler. Im Gegenteil: In seiner gesellschaftlichen Außenseiterstellung wurde er nur von Washington Allston übertroffen. Dies ist eine typische Stellung der Künstler der Neuzeit nach dem Umbruch der Amerikanischen und Französischen Revolution. WARNKE schreibt „[...] mit dem Wegfall der Höfe wird der Künstler zu einem Außenseiter der Gesellschaft [...].“[637]

Vanderlyn und Allston strebten künstlerische Ideale an, die weite Teile der Gesellschaft mit ihnen nicht teilten. Im Gegensatz zu Allston

---

636 Vgl. MONDELLO, 120.

637 WARNKE, 12.

versuchte Vanderlyn jedoch, den neuen Herausforderungen gerecht zu werden und den visuellen Bedürfnissen der breiten Öffentlichkeit entgegenzukommen, wenn auch weitgehend erfolglos. Neben einer Reihe unternehmerischer Fehlschlägen kam hinzu, dass Vanderlyn offenbar extrem langsam arbeitete. Er konnte in seiner Lebenszeit nur eine sehr kleine Anzahl herausragender Werke schaffen und mit Porträts, die monatelang für die Produktion benötigten, konnte er seine Lebenshaltung selten bestreiten. Im Jahr 1852 starb er einsam und arm in einem Hotelzimmer in seinem Geburtsort Charleston. Trotz staatlichem Auftrag war er mit seinem Kunstideal in Amerika gescheitert.

Aber nicht nur Aufträge für Historiengemälde können Auskunft über ihre Funktion geben, ebenso interessant ist, welche Vorschläge abgelehnt wurden und keine Chance auf Verwirklichung hatten.[638]

Ungemalte Bilder

Nachdem Trumbull die Ereignisse der Unabhängigkeitsbewegung in der Kapitolrotunde zeigte, war die Frage nach der Vollendung des Raumkonzepts jahrelang offengeblieben. Man wollte weder weitere Revolutionsbilder noch Darstellungen von Szenen des Krieges von 1812 in Auftrag gegeben. Beides schien politisch zu brisant und kontrovers. Stattdessen hatte man sich schließlich auf den Minimalkonsens kolumbianischer und kolonialer Themen geeinigt.

Als mit Inmans Tod der Kampf um einen Auftrag des Kongresses noch einmal ausgebrochen war und die Lobbyisten ein letztes Mal ihre Stellung einnahmen, tauchten plötzlich ganz neue Bildthemen in der Diskussion auf. Nun forderten die zunehmend in die informellen Machtzirkeln Washingtons drängenden Politiker des Mittleren Westens ebenso eine Repräsentation in der Rotunde. Ihren Kampf um Mitsprache fochten auch sie mithilfe von Bildern aus, um als politische Kraft wahrgenommen zu werden. Mit ihrem Willen zur Präsenz im visuellen Medium standen nun auch Entwürfe neuer Künstler zur

[638] Zum Beispiel malte der mit Francis Trollope nach Amerika gekommene Auguste Jean Jacques Hervieu (1794-1858) ein Gemälde mit dem Titel *The Landing of Lafayette in Cincinnati* von mit 42 Porträts (verschollen), das dieser u. a. in Washington zeigte, in der Hoffnung es dem Kongress verkaufen zu können und einen Auftrag für die Rotunde zu erhalten (vgl. DICKSON, 17).

Auswahl. Nicht selten versuchten diese das Interesse ihrer Abgeordneten mit ihrem eigenen zu verbinden. Sie versprachen sich von einem Auftrag für die Rotunde finanzielle Unterstützung und künstlerische Anerkennung.

Zunächst machte neben Powell auch ein anderer Schüler Inmans auf sich aufmerksam. Daniel Huntington (1816-1906) bot an, für den Rest des noch nicht ausbezahlten Geldes den Bildentwurf seines verstorbenen Lehrers auszuführen, um damit dessen Ehre zu erhalten und dem Kongress einen Verlust zu ersparen, wie er argumentierte.[639] Charles Lanman von *The Crayon*, der die Gemälde von Chapmans und Powells stark kritisierte, hielt Huntington für äußerst fähig, den Auftrag Inmans zu übernehmen.[640] Auch TUCKERMAN lobt ihn und schreibt über Huntington: „There is an academic tone about him; and he is a legitimate admirer of Sir Joshua Reynolds." Der Kongress konnte sich jedoch nicht auf ihn einigen.[641] Für Huntington, ohnehin vorwiegend ein Porträtmaler, war dies vermutlich keine große Enttäuschung.[642]

---

639 So schreibt Inman-Schüler und Präsident der National Academy, Thomas S. CUMMINGS, in seinem historischen Rückblick.

640 Er schrieb: „With regard to the 'Baptism of Pocahontas,' by Chapman, I have only to say, that, in my opinion it is unworthy of the artist, of the position it occupies, and the Government to which it belongs. As to the 'Discovery of the Mississippi by De Soto,' painted by Powell, it only exhibits the immense gulf that exists between the Fine Arts and the arts of Congressional demagogues. In awarding this last commission, Congress did great injustice to the memory of the lamented Inman (who received the original order, but died before he could complete it) and also to the more able and experienced among American artists, and especially to Daniel Huntington, who nobly offered to do it for a mere song, and who was a favorite pupil of Inman, and is one of our masters in the historical line. For the sake of our national reputation, now that the capital is swelling out into gigantic proportions, it is earnestly to be hoped that such men as Huntington and Leutze, and Rothermel may yet be permitted to make their mark upon the marble walls of the metropolis" (LANMAN, 137). 1869 meinte ELLIS ähnliches: „They [...] are all faulty – the whole eight – in many respects, but are still great works of art, and merit a careful study" (ebd., 70f.). Vgl. MCLAW, 228ff., die die letzten vier Bilder nur positiv bespricht.

641 Vgl. CUMMINGS, 145, GERDTS 1987, 43 u. TUCKERMAN, 331. Huntington hatte ein Porträt von Weir gemalt (vgl. FAIRMAN, 125).

642 Der noch junge Maler war 1840 in die National Academy aufgenommen und diente später zwei Mal als dessen Präsident (vgl. CUMMINGS).

Ähnlich verhielt es sich auch mit dem Sohn des West-Schülers Charles Willson Peale, der sich Hoffnungen auf den staatlichen Auftrag machte. Der Senator Henry Hubbard aus New Hampshire erhielt am 29. Juni 1836 einen Brief von dem nicht identifizierten H. Jacob, der ihm Rembrandt Peale für den Auftrag vorschlug:

> *Will you be good enough to say a word to Col Preston, Mr Wright, and Mr Wall (the Committee for choosing artists to fill the 4 niches in the Rotunda) in favor of Mr. Rembrandt Peale (Mr J. father) is the oldest artist except Col Trumbull. This Washington in your Chamber is a specimen of what he can do. You will server him very much as well as [me]*[643]

Tatsächlich schickte Rembrandt Peale dem Komitee auch selbst einen Brief, in dem er sich für eines der Bilder bewarb. Seine besonderen Fähigkeiten begründete er mit seinen Aufenthalten in Europa:

> *Devoted to the Arts from my youth, and one of the few who first cultivated them in America, my zeal for improvement has taken me five times to Europe, when in the Galleries of London, Paris, Florence, Rome & other cities of Europe I have studied the higher principles of Art. Besides the study of nature afforded in a long practice of Portraiture, I have composed & executed several large Historical Pictures – napoleon on Horseback, giving command; the Roman Daughter; the Death of Virginian, the Dream of Love; Lysippa on a Rock; the ascent of Eliah; the Court of Death; and Washington before Yorktown – whatever ability may have appeared in the execution of these works, my subsequent residence in Italy & my recent visit to England have doubtless promoted my views of improvement; and my final return to my Country has perhaps shown that my patriotic feeling should not be disre-*

643 Am 29. Juni 1836 von H. Jacob (unbekannt). National Archives, Record Group 233, Records of the U.S. House of Representatives, HR 24A D24.1, Kopie in AOC-Files. William Campbell Preston (1794-1960) aus South Carolina, mehrere Jahre Reisen und Studien in Europa, Jura in Edinburgh, 1819 zurück in Amerika 1833 als Ersatzkandidat in den Senat. Silas Wright Jr. (1795-1847) Senator für New York, Jurist, 1833 als Jackson-Anhänger in den Senat. Garret Dorset Wall (1783-1850), Vater von James Walter Wall aus New Jersey, Jurist, Teilnehmer am Krieg von 1812, gewählter Gouverneur von New Jersey, als Jackson-Anhänger 1835 in den Senat.

> *garded in the proposed honorable intention of filling the vacant niches of the Rotunda.*[644]

Aber auch Peales Angebot wurde nicht weiter verfolgt. Dies störte ihn offenbar nicht weiter, war er doch nicht so sehr auf die Historienmalerei fokussiert und angewiesen.

Offenbar ohne Wissen um die Entscheidung über den Inman-Folgeauftrag von 1848 setzte sich die Art Union von Philadelphia im Jahr 1852 für den Direktor der Pennsylvania Academy, Peter Frederick Rothermel (1817-1895), ein: „Also, a petition of the officers of the Art Union of Philadelphia, praying that P. F. Rothermel may be employed to paint a picture for one of the panels of the rotunda of the Capitol; which was referred to the Committee of the Library", berichtete *The Congressional Globe*.[645] Dieser Vorschlag wurde schon deshalb nicht beachtet, weil er um Jahre zu spät einging. Rothermel versuchte nicht noch einmal einen staatlichen Auftrag zu erhalten.

George Catlin (1796-1872) versuchte wiederholt dem Kongress seine Sammlung indianischer Ansichten zu verkaufen. Als er mit dieser in Europa auf Ausstellungstour war, hörte er in Paris vom Inmans Tod.[646] Laut Aussage seines Bruders Francis habe er daraufhin Inmans Thema aufgegriffen und einen Entwurf mit dem Titel *Daniel Boone*

---

644 Ohne Datum, National Archives, Record Group 233, Records of U.S. House of Rep., HR 24A D 24.1.

645 Senat, The Congressional Globe, Bd. 26, Teil 2, 7. Juni 1852, 1524, s. a. FAIRMAN, 138. Vgl. Rothermels *Pioneers*, gestochen von John Sartain 1849 u. 1851. Auf Anregung von Senator James Cooper wurde am nächsten Tag präziser beschlossen, Rothermel zusammen mit Leutze und Healy dem Komitee vorzuschlagen: „That the Committee on the Library be and it is hereby instructed to inquire into the expediency of employing Mr. Leutze to repaint for Congress his painting representing Washington crossing the Delaware, together with a fellow to it representing Washington rallying the American troops at the battle of Monmouth; also of employing Mr. Healy to paint two pictures, one representing the throwing overboard of the tea in Boston harbor, the other, the battle of Bunker Hill; also, Mr. Rothermel to execute two paintings, the subjects likewise to be drawn from American revolutionary history" (The Congressional Globe, Bd. 26, Teil 2, 8. Juni 1852, 1533).

646 Catlin hatte zunächst Jura studiert und einige Jahre als Jurist gearbeitet, begann aber sich dann für das Leben der Indianer zu interessieren und reiste durch Arkansas und Florida, publizierte seine Beobachtungen in illustrierten Briefen und malte Szenen indianischen Lebens.

Discovering Kentucky eingesandt. Doch dieser sei einen Monat lang in London aufgehalten worden und genau einen Tag zu spät in Washington angekommen.[647] Der Philanthrop Ralph Randolph Gurley (1797-1872) soll anschließend in Washington in Besitz des Gemäldes Catlins gekommen sein, das heute verschollen ist. Ohne diesen Auftrag und ohne seine Indianer-Sammlung verkaufen zu können, kam Catlin erst 1870 zurück in die USA und starb dort verarmt und einsam. Wenige Jahre nach seinem Tod kaufte die Smithsonian Institution seine Sammlung, die den Grundstock der Einrichtung bildet.[648]

Am 25. November 1846 reichten zahlreiche Bürger von St. Louis eine Petition mit der durchaus ernstzunehmenden Argumentation ein, alle bisherigen Gemälde bezögen sich auf die frühe Geschichte der Kolonien, keines aber auf die Geschichte der neuen, westlichen Staaten.

> *Our information is, that all the paintings now in the Rotunda represent events connected with the early history of the original thirteen States, and that only one panel yet remains to be filled. We beg leave to urge the claims of the West, to represent in the gallery which the munificence of Congress is placing in the gallery of the nation.*[649]

Als Beispiel der Errungenschaften ihrer Vorväter wurde General George Rogers Clark (1752-1818) angeführt, der mit dem frühen Vorrücken der Siedler in Zusammenhang steht.[650] Es wird erklärt, dieser habe um etwa 1780 bei North Bend in einer dramatischen Situation mit den Shawahanee-Indianern Stärke bewiesen. Die Krieger kamen in das Council House und legten General Clark einen schwarzen und einen weißen Wampum-Gürtel auf den Tisch, um zu zeigen, dass sie sowohl für Krieg wie auch Frieden gerüstet seien. Clark wischte diese vom

---

647 Vgl. ROEHM, 370. Selbstverständlich hielten Delegierte aus Kentucky Catlins Entwurf für den besten.

648 Zum Verkauf der Bilder s. FAIRMAN, 138.

649 29th cong., 2nd sess.

650 Es handelt sich um den älteren Bruder von William Clark, dem Teilnehmer der Lewis-and-Clark-Expedition (1804-06). George Rogers Clark ist zu Lebzeiten als der Eroberer des nordwestlichen Territoriums gefeiert worden. Mit Unterstützung Jeffersons wurde er Lieutenant Colonel und kämpfte im Unabhängigkeitskrieg im Westen gegen die Briten, jedoch wird heute diesen Schlachten keine entscheidende Rolle zuerkannt.

Tisch, stellte seinen Fuß darauf und befahl, die Gegenseite solle das Gebäude verlassen. Offenbar überrascht von der Siegesgewissheit des Generals entschieden die Indianer, Frieden zu halten.

Das vorgeschlagene Bildthema zeigt ein ganz anderes moralisches Empfinden als in der bisherigen Historienmalerei üblich. Nicht der noble Staatsmann, sondern der hemdsärmalige Pragmatiker ist Held dieser Episode. Hier kommt zum ersten Mal eine Lebenseinstellung des Westens zum Ausdruck, der in der Folgezeit die Kultur entscheidend prägen sollte.

Als ausführender Maler wurde in der Petition Charles Deas (1818-1867) vorgeschlagen. Als Argumentation wurde angeführt, dass im Gegensatz zu Deas keiner der bisherigen Historienmaler aus dem Westen stamme. Zudem wurde darauf Wert gelegt, dass er die Darstellung von Indianern wie kaum ein anderer Maler beherrsche:

> *What is of first importance in representing such a scene as that referred to is an entire familiarity with the Indian race, and a power to represent their characteristic appearances, traits, expressions, and movements. In this respect, we doubt if Mr. Deas has a superior, if an equal. He has played a long time in the midst of the Indians of our northern and western borders, studying with ardent enthusiasm their distinctive traits, and the result is an unrivalled facility of combining the poetry with the reality of savage life.*[651]

Deas habe darüber hinaus dem Komitee des Kongresses bereits einen Entwurf mit dem Titel *General Clark's stamping his foot upon the wampum* vorgelegt. TUCKERMAN schreibt, „The most important epic subject which engaged his attention is taken from the life of General Clarke [sic], of Kentucky; it is the meeting of the council of the Shawnees at North Bend, when by his firmness he saved the frontier from the horrors of an Indian war." Auch weitere Berichte bezeugen die Existenz dieses Entwurfs: *General Clark breaking up the council with the Shawaneca.*[652] Auch diese Petition wurde am 6. Januar 1847 an das *Library Committee* weitergeleitet, ohne eine Reaktion hervorzurufen. Der

651 „Petition for Deas to do a western Scene", National Archives R9 46 U.S. Senate, Kopie AOC.

652 S. a. St. Louis Weekly Reveille 1846c, 1032; Anglo American 1847, 381 (Kopie AOC) u. TUCKERMAN, 429.

Entwurf von Deas ist heute nicht mehr auffindbar.[653] Deas, ein Künstler, der im amerikanischen Westen Darstellungen von melodramatischen Cowboy-Szenen malte, kehrte 1847 nach New York zurück und starb 1867 in einer Nervenklinik.[654]

Der bemerkenswerteste Künstler jedoch, der sich sein halbes Leben auf einen Auftrag für die Rotunde vorbereitet hatte, aber schließlich ebenfalls leer ausging, war Samuel Morse.

Samuel Finley Breese Morse (1791-1872) war ein Nachkriegskind, das die Amerikanische Revolution nicht erlebt hatte.[655] Zwar 35 Jahre jünger als Trumbull war er ihm doch sehr ähnlich. Auch er stammte aus der höheren Gesellschaft und konnte in Yale studieren.[656] Sein künstlerisches Talent entdeckte er beim Anfertigen amateurhafter Porträts von Kommilitonen und Professoren. Als er 1810 in Boston durch Washington Allston, der kurz vorher aus Italien zurückgekehrt war, mit der akademischen Technik und den Ideen der Royal Academy in Kontakt kam, versuchte er sich an einem ersten Historiengemälde.

Dabei handelt es sich um *Landing of the Pilgrims* (Abbildung 43), einem naiven Gemälde, das noch viele Unsicherheiten in der Anatomie

---

653 Vgl. MCDERMOTT, 307. Unterstützt wurde diese Petition von Charles D. Drake, Bürgermeister aus St. Louis, Missouri, dem Ort, in dem Deas seit 1840 bei seinem Bruder lebte. Drake empfahl dem *Joint Committee* am 9. Januar, Charles Deas „to executed for this purpose a design prepared by him and then exhibited by him in the Library of Congress " (zit. in FAIRMAN, 107).

654 Charles Deas stellte 1838 in der *National Academy of Design* aus und wurde von George Catlin zur Malerei von Themen des Westens inspiriert. Er stellte Gemälde von Indianern und dem Leben an der *frontier* bei der American Art-Union, der Pennsylvania Academy und der Artist Fund Society, Boston Athenaeum aus. In St. Louis fand er alle Unterstützung, die er als Maler suchte sowie Abnehmer für Szenen des indianischen Westens (*A Group of Sioux*, *Hunters on the Prairie* oder *The last Shot*). Diese sind insofern historisch, nicht da sie eine Begebenheit der Geschichte darstellen, sondern einen Zustand der bald verschwinden sollte. Damit stehen sie der amerikanischen Landschaftsmalerei nahe. Die Argumentation, die für Deas in der Petition vorgebracht wurde, schien bei Inman und Powell gefruchtet zu haben, als sie ebenfalls Themen aus dem Westen planten. Deas war in den 1840er Jahren sehr bekannt, heute sind kaum acht Gemälde erhalten. Die wenigen Informationen über Deas fasst MCDERMOTT zusammen.

655 Er war Sohn eins calvinistischen Priesters und Geographen (s. KLOSS, 10 u. 12. S. a. das Aquarell *The Morse Family* von 1810).

656 Er hatte in Yale Horaz und Homer zu lesen (vgl. MABEE, 26).

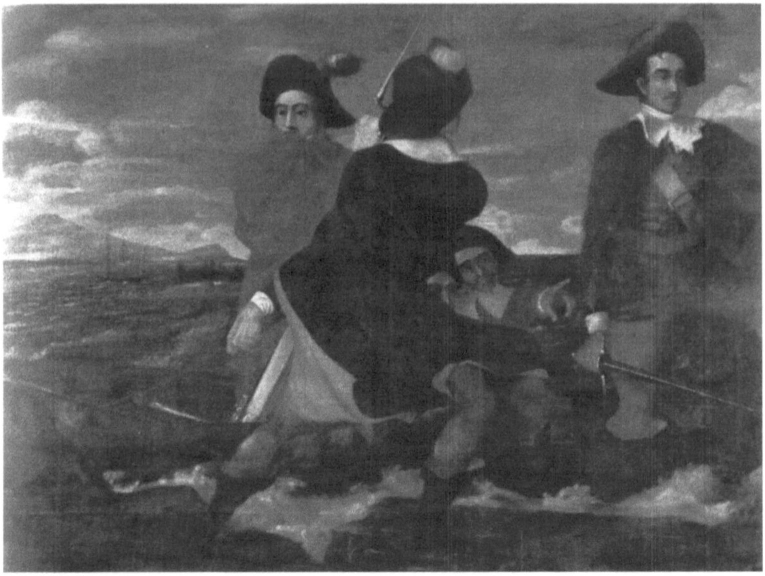

Abbildung 43 Samuel F. B. Morse: *Landing of the Pilgrims*, 1810-11
Boston Public Library, Charlestown. Quelle: STAITI 1989, 13

und Komposition zeigt. Neben dem Willen zur Historienmalerei ist jedoch eine ganz neue Richtung in der Themenwahl zu erkennen. Vermutlich beeinflusst von seinem calvinistischen Vater erhob Morse nun einen früheren Gründungsmythos der Vereinigten Staaten, die Ankunft der Mayflower, zu einem heroischen Ereignis.[657]

Wie die Generationen vor ihm, war er davon überzeugt, dass das einzige Mittel gegen den eigenen und den amerikanischen Provinzialismus das Studium in London sei. Dort war Benjamin West bereits 50 Jahre lang aktiv und inzwischen Nachfolger Reynolds als Präsident der Royal Academy.[658] Als Morse dort eintraf, war er begeistert von der ge-

[657] Vgl. MORSE, I, 30. KLOSS vermutet das Studium von Raphael über die Stiche von Raimondi (ebd., 18).

[658] Auch der West-Schüler Henry Sargent (1770-1845) konzipierte ein Gemälde mit demselben Titel im Jahre 1815 (Pilgrims Hall, Plymouth). Zu dieser Zeit waren die Beziehungen zu Amerika bereits angespannt. Seine föderalistischen Eltern hielten den drohenden Krieg für die Schuld der Jefferson'schen Politik. Morse opponierte jedoch und hielt Madisons Sanktionen für das einzig Richtige. Bei allen politischen Unter-

sellschaftlichen Akzeptanz der Hochkunst in England und sah einen großen Nachholbedarf in Amerika:

> *In America it [the art] seemed to lie neglected, and only thought to be an employment to a lower class of people; but here it is the constant conversation, and [...] no person is esteemed accomplished or well educated unless he possesses almost enthusiastic love for paintings.*[659]

Er wiederholt damit die Erkenntnis, die bereits Copley machte, als er Amerika als „frozen regions“ bezeichnete. Der aufgewertete Künstlerberuf in England war auch für Morse eine Verlockung. Entsprechend übernahm er selbstbewusst die Abneigung gegen die Porträtmalerei und schrieb seinen Eltern enthusiastisch über die „higher branches of art“:

> *I cannot be happy unless I am pursuing the intellectual branch of the art. Portraits have none of it; landscape has some of it, but history has it wholly. I am certain you would not be satisfied to see me sit down quietly, spending my time in painting portraits, throwing away the talents which Heaven has given me for the higher branches of art, and devoting my time only to the inferior.*[660]

Die akademischen Prinzipien, die das Wissen von Jahrhunderten akkumulierten, gaben Künstlern wie Morse den Eindruck, zu einem besonderen historischen Zeitpunkt arbeiten zu können. Nun orientierte man sich nicht mehr nur an der Kunst vergangener Epochen, sondern es schien möglich, die Alten Meister noch zu übertreffen. Auf dem europäischen Kulturerbe aufbauend war Morse daher außerordentlich zukunftsoptimistisch:

---

schieden riet ihm sein Vater, sich in England nur künstlerisch, nicht politisch zu betätigen (vgl. MORSE, I, 80). Er studierte an der Seite von Charles Leslie und erstellte die Skulptur *Dying Hercules* als Modell für das gleichnamige Gemälde. Beide stellte er in der Royal Academy aus.

659 Zit. in MORSE, I, 47.

660 2. Mai 1814, MORSE, I, 132. Auch John Wood Dodge (1807-1893) verfolgte nach eigner Auskunft „some higher branch of art“, allerdings handelte es sich dabei um die Miniaturmalerei gegenüber dem Schildermalen, mit dem er begann. In einem Artikel (*Painting and Daguerreotype*, 1840) setzte er sich mit dem neuen Medium Fotografie auseinander. Siehe WHITE.

> *[...] had I no higher thoughts than being a first-rate portrait painter, I would have chosen a far different profession. My ambition is to be among those who shall revive the splendor of the fifteenth century; to rival the genius of a Raphael, a Michael Angelo, or a Titian; my ambition is to be enlisted in the constellation of genius now rising in this century; I wish to shine, not by a light borrowed from them but to shine the brightest.*[661]

Wie jedem angehenden Künstler, riet der 73-jährige West auch Morse zur Historienmalerei, warnte jedoch gleichzeitig, dies sei ein langer und schwieriger Weg.[662] Und wie Trumbull bereits von seinem Vater gewarnt wurde „Connecticut is not Athens“, so wurde Morse von seiner Mutter in der Erwartung gebremst, bei der Rückkehr nach Amerika etwas anderes antreffen zu können, als das Interesse an der Porträtmalerei.[663] Ebenso folgte nach der Euphorie des Studiums in London die Ernüchterung nach der Rückkehr. Mit dem Ende des ergebnislosen Krieges der USA mit Großbritannien kehrte er 1815 mit großen ästhetischen Vorstellungen und dem Willen zurück, der führende Künstler Amerikas zu werden. Ohne Erfahrung auf dem amerikanischen Kunstmarkt und von dem Mangel an interessierten Auftraggebern offenbar überrascht, war er schnell frustriert, denn statt seine eigenen künstlerischen Ideale verwirklichen zu können, musste er sich dort wie viele seiner Generation in einem aufreibenden Prozess an den amerikanischen Geschmack anpassen und sich als reisender Porträtmaler durchschlagen.[664] Jahrelang gab er sein Ziel jedoch nicht

---

661 Zit. in MORSE, I, 177.

662 West erzielte 25.000 £ an Eintrittsgeldern für *Christ healing the Sick*, 2.000 £ beim Verkauf des Gemäldes und weitere 2.000 £ beim Verkauf der Stiche. Morse lernte weniger von dem inzwischen unbedeutender gewordenen Copley, sondern vielmehr von Washington Allston, dessen malerische Experimente er aufmerksam verfolgte (vgl. LARKIN 1954, 25f.).

663 „You must not expect to paint anything in this country for which you will receive any money to support you, but portraits“ (zit. in LARKIN 1954, 32).

664 Vgl. STAITI 1981, 269ff. Seinen Lebensunterhalt verdiente er weiter mit Porträts, aber ein Rahmenmacher konnte mehr verdienen als ein Porträtist, so POHL, 114. Kleine Porträts verkaufte er für 15 $, so MESCHUTT, 296. Deren Qualität ist bei TATHMAN besprochen. In New York fand er kaum Auftraggeber und schrieb: „Every man is driving at one object, the *making of money*, not the spending of it“ (zit. in STAITI

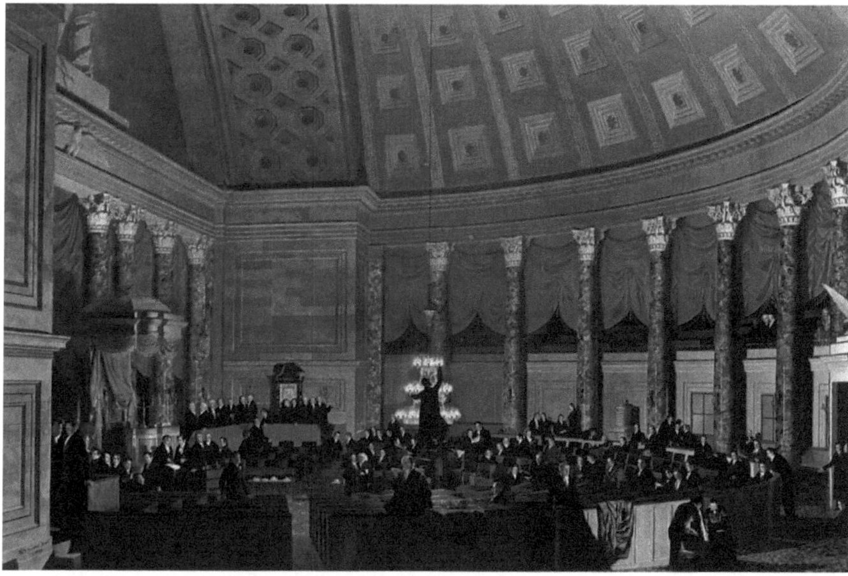

Abbildung 44 Samuel F. B. Morse: *The House of Representatives*, 1822-23
Öl auf Leinwand, 219,7×332,1 cm, The Corcoran Gallery of Art, Washington, D. C. Quelle: STAITI 1989, Abb. IV

auf und beendete 1822 nach 18 Monaten Arbeit in eigenem Auftrag das Gemälde *House of Representatives.*

Das über drei Meter breite Werk zeigt die nach dem Brand des Kapitols durch Bulfinch renovierte Hall of Congress (heute Statuary Hall) bei einer abendlichen Sitzung. Keine einzelne Figur, sondern ein großer von der Decke herabgelassener Kerzenleuchter nimmt den zentralen Platz im Gemälde ein, erhellt er doch die große Kuppel unter der über 80 Porträts von Abgeordneten in meisterhaften Miniaturen zu sehen sind.[665]

1989, 112, Hervorhebung im Original). Vgl. John Wesley Jarvis, der schrieb: „Man here is weighted by his purse, not by his mind [...]" (zit. in MORSE, I, 100). Morse bemerkte, dass der Vater seiner zukünftigen Frau außergewöhnlich reich sei. Dies sei in der Liebe natürlich nicht wichtig, bei seinem Beruf aber beruhigend zu wissen (vgl. MABEE, 51).

665 Vgl. KLOSS, 69.

Nachdem im Jahre 1819 die erste Sitzung in dieser Halle stattfinden konnte, war sie selbst zum Symbol für den amerikanischen Staat geworden. Um diesen Staat gerade nach dem zweiten Krieg gegen die Engländer als erfolgreiche Umsetzung des Aufklärungsprojektes zu demonstrieren, zeigte Morse die Halle im Augenblick, als Licht ins Dunkel gebracht wird. Der Akt der Entzündung des Leuchters symbolisiert die Aufklärung (*enlightenment*).[666] Morse versuchte auf diese Weise dem amerikanischen Staat ein Repräsentationsbild zu schaffen, das die Idee einer rationalen Staatsführung darstellt.

Nicht zufällig ist im Hintergrund eine gerahmte Kopie der Unabhängigkeitserklärung zu erkennen. Während Trumbull in der *Declaration of Independence* mit der Unabhängigkeitserklärung in der Philadelphia State Hall auf den auf Vernunft aufzubauenden Staat vorauszeigte, deutete Morse zurück auf das Geschehen vor dem gezeigten Zeitpunkt und deklarierte damit die nun vollendete Selbstbestimmung unter der Kuppel des klassizistischen Kapitols.[667] Insofern ist das *House of Representatives* als Pendant zu Trumbulls *Declaration of Independence* zu sehen. Morse zeigte die Erfüllung der Prophezeiung.

---

[666] Es ist bemerkenswert, dass Morse sich die Gelegenheit nicht nehmen ließ, einen Indianer in das Gemälde einzufügen (Häuptling der Pawnee, s. KLOSS, 68). Anlass war, dass sein Vater einen Bericht über die Lage der Indianer dem Kongress übergeben hatte. Doch die Symbolik innerhalb der Staatsrepräsentation vergisst offenbar auch die Ureinwohner des Kontinents nicht. Ob es sich um eine Referenz auf die Verwendung indianischer Figuren bei West handelt, kann nur gemutmaßt werden, schließlich kann sie in Amerika nicht als Schlüssel zur Erzeugung lokaler Distanz fungieren, noch als exotisches Beiwerk zur Steigerung des Interesses. Vielmehr ist die Figur als rudimentäres Symbol Amerikas unberührter Moral zu verstehen.

[667] Solch eindrucksvolle Innenansichten waren Spezialität des Italieners Giovanni Paolo Pannini (auch: Panini, 1691-1765). Vor allem ist dessen Darstellung des Innenraums des *Pantheon* dem Gemälde Morse ' vergleichbar (ca. 1734). In jüngerer Zeit aber vor allem von Francois-Marius Granet (1777-1849). Der Schüler Davids hatte großen Erfolg in Europa und konnte mehrere Kopien auch in Amerika auf Tour schicken. Sein *Interior of the Chapel of the Capucin Church, Piazza Barberini, Rome* von 1815 ist ähnlich wie die Innenraumszene von Morse von nur einer Lichtquelle beleuchtet. Eine Kopie von Thomas Sully war z. B. 1819 im Boston Athenaeum zu sehen (s. KLOSS, 70 u. LARKIN 1954, 63). Morse schrieb optimistisch: „Every day gives me great encouragement to believe that it will be more popular than any picture before exhibited" (zit. in DICKSON, 14).

Sein Gemälde war zudem Teil einer langfristigen Strategie, sich dem Kongress für Aufträge zu empfehlen. 25 Jahre lang versuchte Morse, als Nachfolger von Trumbull die vier restlichen Felder der Rotunde zu bestücken.[668] Mit dem Vorzeigegemälde versuchte er, innerhalb der Konkurrenz mit anderen Künstlern ein Alleinstellungsmerkmal zu erhalten. In Verbindung mit seinen kunsttheoretischen Vorlesungen am Columbia College und dem New York Athenaeum wollte er zeigen, dass er der einzige Künstler sei, der ein so breites Thema lehren und malerisch umsetzen könne.[669] Ziel war also einerseits die Erziehung der Öffentlichkeit und andererseits die eigene Profilierung: „These lectures are of great importance to me, for, if well done, they place me alone among the artist; I being the only one who has yet written a course of lectures in our country. [...] for they will acquire me reputation which will yield wealth.“[670]

Fünf Jahre nach dem Auftrag an Trumbull plante nun auch Morse, mit seinem Gemälde auf Tour zu gehen und anschließend in einer Serie den Obersten Gerichtshof, den Senat und das Gesellschaftszimmer des Weißen Hauses in ähnlichen Gemälden zu malen. Während Trumbulls Show zumindest anfangs noch profitabel war, nahm das Interesse an Morse' Tour von Mal zu Mal ab und es bedurfte aufsehenerregendere Attraktionen als ein Historiengemälde, um das Publikum anzuziehen.

668 Wie Copley das Modellsitzen der Mitglieder des House of Lords für das Gemälde *Death of Chatham* zur Kontaktpflege nutze, die zu weitere Porträtaufträgen führen konnten, so verhalf das notwendige Einfügen von Miniaturporträts in große Gemälde Trumbull wie auch Morse zu persönliche Beziehung zu einflussreichen Persönlichkeiten.

669 Seine theoretischen Vorträge im Stile Reynolds' waren *Lectures on the Affinity of Painting with the Other Fine Arts* von 1826 und *Discourses on Academies of Art* von 1827 (s. CIKOVSKY u. KLOSS, 103). Morse verstand seine Vorlesungen als Bildungsauftrag, um den amerikanischen Kunstbegriff zu verändern, per *ut pictura poesis* die Künstlerrolle zu heben und die National Academy zu legitimieren. 1826 hielt auch Bryant am Athenaeum Vorlesungen über Poesie.

670 Zit. in KLOSS, 103. Nach der Veröffentlichung der Columbia-Vorlesung publizierte Trumbull im *North American Review* eine kritische Antwort darauf, auf die Morse wiederum im *Polished Reviewer* reagierte und darin Trumbull undemokratische Exklusivität vorwarf: „Painting and its sister arts of design, [take] their place in the march of civilization [...] in the train of the useful arts, [which] have long and eminently occupied a distinguished place in our country“ (zit. in KLOSS, 110).

Vanderlyns Panorama konnte den Betrachter immerhin an einen entfernten Ort versetzen, ohne die Notwendigkeit, moralische Implikationen im Bild erkennen zu müssen. Morse konkurrierte in New York vor allem mit Rembrandt Peale, der den Besuchern mit seinem aufsehenerregenden *Court of Death* 32 000 Eintrittskarten verkaufen konnte.[671] Als vergleichbare Sensation konnte *House of Representatives* jedoch nicht gelten.[672] Die Erträge seiner Ausstellungen in New York und Boston konnten nach nur wenigen Wochen die Kosten nicht mehr decken.[673]

Morse musste spüren, dass das breite Publikum etwas anderes wünschte. In der Literatur wird angegeben, es habe nach Narrativität verlangt.[674] Tatsächlich fehlt dem Gemälde jegliche Handlung, die in der Interaktion zwischen den Figuren entstehen könnte. Das Problem mag aber vielmehr in der fehlenden Befähigung zur Entschlüsselung der Bildbedeutung gelegen haben. Das Auge eines Betrachters, der von einem Bild nur die visuelle Wiedergabe der Wirklichkeit erwartet, sieht in diesem Gemälde nichts als die Halle des Repräsentantenhauses und dessen Mitglieder. Der Wunsch nach *matter-of-fact* wird zwar durch die große Anzahl an getreu wiedergegebenen Porträts befriedigt, die Erkennung des Zusammenhangs zwischen Lichtsymbolik und Staatsidee benötigt dagegen ästhetische Bildung. Morse zeigt das Ideal einer re-

---

[671] Vgl. LARKIN 1954, 63 u. KLOSS, 75. Peale ging ab September 1820 13 Monate lang auf Tour und nahm mit 32 000 Besuchern 8.886 $ ein. Erfolglos war dagegen auch Thomas Sully mit *Passage of Delaware*, einem Auftragswerk für das Kapitol von North Carolina, das allerdings zu groß für den vorgesehen Platz war (vgl. DICKSON, 11 f.).

[672] Bereits die von seinem Vater 1815 organisierte Ausstellung seines von Europa vorausgeschickten *Dying Hercules* (Skulptur und Gemälde) wurde zunächst in der Zeitung positiv kommentiert, musste aber wegen ausbleibender Zuschauer geschlossen werden, bevor Morse Amerika erreichte (vgl. KLOSS, 34). Bei der Ausstellung in New York machte er 100 $ Verlust (vgl. DICKSON, 14). MABEE weist darauf hin, dass Morse mit anderen Ausstellungen konkurrierte, darunter auch mit dem zeitgenössischen Historiengemälde *Loss of the Albion* von Thomas Birch (1779–1851), das den Untergang des Schiffes am 22. April 1822 zeigte (ebd., 71).

[673] KLOSS schreibt über das Marketing von Morse: „The key and an accompanying description sold for twelve and a half cents over the twenty-five-cent admission fee. (A nice marketing touch was the offer of ‚season tickets' for only fifty cents.)" (ebd., 72).

[674] DICKSON meint, „his picture lacked action" (ebd., 14). FLEXNER nennt es „lifeless" (FLEXNER 1969, 168).

publikanischen Demokratie. Dies zu erkennen blieb dem breiten Publikum jedoch verschlossen.

Aus diesem Grund war das *House of Representatives* für Morse zwar ein künstlerischer Triumph, aber ein kommerzieller Misserfolg. Er verlor bei der Ausstellung nicht nur Geld, er konnte sich nicht einmal einen einzigen Auftrag für ein weiteres Gemälde verschaffen. Seine Hoffung „that a serious history painting could also be a popular diversion“[675] konnte sich schon deshalb nicht erfüllen, weil die Dargestellten im Gemälde und das Publikum einer Roadshow unterschiedlichen Gesellschaftsschichten angehörten. Morse zeigte dem Volk nicht sich selbst, sondern seine Repräsentanten, die Klasse der Abgeordneten. Er versuchte also noch einmal, ein aristokratisches Gemälde zu schaffen und die Bilderwartungen einer emporkommenden Mittelschicht zu negieren.

Aus den Erfahrungen mit den Ausstellungen zog er aber ebenfalls nicht etwa den Schluss, die Bildinhalte zu ändern, sondern, die Öffentlichkeit zu ästhetischen Kriterien erziehen zu müssen. Bereits bei seinem ersten Aufenthalt in London, war er der Meinung, Amerika benötige guten Kunstgeschmack, um sich aus seiner Provinzialität zu befreien:

> *All we wish is a taste in the country and a little more wealth [...] In order to create a taste, however, pictures, first-rate pictures, must be introduced into the country, for taste is only acquired by a close study of merits of the old masters. [...] Then might the arts be so encouraged that Americans might remain at home and not, as present, be under the painful necessity of exiling themselves from their country and friends.*[676]

Die Abwanderung von West und Copley nach London wurde von amerikanischen Künstlern als Verlust empfunden. Laut Morse müsse man zwar von den Alten Meistern lernen, aber ebenso sei in Amerika eine Atmosphäre notwendig, die die besten Künstler zur Rückkehr ermutige. Dies gelänge nur durch die Kultivierung von Geschmack („to elevate taste“). Das hieß, ästhetische Ideen in der Bevölkerung bekannt zu machen, um ihnen den intellektuellen Zugang zu Gemälden der europäischen Hochkunst zu ermöglichen.

---

[675] Zit. in STAITI 1989, 75

[676] MORSE, I, 122.

Bereits Shaftesbury hatte den Begriff des Geschmacks in das Zentrum seiner Kunsttheorie gestellt. Dies sei die Fähigkeit, das Wahre und Schöne zu erkennen, das die Werke gemeinsam haben, die zu allen Zeiten als schön empfunden wurden.[677] Geschmack folgte auch bei Reynolds zunächst aus der empirischen Betrachtung.[678] Um Richtiges von Falschem und Gutes von Schlechtem unterscheiden zu können, also die Schönheit zu erkennen, sei es hilfreich, sich zudem mit Literatur zu beschäftigen.[679] Ziel der Kultivierung des Geschmacks sei die Tugend. Der tugendhafte Gentleman ist demnach mit der göttlichen Harmonie des Universums vertraut und sei daher legitimiert, öffentliche Aufgaben zu übernehmen.[680]

Die immer wieder erlebte Andersartigkeit des Kunstgeschmacks in Amerika führte zur Bewertung als niedrig und provinziell. Daher versuchten die amerikanischen Künstler durch die Gründung von Akademien und Museen, auch mit dem Beispiel der Rotunde, den öffentlichen Geschmack zu verbessern. Dies nicht nur mit dem Ziel, eine Nachfrage nach der eigenen Historienmalerei zu erzeugen, sondern mit ihr die Tugend zu fördern, eine Kultiviertheit zu demonstrieren und somit die vermeindliche Minderwertigkeit zu überwinden sowie Anerkennung als gleichwertige Nation zu erfahren.

Reynolds hatte bereits 1769 davon gesprochen, dass sich die Künste Richtung Westen bewegten und nun in England angekommen seien:

> *[...] the Arts have ever been disposed to travel westward. Greece is thought to have received them from her more eastern neighbours. From the Greeks they migrated to Italy; from thence they visited France, Flanders and Holland, enlightening, for a time, those countries, though with diminished lustre; but, as if the ocean had stopped their progress, they have for near an age stood still, and grown weak and torpid for want of motion. Let us for a moment flatter ourselves that they are still in being, and have at last arrived at the island.*[681]

---

677 Vgl. PROCHNO, 6.

678 Disc. III, 44 u. 487, demnach sei ein Kunststudium vor allem (geistige) Arbeit.

679 Disc. VII, 118.

680 Disc. IX, 713.

681 Zit. in FENTON, 103. Später von Reynolds aus dem gedruckten Text genommen.

Dieser Gedanke wurde in Amerika aufgegriffen, jedoch mit dem Unterschied, die Zukunft der Künste läge sogar auf der anderen Seite des Atlantiks. So war der Philosoph George Berkeley bereits im Jahr 1752 der Meinung, dass die Kunst von Griechenland und Italien nach England und schließlich nach Amerika wandern würde.[682]

[...] Not such as Europe breeds in her decay;
Such as she bred when fresh and young,
When heavenly flame did animate her clay,
By future poets shall be sung.

Westward the course of empire takes its way;
The four first Acts already past,
A fifth shall close the Drama with the day;
Time's noblest offspring is the last.[683]

Die Vorstellung, dass das Erblühen der nationalen Kunst eine nationale Akademie benötige, war bereits die Basis der Gründung der Royal Academy gewesen. Nach ihrem Vorbild wurde die *American Academy of Fine Arts* gegründet. Als John Trumbull – inzwischen sechzigjährig – im Jahr 1817 ihr Präsident wurde, strukturierte er sie zu einer Institution um, die mit ihrer in Amerika singulären Sammlung an Gipsen und Kopien Alter Meister eine quasi-monopolistischen Machtstellung einnahm.[684] Trumbull war der einzige Künstler innerhalb dieser

[682] Copley schrieb am 25. Januar 1771 an John Greenwood, dass er trotz aller Frustration daran glaube, dass der Fortschritt westwärts wandert und Amerika ein beneidenswerter Platz für die Künste werden würde. Er wollte jedoch nicht so lange warten und reiste nach England (vgl. NEFF, 20). Vgl. das Konzept der *Manifest Destiny*, das, 1839 durch John L. O'Sullivan geprägt, vor allem zur Westexpansion entwickelt wurde.

[683] Aus *On the Prospect of Planting Arts and Learning in America* (geschrieben: 1726, Erstauflage: 1752), zit. in ELLIS 1979, 6.

[684] Sie wurde am 3. Dezember 1802 um Robert R. Livingston und 80 der bedeutendsten Männer der föderalistischen Elite New Yorks 1802 als „Academy of the Fine Arts" gegründet und zwei Jahre später umbenannt. Trumbulls Vorgänger war DeWitt Clinton. Es war nicht die erste Akademie: Charles Willson Peale, der zur Zeit der Gründung der Royal Academy in London gewesen war, hatte in Philadelphia das „Columbianum" gegründet (vgl. HOOCK, 93, s. a. DUNLAP, I, Kap. XXII, 418-424 u. HARRIS, 90-99). Trumbull war seit 5. Juli 1805 im Vorstand der American Academy und ab 18. Januar 1817 deren Präsident (und blieb dies 19 Jahre lang). Auch die Akademie ist als eine Unternehmung zu sehen, hatte sie doch jährliche Einkünfte von etwa

ansonsten von Juristen, Ärzten und Geschäftsleuten geleiteten Institution. Hinter dieser Zusammensetzung stand der Gedanke, dass nur auf einer finanziell gesicherten Grundlage die Kunst gedeihen könne. Trumbull meinte, weil die Kunst in Amerika nicht wie in England von Monarchen oder der Kirche Förderung erhalten könnte, müsste diese Rolle von gebildeten Personen mit entsprechenden finanziellen Mitteln übernommen werden. Künstler seien „necessarily dependent upon the protection of the rich and the great."[685] Die Anbindung der Kunst an die über Geschmack entscheidende Oberschicht, war Trumbulls konsequente Reaktion auf die Situation des Künstlers in Amerika. Auftraggeber könnten nur diejenigen sein, die über Geld verfügen. Ihnen müsse sich die Kunst in Dienst stellen.

Trumbull verlas ein Grußwort Wests, dem derzeitigen Präsidenten der Royal Academy, auch um sich gewissermaßen als dessen Repräsentant auf der anderen Seite des Atlantiks darzustellen. Er hatte aber offenbar nicht Wests Offenheit und Großzügigkeit gegenüber jüngeren Kollegen übernommen. So wurden immer wieder Vorwürfe laut, Trumbull würde sich nur um die Interessen der fördernden Mitglieder kümmern und nicht um die Künstler. Er war zwar im Prinzip durchaus bereit, deren Gemälde zu zeigen, beharrte jedoch auf der Meinung, es würde keine ausreichende Anzahl qualitätsvoller amerikanischer Werke geben.[686] Seine herablassende Sicht auf die Künstler wurde mit dem Ausspruch deutlich, mit der er ihre Forderungen zurückwies: „[...] beggars are not to be choosers."[687]

1500 $, wovon sie Trumbull 900 $ als Lebensrente für eine Anzahl von Gemälden zu zahlen hatte. Wegen anderweitiger Schuldrückzahlungen konnte dieser Forderung jedoch schon von Anfang an nicht nachgekommen werden und Trumbull bekam im Gegenzug die Räumlichkeiten der Akademie kostenfrei überlassen, um die *Declaration* auszustellen. 1823 wurde der Vertrag gelöst und Trumbull bekam seine Gemälde zurück (vgl. JAFFE, 268f.).

685 TRUMBULL 1833, 3.

686 Vgl. JAFFE, 268.

687 CUMMINGS, 145f. Die American Academy bot keine Kurse für Studenten an, ließ sie jedoch zu festgelegten Zeiten die aus dem Louvre herbeigeschafften Gipse studieren. Henry Inman hatte in diesem Prozess eine entscheidende Rolle. Es waren seine Studenten Thomas Seir Cummings und Frederick Agate, denen der Zugang von den Gipsen zu zeichnen verwehrt wurde. Inman, als Mitglied der Akademie gab daraufhin

Das Ziel seiner American Academy war weniger ein moderner Fortschrittsgedanke, sondern die Aufrechterhaltung des europäischen Kunstideals, einschließlich seines exklusiven aristokratischen Charakters. Entsprechend war der Zugang streng geregelt und Trumbull persönlich machte es den Studenten schwer, die in der Akademie vorhandenen Gipse und Originale zum Studium zu nutzen.[688]

Das dahinterstehende Gesellschaftsmodell konnte jedoch nicht mehr lange die sozialen Realitäten ignorieren: Nicht nur in Frankreich der 1830er Jahre drängte die Bevölkerung auf mehr Mitsprache und Gleichheit, auch in Polen, Belgien und Italien gab es ähnliche Bewegungen. In den USA kam noch die sich nach Westen ausdehnende *frontier* hinzu, deren Siedler selbstbewusst ihre Interessen vertraten. Seit 1828 war ihr Anführer Andrew Jackson. Dieser hatte die Macht erobert, nachdem die politischen Lager zerfallen waren und er unter dem Leitgedanken der Demokratie die Opposition hinter sich versammeln konnte.

In der Atmosphäre des *Bread and Cheese Clubs* in New York hatten junge Schriftsteller und Journalisten im Alter um die 20 Jahre ein Forum für die junge Generation gegründet. Sie entwickelten ab 1823 aus dem eurozentristischen Blickwinkel heraus eine Bewegung, die das kulturelle Erbe zwar nicht leugnete. Mit energischem Optimismus wollten sie jedoch ihre Zukunft in Amerika selbst gestalten. Mit William Cullen Bryant und Gulian Verplanck begann dies in der Literatur. Asher B. Durand, William Dunlap und John Wesley Jarvis versuchten die Gedanken auch in die Malerei zu tragen. Aber erst Morse gelang es, durch seinen akademischen Hintergrund und seine Vorlesungen, der Bewegung eine theoretische Basis zu geben.

In diesem Zusammenhang ist auch ein anderes seiner Gemälde zu sehen. Als Morse ab 1829 in Europa zusammen mit James Fenimore Cooper unzählige Museen und Kunstsammlungen besichtigte, meinte er, in Amerika würde man für Reproduktionen dieser Gemälde Eintritt verlangen können, denn eine Reise nach Europa, um sie im Original zu

---

eine Petition ein, die gegen ihre Behandlung protestierte und Morse dazu brachte, sich in die Auseinandersetzung einzuschalten (vgl. GERDTS 1987, 33).

[688] Vgl. DUNLAP, II, Kap. XXI u. CUMMINGS, 145f.

sehen, sei den wenigsten dort möglich. Diese Gemälde amerikanischen Künstlern verfügbar zu machen, würde zur Entwicklung des Kunstgeschmacks entscheidend beitragen. Das Gemälde *Gallery of the Louvre*, in dem er Meisterwerke des Louvre im Salon Carré als Miniaturen virtuell zusammenstellte (darunter Tizian, van Dyck, Rubens und Poussin), zeigt seine gesamte malerisch Erfahrung. Auf der einen Seite präsentiert er damit das europäische Erbe und den europäischen Bildbegriff in Amerika, auf der anderen Seite demonstriert er seine eigene Vertrautheit mit dieser Kunst und sein eigenes technisches Können.[689]

Derlei Bilder hatten bereits im 17. Jahrhundert die Funktion eines gemalten Sammlungskataloges. So zeigte Willem van Haecht den Kunstsammler Cornelius van der Geest und David Teniers den Erzbischof Leopold Wilhelm inmitten ihrer Sammlungen.[690] Im Gegensatz zu diesen Galeriegemälden fehlt bei Morse, wie KLOSS beobachtet, zum ersten Mal die Aristokratie. Die dargestellten Figuren seien Angehörige der Mittelschicht, die im Louvre das Erbe der aristokratischen Kunst übernähmen.[691] Der gesellschaftliche Wandel wurde nun auch in der amerikanischen Kunst sichtbar.[692]

So waren die New Yorker Intellektuellen zunächst überwiegend Föderalisten, stellten sich aber schnell hinter den Demokraten Jackson. Bryant, Dunlap und Verplanck wechselten in dieses Lager und leiteten aus dessen Nationalismus die Pflicht ab, die Künste in Amerika zu ermutigen. Sammler, die vorher Kopien Alter Meister gesammelt hatten, begannen nun, Werke amerikanischer Künstler zu kaufen und

[689] Tatsächlich zeigt er das Gemälde in Amerika, aber wie bei der Ausstellung des *House of Representatives* überstiegen auch hier die Kosten die Einkünfte.

[690] Willem van Haecht: *De kunstkamer van Cornelis van der Geest*, 1628 (Öl auf Leinwand, 100×130 cm, Rubenshuis, Antwerpen). David Teniers d. J.: *Galerie des Erzherzogs Leopold Wilhelm in Brüssel*, ca. 1647 (Öl auf Leinwand, 104,8 cm×130,4 cm, Madrid, Museo del Prado). Im Boston Athenaeum war eine Ansicht einer römischen Galerie von Pannini zu sehen, die Morse bekannt war (vgl. LARKIN 1954, 108). KLOSS vergleicht das Gemälde von Morse mit *Main Gallery of the Louvre* des englischen Malers John Scarlett Davis (ebd., 127).

[691] Vgl. KLOSS, 130.

[692] Ähnlich wie die Ausstellung von *House of Representatives* war auch das Louvre-Bild ein Verlustbringer. Schließlich verkaufte er es für 1.200 $ statt den erhofften 2.500 $ (vgl. DICKSON, 15).

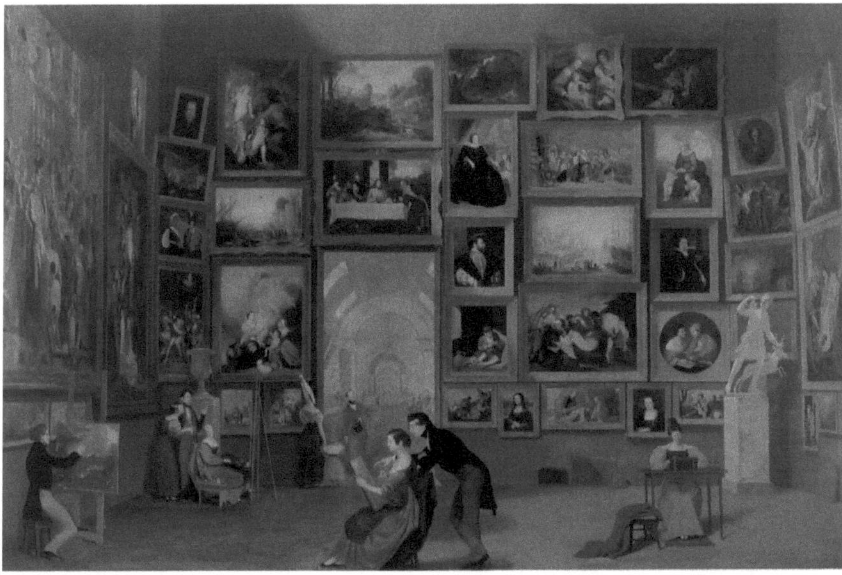

Abbildung 45 Samuel F. B. Morse: *Gallery of the Louvre*, 1831-33
Öl auf Leinwand, 187,3×274,3 cm, Terra Museum of American Art, Chicago. Quelle: HUGHES, Abb. 132

die Überzeugung setzte sich durch, dass der Weg von der Provinzialität zur kulturellen Unabhängigkeit über die Fortentwicklung der Kunst in Amerika verliefe.[693] Dem Anspruch einer Akademie mit frei zugänglichen Gipsen, Stichen, Originalen und Bibliotheken wurde Trumbulls American Academy jedoch nicht gerecht und die jungen Künstler begannen eine Gegenakademie zu organisieren, in deren Zentrum Morse stand. Der Konflikt zwischen dieser jungen Generation mit ihren nationalen und egalitären Vorstellungen und der alten Generation mit ihren eurozentristischen und aristokratischen Ansichten wurde zwischen den Personen Trumbull und Morse deutlich.[694]

693 LARKIN zählt als Sammler auf: Philip Hone, Sam Ward, Luman Reed und David Hosack (s. LARKIN 1954, 83).

694 Es ist zu bemerken, dass sich Morse zwar mit den argumentativen Waffen Jacksons vertraut war, sich auf der Leinwand aber nicht entscheidend anders verhielt als Trumbull. Das *House of Representatives* in seiner Darstellung bedeutender politischer Persönlichkeiten und des Ideals der Aufklärung unterschied sich nicht so sehr von der

Morse war nicht kompromissbereit, ging es ihm doch auch darum, die Macht Trumbulls zu brechen. 1826 formierte sich daher die *National Academy of the Arts of Design*, die Trumbulls Akademie wegen ihrer „Old World tradition“ verurteilte und demokratisch geführt werden sollte.[695] Während Trumbull königliche Patronage durch die der aristokratischen Oberschicht ersetzt, wurde dem demokratischen Zeitgeist folgend in der National Academy die Kontrolle der Organisation in die Hände der Mitglieder selbst legt. Die Akademie von Künstlern für Künstler zeigte neben europäischen Meistern die Arbeiten von lebenden amerikanischen Malern und bot Ausbildung und Auszeichnungen für Studenten an.[696] Ihr Mitbegründer und erster Präsident, Samuel Morse, erklärte die Weiterentwicklung der amerikanischen Kunst zum Ziel der Akademie: „An Academy of Arts is an institution for instruction and exhibition, exclusively under the control of artists.“[697]

Die Gründung der mit dem demokratischen Anspruch der Jackson-Bewegung selbstbestimmten National Academy durch Morse sowie die Einbeziehung junger Künstler in deren Ausstellung mit dem Ziel, eine

---

Haltung, die Trumbull in der *Declaration* zeigt. Auch sein *Louvre* mit der Verherrlichung des europäischen Kulturerbes ist so retrospektiv wie Trumbulls verschlossene Akademie, mit ihren immer gleichen Ausstellungen. Es ging der Witz herum, man bräuchte sie kein zweites Mal besuchen: „Have you seen the [American Academy] exhibition this year? – No, I saw it last year“ (zit. in KLOSS, 111). Jedoch waren auch die Ausstellungen der National Academy wenig abwechslungsreich (vgl. JAFFE, 268). Entscheidend ist jedoch der Unterschied, dass Morse einen Fortschrittsgedanken in der Kunst verfolgte, der über das Bestehende hinaus wollte.

695 Sie kürzte ihren Namen zwei Jahre später auf *National Academy of Design*. Zur Geschichte der National Academy s. LOSSING. WARNKE bezeichnet die Akademien als „Restformen der höfischen Kunstorganisation“, die eine institutionelle Kontinuität bewahren (ebd., 12, vgl. 309), s. a. MILLER 1966, 91-102. Vgl. auch ähnliche Entwicklungen an der Düsseldorfer Kunstakademie, die zur unabhängigen Künstlervereinigung „Malkasten“ des Historienmalers Leutze führten.

696 S. dazu LARKIN 1954, 85ff.

697 Zit. in LARKIN 1954, 113. Man bemerke die Bezeichnung „American“ bzw. „National“ statt „Royal“. Auch hier wird der nationale Anspruch deutlich. Bryant war Professor an der National Academy mindestens seit Dezember 1827 und lehrte „Mythology“ (vgl. GODWIN, I, 224). FLEXNER erkennt nicht die Bedeutung der National Academy an, sondern sieht sie gleichermaßen negativ: „The aged Trumbull killed the academy he had, and Morse and Vanderlyn, instead of carrying the torch, self-righteously extinguished it when they reached the shores“ (FLEXNER 1969, 169).

progressive Kunst hervorzubringen, stellte einen entscheidenden Fortschritt dar, forderte ihr Programm doch nach der politischen, die kulturelle Unabhängigkeit.

Mit seiner Europareise, der Ausstellung des *House of Representatives* und des *Gallery of the Louvre* sowie seinen Vorlesungen und der Akademiegründung verfolgte Morse nicht nur die Strategie, Trumbull als ersten Künstler Amerikas an Reputation zu beerben, über Jahre spekulierte er auch auf den Folgeauftrag für Trumbulls Kapitolrotunde. Als Gründer der Academy of Design wandte sich Morse selbst das erste Mal im Jahre 1832 aus Paris an Verplanck und schlug vor, die Abfahrt und Ankunft von Christoph Kolumbus zu malen. Fast um den Auftrag flehend, fügte er hinzu, er habe jahrelang daran geglaubt, den Auftrag für die Rotunde zu erhalten, sei nach Europa gereist, um seine Malerei zu perfektionieren, habe finanzielle Möglichkeiten und Wünsche seines Herzens ausgeschlagen, doch nun verlor er langsam die Hoffnung.

> *I have too long lived in the hope of doing something for the Capitol. I have studied and traveled to prepare myself. I have made sacrifices of feeling and of hope which is daily growing dimmer and will soon vanish.*[698]

1834 schrieb er einen Brief an eine Reihe von ihm persönlich bekannten Abgeordneten. In der Bewerbung hieß es:

> *I have devoted twenty years of my life, of which seven were passed in England, France, and Italy, studying with special reference to the execution of works of the kind proposed, and I must refere to my professional life and character in proof of my ability to do honor to the commission and to the country.*[699]

Im Jahr 1836 schrieb Morse aus New York einen weiteren Brief an John Quincy Adams, in dem er fragte, auf welche Weise ein Künstler sein Interesse kundtun könne. Er habe bemerkt, dass jüngere Künstler bereits energisch ihre politischen Freunde in Stellung gebracht hätten, um ihre Bewerbung zu befördern. Morse habe dies bisher nicht getan, weil er meinte, dass seine Arbeit der letzen 20 Jahre für sich selbst sprechen würde. Nun wandte er sich an Adams, der ihm aus dem

---

[698] Paris, 2. Januar 1832, zit. in LARKIN 1954, 105, s. a. CALLOW 1967, 47.

[699] 7. März 1834 an Daniel Webster, John C. Calhoun, Henry Clay, John Quincy Adams und andere, zit. in MORSE, II, 29.

Komitee als einziger bekannt sei, denn es wäre sehr schade, wenn ihm ein so wichtiger Auftrag verloren ginge.[700]

John Quincy Adams' ästhetischer Sinn war so begrenzt wie der seines Vaters. Als er überlegt hatte, ob man den Auftrag nicht einem ausländischen Künstler geben solle, weil man keine ausreichend qualifizierten Maler im eigenen Land habe,[701] erschien in Bryants pro-demokratischen *Evening Post* anonym ein Angriff auf Adams. Da dieser Morse selbst zugeschrieben wurde, vermutete man, Adams habe aus diesem Grund sein Veto gegen Morse eingelegt.[702] Jedoch waren es wohl eher parteipolitische Gründe, die gegen ihn sprachen, war damit doch eine Aufwertung des nicht nur kultur-, sondern auch parteipolitisch agitierenden Morse zu verhindern.

Nach dem Prozess des Generationswechsels in der Politik schien auch in der Kunst die jüngere Generation Einfluss zu erlangen, die sich mit langem Atem in New York durch die National Academy und den Sketch Club erfolgreich eine eigene Lobby-Plattform organisiert hatten. Morse, der aktivste Künstler der New Yorker Gruppe, hatte jedoch keinen Anteil an diesem Erfolg. Als die Entscheidung für Vanderlyn, Chapman, Weir und Inman bekannt gegeben wurde, war Morse tief erschüttert, wurde krank, zog sich zurück und überlegte, die Malerei ganz aufzugeben. Als zusätzliche Enttäuschung musste er den Umstand empfinden, dass Vanderlyn das Kolumbus-Thema aufgriff, das er für sich ausgewählt hatte.

Mitfühlend und das Vorrecht von Morse anerkennend, war Inman bereit, zu dessen Gunsten von seinem Auftrag zurücktreten, doch Präsident Martin Van Buren lehnte dieses Ansinnen ab.[703] Künstler-Freunde (neben Inman auch Durand und Cooper) sammelten daraufhin Mittel, um Morse gemeinsam einen Auftrag für ein Historiengemälde zu geben. Tatsächlich kamen 3.000 $ zusammen. Dies half ihm

---

[700] 7. Juli 1836, National Archives, Record Group 233, Records of U.S. House of Rep., HR 24A D 24.1. Am Ende des Briefes verweist er auf die Empfehlung von Allston und Greenough.

[701] S. oben die Debatte auf den Antrag des Abgeordneten Wise sowie LARKIN 1954, 128.

[702] CALLOW hält Cooper für den Autor des Artikels (s. CALLOW 1967, 56).

[703] Vgl. MABEE, 126.

aus seinen Depressionen und er war bereit *The Signing of the first compact on board the Mayflower* in der Größe einer Wandfläche der Rotunde zu malen. Er griff damit noch einmal den puritanischen Gründungsmythos auf, den er bereits mit seinem ersten Gemälde *Landing of the Pilgrims* thematisiert hatte. Zu diesem Zweck reiste er nach Cape Cod, um Skizzen von Original-Landschaften für den Hintergrund zu erstellen.[704]

Nach Inmans Tod versuchten Freunde von Morse wiederum alles, um ihm den Auftrag zu sichern. Am 26. Mai 1846 gaben sie eine Petition in den Senat, die stichhaltige Argumente für ihn auflistet:

> *That Professor Morse, whose early life for thirty years was devoted to the cultivation of the art of painting, studied for four years in the Royal Academy of London, then under the presidency of that distinguished painter, Benjamin West, but Mr. Morse was more especially, while in England under the tuition, in historical painting, of the late Washington Allston, and as a fellow pupil under the same master with Leslie, so well known as of the first painters in England; when he returned to this country and practiced painting with distinguished success.*[705]

Es wurde hervorgehoben, dass er die *National Academy of Design* gegründet habe und lange Studien in Europa betrieben habe:

> *In 1829, he again visited Europe to perfect himself in historical painting, having in view to offer himself as a candidate for the commission to paint one of the great historical paintings to be placed in the rotunda of the Capitol, and pursued his studies for three years in Rome; Naples, Florence, Venice, and Paris; [...]*[706]

An seinen Bruder Sidney schrieb er knapp zwei Monate nach Inmans Tod, er sei seinem Ziel, ein Historiengemälde für die Regierung zu malen, nach all den Anstrengungen und Entbehrungen so nahe wie nie zuvor:

---

704 S. MORSE, II, 33-34.

705 Petition Senate 280, 28th Cong., 1st sess., zit. in FAIRMAN, 106f. Er gibt als Quelle an: Doc. Hist. Cap., 340, 341 (schreibt fälschlich „C. C. Verplanck"). Zu den Unterzeichnern gehörten Asher B. Durand, der Präsident der *National Academy of Design*, G. C. Verplanck, der inzwischen nicht mehr im Parlament saß, Thomas S. Cummings, John Gadsby Chapman, Charles Cromwell Ingham und andere.

706 Ebd.

> *[...] it is not improbable that it may be given me to execute. [...] How singularly has my way been hedged up in my profession at the very moment when, to human appearance, everything seemed prosperously tending to the accomplishment of my desire in painting a national picture. [...]*
>
> *It has always seemed a mystery to me how I should have been led on to the acquirement of the knowledge I possess of painting, with so much sacrifice of time and money, and through so many anxieties and perplexities, and then suddenly be stopped as if a wall were built across my path, so that I could pursue my profession no longer. But, I believe, I had grace to trust in God in the darkest hour of trial, persuaded that He could and would clear up in his own time and manner all the mystery that surrounded me.*
>
> *And now, if not greatly deceived, I have a glimpse of his wonderful, truly wonderful, mercy towards me. He has chosen thus to order events that my mind might be concentrated upon that invention which He has permitted to be born for the blessing, I trust, of the world. And He has chosen me as the instrument, and given me the honor, and at the moment when all has been accomplished which is essential to its success.*[707]

Dieser Brief ist ein Dokument großer Hoffnung, dass sein Ideal der „higher branch of art", dem er sein bisheriges Leben gefolgt war, in Erfüllung geht. Es ist auch ein Dokument, das nicht nur für Morse gilt, sondern für eine ganze Generation von künstlerischen Idealisten, die enttäuscht wurden – denn die Petition für Morse scheiterte.[708]

Ein Thema aus Neuengland war nach der Hamilton-Diskussion und den machtpolitischen Verschiebungen nach Westen offensichtlich nicht mehrheitsfähig. Für Morse war dies mit 56 Jahren das Ende seiner künstlerischen Karriere. Er schrieb, andere hätten schlicht bessere Lobbyarbeit geleistet:

---

707 28. März 1846, MORSE, II, 267.

708 LARKIN 1954, 129. Der Künstler John Blake White bekam von Trumbull trotz Talents den Rat „relinquish [...] painting. It will never repay for your pains [...] I would sooner make a Son of mine a Butcher or a shoemaker than a Painter." Robert W. Weir riet er ebenfalls: „Give up painting and take to making shoes", zit. in JAFFE, 270 u. 271, ähnliche Beispiele s. HARRIS, 61.

> *I have just learned today that, with their usual discrimination and justice, Congress have voted $6000 to have the panel filled by young Powell. He enlisted all Ohio, and they all electioneered with all their might, and no one knew that the question would come up. New York, I understand, went for you. I hope, however, you may yet yourself resume the pencil, and furnish the public the most striking commentary on their utter disregard of justice, by placing somewhere 'The Germ of the Republic' in such colors that shall make them blush and hang their heads to think themselves such men.*[709]

> *Painting has been a smiling mistress to many, but she has been a cruel jilt to me. I did not abandon her, she abandoned me. [...] I could wish that every picture I ever painted was destroyed. I have no wish to be remembered as a painter, for I never was a painter. My ideal of that profession was, perhaps, too exalted [...]*[710]

Seine übersteigerten Vorstellungen von den Möglichkeiten des Künstlerberufs in Amerika waren nun endgültig zerstört. Morse war jedoch kein Charakter, der sich dadurch entmutigen ließ. Als ihm die Historienmalerei endgültig verschlossen schien, richtete er sich nun nach einer „far different profession“ aus. Als er endgültig keinen staatlichen Auftrag zu einem großen Historiengemälde bekam, erinnerte er sich möglicherweise an seine noch in jugendlichem Optimismus formulierte Aussage, er wolle lieber einen ganz anderen Beruf ergreifen, wenn Malerei nur Porträtmalerei bedeute. Unsicher wie Trumbull in seiner gesellschaftlichen Position als Künstler, schwankte auch Morse zwischen einer Reihe von Beschäftigungen neben der Malerei. Tatsächlich hatte er sich überlegt, Architekt oder Theologe zu werden.[711] Seit 1835 publizierte er Pamphlete, in denen er sich gegen den politischen Einfluss des Katholizismus aussprach, der seine amerikanische Welt durch Zuwanderung bedrohen würde. Mit diesem Programm kandidierte er anschließend erfolglos für das Amt des Bürgermeisters

---

709 2. März 1847 an Reverend E. Goodrich Smith, zit. in MORSE, II, 268.

710 20. Nov. 1849 an Cooper, zit. in MORSE, II, 31.

711 Vgl. MABEE, 50.

von New York und hoffte zwischendurch auf einen diplomatischen Posten in Mexiko.[712]

Entscheidend war jedoch seine Rolle als Ingenieur, in die er seit 1837 zunehmend wechselte. Bereits in seiner Jugend hatte er zusammen mit seinem Bruder eine Wasserpumpe für die Feuerwehr entwickelt sowie eine Marmorschneidemaschine zur Kopie von Skulpturen.[713] Während seine Gemäldeausstellungen finanziell erfolglos blieben und er nie die Subskription von Stichen versuchte, erhoffte er sich eine Freistellung für die Historienmalerei durch Erfindungen. Und nachdem er bereits in Yale sowie am Columbia College Vorlesungen über Elektrizität gehört hatte, skizzierte er 1832 auf der Rückreise von Europa eine Idee für die Konstruktion des Telegraphen, dessen erster Prototyp er bezeichnenderweise aus einer nun nicht mehr notwendigen Staffelei baute. Die Patentierung und Entwicklung hin zu einem marktfähigen Produkt benötigte von nun an seine ganze Schaffenskraft und erschien plötzlich lohnenswerter als der über Jahrzehnte angestrebte künstlerische Ruhm.[714]

Das Mayflower-Bild wurde daher nie umgesetzt, nicht einmal ein Kompositionsentwurf ist erhalten. Der Telegraph und der damit zu erwartende Erfolg nahmen nun seine ganze Aufmerksamkeit in Anspruch, so dass er das Gemäldeprojekt aufgab und die bereits geleisteten Beträge inklusive Zinsen zurückzahlte.[715]

Wie so oft bei technischen Entwicklungen, lag auch die Idee der Informationsübertragung per Kupferdraht in der Luft. Morse war der erste, der es schaffte, den Telegraphen zu einem universal einsetzbaren

---

[712] Vgl. LARKIN 1954, 124 u. 76. Die Nähe der Künstler zu Politikern ging manchmal gar so weit, dass Künstler selbst zu Politikern wurden. Die Verbindung mit der Politik war durchaus gewollte Strategie zur gesellschaftlichen Aufwertung des Künstlers. So ist Jacques-Louis David in Frankreich kein Einzelfall, Künstler wie Peale, Morse oder Trumbull engagieren sich leidenschaftlich für die politischen Vorgänge (umgekehrt waren Politiker wie Verplanck nebenbei Künstler). Zudem hoffen sie, zum Teil nicht ohne Grund, auch künstlerisch von ihren Beziehungen zu Entscheidern zu profitieren. Im Falle von Morse wirkte sich dies jedoch parteipolitisch negative aus.

[713] Vgl. MORSE, I, 245.

[714] In Yale lernte er bei Benjamin Silliman, dem Freund John Trumbulls. Auch Bryant hörte bei Prof. Silliman „chemistry und natural philosophy" (s. GODWIN, I, 105).

[715] Vgl. CUMMINGS, 145f.

Kommunikationsinstrument zu vermarkten. Es war wohl sein Glück, dass er den Auftrag für die Rotunde nicht erhalten hatte, denn die Umsetzung des Mayflower-Gemäldes hätte die Arbeit am Telegraphen um Jahre verzögert, so dass ein anderer Erfinder das Patent darauf erhalten hätte. Möglicherweis wäre er anschließend trotz des staatlichen Auftrags wie Vanderlyn in eine berufliche Sackgasse geraten. Was Morse in der Malerei verschlossen blieb, öffnete sich für ihn in der Technologie.

Nachdem er durch Allston in Kontakt mit dem Grand Style gekommen war und bei West und der Royal Academy studierte hatte, musste er wie viele andere bei seiner Rückkehr in die USA seinen Lebensunterhalt mit Porträts bestreiten. Sein Ziel, Trumbulls Position einzunehmen und den Folgeauftrag für die Rotunde zu erhalten, führte zur Gründung der National Academy. Sie stellt seine größte Leistung für die amerikanische Kunstgeschichte dar und ist trotz der sie überstrahlenden Erfolge in der Telegraphie nicht zu unterschätzen.

Morse träumte noch davon, die europäische Kunst, wie er sie im *Louvre* zeigte, dem amerikanischen Publikum nahe bringen zu können. Die negative Kritik der Gemälde von Trumbull und Vanderlyn hatten jedoch gezeigt, dass die traditionelle Historienmalerei mit ihren aristokratischen Implikationen, potenzielle Förderer aus der Mittelschicht nicht ansprechen konnte. Erst als sich die akademische malerische Technik von ihrem Inhalt trennte, konnten die Künstler amerikanische Themen für das amerikanische Publikum erschaffen und das kulturelle Verhältnis zu Europa neu definieren.

IV. Folgen

Als Benjamin West Amerika verließ, lag vor ihm eine einzigartige Karriere. Doch an seinem Erfolg konnten spätere amerikanische Künstler nur teilhaben, wenn sie ebenfalls den Atlantik überquerten. Daher nahmen sich viele von ihnen vor, anschließend das Gelernte in die Heimat zu bringen. Es ist ein Lehrstück über Kulturtransfer, dass diese Übertragung mit derartig viel Reibung stattfand, dass die von West modernisierte Historienmalerei Amerika nie wirklich erreichte. Die Gründe hierfür liegen auf verschiedenen Ebenen.

Zunächst ist die Motivation der Künstler zu verstehen: Einmal in Kontakt mit dem Grand Style gekommen, verfolgten sie mit Ausdauer und Energie das Ziel, Historiengemälde zu wirklichen. Die von Reynolds propagierte Erhebung der Malerei zu einer geistigen Tätigkeit, versprach den Künstlern Anerkennung und Aufstieg in höhere gesellschaftliche Kreise. Es war West, der als ultimatives Vorbild der Machbarkeit dieser Verheißung diente. Vermutlich hatte gerade in Amerika die Vision vom Gentleman-Künstler große Anziehungskraft, war doch der Unabhängigkeitskrieg nicht nur ein Kolonial-, sondern auch ein Klassenkonflikt. So sollte das Beharren auf der Historienmalerei als Projekt und Lebensziel nicht nur der Nobilitierung des Künstlers, sondern auch der Nation dienen.

Umso frustrierender wurde die Ablehnung des Kunstkonzepts durch die amerikanische Öffentlichkeit empfunden, die dem Künstler keine Wertschätzung, bestenfalls Ignoranz entgegenbrachte. Dass dies an dem fehlenden Wissen des Publikums lag, das notwendig ist, um das Bild nicht als reportagehafte Wiedergabe der visuellen Wirklichkeit zu lesen, war den Künstlern bewusst. Konsequent forderten sie daher diesen Mangel zu beheben und kulturelle Institutionen zu schaffen, die mit einem Bildungsauftrag das Volk zu Geschmack und Tugend erziehen sollten, um in der internationalen Konkurrenz bestehen zu können.

Die amerikanische Bevölkerung hatte durch die beiden Kriege gegen England aber ausreichendes Selbstbewusstsein gewonnen, um sich nicht mehr einem normativen Bildungskanon zu unterwerfen, sondern zunehmend eine eigene bildliche Repräsentation zu fordern, die ihrer gesellschaftlichen Zusammensetzung besser entsprach.

*

Das Problem lag weniger in der Einsicht, die durch die Unabhängigkeit weggefallenen höfischen Auftraggeber durch andere zu ersetzen – bereits Trumbull erkannte dies. Der entscheidende Punkt lag vielmehr darin, dass das von Europa importierte Bewertungssystem für Kunst ein aristokratisches war. Wer innerhalb dieses Systems konkurrieren wollte, musste sich selbst zu einem Teil dieser Gesellschaftsschicht machen. Spätestens seit der Jahrhundertwende, als die Revolutionsgeneration abgelöst wurde, die genau dies zum Ziel hatte, konnte von einer solchen Schicht in Amerika kaum noch die Rede sein.[716]

Zu dieser Zeit formierte sich vielmehr eine Kulturszene und eine Öffentlichkeit, die ein neues Wertesystem zu entwickeln begann. Durch die Klubs in New York entstand eine Kohärenz, die ein gemeinsames Vorgehen ermöglichte. Zugleich wurde sich der Instrumente einer medialen Öffentlichkeit bedient. Bryants *Talisman* und *The Crayon* boten ein Forum für neue Bewertungen und Geschmack. Während sich Jefferson als „Man of letters" noch „sekretierten Informationsmedien"[717] bediente, um sich unter seinesgleichen der gemeinsamen Werte zu versichern, ist durch die Entstehung einer Presseöffentlichkeit

---

716 LATERN schreibt: „The decline of traditional, gentry politics did not occur uniformly or [...] throughout the country. The ideal of a disinterested, virtuous elite never disappeared entirely, and those who achieved political power continued to be of higher socioeconomic status than the general electorate. But more often than in the past, they had risen by their own efforts rather than by inheriting status from their fathers. In short, older political notions and practices were being replaced by ones that tended to be more egalitarian [...]" (ebd., 9).

717 HABERMAS, 104.

ein gemeinsames Aushandeln der nationalen Werte über die Standesgrenzen hinaus notwendig und möglich geworden.[718] Herausgefordert durch den noch anonymen „Detector" musste sich Trumbull so für seine Bildauffassung bereits in der Öffentlichkeit rechtfertigen.

Morse war klar, dass Form und Inhalt zu trennen war, dass die koloniale naive malerische Technik zu überwinden sei und die in Europa über Jahrhunderte perfektionierte Technik in Amerika zu lehren war, aber amerikanischen Ausdruck bekommen musste. Was dieses „Amerikanische" sei, konnte auch Morse noch nicht explizit formulieren. Er verdeutlichte aber einen gangbaren Weg. Bemühte er sich auch weiterhin um den Staatsauftrag des Kapitols, zeigten die Ergebnisse der zweiten Runde der Auftragsvergabe, dass die malerische Technik bereits selbstverständliche Fähigkeit der folgenden Künstlergeneration war. Mit Morse wird auch deutlich, dass ein zukunftsoptimistischer Mittelweg zwischen Nachahmung und Ablehnung des europäischen Kulturerbes, der noch bei Jefferson und Adams große Spannungen erzeugte, möglich war.

Wie eingangs angedeutet, sind für den Kunsthistoriker nicht nur die Hochphasen einer Epoche von Bedeutung, mindestens ebenso interessant sind die Übergangsphasen, wozu die Zeit der Umorientierung nach der Revolution mit Sicherheit gehört. In solchen Umbruchsphasen wird eine graduelle Entwicklung vom „noch" zu einem „bereits" ablesbar. So ist es tragisch zu beobachten, wie viele Biographien am Zeitgeist zerbrachen, weil sie zwar erkannten, sie seien „too late", aber noch nicht wussten, was statt dessen zu tun sei. Erst Morse hatte das Gefühl, seiner Zeit gar voraus zu sein.[719]

Die amerikanische Kunstgeschichtsschreibung hat offenbar Schwierigkeiten mit dieser Phase ihrer Vergangenheit, scheint sie doch einer Fortschrittsgeschichte zu widersprechen und zeigt sie doch zahllose patriotisch motivierte Künstler, die im eigenen Land scheiterten. Doch zunächst ist zu klären, was mit „Scheitern" gemeint ist. Im vom Merkantilismus geprägten 18. Jahrhundert wurde die Fähigkeit einer

---

718 Zur Entstehung und Funktion der Kunstkritik und Journalen in Europa s. HABERMAS, 104f.

719 Vgl. MORSE, II, 86, 121.

Person nach ihrem Einkommen bewertet.[720] So hatte Trumbull Erfolg mit dem Auftrag für die Rotunde sowie seiner ersten Ausstellungstour. Als er Yale die in seiner Jugend entstandenen kleinformatigen Prototypen vermachte, erhielt er im Gegenzug eine veritable Rente. Vanderlyn und Morse dagegen mussten damit leben, dass ihre ambitionierten Projekte nur Verluste einbrachten.

Erfolg und Misserfolg kann sich aber auch an den persönlichen Zielen messen. Trumbulls Ziel war es, eine vergleichbare Stellung wie West in Amerika einzunehmen. Als eine Art „history painter to the republic" organisatorisch ein Teil der Staatsrepräsentation zu sein, war in den USA jedoch nicht zu erreichen. Selbst seine Stellung in der American Academy konnte sich kaum mit der Wests in der Royal Academy messen. Dies lag auch daran, dass Trumbull nie eine Kunsttheorie gelehrt oder geschrieben hatte, geschweige denn an der Akademie weiterentwickelt hätte. Reynolds *Discourses* waren diskursiv angelegt und hätten an amerikanische Verhältnisse angepasst werden müssen. Trumbull wiederholte dagegen nach seiner Rückkehr die in der Jugend angeeigneten Kunstvorstellungen so unverändert, wie sich seine Gemäldekompositionen in ihrer Reproduktion erschöpften. Sein Ansatz war grundsätzlich konservativ, um den Geist der Unabhängigkeitsbewegung in Gemälden zu bewahren. Morse hingegen begann in Worten und Bildern das zu begreifen, was nicht ewig retrospektiv sein kann, sondern progressiv sein musste. Aber gerade er war es, dessen großes Ziel, einen Gemäldeauftrag der Regierung zu erhalten, endgültig scheiterte.

Letztendlich muss es aber einer kunsthistorischen Bewertung vorbehalten sein, über Erfolg und Misserfolg zu entscheiden. Kriterium hier ist die historische Bedeutung, die sich darin zeigt, ob ein Künstlerindividuum die Kunstentwicklung vorangetrieben hat, ob ihm beispielsweise Schüler in seinem Tun folgten.

Trumbulls Talent, die Stärken der Werke Wests und Copleys aufzunehmen und synthetisch zu überzeugenden Werken zu verbinden, ist wohl unbestritten. Die in Europa entstandenen kleinformatigen Werke, die heute in Yale zu sehen sind, müssen zu den Meisterwerken der europäischen Kunstgeschichte gezählt werden. Aus Mangel an niveau-

---

720 Vgl. ROETTGEN, 22.

voller kollegialer Inspiration, womöglich mangels eines Willens zur schöpferischen Weiterentwicklung und aus jahrelangem Mangel an Praxis degenerierte Trumbulls Arbeit nach seiner Rückkehr jedoch rapide. Trotz, vielleicht gerade wegen, seines Erfolges, die Rotunde bestücken zu dürfen, wollte sich jedoch nicht ein einziger der folgenden Künstler auf ihn berufen, kein einziger bezeichnete ihn als seinen Lehrer, während Dutzende sich stolz als Schüler Wests priesen. Auch mit der folgenden Generation von Historienmalern verband ihn wenig.

Auch Vanderlyns Schaffen ist eher im europäischen Kontext zu bewerten. Die dort entstandenen Gemälde haben nicht umsonst die Zustimmung im Pariser Salon erhalten. Es ist nicht das Panorama (heute im Metropolitan Museum) oder das Kolumbus-Gemälde für die Rotunde, die seine Bedeutung ausmachen. Das eine ist unternehmerisch motiviert, das andere ohne Nachahmer. Seine von der damaligen Öffentlichkeit vergleichsweise wenig beachteten Ansichten der Niagarafälle sind hingegen als direkte Vorläufer der späteren Landschaftsmalerei zu sehen. In der Miniaturmalerei waren Trumbull und Morse zwar Meister, auf dem Gebiet des Porträts konnte jedoch keiner von ihnen an die Fertigkeiten Gilbert Stuarts heranreichen.

Die Bedeutung von Samuel Morse für die amerikanische Kunstgeschichte ist vielleicht die bisher am meisten unterbewertete. Trotz der Verluste, die seine Ausstellungen einbrachten und trotz seines endgültigen Ausscheidens aus der Auftragsvergabe für die Rotunde, legte er einen produktiven Grundstein für die folgende Entwicklung der amerikanischen Kunst. Es ist richtig, sein *House of Representatives* (heute in der Corcoran Gallery) zeigt ein monumentales Multiporträt, das völlig Copleys Narrativität vermissen lässt, und das in seiner Idee als Bild der Aufklärung unverständlich blieb. Auf der anderen Seite griff er wohl nicht zufällig Elemente Trumbulls auf: Mit dem Gemälde erklärt er die Hoffnung der Unabhängigkeitserklärung auf Freiheit und Selbstbestimmung für erfüllt und knüpfte daran an, was Trumbull begonnen hatte. Mit dem Gemälde *Gallery of the Louvre* kopiert Morse nicht nur Alte Meister, sondern stellt die malerischen Errungenschaften aus mehreren Jahrhunderten zusammen. Damit dient das europäische Kulturerbe nicht mehr alleine zur Nachahmung, sondern dem amerikanischen Fortschritt, der sich darin eklektisch bedient. Die Gründung der durch Künstler selbstgelenkten Akademie macht dieses Prinzip deutlich. Nicht mehr ein Land- oder Geldadel sollte in Zukunft die Werte und Ziele der Kunst bestimmen, sondern die Künstler selbst. Die Gründung der Akademie stellt nichts weniger dar, als die Unabhängigkeitserklärung des Künstlers von Bevormundungen und alten Abhängigkeiten. Sie begründet dessen Autonomie mit all ihren Freiheiten und Verpflichtungen. Vanderlyn war diese Freiheit eine Last, wollte er doch für Auftraggeber malen, die es nicht mehr gab. Er wollte ein Kunstideal verwirklichen, das kaum jemand sehen wollte, er wünschte ideelle Werte und war längst vom Individualismus und Kapitalismus überrollt. Er lebte im falschen Land, sicher in der falschen Zeit.

Das Lamentieren über das Scheitern der Historienmaler in Amerika unterstellt stillschweigend, dies sei ein Problem, das sich alleine aus der kolonialen Maltradition erkläre, die von der europäischen Entwicklung abgekoppelt gewesen sei. Eine sachliche Evaluation bewertet die frühe amerikanische Kunst aber nicht niedriger, sondern respektiert sie als „anders“, schließlich ist sie es, die sich mit den europäischen Einflüssen anschließend dialektisch zu etwas Neuem verbindet. Vor allem jedoch ist die Vorstellung falsch, in Europa sei der Grand Style mit seinen Verheißung des Gentleman-Künstlers durchweg erfolgreich gewesen: Benjamin West war die Ausnahme, nicht die Regel.

*

Auch in Europa gab es zahlreiche Beispiele des Scheiterns. Der Bruch, der sich in Amerika zwischen Theorie und Praxis, d. h. zwischen Anspruch und Wirklichkeit, auftat, fand sich ebenfalls in England. Die Royal Academy wurde 1768 gegründet, um eine englische Schule von Historienmalern hervorzubringen. Diese Gattung stand folglich zwar hoch im Rang der Kunsttheorie, aber selbst Reynolds verdiente sein Geld vor allem mit Porträts. In der Praxis unterlief er seine eigene Theorie, indem er seinen Gemälden einen Sensualismus beifügte, der als malerische Antwort auf die Ästhetik Edmund Burkes zu sehen ist, und versuchte das Porträt in der Wertigkeit zu erheben, indem er es als „historical portrait“ mit Handlung verband.[721] Historiengemälde

[721] Dies findet sich bereits bei Richardson (s. PROCHNO 52, vgl. 80ff.). Auf ihn selbst passt vielleicht seine Aussage, dass ein Künstler tun sollte, was er am besten kann, statt die höchste Ebene anzustreben (s. Disc. XV, 548ff.).

wurden in England des 18. Jahrhunderts zwar geschätzt, aber nur selten erworben. Es wurden zwar Alte Meister gesammelt, zeitgenössische Künstler erhielten jedoch vor allem Aufträge für Porträts und die Darstellung von Pferden und Grundbesitz.

Im Gegensatz zu seinen Konkurrenten Ramsay, Cotes und Gainsborough erhielt Reynolds vom Königshause nicht einmal Porträtaufträge. Sein Verhältnis zum König war sicherlich auch dadurch getrübt, dass er Beziehungen zu zahlreichen Oppositionspolitikern der Whigs pflegte. Die Erhebung in den Adelsstand erklärt sich nur im Zusammenhang mit seiner Funktion als Präsident der Royal Academy, für die er den Titel zur Vorbedingung gemacht hatte.[722] Reynolds schuf zwar vereinzelt mythologische, allegorische und religiöse Themen, von denen das bedeutendste wohl *Ugolino and his Sons* (1773) ist. Sein einziges Beispiel zeitgenössischer Historienmalerei ist jedoch die *Hochzeit George III.* (8. Sept. 1761), das im Zustand der Ölskizze für ein großes Ölgemälde blieb, für das er aber nie einen Auftrag erhielt.[723]

„There has always been a difficulty in disposing of historical pictures in this country [England], and no one was doomed to experience it more than Copley", so DUNLAP.[724] Der Schwenk in der anvisierten Zielgruppe, vom einzelnen Auftraggeber zur breiten Öffentlichkeit, vom Gemälde zur Ausstellung und Stich, ist nicht etwa alleine ein Symptom des amerikanischen Materialismus. Als Vorbild diente den Künstlern vor allem Copley. Dieser hatte darin eine Vermarktungsstrategie gesehen, die ihm eine Marktlücke eröffnete, die der den höfischen Auftrag monopolisierende West zunächst nicht belegte. Aber auch er musste der Kritik entgegentreten, es mit der Wahrheit nicht so genau zu nehmen. Selbstverständlich betrieb er umfangreiche Recherchen, um historische Treue zu erzielen, sprach mit Offizieren und studierte Stadtansichten. Trotzdem ließ er beispielsweise in *Death of Peirson* die Figur des Offiziers Corbet weg, dessen Rolle der legendäre

---

722 Seinen Beziehungen zur Politik verdankte er den Titel „Painter to the King". Der König nannte ihn „poison in my sight" (zit. in POSTLE 2005, 23). West nahm dagegen die einzigartige Position des Königsgünstlings ein. S. a. FARINGTON, Bd. 6, 2469.

723 Vgl. PROCHNO 169f.

724 DUNLAP, I, 122.

Diener Peirsons einnimmt, der ihn mit einem gezielten Schuss rächt.[725] Kritiker versuchten ihm bereits an *Watson and the Shark* faktische Fehler nachzuweisen und bemängelten beispielsweise, dass die Haare des Harpuniers trotz ruhiger See vom Wind bewegt seien und die beiden Männer sich auf eine Weise über die Reling des Bootes lehnten, dass es kentern müsste.[726]

Als West zunächst Gemälde im eigenen Auftrag herstellte, hatte ihre Ausstellung zwar großen Anklang gefunden, doch weitere Aufträge blieben aus.[727] Auch sein klassisches Gemälde *Pylades und Orestes* erhielt 1766 zwar große Anerkennung, aber niemand fragte nach dem Kaufpreis oder gab ihm einen Auftrag für ein ähnliches Gemälde. Der Maler James Northcote notierte, jemand habe gesagt: „What could I do, if I had it? – you would not surely have me hang up a modern English picture in my house, unless it was a portrait?"[728] Selbst Samuel Johnson, immerhin Professor an der Royal Academy, meinte: „I had rather see the portrait of a dog that I know, than all the allegorical paintings they can shew [sic] me in the world."[729]

West hatte nach *General Wolfe* die konventionelle Historienmalerei nie aufgegeben, malte in der Summe aber mehr englische als antike Themen. Seine Revolution in der Historienmalerei ist aber auch dem Umstand zuzuschreiben, dass er das Medium verändern musste, um der englischen Gesellschaft in ihrem Wunsch nach nationalen Bildern nachzukommen.

---

725 Vgl. SAUNDERS 1990, 33 u. 89. Der „Treue Diener" erscheint auch als Figur in der englischen Literatur und Bühne am Ende des 18. Jahrhunderts.

726 Vgl. PRESSLY, 35 u. NEFF, 88, s. a. Gericaults *Medusa* von 1819.

727 Vgl. *Pylades and Orestres Brought as Victims before Iphigenia* und *The Continence of Scipio* (s. ALBERTS, 74).

728 Northcote 1818, 142-3, zit. in PRESSLY, 33. Vgl. Northcotes Kommentare über Reynolds in POSTLE 1988, 739ff. Es wurde schließlich an einen „Mr. Geddes" verkauft, auch West wurde von Spottgedichten nicht verschont (vgl. ALBERTS, 74).

729 Zit. in PROCHNO, 169. 1774 schrieb jemand unter dem Pseudonym „Dilettante" im *Public Advertiser*: „I have heard it frequently asserted many Years ago, that if a good Historical Painter was to arise in this Country, yet he would not find sufficient Encouragement, as the People here have no Taste, except for Landscapes or Portraits" (zit. in LENTZSCH, 194).

West nahm die exzeptionelle Position des königlichen Protegés ein und monopolisierte durch diese einzigartige Position alle höfische Förderung inklusive fast aller Porträts und ließ so wenig Platz für andere Künstler, die entgegen dem expliziten Ziel der Royal Academy entmutigt wurden.[730] Nach 1796 bekam West allerdings keine Aufträge vom Königshaus mehr wegen eines Konflikts mit dem Windsorarchitekten James Wyatt, eines Misstrauens in seine Loyalität und der Gesundheit des Königs, der 1788 seinen ersten Zusammenbruch erlitt und ab 1801 nicht mehr als zurechnungsfähig gelten konnte. West behielt zwar seine Position als „surveyor of the King's Pictures" bei, nach dem Wegfall der königlichen Patronage wandte aber auch er sich Genrebildern zu, wie *Drayman Drinking* (1797), die sehr populär und besser verkäuflich waren.[731]

Auch in England wurden die Gattungsgrenzen fließend, wenn in von Poussin inspirierten „historical landscapes" biblische oder mythologische Figuren gezeigt wurden (z. B. von Richard Wilson).[732] Hogarth war bestrebt, sich in „the great style of history painting" auszuzeichnen, „unwilling to sink into a portrait manufacturer".[733] Erfolg fand er jedoch in Darstellungen, die MITCHELL als „small moral history-piece" bezeichnet:[734] Eine satirische Umformung des Grand Styles, die der Gesellschaft den Spiegel vorhalten und sich als Stich in großen Mengen vertreiben ließen.

Während Reynolds in seiner Theorie die Darstellung von „ordinary life" ablehnte, in der Praxis aber durchaus zu Kompromissen bereit war, blieb der irischer Maler James Barry ein viel radikalerer Anhänger der in Frankreich bereits überkommenen Dogmen. Barry (1741-1806) erlangte früh die Unterstützung von Edmund Burke, der ihn von Dublin nach London holte. Mit Unterstützung dessen und auf Rat von Reynolds begab er sich 1766 über Paris nach Italien, wo er sich vier Jahre aufhielt, aber nur wenige Kopien von Alten Meistern und nur zwei eigene Werke mitbrachte. Seinen Geschmack schulte er vor allem

---

730 Vgl. ERFFA, 51.

731 Vgl. ERFFA, 91.

732 Vgl. ERFFA, 113, 117 u. 120.

733 Zit. in MITCHELL 1944, 24.

734 MITCHELL 1944, 24.

an antiken Werken und vertrat einen strikten Klassizismus. In London wurde er Mitglied der Royal Academy und versuchte seine Idee umzusetzen, die Historienmalerei in England einzuführen. In seinem Gemälde *Death of General Wolfe* (verschollen) stellte er alle Figuren nackt dar. Barry plante es offenbar als durchgeistigtes Gegenstück zu Wests Verarbeitung des gleichen Themas, die ihm als ein Anzeichen degenerierter Kunstideale erschien. Er schlug 1772 vor, die Akademiemitglieder sollten *St. Paul's* auf eigene Kosten mit Historiengemälden dekorieren, um ein Beispiel guten englischen Geschmacks zu geben. Der Plan wurde zwar diskutiert, aber schließlich abgelehnt. Ein vergleichbares Projekt für die *Society of the Arts* hatte ein ähnliches Schicksal. Daraufhin schrieb er ein Traktat mit dem Titel *An Inquiry into the Real or Imaginary Obstructions to the Arts in England*, in dem der die These vertrat, dass die Kunst in England erst erblühen könne, wenn sie sich der Historienmalerei widme. 1777 begann er unbezahlt die Royal Academy mit sechs großformatigen Gemälden auszumalen, die allegorisch das Prinzip darstellen, dass Glück von der Ausbildung der menschlichen Fähigkeiten abhänge – ein Projekt, das bis 1783 dauerte. Weitere Aufträge blieben auch hier aus. Die Erlangung einer Professur für Malerei an der Royal Academy im Jahr 1782 war der Beginn seines Kampfes gegen die Akademiemitglieder und schließlich das Ende seiner künstlerischen Karriere. Trotzdem entschloss sich die Akademie zu einer Spende an den gegen Ende seines Lebens verarmten Künstler und arrangierte sein Begräbnis, als er 1806 in London gestorben war.[735]

Laut MITCHELL hängt mit der Historienmalerei in England der Versuch von Künstlern und Kunstkennern zusammen, die fremden Prinzipien der klassischen Theorie in eine Gesellschaft einzuführen, deren Tradition nur Platz für Porträtmalerei hatte. Während die Connaisseurs (aufgrund ihrer Geschmacksbildung der Grand Tour) sich darüber theoretisch auslassen konnten, mussten die Künstler konkret von ihrer Arbeit leben können. Und nur selten haben sie einen

---

[735] Zu Barrys Version von *Death of Wolfe*, Anm. 119 oben. Weitere Beispiele von englischen Künstlern, die sich dem Ideal der Historienmalerei verpflichtet fühlten sind David Wilkie, William Etty oder Benjamin Robert Haydon. Letzterer beging 1846 jedoch Selbstmord nachdem die Historienmalerei ihn in den finanziellen Ruin getrieben hatte.

Auftraggeber gefunden, der dieselben Ideale vertrat und bereit war, einen Teil seines Vermögens tatsächlich für die Historienmalerei auszugeben.

Die „englische Profilneurose“ war der Versuch, dem gewachsenen Selbstvertrauen Englands eine angemessene kulturelle Identität zu verleihen. Durch die obligatorische Grand Tour der Oberschicht war dies nicht unbedingt eine Aneignung von etwas Fremdem. Als Amerika jedoch einerseits Englands Nachahmung imitierte und sich andererseits über eine Negation Europas zu definieren versuchte, musste dies zu Spannungen führen, die auf tiefe gesellschaftliche Umwälzungen hinweisen.

Auch in Frankreich bestand die großformatige klassizistische Historienmalerei als Tugendideal weiter, obwohl traditionelle Strukturen der Künstlerförderung durch die Revolution zerstört wurden. Aus praktischen Gründen waren Künstler daher gezwungen, sich dem Markt anzupassen. Tatsächlich belief sich die Zahl der klassischen Historiengemälde in den Salons von 1789 bis 1808 auf unter 4 %. Auch David malte zwischen seinen Monumentalgemälden Porträts.[736] Bevor er 1775 nach Rom ging, verzweifelte er an den Misserfolgen seiner künstlerischen Karriere, so dass er an Selbstmord dachte und in seinem Zimmer verhungern wollte. Bevor er ins Exil ging, übertrug er im Jahre 1815 Antoine-Jean Gros die Aufgabe, die klassizistischen Ideale in Frankreich hochzuhalten.[737] Obwohl sich viele Romantiker auf Gros bezogen, bemühte dieser sich nun, eine akademische Kunst, die durch Ingres längst überholt war, neu zu beleben. Gros erkannte erst 20 Jahre später, dass er nur noch Statthalter einer bereits vergangenen Kunstepoche war und beging 1835 Selbstmord mit den Zeilen: „ich gehöre der Vergangenheit an, ich bin eigentlich schon tot“.[738]

Reynolds hatte Frankreich besucht, als die Historienmalerei dort schon nicht mehr das alleinige Ideal war. Bereits im 17. Jahrhundert hatte sie gegen andere Gattungen zu bestehen. Es war Carracci, der

---

[736] Vgl. SCHNAPPER, 109.

[737] Gros (1771-1835) war seit 1785 bei David und wurde seit 1798 von Bonaparte protegiert. 1815 ging David nach der Restauration nach Brüssel ins Exil.

[738] Zit. in KML, Bd. 2, 779, s. a. PRENDERGAST, 12f.

dem Stillleben, der Landschafts- und Genremalerei viel Respekt verschaffte. Frankreich bewegte sich eher weg von heroischen Ereignissen und hin zu farbreichen Mythologien des Geschmacks des Rokoko. Die Stillleben und vor allem Genrebilder von Watteau und Chardin wurden gegenüber der Historienmalerei als gleichwertig anerkannt. So lobte Denis Diderot in seinen Kunstkritiken die Genremalerei von Jean-Baptiste Greuze.[739]

Als die in Europa rezipierten Kunstideale in Amerika nicht umsetzbar waren, führte dies bei den Künstlern nicht selten zu Depressionen oder plötzlichem Berufswechsel. Dies sind Phänomene in der Zeit post-revolutionärer Verschiebungen in der Sozialstruktur, in der gesellschaftliche Rollen neu definiert wurden. So sind die Betätigungen der Künstler in der Politik oder als Erfinder ein Zeichen ihrer Rollensuche innerhalb der Gesellschaft. Um 1800 ist das Verhältnis der Künstler zu Markt und Gesellschaft offenbar gestört. Dies löst sich erst später durch eine Neuorientierung und Neudefinition der Künstlerrolle.[740]

Statt seinen Platz innerhalb der Gesellschaft zu suchen, kann sich der Künstler auch von ihr isolieren. Trumbull war noch Teil der Schicht, der er Ausdruck verlieh, Vanderlyn dagegen personifizierte den ersten Schritt der Abkopplung und der Unterwerfung unter nur kunsteigene Kriterien. Diese Bewegung, die der Romantik zu eigen ist, trieb sein Freund Washington Allston mit aller damit zusammenhängender Frustration und Melancholie weiter. Allston führte als Grund für seine

---

[739] Trotz seiner Bemühungen, als Historienmaler anerkannt zu werden, wurde Greuze (1725-1805) in die Akademie nur als „peintre de genre" aufgenommen (BROOKNER, 161-162).

[740] Um sich von offiziellen Förderern zu befreien, organisierte Hogarth bereits im Jahr 1750 eine Lotterie zum Verkauf seiner Werke (s. HARRIS, 14). Er schrieb: „it was disposed of by lottery (the only way a living painter has any chance of being paid for his time) [...]" (zit. in: The Penny magazine of the Society for the Diffusion of Useful Knowledge, Bd. 4, Nr. 201, 23. Mai 1835, 195). Auf dieselbe Weise verkaufte John Boydell 1805 seine Shakespeare Gallery (s. London Gazette: Nr. 15752, 6. November 1804, 1368,). Später finanziere sich die American Art-Union über eine Kunstlotterie. Mount beklagte aus diesem Grund: „Art Unions are a sign of art in distress and serve to lower the dignity of artists" (zit. in ROARK, 171). Diese Lotterie stand jedoch nicht mit dem Glücksspielgesetzt im Einklang und musste deshalb beendet werden.

Ablehnung eines staatlichen Auftrags unter anderem an, sich damit nicht der öffentlichen Kritik stellen zu müssen.[741]

Doch nicht nur der Künstler befand sich in eine Rollenkrise, offenbar auch der Staat in seiner Funktion als Auftraggeber. Seit den Vorschlägen von Chastellux bestand eine Unsicherheit, inwieweit der republikanische Staat sich mäzenatisch verhalten sollte und was das Ziel der Unterstützung sein könnte. Die Kapitolrotunde steht daher im Zentrum der Diskussion über die Rolle des Staates. Sie gab zu viel trügerischer Hoffnung Anlass und führte zu vielen Enttäuschungen.

Trumbull ist dagegen erfolgreich gewesen, weil er zunächst konkurrenzlos in seinen Beziehungen zur Politik dastand, so dass sein Auftrag für die Rotunde kaum umstritten war. Die politischen Verbindungen, die er aufbaute waren Teil seines Erfolges. Auch Morse hoffte auf einen Erfolg seines *House of Representatives*, indem er durch seine Porträtaufträge die Abgeordneten kennenlernte und hoffte davon zu profitieren. Dies misslang jedoch. Auch der einsetzende Brief-Lobbyismus ist als Symptom zunehmender Beeinflussung der Politik durch Gruppierungen (hier New Yorker Intellektuelle) zu sehen, die ihren Einfluss nutzen wollten. Dass ihr Vorhaben nur teilweise erfolgreich war, liegt wohl im Wesen der Politik. Deutlich wurde jedoch, dass der Staat nie wieder die Rolle einnehmen würde, die er in der Monarchie innehatte.

Durch die Neuorientierung des Künstlers auf ein anderes Publikum, d. h. auf das Volk, den Mittelstand, die Masse, kam es zu einer „Demokratisierung" der Kunst. Der Mittelstand hat jedoch ein anderes Bildverständnis und ein anderes Bildbedürfnis aus der kolonialen Tradition heraus, aus der Notwendigkeit einer anderen, nicht-aristokratischen Repräsentation und aus puritanischer Bilderskepsis, die sich auch aus der Ablehnung des europäischen Bildes als solche speist. Dies führte zu dem zunächst paradoxen Versuch, das europäische Kulturerbe sowohl zu ergreifen wie auch abzulehnen.

Durch den Wegfall des Staates als Auftraggeber, konnten Historiengemälde mit ihrem durch den Produktionsaufwand hohen Preis keinen Abnehmer mehr finden. Copley hatte an *Death of Chatham* mit Ermutigung Wests auf eigene Spekulation fast zwei Jahre gearbeitet, weil

[741] Vgl. HARRIS, 101.

es 50 Porträts der Abgeordneten enthielt. Der einzige, der sich für das Gemälde interessierte, Marquise Buckingham, hielt den Preis von 2.500 Guineas (2.625 £) jedoch für zu hoch. Während die Nachfrage nach Porträts auch in England konstant blieb, verkaufte Copley insgesamt nur zwei Historiengemälde, die anderen waren Auftragsarbeiten oder blieben unverkauft.[742] Dafür erschloss er sich durch Ausstellungen und Reproduktionen einen neuen Markt und ein neues Publikum.

Bereits West hatte sich vom Hofe weg orientiert und den Bürger als Publikum und Abnehmer seiner Werke erkannt. Laut NEFF war die Reproduktion von Wests *General Wolfe* die erfolgreichste Auflage des 18. Jahrhunderts und brachte dem Kupferstecher alleine 7.000 £, dem Verleger 15.000 £ und West eine unbekannte Summe ein.[743] Ohne Auftraggeber konnte der Historienmaler so eine gute Rendite seiner Aufwendungen erzielen und gleichzeitig seinen Namen bekannt machen. Der unternehmerische Erfolg von *General Wolfe* war eine Ermutigung für Trumbull und folgende Künstler.

Es blieb aber ein spekulatives Unternehmen mit einem Risiko, das zunächst vom Künstler alleine getragen werden musste. Um den Stich zu finanzieren, wurden Subskriptionen verkauft, die zurückgezahlt werden mussten, wenn das Projekt z. B. aufgrund unzureichender Bestellungen scheiterte. Auch Copley hatte Pech mit einem Stecher namens Francesco Bartolozzi, dem er 2.000 £ vorausbezahlte, um *Death of Chatham* zu reproduzieren. Bartolozzi benötigte statt der versprochenen vier, ganze zehn Jahre, um den Stich auszuführen.[744] Dies stellte ein großes Problem in einem relativ schnellen Geschäft dar, in dem heroisierende Bilder schnell ihren Wert verloren, wenn sie von neuen Ereignissen überschattet wurden.

Bald nahmen Kunstunternehmer eine Mittlerrolle ein, so arbeitete Copley mit dem Verleger John Boydell zusammen.[745] Seine Ausstellung

---

742 Vgl. NEFF, 66.

743 Vgl. NEFF, 67. SAUNDERS gibt eine Gesamtsumme von immerhin 20.000 £ an (s. SAUNDERS 1990, 7). Stecher war William Woollett im Jahr 1776.

744 Francesco Bartolozzi (1725-1815) war Gründungsmitglied der Royal Academy und seit 1764 „Engraver to the King".

745 Vgl. NEFF, 67, vgl. den Vertrieb von Porträts bei Bierstadt. Josiah Boydell (1752-1817) war der Neffe von John Boydell (1720-1804).

von *Death of Peirson* hatte nur den Zweck, Werbung für den Stich zu machen. Ebenso wurde Wests *Death of Nelson* in Partnerschaft mit dem Kupferstecher James Heath projektiert. Erst später schalteten sich Verleger dazwischen, die Aufträge für Stichentwürfe in Auftrag gaben. In den 1780er und 90ern wurden die Druckverleger die wichtigsten Auftraggeber der Maler. Schließlich wurden qualitativ mittelmäßige Bilder nur als Vorlage für die Stichdistribution geschaffen. In Amerika stellten die Verleger Courrier&Ives dazu den fast unbekannten Vorlagenmaler Alonzo Chappel (1828-1887) an.[746]

Das Einzelgemälde wurde nun nicht mehr für einen einzelnen Auftraggeber geschaffen, sondern in eigenem Auftrag für einen dezentralen Markt. Die Wandlung der Funktion des künstlerischen Mediums vom individuellen Großgemälde für einen Auftraggeber zur Attraktion einer Showveranstaltung bis hin zur Vorlage einer Stichproduktion zeigt die Umorientierung der künstlerischen Produktion auf die Masse. 1818 wurde Vanderlyn von einer Zeitung geraten, von der Historienmalerei abzulassen, die nur spezialisierte Kunstkenner bewundern könnten und sich stattdessen Panoramen zuzuwenden, zu denen Hunderte von Besuchern strömen würden:

> *Although it was not to have been expected that Mr. Vanderlyn would have left the high department of historical painting, in which he is so eminent, to devote his time to the more humble, though more profitable, pursuit of painting cities and landscapes – yet, in a new country, taste for the arts must be graduated according to the scale of intellect and education, and where only the scientific connoisseur would admire his* Marius *and* Ariadne, *hundreds will flock to his panorama to visit Paris, Rome and Naples.*[747]

Mit dem wechselnden Publikum mussten sich aber auch die Inhalte ändern. So hatte sich auch William Sidney Mount (1807-1868), ein Schüler Henry Inmans, im Jahr 1828 zunächst an zwei biblischen

---

[746] Zu Chappel s. MITNICK. Nathaniel Currier und James Merritt Ives verkauften in ihrem „Grand Central Depot for Cheap and Popular Prints" etwa 7 000 verschiedene Lithographien (vgl. LEBEAU, 1).

[747] National Advocate, 21. April 1818, zit. in LANKEIT, 58.

Historiengemälden versucht, obwohl er wusste, dass dies ihm kein Broterwerb würde bieten können.[748] Er schrieb:

> *At that time [1829] I thought of the Galleries of pictures in Europe and I was desirous to become an historical painter. My mind was brimful of the grand style, but I was too proud to ask my friends to send me to Italy. Yet at the same time I fancied we had materials enough at home to make original painters, so I reconciled myself to my own country with cheerfulness, knowing that nature is as fine here as in any part of the world.*[749]

Statt nach Europa zu reisen, nahm er sich die Beschäftigung mit der amerikanischen Wirklichkeit vor.[750] Mehr noch: Er setzte sich zum Ziel, Bilder zu malen, die ohne Voraussetzungen von jedem verstanden werden können: „Paint scenes that come home to everybody: That every one can understand. [...] Paint pictures that please the audience – don't paint for the few, but for the many."[751] Dieser Satz drückt das Gegenteil davon aus, was der Grand Style Belloris wollte: Keine Malerei für die Elite, sondern, wenn man so will, demokratische Malerei. Nun sollte für „the mind of the multitude",[752] für die breite Mittelschicht, gemalt werden.

---

748 *Christ Raising the Daughter of Jairus*, 1828 (The Museums at Stony Brook, Stony Brook, Long Island), *Saul and the Witch of Endor*, 1828 (Smithsonian Institute, Washington, D. C.). Er schrieb in seiner Autobiographie: „But continuing in historical painting, I found, would not even furnish me with bread – of course I was obliged to relinquish it for portrait painting. It was not wholly a sacrifice of my talents, for I found that portraits improved my coloring, [...]" (zit. in FRANKENSTEIN, 18).

749 Zit. in FRANKENSTEIN, 20.

750 „There has been enough written on ideality – and the grand style of Art etc – to divert the artist form the true study of natural objects" (Eintrag vom 19. Aug. 1848, zit. in FRANKENSTEIN, 143).

751 Eintrag vom 29. Aug. 1846, zit. in FRANKENSTEIN, 143. Reynolds weist darauf hin, dass „niedrigere" Malerei möglicherweise profitabler sei. Malerei für die „crowd" würde jedoch nicht zu „immortality" führen (Disc. III, 50 u. IV, 71). Die Forderung, Kunst sollte von jedem Betrachter gleichermaßen verstanden werden, findet sich auch in Frankreich, dem Gedanken republikanischer Gleichheit folgend (s. PRENDERGAST, 120): „parle á ous les yeux" (zit. in KIRCHER, 115). Mount wandte sich infolgedessen mit großem Erfolg der Genremalerei zu, die ein ländliches Ideal darstellte.

752 Emerson verwendet diesen Ausdruck in seiner Rede *American Scholar*. Auch er wollte das gesellschaftlichen Fundament der Kunst erweitern und sie nicht nur einer

Horatio Greenough schrieb über die Zukunft amerikanischer Kunst: „The monuments, the pictures, the statues of the Republic will represent what the people love and wish for, not what they can be made to accept.“[753] Damit gab er das elitengesteuerte Projekt „to elevate taste in America“ auf und erklärte den existierenden amerikanischen Geschmack zum Kriterium der Kunst. Während Trumbull die Tugenden und Werte der Aristokratie allen Menschen zugänglich machen wollte, versprach Greenough nicht mehr die per *ut pictura poesis* erhoffte Erhöhung zum geistigen Beruf, sondern die Orientierung am tatsächlichen Geschmack des Marktes.

Der grundlegende Konflikt, dem die in Europa ausgebildeten Historienmaler ausgesetzt waren, lag letztendlich in den Bewertungsmaßstäben, die an die Kunst anzulegen sind. Nicht nur die aristokratischen Bildinhalte, sondern auch das europäische, durch höfische Patronage aufrechterhaltene Kunstbewertungssystem, unter denen die amerikanische Kunst als niedrig gewertet wurde, wurde abgelehnt. Der Kampf um diese Bewertungskriterien war ein ständiger Versuch der Durchsetzung einer Definition „guten“ Geschmacks und damit eine Ordnung der Gesellschaft.

Die Andersartigkeit des amerikanischen Kunstgeschmacks wurde erst später neu bewertet und bildete die Keimzelle einer Entwicklung von Kriterien, die jenseits der reynold'schen Kritik das Eigenamerikanische aufwertete. Wie gezeigt, beginnt dies nicht erst mit Ralph Waldo Emerson (*The American scholar*, 1837), bereits Dunlap versuchte 1834 mit dem Kriterium der Wahrheit eine umgekehrte Gattungshierarchie zu konstruieren, in der das Porträt über der Historienmalerei steht.[754]

---

intellektuellen Elite, sondern einer breiten Schicht zugänglich machen (vgl. MILLER 1966, 26). Die Orientierung am Geschmack der Masse und die Massenproduktion von Stichen bedingten sich gegenseitig.

[753] GREENOUGH, 179.

[754] Dies bedeutet aber auch, dass eine Hierarchie, unter welchen Kriterien auch immer, aufrechterhalten werden soll. Eine Gleichzeitigkeit aller Bildgattungen und Ausdrucksformen des „anything goes“ ist damit noch nicht denkbar. Bereits 1790 begann der schottische Geistliche Archibald Alison auf Reynolds aufzubauen und wies auf die Bedeutung von „national associations“ hin, die neben einem universalen Ideal auch regionale Unterschiede einschließen. Sein Werk 1790 erstmals in Edinburgh publizierte Werk *Essays on the nature and principles of taste* und wurde ab 1815 auch in Amerika stark

Auf diese Weise sollte das Verhältnis von Zentrum und Peripherie umgekehrt und die eurozentristische Weltsicht mit einem Blick ersetzt werden, der von der eigenen Kultur als Mittelpunkt ausgeht.

*

In England hatte William Hogarth zunächst als Historienmaler begonnen. Nach einigen ernsten religiösen Bildern, Konversationsstücken im Rokokostil und Versuchen in der Historienmalerei entwarf er Kupferstichserien, in denen er die bürgerliche Vernunftmoral gegen die erzieherischen Ideale des Adels stellte. Seine Satiren, mit denen er seine Gesellschaftskritik illustrierte, waren zwar nicht kompatibel mit dem Grand Style, aber populär in der Masse.[755]

Auch in Amerika fand die demokratische Mittelschicht, personifiziert durch Präsident Jackson, ihren Ausdruck in anderen Bildgattungen als der Historienmalerei, vor allem im Genre. Mount war ein erster erfolgreicher Genremaler, der ohne höhere Moral den amerikanischen Pragmatismus repräsentierte.[756] Auch der deutsche Einwanderer John Lewis Krimmel rückte nun nicht mehr den Aristokraten, sondern den *common-man* ins Zentrum seiner Gemälde.[757] Die Genre-

---

rezipiert (vgl. MILLER 1966, 17-19). John Ruskin hielt schließlich moderne Künstler den Alten Meistern gar überlegen (ebd., 27). RAETHEL weist darauf hin, dass die Richtung des kulturellen Nationalismus auch übertrieben werden konnte. Das von dem patriotischen Autor Augustine Joseph Hickey Duganne 1853 publizierte *Art's True Mission in America* trage chauvinistische Züge (ebd., 289). Die Abneigung gegen die Hochkunst, wie sie von Reynolds vertreten wurde, erscheint auch in den Schriften der Autoren Nathaniel Hawthorne und Mark Twain (s. VINCENT, 46).

755 Zu den religiösen Bildern gehört *Pool of Breda*, 1736. Anschließend nahm er einen Auftrag für ein Altarbild an (Bristol, St. Mary Redcliffe). Hogarth hatte ebenfalls durch die Massenbildproduktion sich ein unabhängiges Einkommen geschaffen (vgl. JOHNS, 13ff. u. WILMERDING, 1-16). S. a. das Werk von David Wilkie, das v. a. Krimmel beeinflusste (s. HARDING).

756 Bereits dessen Lehrer Inman hatte sich mit der Illustration von Washington-Anekdoten parallel zu Entwicklungen in der Literatur in das historische Genre begeben, so z. B. *Boyhood of Washington* (1842-42), s. GERDTS 1977, 44-45.

757 Eigentlich Johann Ludwig Krimmel aus Ebingen in Württemberg (1786-1821). Seine Gemälde sind trotz der genauen Datumsangabe im Titel (*Forth of July Celebration in Center Square, Philadelphia, 1819*, 1819, *Election Day at the State House, Philadelphia, 1816*, 1816) nicht als Historiengemälde, sondern als reine Genredarstellungen zu klassifizieren, denn im Mittelpunkt steht nicht die Darstellung eines bedeutenden historischen

malerei verband sich jedoch interessanterweise mit der Historienmalerei zum „historical genre", in dem die Moral des Kleinbürgers in Nachahmung der aristokratischen Historienmalerei erscheint. Statt antiker Legenden, die zum Verständnis die klassische Bildung der Oberschicht benötigten, wurden nationale Ereignisse gezeigt, die keine Vorbildung voraussetzten.[758] Deutlich wird dies beispielsweise im Werk von Henry Bacon (1839-1912).

Bacon, der im Bürgerkrieg verwundet wurde, hatte an der *École nationale supérieure des Beaux-Arts* in Paris studiert. Im Salon zeigte er 1875 ein Gemälde vergleichsweise trivialer Ereignisse und bürgerlicher Ideale. *The Boston Boys and General Gage* (Abbildung 46) zeigt eine Anekdote, wonach eine Gruppe von Jungen sich beim britischen General Gage darüber beschwert, dass dessen Soldaten den vereisten Teich aufgebrochen hätten, den sie zum Schlittschuhlaufen genutzt hatten. Es handelt sich um kein bedeutendes Ereignis, aber die leicht humoristische Darstellung der Dreistigkeit und des Mutes der Kinder Bostons zeigt den „Yankee-Spirit" des kleinen Mannes und damit ein Stück amerikanischer Identität. Die aktive Figur der Szene ist nicht der unter dem königlichen Wappen auf den Eingangsstufen des Gebäudes leicht erhöht stehende Gage, sondern die Gruppe von Kindern, die mit Nachdruck Forderungen stellen und von Vertretern jeden Alters und Geschlechts unterstützt werden.

So fand die amerikanische Mittelschicht in der historischen Genremalerei ihren Platz im Unabhängigkeitskampf. Wie in Bacons kontrastreicher Komposition wurden die Elemente des Genre und der Historienmalerei verschmolzen und eine nostalgisch verklärte Interpretation des Gründungsmythos geschaffen.[759] Das erste Mal in der

---

Ereignisses, sondern die Aktivitäten des Mittelstandes an diesem Tag. Wie Vanderlyn bei seinen Panoramen dient die Datumsangabe im Titel auch hier nur der Indexikalität, also der Herstellung eines mimetischen Zusammenhangs zwischen Ereignis und dessen bildnerischer Repräsentation.

[758] Zur Vorstellung von „Geschichte" in anderen Bildgattungen s. VINCENT, Kap. IV u. VI.

[759] Der spätere Historienmaler Jean Leon Gerom Ferris (1863-1930) besuchte in Philadelphia Malklassen von Thomas Eakins und Christian Schussele. Er malte ab 1908 an Alonzo Chappel erinnernde Geschichtsdarstellungen. Bekannt wurde er vor allem durch *Writing the Declaration of Independence*, das als „Historienillustration" zu bezeichnen

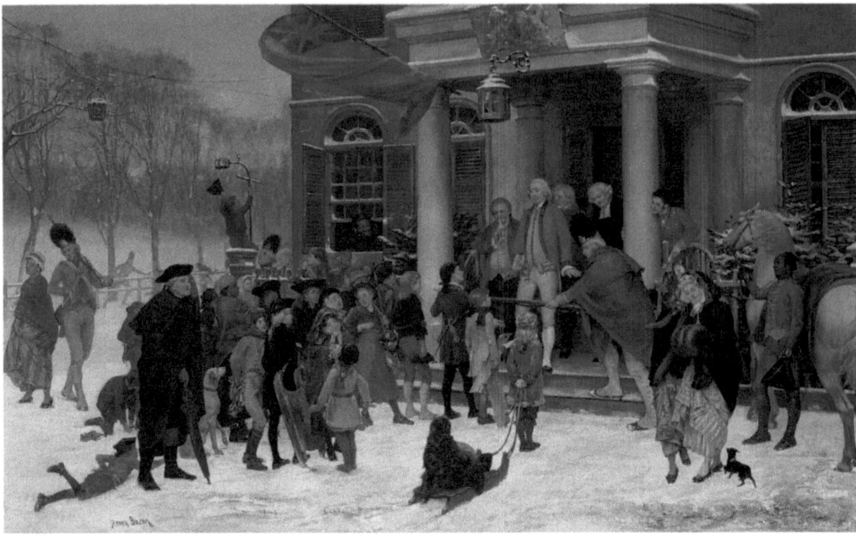

Abbildung 46 Henry Bacon: *The Boston Boys and General Gage*, 1875
Öl auf Leinwand, 150,8×240,2 cm, George Washington University, Washington, D. C. Quelle: TRUETTNER, Abb. 44

amerikanischen Malerei gelang dies überzeugend und noch ohne zum Kitsch zu verkommen. Es bringt die Geschichte herab auf Augenhöhe des amerikanischen Durchschnittsbürgers.[760] Ähnliches lässt sich auch bei Winslow Homer (1836-1910) beobachten.

Bevor Homer seinen Stil in den bekannten Aquarellbeobachtungen Neuenglands fand, hatte er sich aus finanziellen Gründen der Lithographie zugewandt. Am 13. Juni 1857 publizierte die Zeitschrift *Ballou's Pictorial* seine erste Illustration. In *Corner of Winter, Washington and Summer Streets, Boston* beobachtet er das Treiben der städtischen Gesellschaft und nähert sich so den Stichen Hogarths, jedoch ohne deren

ist. Das Interesse an verklärten Gründungsmythen zeigt sich nicht nur auf der Leinwand, sondern fand sich auch in der Literatur. Beispielsweise gab Sidney BARCLAY im Jahr 1859 Genre-Anekdoten aus dem Unabhängigkeitskrieg im Stile Washington Irvings heraus.

[760] Auch sein Gemälde *Franklin at Home* (1876) bricht mit der Idealisierung Franklins und macht ihn zu einem bürgerlichen Sympathieträger. Weitere Beispiele sind Gemälde aus dem Leben Washingtons von Jacob Eichholz und Junius Brutus Stearns.

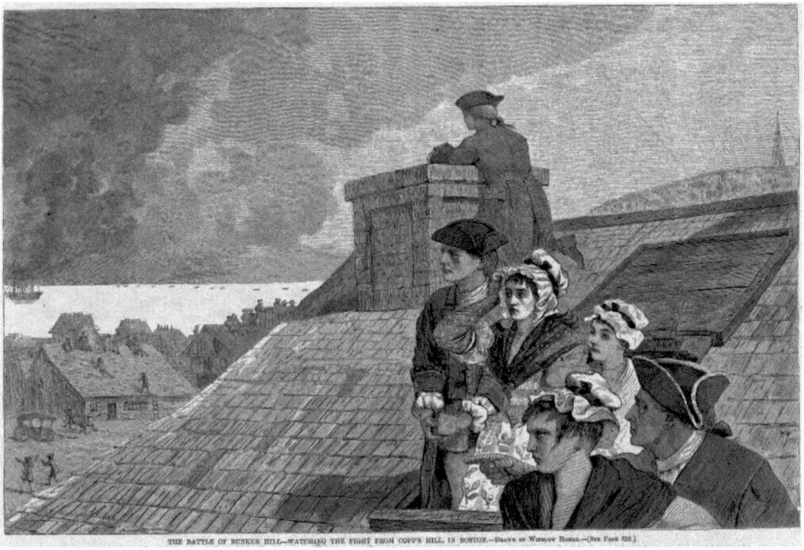

Abbildung 47 Winslow Homer: *The Battle of Bunker's Hill, Watching the Fight from Copps Hill in Boston*, 1876
Quelle: Harper's Weekly, 26. Juni 1876, 517

beißende Ironie zu übernehmen. Während des Bürgerkrieges begleitete er als Bildkorrespondent für das *Harper's Weekly* die Armee im Norden Virginias. Seine Darstellungen des Bürgerkrieges haben keine Elemente des Heroischen, sondern zeigen unsentimental das Alltagslebens der Soldaten.[761] Nun übernimmt das Ereignisbild die öffentliche Funktion des Nachrichtenbildes, das später von der Fotografie abgelöst wird.[762]

---

[761] Neben Illustrationen für das Magazin, beschäftigte er sich auch mit der Ölmalerei. 1862 begann er mit *Sharpshooter at Picket Duty*. Das kommentarlose Bild zeigt nur einen Scharfschützen, der seinen Dienst tut, auf Befehl aus dem Hinterhalt zu schießen. Er selbst schrieb dazu „[...] the above impression struck me as being as near as anything I could think of in connection with the army & I always had a horror of that branch of the service" (zit. in WILMERDING, 35). S. a. *Skirmish in the Wilderness* von 1864 (The New Britain Museum of American Art), vgl. Albert Bierstadt: *Attack on a Union Picket Post*, 1863 (The Century Association, New York).

[762] Bildproduzenten als Kriegsbegleiter spielen vor allem ab dem Sezessionskrieg eine wichtige Rolle, während dem Mathew B. Brady und Alexander Gardner zahllose Fotografien produzierten, um sie der Regierung zu verkaufen und per Ausstellung und Bildband dem Publikum zugänglich zu machen (s. FRASSANITO).

Der 100. Jahrestag der Unabhängigkeit war wiederum Anlass, auf die Ereignisse der Unabhängigkeitsbewegung zurückzugreifen. *Harper's Weekly* publizierte zwei je eine Querseite einnehmende Illustration der Schlacht von Bunker Hill (Abbildung 47). Bei der einen handelte es sich um einen Stich nach dem Gemälde von John Trumbull, der mit einem Schlüssel zur Identifikation der Beteiligten abgedruckt wurde. Die andere Abbildung war ein Stich von Winslow Homer, der nicht die Helden der Schlacht, nicht einmal die Schlacht selber zeigt, sondern die Menschen von Boston, die über den Kanal hinüberblicken, wo Charleston in dunklen Rauchschwaden brennt.

Kein aristokratischer Offizier ist sichtbar, nicht einmal patriotischer Triumph wird dargestellt, stattdessen Angehörige der Mittelschicht, die hoffen, dass die Schlacht nicht auf ihre Häuser übergreift. Die große Distanz zu dem Geschehen und die Skepsis in den Gesichtern scheinen zu fragen, wessen Krieg dies gewesen ist: der Krieg der Oberschicht oder der Bürger.[763]

*

Mit der Hängung von Powells Gemälde im Jahre 1855 war die Rotunde komplett. Doch statt wie erhofft die tugendhaften Taten der Revolutionsgeneration zu glorifizieren, standen diese Bilder bald für eine längst überholte Gesellschaftsidee. John Neil hatte sich bereits 1823 über Trumbulls Gemälde mit Verbalikonoklasmus geäußert: „Were I in Congress, I would move for their being set on fire to, before the great front of the building."[764] Während des Sezessionskrieges weteten auch die im Kapitol stationierten Soldaten die Gemälde als einer vergangenen Epoche zugehörig ab und forderte die demonstrative Zerstörung der Bilder:

---

763 Vgl. Edwin Howland Blashfield (1848-1936): *Suspense-The Boston People Watching from Housetops the Fighting at Bunker Hill*, 1882. Den Hinweis darauf verdanke ich John L. Bell, Assistant Regional Advisor, New England, Society of Children's Books Writers & Illustrators. Darstellungen wie diese wurden auch von späteren Illustratoren wieder aufgenommen. So zum Beispiel von Howard Pyle, der *Reading The Declaration Before Washington's Army* (1892) und *Watching The Fight At Bunker Hill* (1901) darstellte.

764 NEIL, 15.

> *Perhaps we should have served our country better by a little Vandalism. The decoration of the Capitol have a slight flavor of the Southwestern steamboat saloon. The pictures (now, by the way, carefully covered) would most of them be the better, if the figures were bayoneted and the backgrounds sabred out. Both – pictures and decorations – belong to the bygone epoch of our country when men shaved the moustache, dressed like parsons, said "Sir," and chewed tobacco, - a transition epoch, now become a historic blank.*[765]

Ebenso warnte Mark Twain in seiner ironischen Art die Besucher des Kapitols davor, die Kuppel zu besichtigen, denn sie gelangten nur durch die Rotunde dort hin, wo sie dann die Gemälde sehen müssten: „and to do that, you would have to see the marvelous Historical Paintings that hang there [...] and what have you done that you should suffer thus?"[766]

Trotz allem wurde die Dekoration des Kapitols bis heute fortgesetzt. Trumbulls Konzept historischer Selbstaffirmation und Präsentation nach außen wurde auf jeder freien Wandfläche bruchlos weitergeführt. Auch der Wunsch, mit beispielhafter Kunst, den Geschmack der Bevölkerung zu formen, findet sich noch weit im 19. Jahrhundert wieder.[767] Die Diskussion um staatliche Unterstützung der Kunst dauerte über die kulturellen Aktivitäten während des *New Deals* bis heute an. Und ebenso konnten die Wandgemälde Leutzes, Brumidis und vieler anderer Künstler immer wieder sowohl nationalen Stolz als auch beißenden Spott hervorrufen.[768]

---

765 Soldiers Stationed in the Capitol, in: Atlantic Monthly, Vol. VIII, July 1861, No. XLV.

766 Zit. in FRESE, 76.

767 Senator Cooper war 1852 der Meinung, den beiden Künstlern Aufträge zu verschaffen und auf diese Weise dazu beizutragen, den Geschmack der Öffentlichkeit zu verbessern: „In other countries the fine arts are objects of the patronage of the government. [...] Heretofore we have been obliged to resort to Europe for designs for all these kinds of articles which are produced by our artisans. But by encouraging painting and the kindred art of design we would soon cease to be dependent upon Europe for our patterns" (zit. in FAIRMAN, 136).

768 Zur weiteren Politik der Aufträge an Künstler für das Kapitol s. FRESE. Trumbull wünschte das Kapitol mit Bildern zu schmücken, „which shall perpetuate the great Events and the stories of the Revolution, as the Ducal Palace of Venice and the Rath

Von den Loyalisten abgesehen, die vor dem Krieg zu Tausenden das Land verließen, war man sich in der Ablehnung der königlichen Macht und damit der Zerstörung ihrer Symbole einig. Nach der Unabhängigkeit war man jedoch durchaus uneins über die konstitutionelle Ausgestaltung der gewonnenen Freiheit. So wurde die Rotunde des Kapitols als zentralem Repräsentationsraum des Staates nach innen und außen zum Konfliktpunkt der Interpretation der Vergangenheit sowie der Zukunft des Landes. An der Bildkritik wird deutlich, dass man sich nicht mehr auf einen gemeinsamen Blick auf die Welt, also auf eine verbindliche Wahrheit einigen konnte. Die demokratische Auseinandersetzung in einem pluralistischen Diskurs wurde zwischen der nach Machtteilhabe strebenden Bewegung und der alten Elite nicht nur anhand eines unterschiedlichen Kunststils oder der Bildinhalte ausgetragen – es ging um nichts weniger als einen unterschiedlichen Kunst-, Bild- und Wahrheitsbegriff.

Während die Darstellung im Modus der „perfekten Wahrheit" Ausdruck einer gebildeten Elite war, die mithilfe von Bildern auch ihre herausgeforderte Führungsposition zu verteidigen suchte, war der koloniale Wahrheitsbegriff der mimetischen Nachahmung, der sich vor allem im Porträt zeigte, ein akzeptierter Bildmodus der breiten Masse, denn derlei Bilder sind egalitär ohne Bildungsvoraussetzungen direkt rezipierbar.

Doch ist das Ergebnis des gesellschaftlichen und künstlerischen Transformationsprozesses nicht die Verdrängung der alten Elite durch die Jackson-Anhänger, nicht einfach eine Verdrängung der Historienbilder durch andere Bildgattungen, sondern eine Auflösung der Elemente des Grand Styles, die separat in neue Formen aufgingen. Der ideale und mimetische Bildbegriff entwickelte sich nun entlang zweier Stränge weiter.

House at Amsterdam, by the Talents of the Great Painters of the Day have commemorated [the glories] of those Republics" (zit. in MILLER 1966, 37). Leutze schrieb über sein Verständnis der Malerei: „Confirmed the conviction that a thorough poetical treatment of a picture required that anecdote should not be so much the subject, as the means of conveying some one clear idea, which is to be the inspiration of the picture. But the artist, as a poet, should just form a clear though as the groundwork, and then adopt or create some anecdote from life, since painting can be but partially narrative and is mentally a contemplative act" (zit. in VINCENT, 176).

Der eine Strang beginnt bei John Trumbull. Nachdem dieser im Jahre 1825 bei einem Kunsthändler drei Gemälde gesehen hatte, erzählte er Dunlap begeistert von der Entdeckung des ihm unbekannten Künstlers, „[who] has done what I have all my life attempted in vain“.[769] Zusammen mit Durand kauften sie die Bilder und starteten damit die Karriere von Thomas Cole, der Hudson River School und der Tradition der amerikanischen Landschaftsmalerei.

Trumbulls Äußerung bezog sich vermutlich nur auf die Landschaftsmalerei, in der er sich auch versuchte, beispielsweise mit seinen Niagara-Zeichnungen von 1807-08. Darin suchte er eine Abkehr vom Idealismus des Grand Styles und fand in Cole einen romantischen Naturalismus verwirklicht, der einen dritten Weg zwischen Mimesis und Idealismus beschritt. Möglicherweise sah er in der Erhabenheit der Natur eine ähnlich grenzüberschreitende Verbindung wie in der Erhabenheit menschlicher Taten in der Historienmalerei.

Dunlap hatte unter Berufung auf Walpole die historische Wahrheit gegen die Phantasie (*fancy*) ausgespielt. Aber gerade die Kreativität macht den Genius des Malers aus, auf den sich die romantischen Künstler später berufen. Cole malte Erhabenheit in der Landschaftsmalerei und behandelte darin moralische Themen, die bisher zum Bereich der Historienmalerei gehörten (allegorische Landschaften). Er schrieb im Jahr 1841: „A scene is rather an index to feelings and associations.“[770] So übernahm die Landschaftsmalerei, die in Europa bereits durch Poussin und Turner aufgewertet wurde, die moralischen Ansprüche der Historienmalerei. Mit dem idealisierten Bild der Natur, in dem Amerika metaphorisch als unberührt und ursprünglich präsentiert wurde, zeigte sich ein weiteres Mal ein Gegenbild gegen das korrupte Europa.[771]

---

769 DUNLAP, II, 351, „Mr. Trumbull attracted my attention to Mr. Cole, by the most liberal praises of his painting, and expressions of surprise at the taste and skill he had manifested“ (DUNLAP, I, 296).

770 Zit. in VINCENT, 176.

771 Die Landschaftsmalerei diente der Elite, die ihre Privilegien bedroht sahen, als Opposition gegen die Jackson-Demokratie (vgl. FLUCK, 93). FLUCK zeigt, wie sich das Erhabene Edmund Burkes in der Landschafsmalerei transformiert (ebd., 96-98).

Der andere Strang beginnt bei Samuel Morse. Als dieser noch einmal nach Europa reiste, um dort Patente für seinen Telegraphen zu sichern, traf er im Jahr 1839 in Paris Louis Jacques Mandé Daguerre, der ursprünglich auch Künstler war und es schaffte, das Bild der Camera Obscura chemisch zu fixieren. Morse brachte die Daguerreotypie nach Amerika und eröffnete 1840 in New York eines der ersten Studios für Porträtfotografie.[772]

Morse hatte eine Camera Obscura bereits als Hilfsmittel für seine Gemälde genutzt und sah die Fotografie nicht als Bedrohung für die Malerei, sondern als eine Hilfe, die Natur im Detail studieren zu können:[773]

> *Art is to be wonderfully enriched by this discovery. How narrow and foolish the idea which some express that it will be the ruin of art, or rather artists, for every one will be his own painter. One effect, I think, will undoubtedly be to banish the sketchy, slovenly daubs that pass for spirited and learned; those works which possess mere general effect without detail, because, forsooth, detail destroys general effect. Nature, in the results of Daguerre's process, has taken the pencil into her own hands, and she shows that the minutest detail disturbs not the general repose.*[774]

Die Fotografie würde die als für geistreich gehaltene Kleckserei überholen, die nur den *general effect* darstellen würde. Sie sei der Beweis, dass Details nicht den allgemeinen Eindruck störten. Er stellte sich damit gegen den Hinweis, den Reynolds dem jungen Copley gegeben hatte, *over-minuteness* zu vermeiden, um nicht von der allgemeinen Idee abzulenken. Für Morse war die Fotografie dagegen die Erfüllung des

---

772 Etwa im Frühjahr 1840 an der Nord-Ost-Ecke von Nassau and Beekman Street (s. STAITI 1989, 226). Robert Cornelius eröffnete bereits im Februar 1840 ein Studio in Philadelphia (vgl. SACHSE, 311-313).

773 Dadurch war die Architektur mathematisch korrekt, wie der *National Intelligencer* schrieb (vgl. KLOSS, 69). MABEE schreibt, es wurde „im französischen Parlament ein Gesetz erlassen, das den Zweck hatte, Daguerre für seine Dienste zu danken. [Die Regierung bewilligte ihm] eine Pension von 6.000 Francs [...]. Wenn die Vereinigten Staaten dasselbe für Morse getan hätten, wozu sich Frankreich Daguerre gegenüber verpflichtete, hätte Morse sein qualvolles Leben inmitten von eifersüchtigen Rivalen, misstrauischen Teilhabern und Presseleuten, die ihn verleumdeten, gegen ein ruhiges Leben eintauschen können“ (ebd., 162).

774 Samuel Morse an Washington Allston, 25. Oktober 1839, zit. in MORSE, II, 405.

amerikanischen *matter-of-fact*, des visuellen Realismus. Wohl ohne es bewusst zu wollen, versetzte gerade Morse, der seit seiner Jugend so lange für „the higher branch of art" gekämpft hatte, der Idee der Idealmalerei damit einen schweren Rückschlag und verhalf dem mimetischen Bild zu einer massenhaften Verbreitung.

Die Fotografie hatte in Amerika größten Erfolg, denn mit ihr war mechanisch ein *Likeness* zu erschaffen, das der Vorstellung eines mimetischen Bildes am nächsten kam. Zudem ist die Kamera ein Apparat zur Bilderzeugung, der nicht in den Händen der Aristokratie lag, sondern der Masse ermöglichte, sich ein Bild zu erzeugen. Der Autor Timothy Shay Arthur schrieb 1850: „A few years ago it was not every man who could afford a likeness of himself, [...] now it is hard to find a man who has not gone through the ‚operator's' hands from once to a half-a-dozen times".[775]

Mit der Fotografie verändert sich aber nicht nur das Bildmedium des Porträts, sondern sie änderte bald alles in der Kunst. Als Mathew B. Brady (ca. 1823-96), Student der National Academy und Schüler von Morse, mit ihrer Hilfe vom Bürgerkrieg berichtete, wurde auch der Historienmalerei vieles von ihrer Aufgabe genommen.[776] Die Fotografie übernahm von der Malerei nicht nur die Funktion der Darstellung von Ereignissen, bald ahmte sie auch deren Strategie der Inszenierung nach, um dem Bild Narrativität zu verleihen.[777]

Die Stränge, die bei Trumbull und Morse begannen, führten die amerikanische Kunst zur Landschaftsmalerei und Fotografie. So ist auch das Pathetisch-Erhabene und die Generalisierung nicht verlorengegangen, sondern findet sich in der Gattung der Landschaftsmalerei wieder. Thomas Cole gelang es, in „historical landscapes" die amerikanische Landschaft zur amerikanischen „Geschichte" zu machen und das Ideal zur Utopie zu transformieren. Gleichzeitig konnte ein Maler ganz der mimetischen Auffassung folgend mit seiner Fähigkeit, die visuelle Erscheinung handwerklich perfekt wiederzugeben, eine Aufwertung erfahren. So sind Phänomene wie Stillleben und *trompe d'œils*

---

775 ARTHUR, 352 . Wie TUCKERMAN schreibt, konkurrierte die Fotografie zunächst nicht mit dem Porträt, sondern mit der Miniaturmalerei (ebd., 398).

776 Vgl. POHL, 128, s. a. FRASSANITO.

777 FRASSANITO zeigt eindrücklich, wie Alexander Gardner Fotos inszenierte.

von Rembrandt Peale, William Harnett und John Frederick Peto zu erklären, aber auch das starke Interesse an der aufkommenden Fotografie.

PANOFSKY schreibt: „Das Denken der Antike [...] hat [...] zwei gegensätzliche Motive nebeneinandergestellt; die Vorstellung, dass das Kunstwerk weniger sei als die Natur, insofern es sie lediglich, im besten Falle bis zur Täuschung, nachbilde – und die Vorstellung, dass das Kunstwerk mehr sei als die Natur, insofern es, die Mängel ihrer einzelnen Produkte ausgleichend, ihr selbständig ein neu geschaffenes Bild ihrer Schönheit gegenüberstellt."[778] Beide Positionen standen in Amerika wieder nebeneinander. Die damit verbundenen unterschiedlichen Auffassungen von Wahrheit im Bild zeigten sich unversehens in einer politischen Diskussion, in der man sich nicht auf einen gemeinsamen Blick auf die eigene Vergangenheit einigen konnte. Diese Gegensätze und ihre Transformation führten dann zu neuen Formen. Die Pluralisierung der Wahrheiten und damit Blicke ist als ein Zeichen der Pluralisierung der Gesellschaft nach der Unabhängigkeit aufzufassen. Diese Entwicklung stellt die Grundlage für eine eigene amerikanische Kunst dar, die im 20. Jahrhundert als amerikanische Moderne auf neue Weise die beiden Bildbegriffe wieder nebeneinander stellte.

*

John Adams' Zwiespältigkeit gegenüber der Kunst macht ein Brief aus dem Jahr 1780 an seine Frau deutlich, in dem er, offenbar berauscht von dem, was er in Paris sah, eine scheinbar hoffnungsvolle Vision der Kunst in Amerika zeichnete:

> *I could fill volumes with descriptions of temples and palaces, paintings, sculptures, tapestry, porcelain, &c., &c., &c., if I could have time; but I could no do this without neglecting my duty. The science of government, it is my duty to study, more than all other sciences; the arts of legislation and administration and negotiation, ought to take place of, indeed to exclude, in a manner, all other arts. I must study politics and war that my sons may have liberty to study mathematics and philosophy. My sons ought to study mathematics and philosophy, geography, natural history and naval architecture, navigation, commerce and agriculture, in*

[778] PANOFSKY, 7.

> *order to give their children a right to study painting, poetry, music, architecture, statuary, tapestry, and porcelain.*[779]

Durchaus nicht negativ, sah Adams zunächst ein Vorrang der Wissenschaft, um sich anschließend die Bildende Kunst leisten zu können. Die amerikanische Kunst hatte sich gewandelt. Von der stilistischen und kulturellen Abhängigkeit von England während der Kolonialzeit geriet sie nach der politischen Unabhängigkeit zwischen die Fronten einer fundamentalen Auseinandersetzung. In dieser wurde ihre Funktion in einer demokratischen Republik ebenso verhandelt wie die Frage nach der Wahrheit im Bild. Schließlich wurden die Weichen gestellt zu einer Neuordnung kunsttheoretischer Ideen, die der amerikanischen Kunst eine eigenständige Richtung hin zu einer kulturellen Unabhängigkeit wiesen.

*

Im Jahr 1826 waren Thomas Jefferson und John Adams gestorben. Damit ging die Revolutionsepoche endgültig zu Ende. Einer der letzten Zeitzeugen der Unabhängigkeitsbewegung, John Trumbull, starb 1843 in seinem 87. Lebensjahr. Bevölkerungswachstum, Infrastruktur und Industrialisierung begannen regionale und soziale Gegensätze zu verschärfen. Am 20. Dezember 1860 trat South Carolina aus der Union aus. Sich rhetorisch auf die Amerikanische Revolution berufend, wollten auch sie sich von einer tyrannischen Zentralgewalt lösen. Mit den Schüssen auf Fort Sumter am 12. April 1861 begann eine neue Epoche der amerikanischen Geschichte.

---

[779] An Abigail Adams, 12. Mai 1780, Manuskript in Adams Family Papers, Massachusetts Historical Society.

Anhang

Abbildungsverzeichnis

Abkürzungen

AOC-Files	Archiv des *Architect of the Capitol*, Washington, D. C.
Disc.	Wark, Robert R. (Hg.): *Sir Joshua Reynolds. Discourses on Art*, 3. Aufl., New Haven, London, 1997
KML	*Kindlers Malereilexikon.* Herausgegeben von Germain Bazin, Horst Gerson, Lawrence Gowing u. a., Band 1-6, Zürich: Kindler Verlag, 1964-1971
LdK	*Lexikon der Kunst.* Architektur, Bildende Kunst, Angewandte Kunst, Industrielle Formgestaltung, Kunsttheorie. Neubearbeitung. Begründet von Gerhard Strauß, herausgegeben von Harald Olbrich. Bd. 1-7. Leipzig: E. A. Seemann Verlag, 1987-1994
Th/B	*Allgemeines Lexikon der bildenden Künstler von der Antike bis zur Gegenwart*, begr. von Ulrich Thieme u. Felix Becker, Leipzig, 1907-50

Literaturverzeichnis

ABRAMS, ANN UHRY (1982): *A New Light on Benjamin West's Pennsylvania Instruction*, in: Winterthur Portfolio, Bd. 17, Nr. 4 (Winter, 1982), 243-257

ABRAMS, ANN UHRY (1985): *The valiant hero. Benjamin West and grand-style history painting.* Washington, D. C.

ADAMS, Charles Francis (1856): *The Works of John Adams, Second President of the United States.* Bd. 10, Boston

ADAMS, Charles Francis (1970, Hg.): *Memoirs of John Quincy Adams. Comprising portions of his diary from 1795 to 1848.* Bd. 7, New York

ADAMS, Francis C. (1870): *Art in the District of Columbia*, in: United States Government Printing Office: Congressional serial set, Ausgabe 1427, Washington, 725-766

ADAMS, William Howard (1976, Hg.): *The eye of Thomas Jefferson.* Ausst. Kat., National Gallery of Art, Washington, D. C., Charlottesville, Va.

ADDISON, Agnes (1945): *The Legend of West's „Death of Wolfe"*, in: College Art Journal, Bd. 5, Nr. 1, Nov. 1945, 23-25

ADKINS, Nelson Frederick (1931): *Fitz-Greene Halleck. An Early Knickerbocker Wit and Poet*, in: American Literature, Bd. 2, Nr. 4, Januar 1931, 458-459

ALBERTS, Robert C. (1978): *Benjamin West. A Biography.* Boston

ALLEN, William C. (2001): *History of the United States Capitol.* Washington, D. C.

ALLEN, William C. (2004): *Pantheon on the Potomac. The Architectural Evolution of the Capitol Rotunda*, in: KENNON, 1-22

ARTHUR, Timothy S. (1849): *American Characteristics. The Daguerreotypist*, in: Godey's Lady's Book, Bd. 38, Mai 1849, 352-355

BARCLAY, Sidney (1859): *Reminiscences of the American Revolution.* New York

BARKER, Virgil (1950): *American Painting. history and interpretation.* New York

BARRELL, John (1986): *Sir Joshua Reynolds and the Political Theory of Painting*, in: Oxford Art Journal, Bd. 9, Nr. 2, 1986, 36-41

BARZ, Paul (1981): *Motiv Geschichte.* Braunschweig

Baumgart, Fritz (1975): *Idealismus und Realismus 1830-1880. Malerei der bürgerlichen Gesellschaft.* Köln

Beard, James F., Jr (1954): *Cooper and His Artistic Contemporaries*, in: New York History, 35:4, Okt. 1954, 480-495

Beatty, William (1807): *Authentic narrative of the Death of Lord Nelson.* London

Bellion, Wendy (2003): *Illusion and Allusion: Charles Willson Peale's "Staircase Group" at the Columbianum Exhibition*, in: American Art, Bd. 17, Nr. 2, Sommer, 2003, 18-39

Bellion, Wendy (2004): *"Extend the Sphere": Charles Willson Peale's Panorama of Annapolis*, in: The Art Bulletin, Bd. 86, Nr. 3, September 2004, 529-549

Belting, Hans (1998): *Das unsichtbare Meisterwerk. Die modernen Mythen der Kunst.* München

Belting, Hans (2001): *Bild-Anthropologie.* München

Besier, Gerhard u. Lindemann, Gerhard (2006): *Im Namen der Freiheit. Die amerikanische Mission.* Göttingen

Bieger, Laura (2007): *Ästhetik der Immersion. Raumerleben zwischen Welt und Bild. Las Vegas, Washington und die White City.* Bielefeld

Binding, Günther (2000): *Was ist Gotik? Wine Analyse der gotischen Kirchen in Frankreich, England und Deutschland, 1140-1350.* Darmstadt

Bourdieu, Pierre (1982): *Die feinen Unterschiede.* Frankfurt a. M.

Breen, Timothy H. (1980): *Puritans and Adventurers.* New York

Breen, Timothy H. (1988): *The American and Consumer Revolutions of the Eighteenth Century*, in: Past and Present, A Journal of Historical Studies, Oxford, Bd. 119, 1988, 73-104

Breunig, Marion (1998): *Die Amerikanische Revolution als Bürgerkrieg.* Studien zu Geschichte, Politik und Gesellschaft Nordamerikas, Bd. 9, Münster

Brewer, John (1997): *The Pleasures of Imagination. English Culture in the Eighteenth Century.* London

Bromley, Robert Anthony (1793): *A Philosophical and Critical History of the Fine Arts, Painting, Sculpture and Architecture.* Bd. 1, London

Brookner, Anita (1956): *Jean-Baptiste Greuze-I*, in: The Burlington Magazine, Bd. 98, Nr. 638, Mai 1956), 156-162

Brown, Stuart Gerry (1963): *The Mind of Thomas Jefferson*, in: Ethics, Bd. 73, Nr. 2, Januar 1963, 79-99

BÜLBRING, Karl D. (1972, Hg.): *The compleat English Gentleman by Daniel Defoe.* London, 1890, Neuausgabe

BURKE, Edmund (1989): *Philosophische Untersuchung über den Ursprung unserer Ideen vom Erhabenen und Schönen.* Übers. von Friedrich Bassenge. Neu eingeleitet u. hrsg. von Werner Strube, 2. Aufl., Hamburg

BURROUGHS, Alan (1936): *Limners and Likenesses. Three Centuries of American Painting.* Cambridge, Mass.

BUSCH, Werner (1990): *Über Helden diskutiert man nicht*, in: MAI 1990, 57-76

BUSCH, Werner (1992): *Copley, West, and the Tradition of European High Art*, in: GAEHTGENS 1992, 35-60

BÜTTNER, Frank (1990): *Bildung des Volkes durch Geschichte. Zu den Anfängen öffentlicher Geschichtsmalerei in Deutschland*, in: MAI 1990, 77-94

CADET FINE ARTS FORUM (1976): *Robert Weir, artist and teacher of West Point.* Ausst. Kat., West Point, N.Y.

CALLOW, James T. (1967): *Kindred Spirits. Knickerbocker Whits and American Artists, 1807-1855.* Durham

CALLOW, James T. (1976): *Robert W. Weir and the Sketch Club*, in: CADET FINE ARTS FORUM, 86-91

CALVIN, Jean (1986): *Unterricht in der christlichen religion. Institutio religionis christianae.* Hg. v. Otto Weber, Bd. 1, 4. Aufl., Neukirchen-Vluyn

CAPPON, Lester J. (Hg., 1959): *The Adams-Jefferson Letters. The complete correspondence between Thomas Jefferson & Abigail & John Adams.* Neuaufl. 1987, Chapel Hill und London

CHASTELLUX, Marquis de (1963): *Travels in North America in the Years 1780, 1781 and 1782.* A revised translation by Howard C. Rice, Jr., Bd. 2

CIKOVSKY, Nicolai Jr. (1983): *Samuel F. B. Morse. Lectures on the Affinity of Painting with the Other Fine Arts.* Columbia, London

CLARK, Peter (2001): *British Clubs and Societies 1580-1800. The Origin of the Associational World.* Oxford

CLAYTON, Timothy (1997): *The English Print, 1688–1802.* New Have, Conn.

COMETTI, Elizabeth (1946): *Mr. Jefferson Prepares an Itinerary,* in: The Journal of Southern History, 12/1, Feb. 1946, S. 89-106

COOPER, Helen A. (1982): *John Trumbull the hand and spirit of a painter.* Ausst. Kat., Yale Univ. Art Gallery, New Haven

COPLEY PAPERS (1970): *The Massachusetts Historical Society: Letters and Papers of John Singleton Copley and Henry Pelham 1739-1776.* Nachdruck von 1914. New York

CRAVEN, Wayne (1986): *Colonial American Portraiture. The Economic, Religious, Social, Cultural, Philosophical, Scientific, and Aesthetic Foundations.* Cambridge

CRESSWELL, Donald D. (1975): *The American Revolution in Drawings and Prints. A Checklist of 1765-1790 Graphics in the Library of Congress.* Washington, D. C.

CUMMINGS, Thomas Seir (1865): *Historic annals of the National academy of design, New York drawing association.* Philadelphia

DAHMS, Hellmut Günther (1997): *Grundzüge der Geschichte der Vereinigten Staaten.* Darmstadt

DANNETT, Sylvia G. L. (1973): *The Yankee Doodler.* South Brunswick

DAVIS, Matthew L. (1837): *Memoirs of Aaron Burr.* New York

DEARINGER, David Bernard (2004, Hg.): *Paintings and Sculpture in the Collection of the National Academy of Design: 1826-1925.* Bd. 1, New York

DESHLER, Charles D. (1892): *How The Declaration Was Received In The Old Thirteen*, in: Harper's New Monthly Magazine, Bd. 0085, Ausg. 506, Juli 1892, 165-187

DICKSON, Harold E. (1973): *Artists as Showmen*, in: The American Art Journal, Bd. V, Nr. 1, Mai 1973, 4-17

DUNLAP, William (1834): *History of the Rise and Progress of the Arts of Design in the United States of America.* 2 Bd., New York

DVORÁK, Max (1994): *Idealismus und Realismus in der Kunst der Neuzeit.* Alfter, Nachdruck

EDGERTON, Samuel Y. Jr. (1964): *The Murder of Jane McCrea. The Tragedy of an American Tableau d'Histoire*, in: The Art Bulletin, Bd. 47, Nr. 4, Dez. 1964, 481-492

ELLIS, John B. (1869): *The Sights and Secrets of the National Capitol. A Work Descriptive of Washington City in all it Various Phase.* Chicago

ELLIS, Joseph J. (1979): *After the Revolution.* New York, London

ERFFA, Helmut von u. Allen Staley (1986, Hg.): *The Paintings of Benjamin West.* New Haven, London

ERNST, Robert (1968): *Rufus King. American Federalist.* Chapel Hill

EVANS, Dorinda (1980): *Benjamin West and his American Students.* Ausst. Kat., National Portrait Gallery, Washington, D. C., 1980-81. Pennsylvania Academy of the Fine Arts, Philadelphia, 1981

EVANS, Dorinda (1982): *Mather Brown. Early American Artist in England.* Middletown

EVANS, Grose (1959): *Benjamin West and the taste of his time.* Carbondale

FAIRMAN, Charles E. (1927): *Art & Artists of the Capitol of the United States of America.* Senate Document Nr. 95, Washington

FARINGTON, Joseph (1978-1982): *The diary of Joseph Farington.* Hg. v. Kenneth Garlick, 16 Bd., New Haven

FARRELL, James M. (1989): *John Adams's Autobiography: the Ciceronian Paradigm and the Quest for Fame*, in: The New England Quarterly, Bd. 62, Nr. 4, Dez. 1989, 505-528

FENTON, James (2006): *School of Genius. A History of the Royal Academy of Arts.* London

FINK, Lois Marie (1990): *American Art at the Nineteenth-Century Paris Salons.* Ausst. Kat., National Museum of American Art, Smithsonian Institution, Washington, D. C.

FLEXNER, James Thomas (1947): *Die ersten Künstler der Neuen Welt.* Berlin

FLEXNER, James Thomas (1952): *Benjamin West's American Neo-Classicism,* in: New-York Historical Society Quarterly 36, 1 (1952), 5–41

FLEXNER, James Thomas (1958): *Amerikanische Malerei.* Hannover

FLEXNER, James Thomas (1969): *The Light of Distant Skies. American Painting 1760-1835.* New York, 2. Aufl.

FLUCK, Winfried (2007): *Theatralität und Exzess. Ein europäischer Blick auf die Hudson River School,* in: KORNHAUSER, 90-102

FOWBLE, E. McSherry (1987): *Two centuries of prints in America, 1680-1880.* Ausst. Kat., Henry Francis du Pont Winterthur Museum, Charlottesville

FRANKENSTEIN, Alfred (1975): *William Sidney Mount.* New York

FRASSANITO, William (1975): *Gettysburg: A Journey in Time.* New York

FREEDBERG, David (1989): *The Power of Images Studies in the History and Theory of Response.* Chicago

FREEMAN, James Edward (1877): *Gatherings from an artist's portfolio.* New York

FRESE, Joseph R. (1974): *Federal Patronage of Painting to 1860*, in: Capitol Studies, U.S. Capitol Historical Society, Bd. 2, Nr. 2, 1974, 71-82

FRYD, Vivien Green (1992): *Art and Empire. The Politics of Ethnicity in the United States Capitol. 1815-1860.* Athens

FRYD, Vivien Green (1995): *Rereading the Indian in Benjamin West's Death of General Wolfe*, in: American Art, Spring, 9, 1995, 72-85

GAEHTGENS, Thomas W. (1988, Hg.): *Bilder aus der Neuen Welt. Amerikanische Malerei des 19. Jahrhunderts.* München

GAEHTGENS, Thomas W. (1996, Hg.): *Historienmalerei. Eine Geschichte der klassischen Bildgattungen.* Bd. 1, Berlin

GAEHTGENS, Thomas W. u. Heinz Ickstadt (1992, Hg.): *American Icons. Transatlantic Perspectives in Eighteenth- and Nineteenth Century American Art.* Santa Monica

GALT, John (1816): *The Life and Studies of Benjamin West, Esq. President of the Royal Academy of London, Prior to his Arrival in this Country. Composed from materials Furnished by Himself.* London

GALT, John (1820): *The Life and Studies of Benjamin West, Esq. President of the Royal Academy of London, Subsequent to his Arrival in this Country. Composed from materials Furnished by Himself, Part II.* London

GARRETT, Wendell D. (1964): *John Adams and the Limited Role of the Fine Arts*, in: Winterthur Portfolio, Bd. 1, 1964, 242-255

GERDTS, William H. (1976): *Robert Weir: Artist and Teacher of West Point*, in: CADET FINE ARTS FORUM, 9-23

GERDTS, William H. (1977): *Inman. Genre Painter*, in: The American Art Journal, Mai 1977, 26-48

GERDTS, William H. (1987): *The Art of Henry Inman.* Ausst. Kat., National Portrait Gallery, Washington, D. C.

GERDTS, William H. u. Mark Thistlethwaite (1988): *Grand Illusions. History Painting in America.* Fort Worth

GIBBES, Robert W. (1846): *A Memoir of James De Vaux.* Columbia, S. C.

GILREATH, James (1989): *Thomas Jefferson's Library.* Washington, D. C.

GODWIN, Parke (1883): *A Biography of William Cullen Bryant.* 2 Bd., New York

GOMBRICH, Ernst Hans (1942): *Reynolds's Theory and Practice of Imitation*, in: The Burlington Magazine for Connoisseurs, Bd. 80, Nr. 467, Reynolds Number, Feb. 1942, 40-45

GRAFTON, John (1975): *The American revolution. A picture sourcebook.* New York

GRASSO, Christopher (1999): *A Speaking Aristocracy: Transforming Public Discourse, Eighteenth-Century Connecticut.* Chapel Hill

GRAU, Oliver (2003): *Virtual Art. From Illusion to Immersion.* Cambridge, Mass.

GREENOUGH, Horatio (1843): *Remarks on American Art,* in: The Crayon, Bd. 2, Nr. 12, 19. Sep. 1855, 180-179

GUGGISBERG, Hans R. (2002): *Geschichte der USA.* Stuttgart

GUNNING, Tom (1990): *The Cinema of Attractions: Early Film, Its Spectator and the Avant-Garde,* in: Elsaesser, Thomas (Hg.): Early Cinema. Space Frame Narrative, London, 58-59

HABERMAS, Jürgen (1990): *Strukturwandel der Öffentlichkeit. Untersuchung zu einer Kategorie der bürgerlichen Gesellschaft.* Frankfurt/M., Neuaufl.

HAFERTEPE, Kenneth (2000): *An Inquiry into Thomas Jefferson's Ideas of Beauty,* in: The Journal of the Society of Architectural Historians, Bd. 59, Mr. 2, Juni 2000, 216-231

HAGER, Werner (1939): *Das geschichtliche Ereignisbild.* Heidelberg

HAGER, Werner (1989): *Geschichte in Bildern. Studie zur Historienmalerei des 19. Jahrhunderts.* Hildesheim

HAMLIN, Talbot (1955): *Benjamin Henry Latrobe.* New York

HARDING, Anneliese (1994): *John Lewis Krimmel. Genre Artist of the Early Republic.* Winterthur, DE

HARRIS, Neil (1982): *The Artist in American Society.* Chicago, London, 2. Aufl.

HASKELL, Francis (1995): *Die Geschichte und ihre Bilder. Die Kunst und die Deutung der Vergangenheit.* München

HAWKINS, Jeff (2005): *On intelligence.* New York

HAZELTON, George C. (1897): *The National Capitol, its architecture, art and history.* New York

HEIDEKING, Jürgen (2003): *Geschichte der USA.* 3. Aufl., Tübingen, Basel

HOOCK, Holger (2003): *The King's Artists. The Royal Academy of Arts and the Politics of British Culture 1760-1840.* Oxford

HORAZ (1984): *Ars Poetica, Die Dichtkunst.* Hg. v. Eckart Schäfer, Stuttgart

HOWE, WINIFRED E. (1912): *John Vanderlyn's Panoramas in the Rotunda*, in: The Metropolitan Museum of Art Bulletin, Bd. 7, Nr. 8, Aug. 1912, 148-149

HUGHES, Robert (1992): *American Visions: The Epic History of Art in America.* New York

IRWIN, David (1959): *James Barry, and the Death of Wolfe in 1759*, in: The Art Bulletin, Bd. 41, Nr. 4, Dez. 1959, 330-332

JAFFE, Irma B. (1975): *John Trumbull. Patriot-Artist of the American Revolution.* Boston

JOHNS, Elizabeth (2002): *Winslow Homer. The Nature of Observation.* Los Angeles, London

JULY, Robert William (1951): *The Essential New Yorker. Gulian Crommelin Verplanck.* Durham, North Carolina

JUNKER, Detlef (2003): *Power and Mission. Was Amerika antreibt.* Freiburg

KALDENBACH, C. J. (1985): *Perspective Views*, in: Print Quarterly, London, Juni 1985, Bd. 2, Nr. 2, 87-105

KAMES, Lord Henry Home (1762): *Elements of criticism.* Bd. 1, Edinburgh

KEMP, Wolfgang (1988, Hg.): *Der Betrachter ist im Bild. Kunstwissenschaft und Rezeptionsästhetik.* Berlin, Neuausg.

KENNON, Donald R. (2004, Hg.): *American Pantheon.* Athens

KIMBALL, Marie Goebel (1950): *Jefferson. The scene of Europe, 1784 to 1789.* New York

KING, Charles (1971, Hg.): *The Life and Correspondence of Rufus King.* New York, 6 Bände, Nachdruck

KIRCHNER, Thomas (1990): *Neue Themen – Neue Kunst? Zu einem Versuch, die französische Historienmalerei zu reformieren*, in: MAI 1990, 107-119

KIRK, Russell (1997): *John Randolph of Roanoke.* 4. Aufl., Chicago

KLINKE, Harald (2004): *Dürers Selbstportrait von 1500. Die Geschichte eines Bildes.* Norderstedt

KLINKE, Harald (2007): *Thomas Jeffersons Reisebericht von 1788. Eine Quelle zur Karlsruher Stadtgeschichte*, in: Zeitschrift für die Geschichte des Oberrheins, 2007

KLOSS, William (1988): *Samuel F. B Morse.* New York

KNOX, John (1769): *An historical journal of the campaigns in North-America, for the years 1757, 1758, 1759, and 1760.* 2 Bd., London

KOJA, Stephan (1999): *America. Die Neue Welt in Bildern des 19. Jahrhunderts.* München

KÖNIG, Roderich (1978): *C. Plinius Secundus d. Ä., Naturkunde.* Buch XXXV, München

KORNHAUSER, Elizabeth Mankin (2007): *Neue Welt. Die Erfindung der amerikanischen Malerei.* Ausst. Kat., Bucerius Forum Hamburg, München

KRULL, Ebba (1977): *Franz Xaver Habermann (1721-1796). Ein Augsburger Ornamentalist des Rokoko.* Abhandlungen zur Geschichte der Stadt Augsburg, Schriftenreihe des Stadtarchivs Augsburg, Band 23. Augsburg

LANKEIT, Klaus (1965): *Revolution und Restauration.* Kunst der Welt, Bd. 23, Baden-Baden.

LANKEVICH, George J. (2002): *New York City. A Short Story.* New York

LANMAN, Charles (1855): *Correspondence*, in: The Crayon, 28. Feb. 1855, 136-137

LARKIN, Oliver (1954): *Samuel F. B. Morse and American Democratic Art.* Boston, Toronto, 1. Aufl.

LARKIN, Oliver (1966): *Art and Life in America.* New York

LATNER, Richard B. (1979): *The Presidency of Andrew Jackson. White House Politics 1829-1857.* Athens

LE BEAU, Bryan F. (2001): *Currier&Ives. America Imagined.* Washington, London

LENTZSCH, Franziska (2005): *Füssli – The Wild Swiss.* Zürich

LINDSAY, Kenneth C. (1970): *The Works of John Vanderlyn.* Ausst. Kat., University Art Gallery, State University of New York

LISITZKY, Gene (1948): *Thomas Jefferson.* Wiesbaden

LOKKE, Carl Ludwig (1934): *The Trumbull Episode, A Prelude to the „X Y Z" Affair*, in: The New England Quarterly, Bd. 7, Nr. 1, März 1934, 100-114

LOSSING, Benson J. (1883): *The National Academy of the Arts of Design, and its Surviving Founders*, in: Harper's New Monthly Magazine, Bd. 66, Nr. 396, Mai 1883, 852-863

LUBIN, David M. (1994): *Picturing a Nation. Art and Social Change in Nineteenth Century America.* New Haven, London

MABEE, Carleton (1991): *The American Leonardo.* New York, 1943, dt.: Chr. Brauner (Hg.): Samuel F. B. Morse, Eine Biographie, Basel

MAI, Ekkehard u. A. Rapp-Eckert (1988, Hg.): *Triumph und Tod des Helden. Europäische Historienmalerei von Rubens bis Manet.* Ausst. Kat., Wallraf-Richartz-Museum, Köln

MAI, Ekkehard (1990, Hg.): *Historienmalerei in Europa. Paradigmen in Form, Funktion und Ideologie.* Mainz

MARCKWARDT, Albert H. (1935): *The Chronology and Personnel of the Bread and Cheese Club*, in: American Literature, Bd. 6, Nr. 4, Jan. 1935), 389-399

MARKS, Arthur S. (1974): *Benjamin West and the American Revolution*, in: The American Art Journal, Nov. 1974, Bd. VI, Nr. 2, 15-35

MARKS, Arthur S. (1977): *Review of Irma Jaffe's John Trumbull*, in: Art Journal, Bd. 36, Nr. 3, Frühjahr 1977, 263-264

MARSHALL, Christopher (1877): *Extracts from the diary of Christopher Marshall: kept in Philadelphia and Lancaster, during the American Revolution, 1774-1781.* Hg. von William Duane, Albany

MATHIAS, Peter (1977): *Wer entfesselt Prometheus? Naturwissenschaft und technischer Wandel 1600-1800,* in: Musson, Albert Edward (Hg.): Wissenschaft, Technik und Wirtschaftswachstum im 18. Jahrhundert, Frankfurt/M., 83-112

MCCOUBREY, John (2000): *American Tradition in Painting.* Philadelphia

MCDERMOTT, John Francis (1950): *Charles Deas. Painter of the Frontier*, in: Art Quarterly, Bd. 13, Herbst 1950, 293-311

MCGLONE, Robert E. (1998): *Deciphering Memory: John Adams and the Authorship of the Declaration of Independence*, in: The Journal of American History, Bd. 85, Nr. 2, Sept. 1998, 411-438

MCLAW, Mary Jane (1859): *Life in Washington and Life here and there.* Philadelphia

MENGS, Anton Raphael (1771): *Gedanken über die Schönheit und über den Geschmack in der Malerey.* Hg. v. J. Caspar Fueßlin, 3. Aufl., Zürich

MESCHUTT, David (1990): *Samuel F. B. Morse*, in: Winterthur Portfolio, Bd. 25, Nr. 4, Winter 1990, 295-297

MILLER, Lillian Beresnack (1951): *John Vanderlyn and the Business of Art*, in: Proceedings of the New York State Historical Association Quarterly Journal, Bd. 32, Heft 1, Jan. 1951, 33-44

MILLER, Lillian Beresnack (1966): *Patrons and Patriotism. The Encouragement of the Fine Arts in the United States 1790-1860.* Chicago, London

MIRES, Charlene (2002): *Independence Hall in American memory.* Philadelphia

MITCHELL, Charles (1944): *Benjamin West's „Death of General Wolfe" and the Popular History Piece*, in: Journal of the Warburg and Courtauld Institutes, Bd. 7, 1944, 20-33

MITCHELL, Charles (1967): *Benjamin West's Death of Nelson*, in: Fraser, Douglas (Hg.): Essays in the History of Art presented to Rudolf Wittkower, Bd. 2, London, 265-273

MITNICK, Barbara J. (1992.): *Portraits and history painting of Alonzo Chappel.* Chadds Ford, Pa.

MONDELLO, Salvatore (1990): *The private papers of John Vanderlyn, American Portrait Painter.* Lewiston, New York

MORGAN, John Hill (1926): *Paintings by John Trumbull at Yale University.* New Haven

MORSE, Edward L. (1914, Hg.): *Samuel F. B. Morse. His letters and Journals.* 2 Bd., New York

MULCAHY, James M. (1956): *Congress Voting Independence. The Trumbull and Pine-Savage Paintings*, in: Pennsylvania Magazine of History and Biography, Bd. 80, Nr. 1, 1956, 74-91

NEFF, Emily Ballew (1995): *John Singleton Copley in England.* Ausst. Kat., National Gallery Washington, D. C., London.

NEIL, John (1943): *Observations on American Art: Selections from the Writings of John Neal (1793-1876).* Hg. v. Harold Edward Dickson, Pennsylvania State College, Pennsylvania

NEVINS, Allan (1951, Hg.): *The diary of John Quincy Adams, 1794-1845: American diplomacy, and political, social, and intellectual life, from Washington to Polk.* New York

NIPPERDEY, Thomas (1968): *Nationalidee und Nationaldenkmal in Deutschland im 19. Jahrhundert*, in: Historische Zeitschrift, Bd. 206, 1968, 529-585

OETTERMANN, Stephan (1980): *Das Panorama. Die Geschichte eines Massenmediums.* Frankfurt

PANOFSKY, Erwin (1960): *Idea. Ein Beitrag zur Begriffsgeschichte der älteren Kunsttheorie.* Berlin, 2. Aufl.

PERINI, Giovanni (1988): *Sir Joshua Reynolds and Italian Art and Art Literature. A Study of the Sketchbooks in the British Museum and in Sir John Soane's Museum*, in: Journal of the Warburg and Courtauld Institutes, Bd. 51, 1988, 141-168.

PEVSNER, Nikolaus (1986): *Die Geschichte der Kunstakademien.* München

PFOTENHAUER, Helmut (1995, Hg.): *Frühklassizismus.* Bd. 2, Bibliothek der Kunstliteratur, hg. v. Gottfried Boehm u. Norbert Miller, Frankfurt /M.

PHILLIPS, Kevin (2003): *Die amerikanische Geldaristokratie.* Frankfurt/M., New York

PILES, Roger de (1760): *Einleitung in die Malerey aus Grundsätzen.* Leipzig

PITCH, Anthony S. (1998): *The Burning of Washington. The British Invasion of 1814.* Annapolis, Maryland

PLEADWELL, Frank Lester (1936): *The Life and Works of Joseph Rodman Drake*, in: American Literature, Bd. 8, Nr. 2, Mai 1936, 235-236.

POHL, Frances K. (2002): *Framing America. A Social History of American Art.* London

POORE, Benjamin Perley (1853): *Waifs from Washington. No. VI*, in: Gleason's Pictorial Drawing-Room Companion, Bd. 4, 1853, 103

POSTLE, Martin (1988): *Patriarchs, Prophets and Saviours. Reynolds's Images of Old Age*, in: The Burlington Magazine, Bd. 130, Nr. 1027, Okt. 1988, 735-744

POSTLE, Martin (2005, Hg.): *Joshua Reynolds, The Creation of Celebrity.* London

PRATT, Stephanie (2005): *American Indians in British Art 1700-1840.* Norman, OK

PRENDERGAST, Christopher (1997): *Napoleon and History Painting. Antoine-Jean Gros's La Bataille d'Eylau.* Oxford

PRESSLY, William L. (1995): *The Challenge of New Horizons*, in: NEFF, 23-59

PROCHNO, Renate (1990): *Joshua Reynolds.* Weinheim

PROWN, Jules David (1982): *John Trumbull as History Painter*, in: COOPER 1982, 22-41

PROWN, Jules David (2001): *Art and Evidence. Writings on Art and Material Culture.* New Haven

PUTTFARKEN, Thomas (1985): *Roger de Piles' Theory of Art.* New Haven, London

QUIMBY, Ian M. G. (1968): *The Doolittle Engravings of the Battle of Lexington and Concord,* in: Portfolio, IV, 1968, 83-100

RAEITHEL, Gert (1992): *Geschichte der Nordamerikanischen Kultur.* 3 Bände, Stuttgart

RATHER, Susan (1998): *A Painter's Progress. Matthew Pratt and "The American School",* in: Metropolitan Museum Journal, Bd. 28, 1998, 169-183

REBORA, Carrie (1995): *Copley in America.* Ausst. Kat., Metropolitan Museum of Art, New York, Boston, Mass.

RICHARDSON, Edgar P. (1956): *A short history of American painting.* New York

RICHARDSON, Edgar P. (1965): *Painting in America.* New York

RICHARDSON, Edgar P. (1975): *A Life Drawing of Jefferson by Trumbull,* in: American Art Journal, Bd. 7, Nr. 2, November 1975, 5-9

RIEGL, Alois (1901): *Spätrömische Kunstindustrie nach den Funden in Österreich.* 2 Bände, 1901/23, Wien

ROARK, Elisabeth L. (2004): *Paint for the Many? Rereading William Sidney Mount's The Painter's Triumph,* in: Prospects, Bd. 28, 155-184

ROEHM, Marjorie Catlin (1966): *The Letters of George Catlin and his Family, A Chronicle of the American West.* Berkley and Los Angeles

ROETTGEN, Steffi (2001, Hg.): *Mengs. Die Erfindung des Klassizismus.* München

ROSENBLUM, Robert (1961): *Gavin Hamilton's 'Brutus' and Its Aftermath,* in: The Burlington Magazine, Bd. 103, Nr. 694, Jan. 1961, 8-21

ROSENBLUM, Robert (1967): *Transformations in Late Eighteenth Century Art.* Princeton

ROZBICKI, Michael J. (1998): *The Complete Colonial Gentleman.* Charlottesville, London

SACHSE, Julius S. (1892): *Early Daguerreotype Days,* Teil 2, in: American Journal of Photography, Bd. 13, Nr. 151, Juli 1892, 206-215

SALADINO, Gaspare J. (1999): *Review of Christopher Grasso, A Speaking Aristocracy: Transforming Public Discourse, Eighteenth-Century Connecticut.* H-Law, H-Net Review, Juni 1999

SALERNO, Luigi (1951): *Seventeenth-Century English Literature on Painting*, in: Journal of the Warburg and Courtauld Institutes, Bd. 14, Nr. 3/4, 1951, 234-258

SAUNDERS, Richard H. (1990): *Genius and Glory, John Singleton Copley's The Death of Major Peirson*, in: American Art Journal, 22, 1990, 5-39

SAUNDERS, Richard H. (1995): *John Smibert. Colonial America's First Portrait Painters.* New Haven, London

SAVELLE, Max (1969): *Die Vereinigten Staaten von Amerika. Von der Kolonie zur Weltmacht.* Zürich

SCHIMMEL, Julie (1991): *Inventing ‚The Indian'*, in: Truettner, William H. (Hg.): The West as America. Reinterpreting Images of the Frontier 1820-1920, Washington, D. C., 1991, 149-189.

SCHLINCK, Wilhelm (1996): *Ein Bild ist kein Tatsachenbericht. Le Bruns Akademierede von 1667 über Poussins „Mannawunder".* Quellen zur Kunst, Bd. 4, Freiburg i. Br.

SCHNAPPER, Antoine (1975): *Painting during the Revolution 1774-1830*, in: French Painting 1774-1830. The Age of Revolution, Ausst. Kat., Detroit Institute of Arts, Detroit

SCHNEIDER, Norbert (1997): *Geschichte der Ästhetik von der Aufklärung bis zur Postmoderne.* Stuttgart

SCHOCH, Rainer (1975): *Das Herrscherbild in der Malerei des 19. Jahrhunderts.* München

SCHOONMAKER, Marius (1950): *John Vanderlyn. Biography.* Kingston, New York

SEITZ, Wolfgang (1995): *Guckkastenblätter*, in: Füsslin, Georg (u. a.): Der Guckkasten. Einblick-Durchblick-Ausblick, Stuttgart, 1995

SELLERS, Charles Coleman (1952): *Virginia's Great Allegory of William Pitt*, in: The William and Mary Quarterly, 3. Folge, Bd. 9, Nr. 1 (Jan. 1952), 58-66

SEVERIN, Timothy (1967): *The Passion of Hernando De Soto*, in: American Heritage, April 1967, Bd. XVIII, Nr. 3, 26-31

SHADE, William G. (2003): *American Presidential Campaigns and Elections.* Armonk, N. Y.

SHAFTESBURY, Anthony Ashley Cooper of (1995): *Characteristics of men, manners, opinions, times, etc.* Nachdruck, Bristol

SIMPSON, Craig M. (1985): *A Good Southener. The Life of Henry A. Wise of Virginia.* Chapel Hill, London

SIZER, Theodore (1931): *Aspects of the social history of America.* Chapel Hill

SIZER, Theodore (1949): *John Trumbull, Amateur Architect*, in: The Journal of the Society of Architectural Historians, Bd. 8, Nr. 3/4, Juli-Dez. 1949, 1-6

SIZER, Theodore (1950): *John Trumbull, Patriot-Painter, in Northern New York*, in: New York History, 31:3, Juli 1950, 283-293

SPELMAN, Leslie P. (1948): *Calvin and the Arts*, in: The Journal of Aesthetics and Art Criticism, Bd. 6, Nr. 3, März 1948, 246-252.

STAITI, Paul (1981): *Samuel F. B. Morse's Search for a Personal Style: The Anxiety of Influence*, in Winterthur Portfolio, Bd. 16, Nr. 4, Winter 1981, 253-281

STAITI, Paul (1989): *Samuel F. B. Morse.* Cambridge, New York

STAITI, Paul (1995): *John Singleton Copley*, in: REBORA, 1995, 25-51

STAROBINSKI, Jean (1989): *1789. Die Embleme der Vernunft.* München

STEDMAN, Edmund Clarence (1900, Hg.): *An American Anthology, 1787-1900.* New York

STEWART, Robert G. (1979): *Robert Edge Pine, A British Portrait Painter in America, 1784-1788.* Washington, D. C.

STRUBE, Werner (1989): *Einleitung*, in: Burke, Edmund: Philosophische Untersuchung über den Ursprung unserer Ideen vom Erhabenen und Schönen, Hamburg, 1989, 9-32

TATARKIEWICZ, Władysław (1974): *History of Aesthetics.* Bd. 3, Den Haag

THÜRLEMANN, Felix (1990): *Vom Bild zum Raum.* Köln

TINKLER, Robert (2004): *James Hamilton of South Carolina.* Baton Rouge

TRUETTNER, William H. (1999): *Picturing old New England. image and memory.* Ausst. Kat., National Museum of American Art, Smithsonian Institution, Washington, DC

TRUMBULL, John (1790): *Proposals for Publishing ... The Death of General Warren.* New York. Nachdruck in: Early American Imprints, Serie 1, Nr. 22946, New York, 1985

TRUMBULL, John (1797): *A Catalogue of ... Pictures.* Katalog zur Auktion bei Christie am 17. Februar 1797. Nachdruck in: The Eighteenth Century, Rolle 8913, Nr. 04, Woodbridge, CT, 1986

TRUMBULL, John (1833): *Address read before the directors of the American Academy of the Fine Arts, January 28th 1833.* New York (Gale Document Number: CY102703665)

TRUMBULL, John (1835): *Catalogue of paintings by Colonel Trumbull.* New Haven

TRUMBULL, John (1953): *Autobiography of Colonel John Trumbull, patriot-artist, 1756-1843.* Hg. v. Theodore Sizer, New Haven

TUCKERMAN, Henry T. (1867): *Book of the Artists. American Artist Life, comprising biographical and critical sketches of American artists: proceeded by an historical account of the rise and progress of art in America.* New York

VERHEYEN, Egon (1982): *John Trumbull and the U.S. Capitol. Reconsidering the Evidence*, in: COOPER, 260-271

VERWIEBE, Birgit (2001): *Erdenstaub und Himmelsdunst – Eduard Gaertners Panoramen*, in: Bartmann, Dominik (Hg.): Eduard Gaertner, 1801-1877, Ausst. Kat., Stadtmuseum Berlin, Berlin, 97-112

VINCENT, Gilbert Tapley (1982): *The American Artist and the Changing Perception of American History 1740-1940.* Diss., Newark

WALCH, Peter S. (1967): *Charles Rollin and Early Neoclassicism*, in: The Art Bulletin, Bd. 49, Nr. 2 (Juni, 1967), 123-126

WALPOLE, Horace (1849): *Anecdotes of painting in England, with some account of the principal artists, and notes on other arts.* Bd. 2, London

WARK, Robert R. (1997, Hg.): *Joshua Reynolds: Discourses on Art.* 3. Aufl., New Haven, London

WARNKE, Martin (1996): *Hofkünstler. Zur Vorgeschichte des modernen Künstlers.* 2. Aufl., Köln

WEHLE, Harry B. (1932): *Samuel F. B. Morse, American Painter.* New York

WHITE, Raymond D. (2003): *John Wood Dodge: and the portrait miniature*, in: Magazine Antiques, November 2003

WIERICH, Jochen (2001): *Vision and Revision. International Histories of American Art*, in: American Studies International, Februar 2001, Bd. XXXIX, Nr. 1, 4-18

WINCKELMANN, Johann Joachim (1756): *Gedanken über die Nachahmung der griechischen Werke in der Malerei und Bildhauerkunst.* 2. Aufl., Dresden, Leipzig

WIND, Edgar (1938): *The Revolution of History Painting*, in: Journal of the Warburg Institute, Bd. 2, Nr. 2 (Oktober 1938), 116-127

WIRTH, Irmgard (1979): *Eduard Gaertner. Der Berliner Architekturmaler.* Frankfurt am Main

WOLANIN, Barbara Ann (1998): *Constantino Brumidi. Artist of the Capitol.* Senate Document 103-27, Washington, D. C.

WRIGHT, Nathalia (1993): *The correspondence of Washington Allston.* Lexington, Kentucky

WYETH, Samuel Douglas (1869): *The Rotunda and Dome of the U.S. Capitol.* Washington, D. C.

ZABLOTNEY, Sara (1999): *Production and Reproduction. Commerce in Images in Late-Eighteenth-Century London*, in: History of Political Economy, Bd. 31, 413-422

Register